학생의 정신건강과 학업을 돕는

교실에서의 사회정서학습 SEL

Barbara A. Gueldner · Laura L. Feuerborn · Kenneth W. Merrell 공저 | 박종효 · 유윤자 공역

SOCIAL AND EMOTIONAL LEARNING IN THE CLASSROOM (2nd ed.)

학지사

Social and Emotional Learning in the Classroom, 2nd Edition:
Promoting Mental Health and Academic Success
by Barbara A. Gueldner, Laura L. Feuerborn, and Kenneth W. Merrell

역자 서문

21세기 교육의 핵심 과제 중 하나는 학생들이 단순히 지식을 습득하거나 인지적 역량을 키우는 데 그치는 것이 아니라 급변하는 사회 속에서 신체적 · 정신적으로 건강하게 성장하고, 타인과 협력하며, 자신을 스스로 성찰하면서, 책임 있는 시민으로 살아갈 수 있도록 돕는 것이다. 이러한 과제를 실현하기 위해 국제적으로 주목받고 있는 교육 실천이 바로 사회정서학습(Social and Emotional Learning: SEL)이다.

이미 우리나라에서도 SEL은 중요한 교육 의제로 자리 잡고 있다. 2022 개정 교육 과정은 '포용성과 창의성'을 강조하며, 학습자 주도성과 더불어 '자기 관리 역량' '대인관계 역량' '공동체 역량' 등을 핵심 역량으로 제시하고 있다. 또한 교육부와 시 · 도교육청은 학교폭력예방교육, 학생정서 · 행동특성검사, 마음건강 바우처 지원 사업, 행복 · 회복탄력성 교육 등 다양한 정책을 통해 SEL을 학교 교육 전반에 확산시키고자 노력하고 있다. 이 외에도 지역사회와 연계한 학교 마음건강센터 운영과 다문화 · 통합교육 지원 사업까지 SEL의 가치와 정신이 이어지고 있다.

현재 SEL이 다양한 정책과 제도로 학교 현장과 지역사회에 도입되고 있지만, 여전히 '어떻게 학생의 사회정서역량을 효과적으로 키우고, 교실에서 어떻게 가르치며, 학교 문화와 지역사회 속에 뿌리내리게 할 수 있을까?'라는 물음은 남아 있다. 이 책은 이 물음에 답하고 있다. 제1장에서는 SEL의 개념과 효과를 근거 있는 연구와 함께 설명하고, 제2장과 제3장에서는 학교 차원의 전략적 계획 수립부터 교수 학습 과정 설계, 교육 프로그램 선정과 활용까지 순차적으로 안내한다. 제4장과 제5장에서는 교실 속에서 SEL을 실행할 때 교과 수업과 어떻게 통합해서 운영할지에 대해 제안하며, 제6장에서는 다문화와 다양한 사회문화적 배경을 가진 학습자와 교육 환경에서 SEL 적용 전략을 다룬다. 또한 제7장과 제8장에서는 사회정서역량의 측정과 SEL 측정 방법을 다루며 정신건강 다층지원체계(Multi-Tiered System of Support: MTSS)와의 연계 방안을 제시한다. 제9장에서는 교사 자신의 사회정서역량과 웰빙을 중심으로 SEL 실무자로서의 교사 역할과 책임을 다룬다.

이 책은 SEL이 우리 교실 속에 효과적으로 자리 잡기 위해서 '무엇'이 필요한가와 함께 '어떻게'와 '왜'를 제시하고 있다는 점에서 큰 의미가 있다. SEL은 빠듯한 학사 일정에 '강제로 부가된 활동'이 아니라 일상적인 수업과 평가, 학생 생활지도와 학급 관리의 일부로서 학교 문화를 개선하고 학교와 가정, 지역사회를 연계함으로써 학생들의 전인적 성장과 성공을 이끄는 새로운 교육을 안내하는 지침이 될 수 있을 것이다.

이 책이 우리 교실과 학교, 그리고 교육공동체에 SEL의 뿌리를 깊이 내리게 하여 학생들이 더 행복하고 건강하게 성장하는 데 기여하기를 바란다. 정책과 제도는 방향을 제시할 뿐이며, 그것을 살아 숨 쉬게 하는 주체는 바로 교사이다. 마지막으로, 이 책이 교실에서의 수업과 대화, 상담과 같이 일상적 교육활동을 통해 SEL이 살아 숨 쉴 수 있도록 돕는 든든한 교사의 동반자가 되기를 기대한다.

2026년 1월

역자 대표 박종효

서문

SEL 실천을 향상시키는 귀중한 자료

나는 학부생과 대학원생을 대상으로 SEL 강의를 30년 이상 해 왔다. 매년 SEL 연구 및 정책(예: Durlak, Domitrovich, Weissberg, & Gullotta, 2015; National Commission on Social, Emotional, and Academic Development, 2018; Osher, Kidron, Brackett, Dymnicki, Jones, & Weissberg, 2016; Weissberg, Durlak, Domitrovich, & Gullotta, 2015)의 많은 발전에 발맞추어 강의 계획서를 업데이트한다. 2010년 처음으로 『교실에서의 사회정서학습(Social and Emotional Learning in the Classroom)』(Merrell & Gueldner, 2010)의 초판을 읽었을 때, 나는 즉시 나의 2010년 SEL 세미나-실습을 위한 필수 교재로 삼았다. 당시 나는 그 책이, SEL이 무엇이고, SEL을 어떻게 실행하고 평가하며, 다양한 학생 집단을 위한 학교 차원 프로그램을 어떻게 실행하는지에 대해 학생들에게 가르치기 위한 최고의 책이라고 느꼈다. 나는 2판을 방금 읽었고, 이 책은 나에게 매우 귀중한 자료이다. 2판은 이 분야에 대한 훌륭한 개요를 제공하며, 이전보다 훨씬 더 유익하다!

또한 대학교에서 나와 학업·사회·정서학습협의체(Collaborative for Academic, Social, and Emotional Learning: CASEL) 동료들은 교실, 학교, 교육구, 주에서 높은 수준의 SEL을 확립하는 데 도움이 되는 증거 기반 시스템을 구축하기 위해 25년 동안 수천 명의 교육자와 정책 입안자들과 협력해 왔다(CASEL, 2013, 2015, 2019a, 2019b, 2019c; Elias et al., 1997). 이 2판은 또한 교사, 교직원, 그리고 교육구 및 주 지도자를 위한 중요한 교내 전문성 개발 자료가 될 것이며, 이들은 모든 학생의 사회적·정서적·학업적 학습을 향상하고자 한다.

모든 연령대의 교사, 학교 행정가(Atwell & Bridgeland, 2019; Bridgeland, Bruce, & Hariharan, 2013; Hamilton, Dos, & Steiner, 2019), 학생(DePaoli, Atwell, Bridgeland, & Shriver, 2018), 학부모(Phi Delta Kappan, 2017), 주 정책 입안자(Dusenbury, Yoder, Weissberg, & Dermody, 2019)와 기업계(World Economic Forum, 2018)에서 SEL에 대한 관심은 그 어느 때보다도 높다. 이것은 아마도 더 많은 아동이 SEL 프로그램의 혜택을 받을 수 있는 잠재적인 기회를 가지고

있다는 좋은 소식일 것이다(Greenberg, Domitrovich, Weissberg, & Durlak, 2017; Weissberg, 2019; Weissberg & Cascarino, 2013). 하지만 SEL 실천의 규모를 확장하는 데 몇 가지 도전 과제도 제기한다. 미래의 성공과 SEL의 중요성을 최적화하기 위해서는 다음과 같은 것이 중요하다. (1) SEL이 무엇인지 명확히 하기, (2) 우수한 학교 차원, 체계적인 SEL 프로그램에 대한 가족-지역사회 파트너십의 필수적인 특징을 강조하기, (3) SEL과 학업 결과가 실제 연구 결과에서 긍정적인 관계를 보여 주고 개선되는 것을 보장하기, (4) 교육적 평등과 우수성에 대한 SEL 연결을 확립하기, 그리고 (5) 주 및 지방 기관과 협력하여 효과적인 SEL 정책 및 실천을 설계하고 실행하는 것이다(Dusenbury et al., 2019; Finn & Hess, 2019; Jagers, Rivas-Drake, & Williams, 2019; Starr, 2019).

저자들은『교실에서의 사회정서학습』에서 중요한 많은 주제를 다루고 있다. 내가 자랑스럽게 생각하는 저자들이 기여한 'Top 10' 목록은 다음과 같다.

- SEL을 이해하고 이를 교실 및 학교에서 체계적이고 효과적으로 적용할 수 있는 실질적인 지침
- 웰빙에 관한 에모리 코웬(Emory Cowen, 1994; 나의 대학원 지도교수이자 논문 지도교수)의 강점 기반 관점 경로들을 제시(건강한 애착 및 관계 형성, 연령에 맞는 역량 습득, 긍정적인 발달 결과를 촉진하는 환경 경험, 자신의 운명을 통제할 수 있다는 감각, 스트레스에 효과적으로 대처하는 능력)
- 지속 가능한 체계적 SEL을 구축하기 위한 전략적 계획 수립 및 변화 관리 단계(역량 · 필요 · 학교 문화 평가, 리더십 팀 구성, 행정가 및 이해관계자 지원 확보, 자원 조정, 실행 및 평가를 위한 전문성 개발 계획 수립)
- 연구 기반의 입증된 프로그램의 이점과 전교 차원의 SEL 프로그램을 선택, 시행, 통합하여 모든 학생의 사회적 · 정서적 · 학업적 학습을 증진시키는 방법
- 일상적인 교실 활동 및 학업 수업과 SEL을 연계하는 접근
- SEL을 다층체계 및 정신건강 중재와 연결하는 방법
- 문화 및 언어 다양성과 관련된 다차원적인 측면과 문화적으로 민감한 SEL과의 접점을 고려하는 것의 중요성
- 새로운 강점 기반의 생태학적 관점으로, SEL 연구의 본질적 부분으로 활용될 수 있는 도구와 자원을 제안
- 교육자들이 겪는 도전 및 스트레스 요인과 이들의 사회정서적 회복탄력성, 동료 · 학

생 · 학부모와의 관계, 교직 수행, 전반적인 웰빙과 관련된 전략
- 실제 적용 가능한 SEL 실행 전략과 성찰 활동 제안

요약하자면, 이 책의 저자들이 이 분야에 기여한 점을 높이 평가하며, 『교실에서의 사회정서학습』 2판이 SEL 실무자, 연구자, 정책 입안자에게 제공할 수 있는 것이 매우 많다는 점을 강조하고 싶다. 나는 벌써 이 책의 3판이 기대된다! 지속적인 개선의 측면에서 앞으로의 개정판에서 저자들이 고려해 주었으면 하는 몇 가지 아이디어와 추가 사항들을 제안하고자 한다. 첫째, 책 제목을 '교실과 학교에서의 사회정서학습(Social and Emotional Learning in Classrooms and Schools)'으로 바꾸는 것을 제안한다. 사실 2판에서는 교실과 학교 실천의 융합을 강조하고 있으며, SEL 분야는 점점 더 체계적이고 학교 차원를 아우르는 접근을 옹호하고 있다(CASEL, 2019a; Oberle, Domitrovich, Meyers, & Weissberg, 2016). 체계적이고 학교 차원의 SEL 프로그램으로의 전환과 함께, '교장과 SEL'에 관한 새로운 상세한 장(Atwell & Bridgeland, 2019; Elias, O'Brien, & Weissberg, 2006; Mahfouz, Greenberg, & Rodríquez, 2019), '학교-가정-지역사회 파트너십'(Albright & Weissberg, 2010; Garbacz, Swanger-Gagné, & Sheridan, 2015), 그리고 '학교, 교육구, 주 차원의 정책 및 실행 조정'(CASEL, 2019b, 2019c) 등의 내용이 추가되었으면 한다. 마지막으로, 큰 부담을 주지 않는 선에서, 저자들이 향후 5년 이내에 3판을 출간해 주기를 바란다. SEL 연구, 정책, 실천은 계속해서 발전하고 개선되고 있다. 2판과 이후 판들이 학교, 가족, 지역사회가 모든 학생의 사회적 · 정서적 · 학업적 성장 증진을 위해 더욱 효과적으로 협력할 수 있도록 돕기를 기대한다.

로저 P. 와이스버그(Roger P. Weissberg)
CASEL

참고문헌

Albright, M. I., & Weissberg, R. P. (2010). School-family partnerships to promote social and emotional learning. In S. L. Christenson & A. L. Reschly (Eds.), *The handbook of school-family partnerships for promoting student competence* (pp. 246-265). New York: Routledge/Taylor & Francis.

Atwell, M. N., & Bridgeland, J. M. (2019). *Ready to lead: A 2019 update of principals' perspectives on how social and emotional learning can prepare children and transform schools*. Washington, DC: Civic Enterprises with Hart Research Associates.

Bridgeland, J., Bruce, M., & Hariharan, A. (2013). *The missing piece: A national teacher survey on how social and emotional learning can empower children and transform schools*. Washington, DC: Civic Enterprises.

CASEL. (2013). Effective social and emotional learning programs: Preschool and elementary school edition. Retrieved from https://casel.org/preschool-and-elementary-edition-casel-guide.

CASEL. (2015). Effective social and emotional learning programs: Middle and high school edition. Retrieved from https://casel.org/middle-and-high-school-edition-casel-guide.

CASEL. (2019a). The CASEL guide to schoolwide social and emotional learning. Retrieved from https://schoolguide.casel.org.

CASEL. (2019b). CASEL's District Resource Center. Retrieved from https://drc.casel.org.

CASEL. (2019c). Collaborating States Initiative Resources. Retrieved from https://casel.org/csi-resources.

Cowen, E. L. (1994). The enhancement of psychological wellness: Challenges and opportunities. *American Journal of Community Psychology, 22*(2), 149-179.

DePaoli, J. L., Atwell, M. N., Bridgeland, J. M., & Shriver, T. P. (2018). *Respected: Perspectives of youth on high school and social and emotional learning*. Washington, DC: Civic Enterprises with Hart Research Associates.

Durlak, J. A., Domitrovich, C. E., Weissberg, R. P., & Gullotta, T. P. (Eds.). *Handbook of social and emotional learning: Research and practice*. New York: Guilford Press.

Dusenbury, L., Yoder, N., Weissberg, R. P., & Dermody, C. (2019). *An examination of K-12 learning standards in 18 states*. Chicago: Collaborative for Academic, Social, and Emotional Learning.

Elias, M. J., O'Brien, M. U., & Weissberg, R. P. (2006). Transformative leadership for social-emotional learning. *Principal Leadership, 7*(4), 10-13.

Elias, M. J., Zins, J. E., Weissberg, R. P., Frey, K. S., Greenberg, M. T., Haynes, N. M., et al. (1997). *Promoting social and emotional learning: Guidelines for educators*. Alexandria, VA: Association for Supervision and Curriculum Development.

Finn, C. E., & Hess, F. M. (2019, April). *What social and emotional learning needs to succeed and survive*. Washington, DC: American Enterprise Institute.

Garbacz, S. A., Swanger-Gagné, M. S., & Sheridan, S. M. (2015). The role of school-family partnerships for promoting student SEL. In J. A. Durlak, C. E. Domitrovich, R. P. Weissberg,

& T. P. Gullotta (Eds.), *Handbook of social and emotional learning: Research and practice* (pp. 244–259). New York: Guilford Press.

Greenberg, M. T., Domitrovich, C. E., Weissberg, R. P., & Durlak, J. A. (2017). Social and emotional learning as a public health approach to education. *Future of Children, 27*, 13–32.

Hamilton, L. S., Doss, C. J., & Steiner, E. D. (2019). *Teacher and principal perspectives on social and emotional learning in America's schools: Findings from the American Educator Panels*. Santa Monica, CA: RAND Corporation.

Jagers, R. J., Rivas-Drake, D., & Williams, B. (2019). Transformative social and emotional learning (SEL): Toward SEL in the service of equity and excellence. *Educational Psychologist, 54*(3), 162–184.

Mahfouz, J., Greenberg, M. T., & Rodríguez, A. (2019). *Principal's social and emotional competence: A key factor for creating caring schools*. University Park: Edna Bennett Pierce Prevention Center, Pennsylvania State University.

Merrell, K. W., & Gueldner, B. A. (2010). *Social and emotional learning in the classroom: Promoting mental health and academic success*. New York: Guilford Press.

National Commission on Social, Emotional, and Academic Development. (2018). *From a nation at risk to a nation of hope: Recommendations from the National Commission*. Washington, DC: Aspen Institute. Retrieved from http://nationathope.org/report from-the-nation.

Oberle, E., Domitrovich, E. E., Meyers, D. C., & Weissberg, R. P. (2016). Establishing systemic social and emotional learning approaches in schools: A framework for schoolwide implementation. *Cambridge Journal of Education, 46*(3), 277–297.

Osher, D., Kidron, Y., Brackett, M., Dymnicki, A., Jones, S., & Weissberg, R. P. (2016). Advancing the science and practice of social and emotional learning: Looking back and moving forward. *Review of Research in Education, 40*, 644–681.

Phi Delta Kappan. (2017). The 49th annual PDK poll of the public's attitudes toward the public schools. Retrieved from https://pdkpoll.org/assets/downloads/2017pdkpoll49.pdf

Starr, J. P. (2019). On leadership: Can we keep SEL on course?. *Phi Delta Kappan, 100*(8), 70–71.

Weissberg, R. P. (2019). Promoting the social and emotional learning of millions of school children. *Perspectives on Psychological Science, 14*(1), 65–69.

Weissberg, R. P., & Cascarino, J. (2013, October). Academic learning+social–emotional learning=national priority. *Phi Delta Kappan, 95*(2), 8–13.

Weissberg, R. P., Durlak, J. A., Domitrovich, C. E., & Gullotta, T. P. (2015). Social and emotional learning: Past, present, and future. In J. A. Durlak, C. E. Domitrovich, R. P. Weissberg, & T. P. Gullotta (Eds.), *Handbook of social and emotional learning: Research and practice* (pp.

3–19). New York: Guilford Press.

World Economic Forum. (2018). The Future of Jobs report 2018. Retrieved from www3.weforum.org/docs/WEF_Future_of_Jobs_2018.pdf

2판에 대하여

우리는 봄에 이 책의 집필을 의욕적으로 시작했다. 북반구에 사는 많은 사람처럼 우리는 더 나아진 날씨, 길어진 낮 시간, 그리고 방학에 대한 기대와 같이 예측 가능하고 반가운 변화를 즐기기 시작하던 시기였다. 동시에 우리는 예상되는 스트레스 요인들도 맞이하고 있었다. 주 정부 시험 때문에 수업의 우선순위가 바뀌고, 학생들은 남은 학기 동안 성적을 올려야 한다는 압박감을 느꼈으며, 교사들은 반복되는 학생들의 비행에 대한 인내심이 약해졌다. 고등학생들은 졸업 후 계획으로 인해 부담을 느꼈고, 학부모들은 여름방학 자녀 돌봄 계획을 세우느라 분주했다. 심리학자로서 우리는 봄이 자살 충동과 행동이 증가할 수 있는 시기라는 것을 알기에 학생들을 위한 정신건강 서비스에 신중하고 의도적으로 접근한다[이러한 연관성에 대한 더 자세한 논의는 Postolache 등(2010) 참조].

이 책의 최종 편집을 마무리하는 지금, 다시 봄이 찾아왔다. 하지만 올해 우리가 겪는 경험은 완전히 다르다. 전 세계 수십억 명의 사람과 마찬가지로 우리는 코로나19 팬데믹이라는 큰 위기를 겪고 있다. 많은 사람이 병들고, 일부는 죽어 가고 있다. 경제는 갑작스럽게 멈추었고, 지역사회에는 '필수' 직업이 아니면 집에 머물라는 권고, 심지어 명령이 내려졌다. 학교와 기업들은 문을 닫았고, 평소 붐비던 거리는 낯설 만큼 조용해졌으며, 의료진들은 생명을 구하기 위해 필사적으로 헌신하고 있다. 학생들은 기술에 접근할 수 있다면 이전과는 매우 다른 형태의 수업 지원을 받으며 학업에 참여하고 있다. 부모들은 갑작스럽게 자녀의 양육자, 가정 관리자, 따뜻하고 섬세한 양육자, 교사, 그리고 전문가라는 감정적으로 힘든 역할을 동시에 해내고 있다. 교사와 교수들은 웹 기반 인터페이스를 통해 신속하고 능숙하게 가르치고 소통하는 방식으로 적응해야 한다. 이러한 혼란과 적응의 목록은 끝이 없다. 사람들은 두려움을 느끼고 있다. 일부는 안전하지 않은 상황에 처해 있을 수 있으며, 사회문화적 불평등은 더욱 두드러지고 있다. 이 글을 쓰는 시점까지 많은 결과가 불분명하다. 1년 후, 현대사에서 전례 없이, 극도로 스트레스가 큰 시기를 우리가 지나왔다는 사실을 되돌아보게 될 것이라 예상한다.

동시에 우리는 단결, 공감, 그리고 행동 촉구의 정신이 동시에 나타나고 있음을 분명히 인식하고자 한다. 의심할 여지 없이, 당신 또한 의미 있는 인간적 연결을 만들고, 서로의 경험 속에서 안도감을 찾기 위해 자신의 걱정과 좌절을 나누고 다른 사람들의 이야기에 귀 기울이고 싶은 본능을 경험했을 것이다. 우리가 이 글을 쓰는 지금, SEL 분야의 파트너들은 관계 형성 원칙과 증거 기반 실천을 활용하고 학생 · 교직원 · 가족의 가장 시급한 필요를 우선적으로 고려하면서 협력적이고 통합적이며 체계적인 대응을 구체적으로 요청하고 있다(Starr, 2020). 더 나아가, 우리는 사려 깊고 전략적인 SEL 기반의 대응을 마련해야 한다는 요청을 받고 있다. 이 어려운 시기는 우리의 실천을 깊이 성찰할 수 있는 기회를 제공한다. 시프리아노와 브래킷(Cipriano & Brackett, 2020)이 말했듯이, "지금이야말로 우리가 SEL에 대해 배운 모든 것을 적용해야 할 때이다. 자신의 감정을 인식하고 SEL 과학을 활용하는 것은 그 어느 때보다도 중요하다." 이러한 생각은 "다른 사람을 돕기 전에 먼저 자신의 마스크를 착용하라."라는 흔한 격언을 떠올리게 한다. 지금이야말로 트라우마를 고려하고 모든 사람을 지원할 수 있는 방식으로 SEL을 어떻게 조직하고 제공할지 숙고해야 할 때이다(Pawlo et al., 2019).

우리 삶의 어떤 시기이든, 지역사회와 학교에서 학생과 그 가족은 감당할 수 있는 수준부터 압도적인 수준까지 다양한 어려움에 직면하고 있다. 우리는 정신건강 증진과 사회정서적 문제 예방이 무엇보다 중요하다는 점을 굳이 설득할 필요는 없다고 생각한다. 미국 학생 5명 중 1명은 정신건강 또는 발달 문제를 진단받았으며(National Research Council, 2009), 평생 동안 진단 가능한 정신건강 문제를 겪는 사람은 거의 절반에 달한다(Kessler et al., 2005). 또한 교육자들의 업무는 힘들고 스트레스가 많은 순간으로 가득 차 있어 압도감, 비관주의, 때로는 소진과 같은 감정을 초래할 수 있다. 하지만 가장 암울한 상황 속에서도 희망의 빛은 있다. 큰 어려움에도 불구하고 역경을 이겨 내고 성공한 학생들의 사례들처럼, 우리는 걱정스럽고 심지어 희망이 없어 보이는 상황에서 희망적인 결과들을 여러 번 목격했다. 등교를 거부했던 학령 전생이 몇 달 만에 교실에 발을 들여 놓고, 부모가 감옥에 수감된 3학년 학생이 몇 달간의 위축된 생활 끝에 교사에게 말을 걸기 시작하며, 중학생이 공격성 대신 말로 감정을 표현하기 시작하고, '대안학교'에 다녔던 고등학생이 졸업장을 받고 전문대학에 진학하는 모습이 바로 그것이다. 우리는 또한 교육자들이 자신의 사회정서적 세계를 탐색하고, 불확실성과 고난으로 가득 찬 시기에 서로를 지지하며, 이전에 부담스럽게 느껴졌던 전략을 사용하는 능력에 대한 자신감을 키워 가는 것을 지켜보았다. 이러한 감동적인 순간들이 우리의 작업에 심오한 의미를 부여한다. 물론 학생, 교육자, 우리 공동체의 회복탄력성을 키우기 위해 해야 할 일은 더 많이 남아 있다. 이 글을 쓰는 시점에 우리가 겪고 있는 심각한 어려움에도 불구하고, 우리는 엄청난 고난의 시기에 힘, 용기, 연대, 그리고 사회정서역량을 보여 주는 인류의 능력에 계속 영감을 받을 것이라 믿는다.

이 책에는 삶을 개선하는 한 가지 방법으로 SEL을 활용하기 위한 로드맵이 담겨 있다. 우리는 독자 중 대다수가 SEL 관련 강의를 듣고 있거나, 학교에서 SEL 계획을 시작했거나, 예방과 조기 개입에 있어 단편적인 접근 방식에 지쳤거나, 위기 중심의 서비스 제공 모델에 지쳐 있거나, 기대했던 결과를 보지 못해 좌절했거나, 이 모든 것이 복합적으로 작용하여 이 책을 선택했을 것이라고 추측한다. 이 책의 2판을 만든 주된 동기는 SEL을 체계적이고 조직적이며 실용적인 관점으로 초점화하여 접근하기 위한 것이다.

2판의 개정 내용은 초판 이후 우리가 관찰한 네 가지 사항을 반영한다. (1) SEL의 효과와 성공을 촉진하는 데 있어 다양한 환경의 역할에 대한 연구의 양과 특수성이 엄청나게 증가했다. (2) 계획 수립, 적절한 조정, 새롭고 필수적인 평가 실천, 성과 향상을 위한 교육 및 지원 활용과 같은 실행 과학(implementation science)의 측면에 대한 중요하고 본질적인 초점이 커졌다. (3) 교육자의 사회정서역량을 검증하고 지원할 필요가 있다. (4) 교실과 학교 차원에서 SEL을 활용하기 위한 심층적인 논의와 구체적인 권장 사항을 담은 전문 자료에 대한 교육자들의 관심이 증가했다.

이 책의 아홉 개 장이 모든 것을 망라하는 것은 아니지만, SEL을 활용하는 거의 모든 측면을 다루고 있다. 2판에서는 각 주제 영역에 대한 광범위한 개관과 SEL 여정을 지원하는 포괄적이고 실용적인 자료를 찾을 수 있다. 때때로 복잡할 수 있는 여정을 안내하는 데 도움이 되는 상당수의 체크리스트와 기타 지원 자료를 포함했다. 또한 주요 개념을 서술하기 위해 사례(vignettes)를 사용했다. 사례 중 다수는 실제 경험을 바탕으로 했지만, 모든 이름은 가명이며 개인 정보 보호를 위해 세부 사항을 변경했다. 다음은 각 장의 개요이다.

- 제1장에서는 SEL을 소개하고 정의하며, SEL이 당신과 학생들에게 무엇을 제공할 수 있는지를 현실적으로 평가한다.
- 제2장에서는 복잡한 학교 조직 내에 SEL을 도입하는 복잡한 과정을 깊이 있게 다루며, 조직 체계(그리고 그 안의 사람들)가 어떻게 변화하는지에 대한 탄탄한 토대를 제공하고, 학교 차원 규모로 SEL을 계획, 실행, 유지하기 위한 실질적인 전략들을 제시한다.
- 제3장에서는 현재 도입 가능한 가장 널리 사용되고 연구된 여러 SEL 프로그램을 개괄적으로 살펴본다.
- 제4장에서는 교실 내 실행의 핵심으로, SEL에 적합한 교실 조성과 SEL 실행 활동에 대

해 독자 스스로 준비되었고, 지원을 받고 있으며, 유능하다고 느낄 수 있도록 하는 상세한 단계들을 다룬다.

- 제5장에서는 SEL과 학업 역량의 교차점, 즉 학업을 통해 SEL 내용을 전달하는 방법과 교실에서 SEL 전략을 선택하고 사용하는 방법에 대해 깊이 있게 다룬다.
- 제6장에서는 포용적인 실행을 위해 필수 요소로서, SEL과 문화 및 언어적 조정을 고려하는 틀을 제공한다. 이 주제는 SEL 실행의 필수적인 요소이다.
- 제7장에서는 SEL 내의 평가 실천에 대해 더 깊이 있게 살펴보며, 무엇이 효과적이고 어떻게 변화를 일으키는지를 충분히 이해하기 위해 고려하고 평가해야 할 영역들을 다룬다.
- 제8장에서는 SEL과 정신건강 개입의 교차점을 탐구한다. 다양한 수준의 지원 체제에서 모든 학생의 필요를 어떻게 해결하고, 서비스를 조율하며, 협력을 촉진할 수 있는지를 알아본다.
- 제9장에서는 교육자를 위한 SEL에 대한 새로운 장으로, 학생들과 함께 SEL을 실행할 때 교육자 및 다른 사람들을 지원해야 하는 수많은 이유를 다루고, 이러한 노력을 위한 실질적인 제안과 도구들을 제공한다.

2판에서는 각 장의 내용을 개인적으로 적용해 볼 수 있는 '성찰(reflection)' 활동을 추가하였다. 사회정서적 개념에 대한 개인적인 인식과 이해가 우리의 업무에 긍정적인 영향을 미친다는 점이 점차 중요하게 여겨지고 있다. 이 성찰 활동이 당신에게 통찰력과 사려 깊은 담론을 불러일으켜 도움이 되기를 바란다. 분명히 당신은 이 여정에서 여러 어려움과 좌절을 겪을 것이다. 이러한 경험은 예상되는 것이며, 팀 접근 방식과 SEL 자원을 활용함으로써 궁극적으로는 극복될 수 있다고 믿는다. 시간이 흐르고 우리가 전문적(그리고 개인적) 여정을 이어 가면서 우리는 개인적 발견과 타인과의 공동 학습과 함께 증거 기반 정보에 의존하여 활용하는 것이 중요함을 깊이 인식하게 되었다.

이 책의 목적과 한계 때문에 시간을 적게 할애하거나 다루지 않은 SEL 관련 측면들이 있다. SEL에 대해 더 깊이 탐구하고 싶은 독자들을 위해, 이 책 전반에 걸쳐 인용된 훌륭하고 상세한 자료가 여러 권 있다. 이 책에 제공된 정보와 자료들을 다른 자료들과 함께 활용하기를 권장한다. 이번 2판의 목표는 SEL에 익숙하지 않은 교육자, 숙련된 교육자, 리더, 그리고 학교 기반 정신건강 실무자 모두에게 사용자 친화적이면서도, 상세하고 도움이 되는 워크시트와 함께 풍부한 정보를 제공하는 것이다. SEL에 대해 잘 모르는 분들을 위해 이 책을 썼다. 학교에서 SEL이나 다른 정신건강 접근법을 어느 정도 경험해 본 분들에게는 SEL 계획 및 실행을 향상하는 데 도움이 될 것이다. 또한 SEL 접근법을 사용하고 연구하는 데 경험이 많은 분에게는 체계와의 협력, 충실도를 유지하면서도 기존 프로그램, 필요, 자원에 맞게 SEL을 조정하는 방법, 그리고 교육자들의 사회정서역량을 향상하고 가족 및 지역사회 기관과 협력하여 상호적이고 건강한 환경을 조성하는 방법을 찾아보기를 권장한다. 우리는 SEL과 학교, 지역사회, 가족과 함께 SEL을 가장 잘 설계하고 실행하는 방법에 대해 아직 배울 것이 많다는 것을 인정한다. 이 부분이야말로 SEL의 가장 흥미로운 전망 중 하나이며, 우리는 SEL의 새로운 지평을 탐색하기를 뜨거운 마음으로 기대한다.

저명한 영장류 학자이자 인류학자인 제인 구달(Jane Goodall)은 "모든 개인은 중요하다. 모든 개인은 맡은 역할이 있다. 모든 개인이 변화를 만든다."라고 말했다(www.janegoodall.org). 이 말은 불확실성과 변화의 시기에 특히 진실이다. 이 생각을 SEL에 적용해 보면, 모든 사람이 아동들의 삶에 영향을 미치고 아동의 사회적·정서적·학문적 발달에 의미 있는 역할을 할 수 있는 기회가 있다. 우리는 효과적인 SEL 전략을 신중하게 계획하여 사용하는 것이 세상을 더 나은 방향으로 변화시키는 최상의 방법 중 하나라고 확신한다. 크든 작든 변화를 만들기 위해 당신도 SEL에 참여할 수 있다. 도전적이고 보람 있는 이 길을 가는 당신의 여정을 응원한다.

차례

제6장

단일 모델 적용의 부적합성: 다문화 세계에서 SEL 적용하기 • 173

제7장

사회정서학습의 측정 및 평가 전략 • 199

제8장

사회정서학습과 정신건강 개입: 다층적·생태학적 접근 방식 • 239

제1장

사회정서학습

SEL은 무엇이고, 학생을 위해 무엇을 할 수 있는가

학생들에게 시험을 위한 삶을 준비시키는 것이 아니라 삶을 위한 시험을 준비시키는 것이 답이다(Elias et al., 2015, p. 36).

이 책은 희망에 관한 것이다. 진화하는 사회정서학습(Social and Emotional Learning: SEL) 분야는 교육자와 아동 정신건강 전문가에게 건강한 사회정서적 발달과 학업 성공을 모든 학생의 삶에서 촉진할 수 있다는 희망을 제공한다. 과학은 학생들이 SEL을 통해 혜택을 받을 수 있으며, 다양한 교육 맥락 속에서 이를 통합하는 것이 가능하다는 것을 분명하게 보여 준다. 이 책은 SEL을 이해하고 학교와 교실에서 체계적이고 효과적으로 적용할 수 있는 방법에 대한 실용적인 안내서이다.

이 장에서는 SEL에 대한 개요, 중요성과 실행에 대한 근거, 학생 성과의 개선 효과에 관한 증거를 제공한다. 또한 MTSS 프레임워크 내에서 SEL을 적용하는 방법과 SEL 표준에 대한 최근 개발에 대해서도 논의한다.

1 왜 SEL인가

교육계에서 일하면서 직면하는 가장 어려운 과제 중 하나는 학업 성취도를 높이는 맥락에서 학생의 행동을 관리하고 학생을 위험(신체, 사회, 정서)으로부터 보호하는 것이다. 학생들이 안전하다고 느끼고 수용적인 마음가짐을 가져야 학업에 집중할 수 있다. 가장 극단적인 우려 중 하나인 지역사회와 학교에서의 폭력 행위는 비극을 이해하고 이를 예방하기 위한 긴급하고 장기적인 열망으로 이어졌다(학교 폭력에 대한 역사적 검토는 Rocque, 2012 참조).

학생들의 학업 성취도를 높여야 한다는 시급한 요구가 날로 커지고 있음에도 불구하고 교육청에서는 이러한 요구와 기존 정책 및 절차 사이에 균형을 맞추는 데 어려움을 겪고 있다. 2002년부터 2015년까지 미국에서는 학업 성취도 격차를 해소하기 위해 학업 기준과 책무성에 큰 비중을 두는 「뒤처지는 아동 방지법(No Child Left Behind Act: NCLB)」이 시행되었다. 또한 수년 동안 학교는 무관용 정책을 시행하여 규칙 위반을 신속하게 관리했지만, 그 효과는 제한적이고 문제가 되는 결과를 초래했다(American Psychological Association Zero Tolerance Task Force, 2008). 교육자들은 성취도 기준을 충족해야 한다는 극심한 압박을 경험했고, 교육청은 심각한 위반 행동을 저지른 학생들에게 유용한 해결 방안이 제한적이라서 어려움을 겪고 있다. 이로 인해, 의도하지 않았지만 학생들의 사회, 정서, 행동 차원의 건강을 개선하는 데 도움이 되는 학교 차원의 예방 및 조기 개입 노력에 대한 관심이 저하되었다.

많은 아동과 청소년이 사회적 · 정서적 · 학업적 어려움에 성공적으로 대처할 수 있지만, 그렇지 않은 학생들도 있다. 개인적으로 만족스러운 적응을 하고 있는 것처럼 보이는 학생들 중 상당수는 의외로 취약한 상태에 있으며, 단 한 번의 스트레스성 사건이나 상황으로 인해 위기에 빠질 수 있다.

매우 부정적인 상황을 경험하는 것은 신체적 · 정신적 건강에 영향을 미칠 수 있다. 어린 시절에 겪은 열 가지의 잠재적으로 파괴적인 사건에 대한 회고와 성인기의 정신 및 신체 건강 문제 사이의 연관성을 기록한 부정적 아동기 경험(Adverse Childhood Experiences: ACE) 연구(Felitti et al., 1998)가 있다. 이러한 사건에는 신체적 · 정서적 · 성적 학대, 어머니에 대한 폭력 목격, 약물 남용 또는 정신건강 문제가 있거나 자살을 시도했거나 수감된 사람과 함께 살았던 경험이 포함되었다. 어린 시절에 이러한 사건 중 네 가지 이상을 경험한 경우 성인기에 다양한 문제(예: 약물 남용, 우울증, 자살 시도)와 조기 사망으로 이어질 수 있는 신체 질환(예: 심장병, 암, 비만)에 걸릴 위험이 높아지는 것으로 나타났다. 이 연구는 스트레스가 심한 경험에 조기에 노출되면 뇌 발달에 장애가 생겨, 시간이 지남에 따라 심각한 문제가 발생할 위험이 높아질 수 있다는 추가 증거를 제시했다(Dube et al., 2001). 지난 몇 년 동안 우리는 ACE 연구에서 알게 된 경험을 포함하여 그 이상의 역경이 학생들을 사회적 · 정서적 · 학업적 문제의 위험에 처하게 할 수 있다는 사실을 인식하는 데 더 많은 관심을 기울여 왔다(Eklund, Rossen, Koriakin, Chafouleas, & Resnick, 2018).

미국 학생 5명 중 거의 1명이 정신건강 또는 발달 문제로 진단을 받은 적이 있다(National Research Council, 2009). 전 세계 청소년의 유병률을 평가한 역학 연구에 따르면, 청소년 4~5명 중 1명은 12개월 이내에 정신건강 장애를 경험하며, 선진국과 개발도상국에서는 그 비율이 다르게 보고되고 있다(Patel, Flisher, Hetrick, & McGorry, 2007). 약물 남용, 불안, 파괴적 행동, 우울증, 주의력결핍/과잉행동 장애가 특히 우려되는 문제이다(National Research Council, 2009). 외상 후 증상은 스트레스가 심하고 충격적인 사건(예: 자연재해, 학대, 사고, 대인 폭력)을 경험한 청소년에게도 영향을 미친다. 학생들이 경험할 수 있는 증상으로 슬픔, 절망감, 수면 및 식사 장애, 과민성, 과잉 경계, 만성적인 걱정, 집중력 장애 등이 있다. 이러한 증상은 학생이 수업에 집중하고, 의미 있는 방식으로 참여하고, 건강한 사람으로 성장하는 데 방해가 될 수 있다. 청소년은 종종 두 가지 이상의 문제를 동시에 경험한다. 안타깝게도 거의 절반에 가까운 사람들이 일생 동안 진단 가능한 정신건강 상태를 경험하게 된다(Kessler et al., 2005).

정신건강 문제에 대한 치료는 효과적일 수 있지만(Angold, Costello, Burns, Erkanli, & Farmer, 2000; Patel et al., 2007), 상당한 장벽이 존재한다. 정신건강 문제를 치료하는 데는 비용, 시간, 인적 자원이 많이 소요될 수 있다(National Research Council, 2009). 2009년부터 2012년까지 미국의 주 정부 예산 삭감으로 인해 정신건강센터에 대한 지원금이 16억 달러 감소했다. 도움이 필요한 사람들에게 치료를 제공할 수 있는 정신건강 전문가가 부족하다(National Center for Health Workforce Analysis, 2016). 만일 당신이 일반 학교에서 일하고 있다면 어떤 상황인지 잘 알 것이다. 학생들의 모든 필요를 충족시킬 수 있는 심리학자, 상담사, 사회복지사가 충분하지 않다. 많은 주(county)에는 심각한 문제를 관리할 수 있는 적절한 정신건강 치료소가 없다. 특히 농촌 지역이 큰 타격을 입었는데, 농촌 지역의 80%가 정신건강 서비스 제공기관이 부족한 것으로 조사되었다. 정신건강 치료에 대한 회의론도 치료를 받는 데 방해가 될 수 있다(Cummings, Wen, & Druss, 2013).

만일 적기에 개입하지 않으면, 청소년은 누적된 문제의 도미노 효과를 경험할 수 있다. 이를 발견하지 못하고 치료하지 않으면, 학업 부진, 학교 중퇴, 실직, 빈곤, 대인관계 갈등, 때로는 자살과 같은 나쁜 결과를 초래할 수 있다(Michael & Crowley, 2002). 삶의 질이 저하되고, 생산성 손실로 인한 비용이 발생하며, 조기에 사망할 수도 있다(National Research Council, 2009).

SEL의 과학과 실천은 21세기 교육의 역동적인 패러다임 변화를 나타낸다. 2019년 아스펜연구소(Aspen Institute)의 사회, 정서 및 학업 발달에 관한 국가위원회는 『위험에 처한 국가에서 희망의 국가로(From a Nation at Risk to a Nation at Hope)』를 발표했는데, 이 보고서는 SEL이 지난 수년 동안 이루어 낸 엄청난 추진력, 이를 뒷받침하는 증거, 이를 효과적으로 실행하는 데 필요한 단계, '전체 아동' 교육에 대한 집단적 요청(p. 28)을 담고 있다. 학교에서의 예방 및 사회정서적 기술 구축에 중점을 두는 것은 학생들의 회복탄력성을 높이고 '21세기형 기술'을 발휘할 수 있도록 준비시키는 실행 가능한 접근 방식이 되었다(National Research Council, 2012). 실제로 학업적 · 사회적 · 정서적 기술이 서로 연관되어 있다는 강력한 증거가 있다(Durlak, Weissberg, Dymnicki, Taylor, & Schellinger, 2011). 인지적(예: 지식, 창의성, 문제 해결), 개인 내적(예: 자신의 행동과 감정 이해 및 관리), 대인관계(예: 타인 이해, 의사소통, 책임 있는 의사결정) 능력은 성공적인 삶을 살아가는 데 필수적인 요소이다. 또한 최근의 비용-편익 분석에 따르면, SEL 개입은 실질적인 가치가 있는 것으로 나타났다(Belfied et al., 2015). 요약하자면, 이 글 전체에서 논의하듯이 학생, 교육자, 가족, 공동체의 웰빙을 향상하는 데 필수적이고 실행 가능하며 가치 있는 구성 요소로서 SEL을 뒷받침하는 강력한 증거가 있다.

SEL의 실천과 연구를 통해 위험을 완화하고 학생의 강점을 강화할 수 있다. 우리가 가진 한 가지 장점은 학교가 예방 및 개입 서비스를 제공하기에 훌륭한 장소라는 것이다. 학교에서 교사와 다른 교직원들은 학생들을 잘 알 수 있고 SEL이나 기타 서비스를 이용하도록 안내할 수 있다. 학교는 더 심각한 문제를 피하고자 학업 및 행동 문제를 조기에 발견하고 개입하는 공중보건 모델을 점점 더 많이 채택하고 있다[예: 개입에 대한 반응(Response to Intervention: RTI), MTSS, 학교 차원의 긍정적 행동 개입 및 지원(Schoolwide Positive Behavioral Interventions and Support: SWPBIS)]. 또한 일부 학교에서는 신체 및 정신건강을 관리하기 위해 학교 기반 건강 서비스를 제공하며, 이는 학교 출석률과 평균학점(Walker, Kerns, Lyon, Bruns, & Cosgrove, 2009), 정신건강(Teich, Robinson, & Weist, 2008)에 긍정적인 영향을 미치고 있는 추세이다. 요약하자면, 우리는 학생들의 전반적인 건강과 웰빙을 해결하는 것이 학업 발달에 도움이 된다는 것을 알고 있다. 지난 몇 년 동안 엄청난 진전을 이룬 것은 의심할 여지가 없지만, 학생들은 더 많은 것을 필요로 한다. 우리의 주요 초점은 학생들이 정신건강 문제를 경험하거나 불필요한 제약을 받을 가능성을 줄인다고 알려진 보호 요인을 강화하는 것이다. 우리는 이 책을 통해 SEL이 사회적 · 정서적 · 행동적, 그리고 최종적으로 학업적 능력에 미치는 효과에 관한 증거를 검토하고, SEL의 실행 방법에 대한 지침을 제공하며, SEL에 시간과 자원을 투자할지와 방법을 결정하는 데 도움을 주고자 한다. [워크시트 1-1]은 지금까지 논의한 문제에 대해 성찰할 기회를 제공한다.

2 SEL 정의와 이해

앞 절에서 제시된 문제가 반드시 새로운 것은 아니지만, SEL으로 알려지게 된 것은 비교적 최근이다. 다니엘 골먼(Daniel Goleman, 1995)의 영향력 있는 저서 『정서 지능(Emotional Intelligence)』이 출간될 무렵, 여러 관련 분야의 연구자들은 학교 환경에서 아동과 청소년의 긍정적인 사회적·정서적·학업적 발달을 지원하기 위한 프레임워크를 개발하는 데 공통점을 찾고 있었다. 골먼의 책에 제시된 정보 외에도 **다중 지능**(multiple intelligence; Gardner, 1993), **회복탄력성**(resilience), **예방**(prevention)이 특히 관심을 끌었으며(Zins & Elias, 2004), 결핍과 병리에 초점을 맞추는 대신 희망으로 가득 찬 자산 기반 방향으로 나아가고 있었다. SEL이라는 용어는 1994년 펫저연구소(Fetzer Institute)가 주최한 회의에 참석한 연구자, 교육자, 아동 권리 옹호자가 예방 및 정신건강을 증진 노력을 진전시키기 위해 만든 용어이다(Greenberg et al., 2003). 이 펫저 집단의 활동에 참여했던 여러 사람이 이후 CASEL의 주요 창립자가 되었고, CASEL은 SEL의 목표를 홍보하는 영향력 있는 조직이 되었다.

알아보기 1-1 SEL의 정의

SEL에 대한 '공식적인' 정의는 없다. 몇 가지 정의가 제안되었는데, 그중 약간의 차이가 있다. 우리가 공감하는 한 가지 정의는 다음과 같다.

> 발달적·문화적으로 적절한 교실 수업과 일상 상황에서의 학습을 적용함으로써, SEL 프로그램은 감정을 인식 및 관리하고, 다른 사람의 관점을 이해하고, 긍정적인 목표를 설정하고, 책임감 있는 결정을 내리고, 대인관계 상황을 처리하는 아동의 기술을 발달시킨다(Greenberg et al., 2003, p. 468).

우리가 중요하게 생각하는 SEL의 또 다른 정의는 다음과 같다.

SEL은 아동과 성인이 감정을 이해하고 관리하며, 긍정적인 목표를 설정하고 달성하며, 타인에 대한 공감을 느끼고 표현하며, 긍정적인 관계를 맺고 유지하며, 책임 있는 의사결정을 내리는 데 필요한 지식, 태도, 기술을 습득하고 효과적으로 적용하는 과정이다(www.casel.org/what-is-sel).

SEL은 **사회적 역량 교육, 긍정적인 청소년 발달, 폭력 예방, 인성 교육, 1차 예방, 정신건강 증진** 등 여러 분야에 중점을 둔다. SEL은 이러한 중요한 노력을 대체하지 않으며, 학생들이 일상 과제를 효과적으로 탐색하는 데 필요한 태도와 기술을 설명하는 프레임워크와 이를 통해 아동과 청소년을 위해 수행할 수 있는 수단을 제공한다. 개인 내적, 대인관계, 인지 능력은 SEL 프레임워크를 사용하여 개발할 수 있다. 학습에 대한 강조는 이러한 기술을 교육, 연습 및 피드백을 통해 가르치고 배울 수 있다는 메시지를 전달한다. 학교 또는 기타 교육 환경과 자연스럽게 연결되며, 이는 암시적으로 특정 교육 활동, 수업 활동, 교육 과정이 이러한 목표를 촉진하는 데 사용될 수 있음을 암시한다.

1) 웰니스와 건강한 발달에 초점

[알아보기 1-1]에 제시된 SEL의 정의는 일반적인 틀을 제공하고 있으나, 교육자와 정신건강 전문가가 학생들과 함께 증진하고자 하는 특정 기술, 특성과 영역에 집중하도록 돕는 데 필요한 정확성이 부족하다. 따라서 몇 가지 추가 설명이 필요하다고 생각한다.

문제 아동 및 청소년의 예방과 치료를 위한 노력은 '웰니스란 무엇인가?' '웰니스를 보이는 학생의 특성은 무엇인가?' '웰니스를 어떻게 달성할 수 있는가?' 등의 질문 없이 병리를 고치거나 줄이는 데 초점을 맞추는 경우가 너무 많았다. 로리온(Lorion, 2000)은 "웰니스는 시간, 상황, 환경에 따라 발생하는 요구에 대처할 수 있는 정신적-논리적 능력을 의미한다."(p. 15)라고 언급하며, "웰니스는 단순히 기능장애를 피하는 지표로서의 역할보다는 그 자체로 긍정적인 상태이다."(p. 17)라고 제안하였다. 인간 대상 서비스 전문가들은 과거의 교육과 치료 모델의 조합을 통해 종종 질병을 진단하고 치료하는 도구로만 무장하고 있어서 웰니스를 고려할 기술과 시간이 줄어들었다. 이러한 전통적인 접근 방식은 더 나은 방향으로 변화하고 있다. SEL은 청소년이 병리를 피하거나 완화하는 것이 아니라 번영을 목표로 건강한 속도로 성장할 수 있도록 긍정적인 자산, 기술, 강점을 개발하는 데 중점을 둔다(Bonell et al., 2016).

웰니스로 가는 길

웰니스의 중요성을 이해했다면, 어떻게 웰니스를 이룰 수 있을까? 특히 건강하지 않은 사람은 어떻게 건강해질 수 있을까? 선구적인 예방 과학 연구자인 에모리 코웬(Cowen, 1994)은 '웰니스에 이르는 다섯 가지 경로'를 설명하면서 흥미로운 해답을 제시했다. 로체스터 대학교의 코웬과 동료는 획기적인 1차 예방 프로젝트의 연구 및 임상 지원 활동을 통해 다음과 같은 것들이 웰니스에 필수적이라는 사실을 밝혀냈다.

- **어린 시절부터 건강하고 긍정적인 애착 형성하기:** 어린 아동은 부모, 다른 주 양육자, 형제자매와 신뢰, 따뜻함, 애정이라는 긍정적인 관계가 필요하다. 초기 애착은 또래 및 교사와 같은 이후의 대인관계에서 긍정적 관계나 애착을 만드는 토대가 된다. 안전한 애착을 맺지 못하는 것은 이후 사회적 · 정서적 문제를 유발하는 요인이 된다.
- **연령에 적합한 발달 역량 획득하기:** 영유아기, 아동기, 청소년기의 각 단계에는 최적의 웰니스를 유지하고 발달 단계를 성공적으로 달성하기 위해 반드시 습득해야 하는 발달 역량이 있다. 아동마다 새로운 기술과 개념을 배우는 속도는 다르지만, 적절한 지원과 모델링, 멘토링을 받는 대부분의 아동은 이러한 역량을 습득할 수 있다.
- **웰니스 성과에 유리한 환경에 노출하기:** 환경은 웰니스의 강력한 원동력이다. 좋지 않은 환경에 노출된 일부 아동도 건강할 수 있지만, 건강할 확률은 높지 않다.
- **자신의 운명을 통제할 수 있다는 감각을 갖기:** 자신의 운명을 스스로 관리하고 개척할 수 있다는 믿음은 정서적 · 사회적 건강으로 이어지는 필수적인 경로인 것 같다. 심리학자들은 일반적으로 이러한 믿음과 사고의 형태를 '내적 통제력(internal locus of control)'이라고 부른다(Wood & Bandura, 1989).
- **스트레스를 효과적으로 다루기:** 스트레스는 인간으로서 피할 수 없는 부분이다. 크고 작은 스트레스 요인에 효과적이고 능동적인 방식으로 대응하는 능력을 키우는 것은 웰니스를 증진하는 또 다른 방법이다.

이러한 구성 요소는 발달과 웰빙에 영향을 미치는 것으로 밝혀졌다. 이러한 아이디어를 SEL을 통해 웰니스를 증진하는 방법의 일부로 포함하는 것이 중요해 보인다. 다행히도 이러한 각 경로를 다루는 구체적인 단계, 기술 및 개입 도구가 있다.

2) SEL 개념적 프레임워크

프레임워크는 SEL에서 학생들이 배우기를 원하는 내용, 학생 발달의 특정 단계에서 특정 목표가 중요한 이유, 프로그램 설계 및 실행을 안내하는 데 사용되는 이론, 학생 인구의 다양성(예: 장애 학생, 문화적 차이)을 다루는 방법, SEL 활동을 측정하고 이해관계자에게 결과를 보고하는 방법을 고려하는 데 도움이 될 수 있다(Blyth, Jones, & Borowski, 2018). 현재 SEL 노력과 활동을 조직하는 데 사용되는 프레임워크는 다양하다(Blyth et al., 2018; Berg et al., 2017의 논의 참조). 아동 발달, 발달 정신병리학, 예방 과학, 긍정적 청소년 발달, 공중보건 및 예방 과학, 교수 및 학습, 교육 및 생태체계, 사회 학습, 정보 처리, 인지 행동, 최근의 신경과학 및 마음챙김 기반 접근 방식은 SEL을 설계, 제공 및 지원하는 최선의 실천에 기여하는 핵심 요소 중 일부이다(Brackett, Elbertson, & Rivers, 2015). 실행 과학도 SEL에 상당한 이바지를 하고 있으며, 이를 통해 프로그램 효과를 극대화하는 데 필요한 변수와 단계에 세심한 주의를 기울이고 있다(Durlak, 2015; Graczyk, Domitrovich, Small, & Zins, 2006).

현재로서는 어떤 이론도 SEL에 가장 많은 기여를 한 것으로 간주되지는 않지만(Brackett et al., 2015), 특정 SEL 프로그램, 전략 또는 포괄적인 모델을 개발하는 데 사용된 이론적 프레임워크와 이를 뒷받침하는 증거를 고려하도록 권장한다. SEL이 더 많은 관심을 받고 차선의 치유를 약속하는 주장들이 넘쳐 나는 지금, 우리는 분별력 있는 안목으로 사려 깊게 숙고하라는 최선의 실행에 관한 기본 원칙을 따르도록 권고한다. 그렇게 하는 것이 장기적으로 가장 효율적이고 효과적이다.

여기에서는 CASEL에 의해 개발된 프레임워크를 살펴볼 것이다. 이 프레임워크는 학생 발달에 필수적인 SEL 역량 영역과 SEL 프로그램 목표를 달성하는 데 관여하는 다양한 생태학적 환경을 함께 이해하는 데 도움을 줄 것이다. 이 프레임워크는 SEL에 대한 '전체 학교 접근 방식'을 취한다. 즉, SEL은 학교의 모든 영역에 걸쳐 모든 교직원이 참여하는 조율된 행동을 통해 촉진된다(Meyers et al., 2015). 학교, 가족, 지역사회 조직이 모두 소중한 참여자이며, 학생들을 위해 협력하는 모든 생태계의 파트너십도 중요하다(Albright & Weissberg, 2010; Smith et al., 2020; http://www.casel.org/what-is-SEL). 독자들은 http://www.casel.org에서 이 프레임워크에 대한 업데이트를 확인할 것을 권장한다.

[그림 1-1]에서 중앙의 세 개의 원을 살펴보자(Weissberg, Durlak, Domitrovich, & Gullotta, 2015). SEL은 학생들의 생태계에 다른 체계들을 포함해야 한다. 교실 수업은 하루 종일 SEL을 통합하고, 학교 분위기에 긍정적인 영향을 미치는 정책과 관행을 시행하며, SEL에 학부

모와 지역사회 구성원을 참여시키고 지원한다. 원 중앙에는 자기 인식, 자기 관리, 사회적 인식, 관계 기술, 책임 있는 의사결정이라는 다섯 가지 학생 중심 역량이 있다. 이러한 역량은 이 장의 앞부분에서 논의한 SEL의 대인관계(사회적), 개인 내적(정서적), 인지적 특성을 반영한다. 〈표 1-1〉에는 다섯 가지 역량 영역과 그에 수반되는 특성에 대한 설명, 그리고 각 역량 영역의 실행 예가 나열되어 있다. SEL을 통해 학생들은 이러한 역량 영역과 관련된 긍정적인 단기 및 장기 성과([그림 1-1]의 오른쪽 항목 참조)를 가져오는 기술을 배우게 된다(Oberle, Domitrovich, Myers, & Weissberg, 2016). [워크시트 1-2]를 사용하여 현장에서 역량이 어떻게 개발되고 있는지를 고려할 수 있으며, 현재와 미래의 요구 사항을 파악할 수 있다.

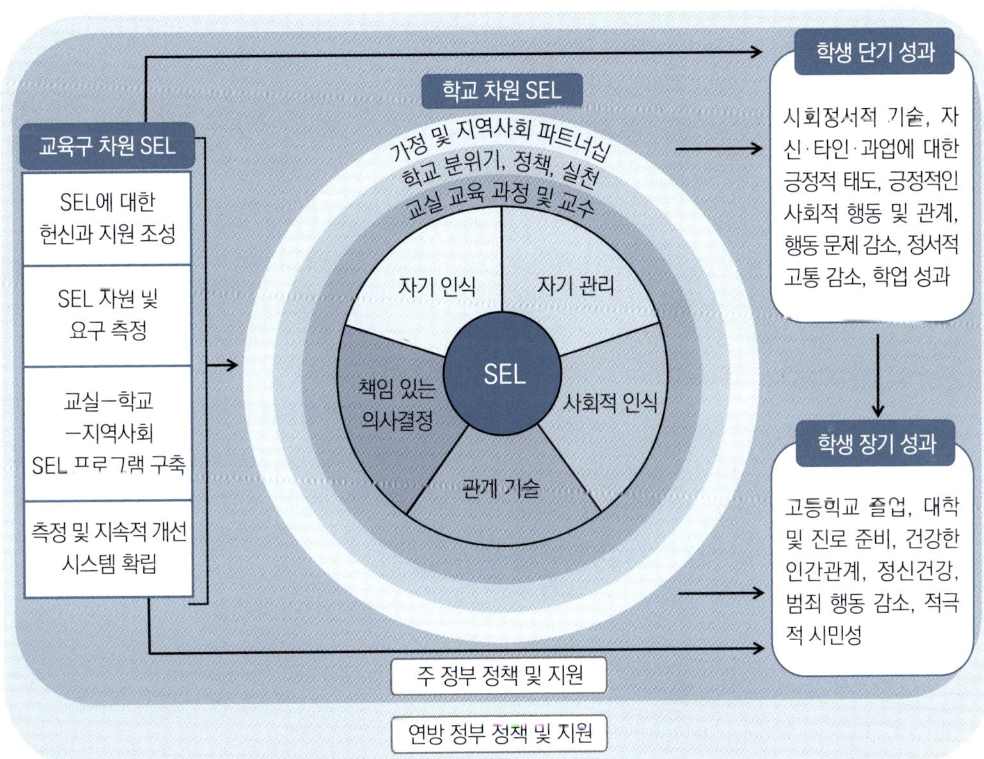

[그림 1-1] 교육 현장에서의 체계적 SEL 개념적 모델

출처: Weissberg, Durlak, Domitrovich와 Gullotta(2015)에서 발췌. 저작권 ©2015 The Guilford Press. 허가를 받고 재인쇄.

〈표 1-1〉 CASEL의 사람 중심 SEL 역량과 환경 요소에 대한 설명과 예시

기술	설명	예시
자기 인식	자신의 정서, 사고, 행동을 식별하고, 강점, 약점, 가치를 인식하며, 자기 효능감과 낙관성을 가지고, 성장 마인드를 활용할 수 있는 능력	한 학생이 자신이 어려워하는 과목인 수학을 공부하면서 좌절감을 느끼고 있다는 것을 인식한다. 그는 연습하면 수학 실력이 향상될 것이라고 믿고 교사에게 도움을 요청한다.
자기 관리	개인 목표를 설정하고 달성하기 위해 자신의 감정, 생각, 충동, 스트레스 및 행동을 모니터링하고 관리하는 능력	한 학생이 시험 공부를 하는 동안 매우 불안해하며 미루기 시작한다. 이 학생은 이러한 느낌과 행동을 인식하고 몇 번 숨을 고른 다음, 스스로에게 "일단 시작하면 기분이 나아질 거야. 너는 할 수 있어."라고 말한다. 그녀는 숙면을 취하기 위해 한 시간 후에 공부를 멈출 수 있다고 다짐하게 한다.
사회적 인식	다른 사람의 관점과 감정을 인식하고, 공감하고, 타인과 차이를 존중하고, 사회적 규범과 윤리를 이해하고, 자원을 파악하는 능력	학생회에 제출된 문제를 해결하는 방법에 대해 서로 다른 생각을 가지고 있지만, 한 학생은 다른 학생회원이 그 문제에 대해 어떻게 생각하는지 듣게 된다. 그는 문제를 바라보는 여러 가지 타당한 방법이 있다는 것을 인식한다.
관계 기술	만족스러운 대인관계를 달성하기 위해 의사소통, 협력, 협상, 갈등 관리, 지원 제공·요청·받기, 유해한 사회적 압력 피하기 등의 능력	집단 작업을 하는 동안 한 학생은 발표자와 적절한 눈맞춤, 교대로 대화하기, 다르게 표현하기 등 효과적인 의사소통 기술을 사용한다. 그녀는 집단이 일을 나누어 각자가 맡은 부분을 담당하도록 제안한다. 또한 집단 구성원들이 서로 질문하고 언제든지 교사에게 도움을 요청할 수 있다고 말한다.
책임 있는 의사결정	도전을 인식하고 문제의 원인이 되는 윤리적, 사회적, 안전 문제를 고려하고, 효과적인 문제 해결 단계에 참여하며, 자신의 행동을 평가하고 반성할 수 있는 능력	한 학생이 '다른 학생의 집에서 파티가 열린다'는 소식을 듣는다. 그는 파티에 마약이 있을 것이라고 확신한다. 그는 믿을 수 있는 친구에게 문자를 보내 조언을 구하고 파티에 가지 않기로 결심한다. 다음 날 아침, 그는 힘든 결정이었지만 자신의 결정에 대해 여전히 기분이 좋다.

출처: SEL 기술과 설명은 Weissberg, Durlak, Domitrovich와 Gullotta(2015, pp. 6-7), www.casel.org에 기반함.

이상적으로는 SEL은 가정과 지역사회에서도 이루어져야 한다. 어른들은 아동들이 자신의 사회적·정서적 필요에 주의를 기울이고, 효과적인 대처 기술을 모델링하고, 지역사회 자원에 접근하며, 공감을 보여 주고, 자신감을 가지고 도전에 직면하며, 의미 있는 관계를 발전 및 유지하고, 인생의 불가피한 장애로부터 회복할 수 있도록 키워야 한다. 우리의 현실은 웰니스 활동과 결과를 선호하는 가정 및 지역사회 환경에서 모두가 동등한 위치에 있지 않다는 것이다. 하지만 모든 학생에게, 학교 차원의 SEL 노력은 현대 사회에서 끊임없이 증

가하는 사회적 스트레스와 요구에 대처하고 번영할 수 있는 발판을 제공함으로써 부정적인 결과를 방지할 수 있는 잠재력을 가지고 있다.

우리는 더 이상 대부분의 사람이 인생에서 잘 적응하고 성공하는 데 필요한 최소한의 역량을 개발할 것이라고 가정할 수 없으며, 학생들이 학교 교육을 통해 명시적으로 읽는 방법을 배우지 않고도 읽는 법을 배울 것이라고 가정할 수 없는 것처럼, 교육 및 숙달 계획 없이 학생들이 역량을 발달시킬 것이라고 가정할 수 없다. 우리는 사회정서적 회복탄력성을 학업과 동등하게 학교의 우선순위로 삼고 보편적 SEL을 일반적인 학교 교육 과정에 통합하는 것을 지속적으로 주장해야 한다. 20여 년 전 브렌트(Brandt, 1999)는 학교에서의 보편적 SEL의 필요성에 관해 썼다.

> SEL은 새롭기도 하고 아주 오래된 아이디어이기도 하다. 모든 문화와 모든 세대에 걸쳐 교육자와 부모는 아이들의 행복감과 다른 사람들과 잘 지낼 수 있는 능력에 관심을 가져왔다. 물론 오늘날의 사회 환경에서 교사는 학문적 지식과 기술을 최우선시하더라도 학생들의 개인적·사회적 발달에 관심을 기울일 수밖에 없다(p. 173).

3 다층적 예방 모델과 SWPBIS 내에서 SEL 사용하기

대부분의 SEL 실천은 프로그램과 전략을 사용하여 교실에서 진행된다. 하지만 독립형 프로그램이 지원 없이도 특별한 성과를 내고 지속 가능할 수 있다고 믿는 것은 근시안적인 생각이다. 몇 년마다 유행하는 새로운 프로그램과 행정적 의무가 시행되다가 다음 새로운 프로그램이나 의무에 밀려 폐기되는 것을 볼 때 느끼는 좌절감을 잘 알고 있다. 우리는 한때 열광적인 호응을 얻었던 프로그램이 나중에 중요한 부분에서 부족함이 발견되어 폐기되는 것을 경험하였다. SEL은 최신 유행이나 새로운 아이디어가 아니다. SEL은 교육 및 사회 문제에 대한 독립적인 해결책이나 만병통치약도 아니다.

SEL에 대한 생태학적 체계 관점은 SEL이 좌절스럽고 비인격적이며 달성할 수 없는 경직된 접근 방식이 아니며, 유연하게 그리고 증거에 기반하여 SEL이 채택되어야 한다는 필요성을 보여 준다(Oberle et al., 2016; [그림 1-1] 참조). SEL은 다른 증거 기반 교육 및 행동 접근 방식을 보완하고 함께 활용될 수 있다. 우리의 견해로는 SEL은 효과적인 교과 수업, 배려하고 양육하는 학교 환경, SWPBIS[또는 긍정적 행동 개인 및 지원(Positive Behavioral Interventions and Support: PBIS)]와 함께 안전하고 효과적이며 배려하는 학교의 기본 토대이다. 건강한 교육 체계의 요소들에 대한 우선순위를 정할 때, 이러한 요소들이 서로 연결되어 있다는 점을 인식하는 것이 중요하다.

1) MTSS

SWPBIS의 흥미로운 측면 중 하나는 그 핵심이 질병의 예방과 치료에 대한 공중보건 접근의 영향을 크게 받는다는 점이다(예: Merrell & Buchanan, 2006; OSEP Technical Assistance Center, 2008; Walker et al., 1996). 나는 예방적 개입 서비스를 제공하는 공중보건 모델이 SEL에 이상적으로 적합하다고 생각한다.

기본 공중보건 모델은 흔히 세 개의 뚜렷한 수준이 있는 삼각형으로 시각화된다([그림 1-2] 참조). 따라서 이를 설명할 때 **3단계 예방 모델**(three-tiered prevention model)이라는 용어가 일반적으로 사용된다. RTI 및 MTSS와 같은 다른 용어들도 이 기본적인 예방 모델에 적용되며, 세 가지 이상의 지원 수준을 가질 수 있다. 우리의 목적상 전체 삼각형은 학교 환경 내의 모든 학생을 나타내며, 그중 대다수는 큰 어려움을 겪고 있지 않다(즉, 삼각형의 아랫부분, 약 80%의 학생). 전체 학생 중 일부는 심각한 문제가 발생할 위험이 있으며, 이는 중간 부분으로 약 15%의 학생이다. 이보다 더 적은 수의 학생들이 심각한 어려움을 겪고 있다(즉, 최상위 부분, 약 5%의 학생). 1차적이고 보편적인 예방 노력은 삼각형의 맨 아랫부분에 있는 학생들을 대상으로 한다. 2차 및 3차 예방 노력은 각각 삼각형의 중간과 윗부분에 있는 학생들을 대상으로 한다. [그림 1-2]는 이러한 개념을 보여 준다. 초등, 중·고등학생의 비율은 학교의 전반적인 건강 상태를 나타내는 지표가 될 수도 있다. 예를 들어, 학생의 40%가 특정 행동 지원이 필요하다면, 학생들에게 이 행동을 기대하는 것은 적절하지 않으며 별도로 가르칠 필요가 있다.

많은 학교에서는 일반적으로 대부분의 정신건강 서비스를 3차 수준의 학생에게 집중한다. 역사적으로 학교 심리학자나 학교 상담사와 같은 학교 실무자들은 이러한 학생들에게 사례별로 3차 예방 서비스를 제공하는 데 대부분 시간과 노력을 쏟는 경향이 있다. 이러한 학생들은 학교 차원에서 가장 적은 비율을 차지하지만, 학교 교직원에게 가장 많은 시간과 자원이 필요한 경우가 많다. 그러나 이러한 업무 수행 방식은 지속적인 위기 개입 모드에 대한 처방이다. 동시에 변화를 끌어내는 데에는 매우 현실적인 어려움이 있다. 즉, 도움이 절실히 필요한 학생 수가 줄어들지 않고 있고, 교직원 인력이 수요를 따라가지 못하고 있으며,

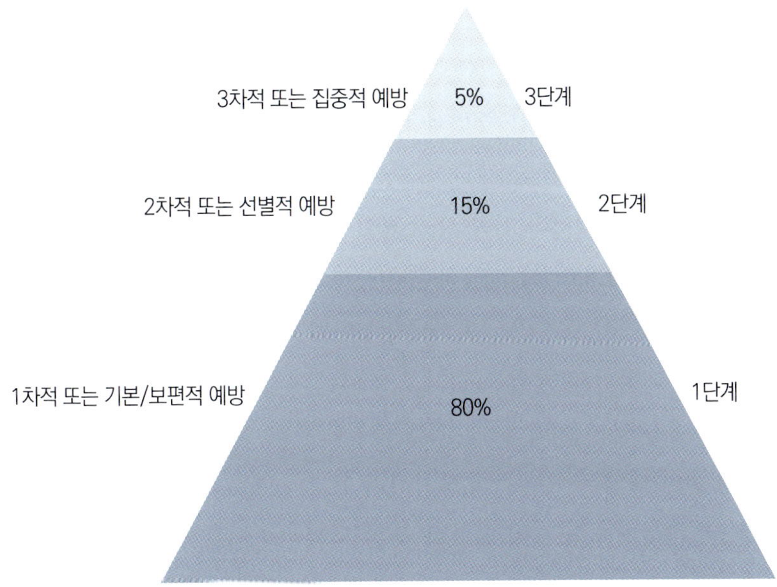

[그림 1-2] 3단계 '지원 삼각형'

이러한 상황에서 학교 전문가들은 소진될 수 있고, 학생들이 필요한 사전 예방적 치료를 받지 못하는 것은 말할 것도 없다. 우리는 늘어나고 있는, 집중적 노움이 필요한 학생들을 지원하기 위해 점점 더 열심히 일하고 있기에 예방에 투자할 시간과 자원이 적고 뒤처지고 있다. 우리는 SEL이 학교의 정신건강 증진 모델로 전환하는 데 중요한 역할을 하고 있다고 생각한다.

SEL은 지원 삼각형(triangle of support)의 모든 수준에서 잠재적으로 유용하다. SEL은 일반 학교 교실에서 모든 학생의 정신건강과 회복탄력성을 증진하는 방법으로 사용할 수 있으며, 어려움을 겪고 있고 조금 더 도움이 필요한 학생에게는 더 집중적인 방식으로, 그리고 상당한 도움이 필요하고 훨씬 더 도움이 많이 필요한 소수의 학생에게는 그만큼 더 집중적인 방식으로 사용할 수 있다. 큰 그림을 보고 모든 학생의 필요를 고려한다는 생각은 현재 큰 어려움을 겪고 있지 않은 학생에게 자원과 에너지를 이동하여 그들이 삼각형의 '꼭대기'로 올라갈 확률을 줄일 수 있는 기술을 증진하기 시작해야 한다는 것을 시사한다. 본질적으로 문제 행동 예방은 학교 차원와 학급 차원에 효과적인 실천 적용, 지속적인 모니터링 및 데이터 기반 의사결정, 교직원 교육 및 전문성 개발, 학생의 학습과 건강을 증진하는 학교 환경 조성을 위한 노력을 동원하는 것을 의미한다.

2) SWPBIS

SWPBIS와 SEL은 학생 건강의 측면을 달성하기 위한 상호 보완적인 접근 방식이다. SWPBIS는 모든 수준의 예방 또는 계층에 적용되는 주요 행동 원칙을 기반으로 하는 학교 규율 및 행동 관리에 대한 데이터 기반 접근 방식이다. SWPBIS는 주로 교칙 위반에 대한 처벌에 중점을 두는 사후 대응적 접근 방식을 지양하고 학교의 적극적인 교육과 적절한 행동 강화에 중점을 둔다는 점에서 기존의 많은 행동 관리 체계와 다르다. 학생의 행동 위반에 대해 여전히 공정하고 효과적인 처벌이 적용되고 있지만, 학생에게 무엇을 하지 않기를 기대하는 것이 아니라 무엇을 하기를 기대하는지에 중점을 두고 있다. 규칙 위반에 초점을 맞춘 사후 반응적, 처벌 기반 체계는 그다지 효과적이지 않고, 적절하게 대처하는 데 필요한 기술을 가르치지 않으며, 단기적으로 문제 행동만 강조한다는 많은 증거가 있다(Crone, Hawken, & Horner, 2004). 또한 이러한 실천은 유색인종 학생에 대한 불균형적인 훈육, 학생의 교육 시간 손실(예: 교육청 의뢰, 구금, 정학), 건강하지 못한 학교 환경과 같은 부정적인 결과와 관련이 있는 경우가 많다(예: Skiba, Arrendondo, & Williams, 2014).

SWPBIS는 일부 개별 교실이 아닌 학교 차원에서 시행하도록 설계되었다. 학교 차원의 노력의 장점은 교직원과 환경 전반의 기대, 규칙 및 절차에 일관성이 있다는 것이다. SWPBIS를 행하는 학교에서 근무하는 교사와 교직원은 학생의 행동을 어떻게 관리해야 하는지에 대한 명확한 기대를 가지고 있으며 관리자로부터 일관된 지원을 받는다. 지속적인 데이터 수집과 검토는 사용 중인 전략의 효과에 대해 의사결정을 내리고 조정할 수 있는 범위를 평가하는 데 사용된다. 교직원은 이러한 노력에 대해 교육과 지원을 받으며, 체계적인 변화가 주요 목표이다.

이 시점에서 SWPBIS와 SEL 간에 많은 유사점을 발견할 수 있다. 실제로 이러한 접근 방식은 양립할 수 있고 상호 보완적이라고 생각하지만, 중요한 차이점도 있다. 베어와 동료들(Bear et al., 2015)은 각 접근 방식의 장단점과 두 접근을 함께 사용할 수 있는 방법에 대해 언급하면서 두 접근에 대한 훌륭한 개관을 제공했다. 유사점은 다음과 같다.

- MTSS 내에서 모든 학생에게 초점을 맞추고 각 학생의 필요 수준을 적절히 다룬다.
- 연구와 증거를 바탕으로 교육 방법과 전략을 활용하여 체제 차원의 변화와 긍정적인 학생 성과를 창출하는 것을 목표로 한다.
- 유효하고 신뢰할 수 있는 평가 방법을 사용한다.

- 실행의 질에 대한 주의를 요한다.
- 학생의 행동과 학교 분위기에 긍정적인 영향을 미치는 것을 목표로 한다.
- 교직원 교육 및 지원의 우선순위를 정하고 제공한다.
- 관리자 리더십, 교육자 지원, 교직원 참여가 필요하다.
- 심각하고 만성적인 학생 문제를 해결하기 위한 계획을 세운다.

SWPBIS는 행동 이론에서 개발되었으며, 행동 평가, 변화를 위한 전략, 효과 측정을 위해 빈번한 평가를 하는 응용 행동 분석을 사용한다. 결과적으로 행동 기대에 대한 직접적인 교육과 강화 원칙을 적용한다. 반대로 SEL은 더 광범위한 이론적 기반에서 파생된다. 결과적으로 교육 과정과 전략은 정서 인식 및 관리, 기분과 행동의 추동으로서의 인지 인식, 자기효능감 개발, 관계성(예: 관점 취하기, 공감) 및 의사결정 기술(예: 윤리, 문제 해결)을 강조하는 경향이 있다.

우리는 두 가지 접근 방식이 함께 잘 작동할 수 있다는 베어와 동료들(Bear et al., 2015)의 평가에 동의한다. 사실, SEL 프로그램을 통한 효과적인 교육의 전제 중 하나는 SEL 교육 전에 효과적인 행동 관리 체계가 마련되어 있어야 하고 이를 교육 전반에 걸쳐 사용해야 한다는 것이다. 우리의 경험에 따르면, SEL 수업의 실행은 학교의 훈육 체계가 일관적이지 않거나 심지어 무계획적으로 운영되는 학교보다 SWPBIS를 행하는 학교에서 더 원활하게 진행된다. 또한 예비 연구에 따르면, 행동에 대한 학교 차원의 접근 방식(예: SWPBIS)과 SEL을 함께 사용할 때 추가적인 이점이 있는 것으로 나타났다. 두 가지를 함께 적용받았을 때, 한 가지만 받았을 때보다 학생들의 정신건강이 전반적으로 향상되었다(Cook et al., 2015).

차례로 SEL 전략을 사용하면 SWPBIS의 기술 교육 및 습득 측면에 도움이 될 수 있다. 감정 조절 능력이 떨어지는 학생은 종종 부적응적인 행동을 통해 자신을 표현하는 경향이 있다. 학생의 감정이 더 잘 조절되면 행동도 더 잘 조절된다. 학생들에게 자신의 감정 반응을 이해하고, 사고 과정을 수정하고, 일상적인 문제를 해결하는 방법을 가르치는 활동과 교육을 추가하면 SWPBIS를 통해 길러진 행동을 향상시킬 수 있다. 또한 SEL은 외현적이고 파괴적인 행동에 대한 주된 초점을 넘어 학생의 인지, 정서, 회복탄력성의 영역으로 확장함으로써 SWPBIS 노력의 범위를 넓히는 잠재력을 가지고 있다. 마지막으로, 우리는 교육자 자신의 회복탄력성과 능력을 구축할 기회가 점점 더 많아지고 있다고 생각한다. SEL 역량과 기술에 초점을 맞추어 SWPBIS와 SEL을 효과적으로 전달할 수 있다. 이 주제는 제8장에서 논의한다.

요약하면, 우리는 SEL과 SWPBIS를 조화로운 파트너로 보고 있으며, 각각은 서로의 도달

범위를 향상하면서 학생을 지원하는 구조를 제공한다. 베어와 동료들(Bear et al., 2015)은 두 접근 방식 중 하나 또는 둘 다 채택하는 정도는 교육 환경의 필요에 따라 달라진다고 적절하게 지적한다. SEL과 SWPBIS가 서로를 보완할 방법과 그 적용을 지지할 방법을 고려하는 것이 바람직하다.

4 SEL의 이점: 연구 결과

이 시점에서 'SEL이 효과적인가?'라고 질문할 수 있다. 간단히 말해서, 대답은 '그렇다'이다. 흥미롭게도 SEL과 관련된 연구는 20세기로 거슬러 올라간다(Osher et al., 2016). 시간이 지남에 따라 SEL은 특정 연구 영역이 되었으며, 그 효과와 이상적인 실행 수단과 지속 가능성을 이해하는 데 점점 더 초점을 맞추고 있다. 가장 최근에는 접근성이 높은 형식으로 이 작업을 설명하는 훌륭한 요약본이 출판되었다(예: Mahoney, Durlak, & Weissberg, 2018; Aspen Institute National Commission on Social, Emotional, and Academic Development, 2019). 〈표 1-2〉에는 SEL을 평가하는 주요 연구가 요약되어 있다. SEL의 개입은 다양한 지리적·사회인구학적 특성을 가진 수천 명의 학생과 함께 여러 계층에 걸쳐 적용되었다. 여러 연구에서 광범위한 사회적·정서적·행동적·인지적·학업적 역량 영역의 효과를 측정했으며, 시간이 지나도 지속적으로 긍정적인 효과를 보여 주었다. 페이턴과 동료들(Payton et al., 2008)은 "SEL 프로그램은 학령기 청소년에게 제공된 가장 성공적인 개입 중 하나이다."(p. 6)라고 언급했다.

연구를 검토할 때 고려해야 할 몇 가지 문제를 강조하고자 한다. 첫째, 〈표 1-2〉에서는 다양한 환경에서 여러 프로그램을 평가한 메타분석 연구의 전반적인 결과와 중요한 실행 변수를 검토한다. 둘째, 위험도가 높지 않거나 중간 정도인 학생보다 위험도가 높은 것으로 간주된 학생의 효과가 더 큰 것으로 측정된 경우가 많다. 또한 일부 긍정적인 효과는 작지만 시간이 더 지나야 완전히 실현되었다(Jones & Bouffard, 2012). 셋째, 효과적인 프로그램이 있기는 하지만 프로그램만으로 긍정적인 결과를 가져오는 것은 아니라는 점을 강조하고 싶다. 포괄적인 실행 프레임워크가 중요하며, 관련 이해관계자의 의견과 지원을 포함하는 비전과 계획 채택, 모든 교육, 가정 및 지역사회 환경에서의 전략 조정, 증거 기반 프로그램을 충실하게 실행하는 것(즉, 프로그램 제공 의도 방식), 모든 교직원에게 지속적이고 전략적인 전문성 개발 제공, 정기적으로 진행 상황을 평가하고 필요에 따라 과정을 수정하는 것 등 프

〈표 1-2〉 SEL 측정 연구 요약

Payton et al. (2008)	• 3건의 메타분석, 317개 연구(보편적 · 선별적 수준 및 방과 후 프로그램) 평가 · 분석, 총 표본 N=324,303명(유치원~8학년) • 긍정적 결과: 사회적 · 정서적 · 행동작 기술 향상 및 문제 감소, 학업 성과 개선(출석률 증가, 중도 탈락률 감소), 학생 태도 개선, 프로그램 시행 이후에도 많은 효과가 장기간 지속됨
Durlak et al. (2011)	• 213개 학교 기반 보편적 프로그램을 대상으로 한 메타분석, 총 표본 N=270,034명(학령 전~고등학생) • 페이턴과 동료들(Payton et al., 2008)과 유사한 사회정서적 영역에서의 긍정적 효과 확인 • 학교 교직원이 직접 가르칠 때 효과가 더욱 큼 • 프로그램이 SAFE[순차적(Sequenced), 적극적(Active), 집중적(Focused), 명시적(Explicit)] 절차를 충실히 따를 때 모든 영역에서 학생의 긍정적 성과가 두드러짐
Sklad, Diekstra, Ritter, Ben, & Gravesteijn (2012)	• 75개 학교 기반 보편적 프로그램 대상 메타분석, 초 · 중 · 고등학생 • 프로그램의 25%가 학교 분위기 개선에 초점 • 긍정적 결과: 사회정서적 기술, 친사회적 행동, 반사회적 행동 감소, 학업 성취, 자아상, 약물 남용 및 정신건강 문제 감소. 가장 강력한 효과는 사회적 기술 영역에서 나타남. • 교사, 연구자, 정신건강 전문가가 프로그램을 시행했을 때 모두 유사한 학생 성과 도출 • 북미 지역과 그 외 지역에서 유사한 결과 관찰
Taylor, Oberle, Durlak, & Weissberg (2017)	• 82개 학교 기반 보편적 프로그램을 대상으로 한 메타분석, 총 표본 N=97,406명(유치원~12학년) • 긍정적 결과: 사회 정서적 기술, 행동, 자기와 타인에 대한 태도, 학업 지표 향상, 정서 문제, 약물 사용 위험, 반사회적 행동 감소 • 미국 내 · 외 연구 모두에서 일관된 효과 확인 • 다양한 인종 및 사회경제적 배경을 가진 학생들이 프로그램 참여 후 평균 1~4년, 최대 18년까지 혜택을 누린 것으로 나타남

레임워크의 핵심 요소를 이 책에서 논의한다(Oberle et al., 2016).

추가 연구의 필요성은 여전히 남아 있다. 우선순위는, (1) 긍정적인 성과를 유발하는 프로그램 또는 전략의 특정 구성 요소를 파악하기, (2) 이러한 전략이 어떻게 긍정적인 효과를 창출하는지에 대해 이해하기(즉, '변화의 메커니즘은 무엇인가?'), (3) 학생의 요구와 SEL의 접근 방식을 보다 정확하게 일치시키고 효과적으로 적용하기, (4) 실행 과학에서 특정 프로그램이 최선의 실행에 적용되는 정도를 평가하기, (5) 학업 성과, 실시간 기술 적용 및 교육자의 SEL 기술과 같은 중요한 영역을 평가하기 위해 측정 기법을 개발하고 사용하기, (6) 성과의 장기적인 효과 확인하기 등이다. 이러한 쟁점과 더 많은 사항은 『사회정서학습(SEL) 핸드북

(The Handbook of Social and Emotional Learning)』(Durlak, Domitrovich, Weissberg, & Gulotta, 2015)과 존스와 부파드(Jones & Bouffard, 2012)와 존스, 반스, 베일리와 둘리틀(Jones, Barnes, Bailey, & Doolittle, 2017)의 개관 논문에서 엄격한 문헌 검토 및 전문 지식을 통해 종합적으로 제시되었다.

요약하면, 지금까지 선행 연구를 통해 얻은 SEL에 관한 증거는 전반적인 학생 발달에 대한 효과적이고 실행 가능한 접근 방식으로서 설득력이 있으며 향후 몇 년 동안 개선될 것임을 보여 준다. 그리고 이를 위해서는 SEL에 참여하는 모든 공동체 간의 파트너십이 강화되어야 한다. 와이스버그(Weissberg, 2019)는 지난 40년간의 현장 경험을 되돌아보며 이 생각을 간결하게 표현했다.

> 우리의 공동 노력의 가장 큰 영향은 SEL 연구, 실천 및 정책을 발전시키는 교육 분야를 만들고 체계화하는 데 도움을 주는 것이었다. 그 과정에서 나와 내 동료들은 협업을 핵심 원칙으로 받아들였다. 교육 분야 구축은 한 사람이나 소규모 집단의 전문성을 훨씬 뛰어넘는다. 협력적인 공동체 실행 연구는 기꺼이 도전하고 모범 사례와 정책을 함께 만들려는 다양한 사람과 함께 고민할 때 가장 큰 영향력을 발휘한다(pp. 67-68).

나는 전적으로 동의하며, 이러한 과정에 참여하기 위해 최선을 다하고 있다. 당신도 동참해 주기를 바란다!

5 법률, 정책과 SEL의 최신 동향

학교 환경에서의 아동이나 청소년에 대한 SEL의 잠재적 혜택은 주 및 연방 수준 모두에서 정책 입안자 및 기타 정부 관리자의 관심을 받게 되었다. 미국에서는 국제적인 관심과 함께 입법 및 정책적 조치가 증가하고 있다(Torrente, Alimchandani, & Aber, 2015). 〈표 1-3〉은 미국에서 통과되어 SEL의 채택 및 실행을 형성하고 있는 주목할 만한 법안을 요약한 것이다.

2015년의 「모든 학생 성공법(Every Student Succeeds Act: ESSA)」은 SEL을 주류 교육 계획에 포함시킬 수 있는 가장 큰 기회를 제공하였다. 이 조항은 학생들의 일상적인 교육에 SEL을 포함시킬 수 있는 잠재력을 가지고 있다. 정책 입안자들은 이를 어떻게 활용하는가? 게일(Gayl, 2017)은 다섯 가지 아이디어를 제안했다.

〈표 1-3〉 SEL과 관련된 미국 법률 요약

법	요약
「아동의 정신건강법(Children's Mental Health Act)」(2003), 일리노이주 (Illinois Department of Healthcare and Family Services)	• 이 법이 통과되면서, 일리노이 아동 정신건강 파트너십(Illinois Children's Mental Health Partnership: ICHMHP; www.icmhp.org) 구성이 촉진되었다. • 일리노이 아동 정신건강 플랜(Illinois Children's Mental Health Plan)은 0~18세 청소년을 위하여 마련되었고, 청소년의 필요와 권장 사항을 연결한다. • 공립학교는 사회 및 성서 교육을 위해 지원을 확인해야 한다. • 사회정서적 발달, 정신건강 주제, 지역사회 협업, 문화적으로 포용적인 실천, 돌봄 접근성 확대, 옹호에 대한 공적인 인식을 향상하는 데 초점을 둔다.
「가렛 리 스미스 추모법(Garret Lee Smith Memorial Act)」(2004), 미국의회 (congress.gov)	• 약물 남용과 정신건강 서비스국(Substance Abuse and Mental Health Services Administration: SAMHSA) 내에 프로그램을 만들었고, 이 프로그램은 전체 주를 아우르는 지역사회 기관 및 대학교 캠퍼스에 제공되는 예방과 개입 전략을 포함하고 있다. • 목표: 자살 예방, 증가하는 정신건강 문제에 대한 인식, 웰니스 촉진
「아동의 정신건강법(Children's Mental Health Act)」(2006), 뉴욕주 (New York State Office of Mental Health, 2008)	• 초등학교 및 중·고등학교 교육 프로그램에서 SEL 프로그램 및 사회정서적 발달 사용을 장려한다. • 2008년에 SEL과 관련된 구체적인 조치가 설명되었다. – SEL은 모든 생활 영역에서 성공의 기반이 된다. – 회복탄력성 증진을 위해 가족들의 참여와 지원을 이끌어 낼 수 있는 역량을 강화해야 한다. – SEL 노력은 통합되어 가용될 수 있다. – 증거에 기반하고 문화적으로 포용적인 실천을 채택할 수 있는 인력을 개발해야 한다.
「모든 학생 성공법(Every Student Succeeds Acts: ESSA)」(2015), 미국의회 (U.S. Department of Education, 2015)	• 1965년 「초중등교육법(Elementary and Secondary Education Act)」 재개정, 학생 교육의 기회 균등을 위한 청사진 • SEL에 적합한 7개 조항(CASEL, 2017a) – 학교의 질/학생의 성공을 평가하는 데 적어도 하나의 '비학업적' 지표를 사용할 수 있다. – 환경과 기술 구축을 지원하는 활동에 예산을 할당할 수 있다. – 대인관계 발전, 괴롭힘 예방, 학교 차원의 행동 지원, 멘토링 및 상남 제공에 관한 권장 사항이 제시되었다. – 관련성 있고 지속 가능한 증거 기반의 전문성 개발을 위한 가이드라인이다. – 학교는 '전문 교육 지원 인력'을 계획하고 학업 또는 정신 및 행동장애를 겪고 있는 학생을 파악하여 지원할 수 있다. – 학교 개선 계획에는 사회정서적 목표가 포함될 수 있다. – 교육 혁신 및 연구 프로그램은 정책 및 실무에 대한 증거 기반 접근 방식을 지원한다.

- 학생의 성공을 정의할 때 학생의 사회정서적 발달을 포함하라.
- SEL을 효과적으로 가르치고 모범을 보일 수 있도록 교사를 교육하고 지원하라.
- 증거 기반 SEL을 전반적인 학교 개선 계획의 일부로 포함하라.
- Title IV의 예산으로 SEL과 관련 공동체의 파트너십을 지원하라.
- SEL에 관한 정보를 대중과 공유하여 인지도를 높이라.

미국 교육부와 국립정신건강연구소(National Institute of Mental Health)는 SEL과 직접 연결된 연구, 교육 보조금 및 모델 프로젝트에 자금을 지원했다. 또한 교육자 및 정신건강 전문가에게 SEL을 확산하고 교육을 제공했다. 여러 주에서 SEL을 장려하는 법안을 도입했다(National Conference of State Legislatures, 2017). 우선순위에는 현직 교사 교육 제공, 최선의 실천을 개발하기 위한 태스크포스 구성, 학교, 가정 및 지역사회 전반에 걸쳐 인성 교육에 대한 책임 공유, 학습 표준 실행 등이 포함된다. 아동위원회(Committee for Children)는 SEL을 인정하고 지원하는 주 법률을 따르는 조직 중 하나이며(www.cfchildren.org 참조), SEL을 우선순위에 두기 위해 신뢰할 수 있고 지정된 자금 지원을 마련하였다(Committee for Children, 2019).

시간이 지남에 따라 각 주에서 「ESSA」 및 기타 법률의 조항을 어떻게 해석하고 있는지에 대한 자세한 정보를 제공하고 있다. 가까운 장래에 모든 아동이 혜택을 받을 수 있도록 SEL이 광범위하게 추진되기를 바란다.

6 SEL, 국가와 주 표준

미국에서는 주 표준, 공통 핵심 주 표준(Common Core State Standards: CCSS 또는 Common Core; National Governors Association Center for Best Practices & Council of Chief State School Officers, 2010)과 SEL 표준까지 3단계 표준이 사용되고 있다. 일반적으로 표준은 주 교육 기관의 교육 과정, 수업 및 평가 계획에 지침이 되며, 각 학년과 고등학교 졸업 시 학생들이 갖추어야 할 교육 성취 수준과 기술에 대한 기준을 설정한다. 각 주에서는 표준을 만들고 시행하는 데 자율성을 가지고 있지만, 표준이 모호하고 학업 성공으로 이어지는 것으로 알려진 기술에 충분히 초점을 맞추지 않을 경우 표준이 반드시 더 나은 결과를 가져오는 것은 아니라는 우려가 제기되었다(Finn, Julian, & Petrilli, 2006: Dusenbury et al., 2015에서 인용). 미국의 많은 교육자는 주에서 각자의 필요에 맞는 방식으로 표준을 채택할 수 있도록 개발된 CCSS

에 익숙할 것이다(Dusenbury et al., 2015). 더 자세한 정보를 알아보고, 특정 주가 공통 핵심 주 표준을 채택했는지 확인하려면 공동 핵심 주 표준 사이트(Common Core State Standards Initiative)를 방문하기 바란다(www.corestandards.org).

사회정서역량이 학업 성취도 및 전반적인 교육적 성공과 관련이 있다는 증거에 따라 SEL 표준에 관한 관심이 높아지고 있다. 미국에서는 50개 주 모두에서 학령 전기 SEL 표준을 채택하고 있으며, 이것은 독립적이고 발달의 지표로서 학생의 기술을 평가할 수 있다(Dusenbury, Dermody, & Weissberg, 2018). 표준의 수, 지표가 정의되어 있는 정도, 양육자와 교사를 위한 지침, SEL의 기술을 촉진하고 긍정적인 환경을 조성하는 방법에 대한 지침에는 상당한 차이가 있다. K-12 수준에서는 이야기가 조금 다르다. CASEL 2018 주 성과표 점검(State Scorecard Scan)에 따르면, 14개 주에서 PreK부터 12학년까지의 SEL 표준 또는 역량을 채택했으며, 3개 주에서는 PreK와 K-12 표준을 연계했다(Dusenbury et al., 2018). 다른 많은 주에서는 표준 자체를 채택하거나 단순히 SEL을 학업에 통합하는 데 있어 '학습 목표'를 채택했다. 최신 정보를 확인하고 당신의 주에 대해 알아보려면 www.casel.org/state-scan-scorecard-project를 방문하기 바란다. 공통 핵심 주 표준이 시행(또는 연기)되고 SEL이 전체 아동 발달에 필요한 수단으로 계속 주목받으면서 향후 몇 년 동안 주 표준, CCSS과 SEL 표준, 지침 또는 목표가 빠른 속도로 교차될 것으로 예상한다.

SEL 이니셔티브를 이끄는 교사

안나 스미스(Anna Smith)의 새 학기 시작은 희망과 열망으로 가득하다. 스미스는 3년째 5학년을 가르치고 있으며 교육 과정을 잘 이해하고 있다. 그녀는 여름 방학을 보낸 후 활력이 넘치고, 학생들을 만나고 동료들과 협업하는 것이 즐겁다.

스미스도 자신이 어려움을 겪을 수 있다는 것을 알고 있다. 학급 명단을 보던 그녀는 학급에 30명의 학생을 확인했다. 그녀는 2학년 담임 교사로부터 일부 학생이 심각한 개인적 · 가정적 문제를 겪고 있으며 여러 영역에서 지원이 필요하다는 사실을 알게 되었다. 어떻게 수업을 구성하고 행동 지원을 적용할지 고민하면서 그녀는 학생들의 복잡한 학업적 · 사회적 · 정서적 요구를 충족시킬 수 있는 능력에 대해 걱정하게 되었다. 5년 전 교직을 시작한 이래로 더 많은 학생이 더 높은 수준과 강도의 지원을 필요로 하는 것 같았기 때문이다. 그녀의 열정과 헌신에도 불구하고 그녀는 종종 자신이 준비되어 있지 않다고 느끼지만, 이러한 감정을 느끼는 사람이 혼자만은 아니라고 믿는다.

여름 방학 동안 스미스는 학생들의 사회정서적 발달에 관한 몇 권의 책과, SEL을 통해 학교가 학생들을 지원하는 데 사용할 수 있는 여러 정책에 관한 책을 읽었다. 그녀는 흥미를 느꼈다. 그녀는 자신의 생각을 요약한 후 교장 선생님과 학교 상담사에게 아이디어와 자원을 공유했다. 상담사는 여름에 워크숍에도 참석했으며 학교가 계획을 시작할 수 있기를 희망했다. 그들은 활동 집단을 구성하기로 결정하고 다른 교사, 수업 조교, 학교 심리학자, 교육구 교육 과정 코디네이터를 참여시키기로 했다.

그들은 계획을 세우는 것부터 시작하여 바로 프로그램을 선택하려고 생각했다. 그들의 활동에는 다음과 같은 것들이 포함된다.

- SEL에 관한 연구 검토와 교육구의 리더, 학교 교사들에게 제시할 요약본을 만든다.
- 학생 인구통계(예: 학업 성취도, 행동 데이터, 무상 및 유상 급식, 언어 교육 서비스를 받는 학생 수, 학생과 지역사회의 강점 및 어려움)를 반영하는 데이터를 수집하고 요약한다.
- 학생들이 필요한 정신건강 서비스를 이용할 수 있는 시스템의 강점과 어려움을 설명한다.
- 교육구의 SWPBIS 계획, 데이터 사용 방법과 사용 가능한 지원을 검토한다.
- 주 표준을 검토하여 SEL의 표준과 목표가 마련되어 있는지 확인한다.
- CASEL의 다섯 가지 역량 영역을 검토하고 학교에서의 적용에 대해 논의한다.
- 초기 지원이 필요한 학생들을 위해 아이디어를 구상하는 한편, 실행 계획은 3~5년이 걸릴 수 있고 진화하는 과정이라는 점을 이해한다.
- 활동 집단을 지원하기 위해 사용할 수 있는 자원을 파악한다.
- 활동 집단이 정기적으로 모일 수 있는 시간을 정한다.

스미스는 학습에 SEL 접근 방식을 통합할 수 있는 가능성에 대해 희망과 신선함을 느낀다. 그녀는 지금 SEL은 하나의 과정이라고 생각하지만, 시작하고 싶고 함께 일할 수 있는 팀을 갖게 되어 기쁘다.

7 맺음말

이 장에서는 SEL의 기초를 다지는 여러 단계를 제시하고, 다음과 같은 내용을 강조한다.

- 연구에 따르면, 미국 학령기 청소년의 20%가 심각한 정신건강 문제를 경험하고 있다. 어려운 시기를 극복하기 위해서는 예방, 조기 개입, 회복탄력성 기술 구축이 필수적이다.
- 정서적 · 사회적 · 행동적 문제를 보이는 아동과 청소년 중 극히 일부만이 적절한 예방 및 개입 서비스를 받고 있다.
- 정신건강 예방 및 개입 서비스를 받는 아동은 학교 환경에서 이러한 서비스를 받을 수 있다.
- 학교 환경에서 학생들의 긍정적인 대인관계, 개인 내적 및 인지 발달을 촉진하기 위한 SEL에 초점을 둔 기술 기반의 실천은 정신건강 문제, 이로 인한 삶의 질 저하에 대한 위험의 부정적인 발달 궤적을 바꿀 수 있는 기술을 개발하는 수단을 제공한다.
- SEL의 주요 역량 영역에는 자기 인식, 자기 관리, 사회적 인식, 관계 기술 및 책임 있는 의사결정이 포함될 수 있다.
- 예방 및 개입의 다층 모델은 SEL을 지원하는 데 이상적이다.
- SEL의 연구 기반은 광범위하고 인상적이다. SEL 프레임워크는 학업, 사회성 발달, 행동적 적응 및 개인 내적 인식에서 학생의 성과를 개선하여 시간이 지남에 따라 의미 있는 성과를 창출할 수 있다.
- 입법 및 공공 정책은 SEL을 지원할 수 있는 범위에 영향을 미치고 있다. SEL 표준 및 목표는 학생의 성과를 구성, 측정 및 평가하는 수단이 될 수 있지만, 현재 이러한 표준은 미국 내 주마다 상당히 다르다.

후속 장들에서는 SEL 실행에 대한 세부 사항을 자세히 살펴볼 것이다.

워크시트 1-1 성찰

- ACE 연구에서 제시된 통계와 진단 가능한 문제를 가진 아동 수를 고려해 보라. 이 정보는 당신이 관찰한 학생 및 수집된 데이터와 어떻게 비교되는가?
- 당신의 교육구(또는 구), 학교, 팀, 그리고/또는 개인으로서 이러한 문제에 대응하기 위해 교육자와 학생 개입을 제공하기 위해 무엇을 했는가?
- 학생들이 정신건강 서비스를 이용하는 데 있어 직면하는 과제를 고려하여 나열하고 논의해 보라.
- 당신의 학교나 교육구에서 사회정서적 웰니스를 증진하기 위하여 예방 및 조기 개입을 검토할 때, (1) 강점, (2) 필요, (3) 우선순위를 파악해 보라.
- 어려움을 겪는 학생들(ACE 연구의 위험 요인 일부를 경험했을 가능성이 있는)을 떠올리며, 그때 느꼈던 생각과 감정을 잠시 고려하여 작성해 보라. 그런 다음, 학생들이 정말로 어려움을 겪는다고 생각하는 다른 역경이나 상황을 고려하고, 동료와 함께 목록을 만들고 논의해 보라.
- 학생들의 삶의 경험 이야기를 들을 때, 당신은 어떻게 대처하는가?
- 학교/교육구가 모든 학생과 교육자를 지원할 수 있는 잠재력을 어디에서 찾는가?

워크시트 1-2 학교에서 SEL 역량 영역이 다루어지는 방식 파악하기

잠시 시간을 내어 〈표 1-1〉의 정보를 검토해 보고, 다음에 나열된 역량 영역이 SEL 프로그램 및 전략, 학교 분위기 조성, 학부모 · 지역사회 관계를 통해 당신의 학교에서 어떻게 다루어지고 있는지 작성한 후, 학생들의 현재 요구 사항을 기재해 보자.

역량 영역	현재 다루어지는 방식	요구 사항
자기 인식		
자기 관리		
사회적 인식		
관계 기술		
책임 있는 의사결정		

제2장

사회정서학습의 전략적 계획

시스템적 사고가 없는 미래에 대한 목표 설정은 우리가 가야 할 길에서 마주치는 변화와 역동을 깊이 이해하지 못한 채 그저 미래에 대한 멋진 그림을 그리는 것일 뿐이다 (Senge, 1990, p. 12).

우리는 이 책의 많은 독자가 이 장의 제목을 보고 '전략적 계획에 왜 신경을 쓰는가? 내가 정말로 관심을 두는 것은 즉시 필요한, 즉 다음 월요일에 바로 적용할 수 있는 개입과 도구이다. 필요한 때에 계획을 세우면 되지, 지금은 아니다"라고 생각할 수 있다. 그러나 이런 생각은 당신이 실패하게 만들 수도 있다. SEL 연구가 꾸준히 축적됨에 따라 큰 그림과 같은 전략적 계획의 중요성은 더욱 강조된다. 실제로 이 책을 개정하는 과정에서 우리는 연구 및 실행 과학에서 얻은, 부인할 수 없는 결과와 학교에서 일한 경험을 고려하여 이 장을 후반부에서 초반부로 옮기기로 했다.

학교 전반의 변화는 더 이상 관리자만의 일이 아니라는 것이 분명해졌다. 교육자가 학교 내에서 리더십 팀, 전문 학습 공동체(Professional Learning Community: PLC)와 부서장에서 리더의 역할을 맡는 것이 점점 더 일반화되고 있다. 당신이 학교 심리학자 등 학교 기반 정신건강 실무자라면, 이 변화는 확실하다고 생각될 것이다. 예를 들어, 전국학교심리학회(National Association of School Psychologists: NASP)와 같은 전문 기관의 기준에 따르면, 리더십, 계획, MTSS를 당신의 교육과 책임의 필수적인 요소로 제시하고 있다. 당신이 학교 관리

자라면, 아마도 이 장을 주의 깊게 읽어 보라고 설득할 필요는 없을 것이다. 이 장의 내용은 아마도 교실과 학교에서 SEL의 영향력과 지속성을 확대하는 데 도움이 될 것이다.

이 장에서는 성공적인 변화를 위해 학교 시스템에서 SEL을 실행하고 지속적으로 개선하는 데 실무적인 면에서 필요한 중요한 정보를 중점적으로 다룬다. 이 장에서는 변화 과정에 대해 논의하고, 변화 노력이 실패한 몇 가지 원인을 검토하고 강조하며, SEL을 효과적으로 계획하고 실행하는 데 있어 중요한 단계를 간략하게 설명한다. 그런 다음, 학교나 기관에 대한 적합한 전략적 계획을 개괄적으로 안내하려고 한다. 마지막으로, 교육 과정에 SEL을 포함시키려는 체계적인 노력을 시도한 유사한 조건의 중학교 두 곳을 설명하는 사례 연구를 제시하였다. 접근했던 방식이 달랐던 두 학교의 사례는 놀라울 정도로 서로 다른 결과가 나타났다. 이 장에서 소개된 정보와 전략을 활용하면, 다음과 같은 결과를 얻을 수 있다.

- 더 지속적이고 의미 있는 결과를 달성한다.
- 학교 및 지역사회 이해관계자에게 SEL 관련 투자의 필요성을 효과적으로 알린다.
- 학급과 학교의 요구 사항에 적합한 전략적 계획을 개발한다.

이 장의 중요성을 확신하고, 이와 같은 목적을 달성하기 위해 필요한 도움을 찾을 수 있도록 계속해서 읽어 보기 바란다.

1 변화 과정

의미 있는 변화는 일반적으로 학년이 시작하기 전 며칠 간의 연수를 통해 발생하는 것이 아니다. 오히려 학교나 다른 조직이 SEL을 도입하거나 확대하는 등 변화 과정에서 변화의 양상이 나타난다고 볼 수 있다. 이러한 상황은 비선형적이고 중첩되어 한 단계에서 다른 단계로 되돌아오거나 동시에 두 단계에 속할 수 있음을 의미한다. 이러한 단계를 이해하면 시스템(그 안에 있는 사람 포함)이 변화에 대응하는 방식을 이해하는 데 도움이 될 수 있다. 변화에 대한 계획은 우리가 단계를 예상하고, 저항에 직면했을 때 지나치게 압도당하지 않고, 다른 사람들이 한 단계에서 다음 단계로 나아갈 수 있도록 지원하는 데 도움이 된다. 궁극적으로, 우리의 SEL 실행 노력이 효율적이고, 효과적이며, 의미 있고, 지속 가능하기를 바란다. 수많은 변화 모델이 있으며, 그중 많은 모델이 SEL 문헌에 언급되어 있다. 로저스(Rogers,

2003)의 혁신 확산 이론(diffusion of innovation theory), 홀과 호드(Hall & Hord, 2001)의 우려 기반 채택 모델(concerns-based adoption model), 아덜맨과 타일러(Adelman & Taylor, 1997)의 변화 단계(stages of change), 마이어스, 듀락과 원더스맨(Meyers, Durlak, & Wandersman, 2012)의 질 높은 실행 프레임워크(Quality Implementation Framework: QIF) 등이 있다. 이 모델들은 그중 일부에 불과하다. 그러나 모두 이 장과 관련성이 높은 유사한 핵심 개념을 포함하고 있다. 이 모델들은 준비, 초기 실행, 지속적인 실행의 중요성을 강조한다.

1) 준비

준비(readiness) 단계는 SEL 실행 이전에 이루어지면서 시스템을 평가하고 변화를 수용할 수 있는 환경을 조성하는 것과 관련된다. SEL 연구자들은 이 단계를 사전 실행, 사전 계획 수립, 그리고 '실행 환경에 대한 초기 고려 사항' 및 '실행 구조 만들기'라고도 설명한다(Meyers et al., 2012, p. 468). 준비 단계에는 요구 사항, 역량 및 기존 실천에 대한 평가 및 목록 작성, 이해관계자와 리더들의 참여 확보, 공유된 비전 수립, 명확한 의사소통 경로 구축, 지식과 기술 축적, 시간과 예산 등 자원 배분, 리더십 팀, 태스크포스 또는 위원회 구성, 효과적인 실행 및 평가 계획 수립과 같은 주요 준비 활동이 포함된다. 이 단계는 학교에서 종종 간과되기는 하지만, 이런 준비는 매우 필요하다(Wanless & Domitrovich, 2015). 실제로 이 단계는 매우 중요하여 QIF 14단계 중 10단계가 여기에 관련된다(Meyers et al., 2012; Wanless, Groark, & Hatfield, 2015).

준비 단계의 활동은 이해관계자들의 인식을 정확하게 파악하기 위해 데이터를 수집하는 것도 포함한다. 여기에는 학교 분위기에 대한 인식, 지도자의 헌신, 과거 변화 노력의 역사, 그리고 혁신 자체(예: SEL)에 대한 이해관계자들의 인식이 포함된다. 시스템 내의 개인(예: 교사, 전문가, 관리자)은 변화에 투자하고 변화에 대비해야 하며, 변화가 자신에게 강요된 것으로 보지 않는 것이 중요하다(Holt, Armenakis, Field, & Harris, 2007; Weiner, Amick, & Lee, 2008). 학교 구성원이 SEL 실행에 어떻게 반응할지, 예를 들어 그들이 SEL 실행에 대해 동의하는지, 거부할 우려가 있는지, 그들이 실행하며 변화 가능성에 무력감을 느끼는지를 이해하는 것이 중요하다(Wanless et al., 2015). 과거의 변화 노력이 어떻게 받아들여졌는지, 그 과정에서 촉진 요소들과 방해 요소들에 대한 인식은 특히 실행의 경험이 있는 교직원들 사이에서 과거 문제를 반복하지 않고 해결하는 데 도움이 될 수 있다("비슷한 시도를 했는데 실패했던 기억이 납니다. 이것도 아마도 실패할 것입니다."). 또한 담당자가 SEL을 실행 가능하고(너무 어렵지 않음), 지속 가능하며, 자원이 지원되는 것으로 인식하는 것이 중요하다(Oetting et al., 1995). 이해관계자의 요구 사항, 우려 사항 및 인식을 평가하면 담당자들에게 적합한 상황에 맞게 지원을 조정할 수 있고, SEL 실행 노력에 대한 거부가 적어진다. 또한 문화 및 상황 관련성이 높아지고, 지속적이고 긍정적인 결과로 이어지는 데 도움이 될 수 있다(Holt et al., 2007; Weiner et al., 2008).

예상할 수 있듯이, 변화에 대해 준비를 하고 이에 필요한 조치를 취하는 데 충분한 시간을 확보해야 한다. 준비 단계에서 압도당하고 초조함을 느끼는 것이 분명하지만, "완벽함을 선(good)의 적이 되게 하지 말라."라는 오래된 격언을 떠올릴 때 이러한 부담감을 다소나마 덜 수 있다. 준비 활동이 완전하지 않더라도, SEL은 잘 실행되고 학교는 원하는 결과를 얻을 수 있다(Wanless et al., 2015). 요약하자면, 준비 활동을 하게 되면 우리가 더 의도적이고 계획적이며 사전 대응할 수 있다. 손자(Sun Tzu)는 "쉬울 때 어려움을 대비하고, 작을 때 큰일을 도모하라."라고 했다. 모든 문제를 예방할 수는 없지만 전략적 계획을 통해 많은 문제를 예방할 수 있다.

2) 초기 실행

초기 실행(initial implementation)은 지속적으로 실행할 수 있는 분위기를 조성하므로, 초기에 실행의 질을 확보하는 것이 중요하다. 실행의 질은 우리가 노력할 때 달성되는 결과와 직접적으로 연관되어 있다는 점에서 특히 중요하다(Durlak & DuPre, 2008). 실행의 질에 대한 몇 가지 주요 측면은 SEL 문헌(Durlak, 2015; Meyers et al., 2015; Oberle et al., 2016)에 명시되어 있다. 프로그램이 원래 의도대로 전달되는 **충실도**, 모든 수업 · 회기 · 활동이 포함되어 프로그램이 충분히 실행되는 **투입량**, 그리고 실행 과정에서 프로그램이 어떻게 **조정되고 차별화되었는지**가 해당된다. 또한 학생들이 프로그램, 전략 그리고(또는) 활동에 **참여하는지** 여부를 문서화하는 것도 중요하다(Durlak, 2015; Durlak & DuPre, 2008; Elias, Zins, Graczyk, & Weissberg, 2003).

초기 실행 단계는 새로운 작업을 시도하는 과정이므로, 지속적으로 기술을 지원하고, 과정을 평가하며, 지원적인 피드백을 제공하는 것이 중요하다(Meyers et al., 2012). SEL을 채택하고 처음 실행하면 수정하거나 방향을 조정하는 등 점검해야 할 상황이 생길 수 있다. 따라서 초기 효과를 결정하고 수정이 필요할 경우 이를 위해 데이터를 수집할 수 있도록 지속적 평가 혹은 형성적인 평가 등 평가 과정을 진행하는 것이 중요하다. 이를 반영적 피드백 과정의 일환으로 활용하는 것이 좋다. 경험과 전문성을 갖춘 전문가들(예: 실행 코치)이 실행자들의 새로운 실천 방식 시도 및 실천 관련 성찰을 지원하며, 실행자들에게 건설적이고 교정적인 피드백과 배운 내용을 실제로 적용할 기회를 제공할 수 있다(Jones & Bouffard, 2012).

새로운 작업에서 초기 실행은 다른 사람들 앞에서 새로운 것을 시도했을 때처럼 특히 취약한 시간이 될 수 있다. 더욱이 이 단계에서는 일반적으로 습관(예: 반응적 전략에 의존)을 바꾸어야 하고, 이는 어려울 수 있으며, 특히 수년 동안 익숙해져 온 활동 실천을 바꾸는 경우 더욱 그렇다(Raver, Blair, & Li-Grining, 2012). 담당자가 초기 실행 시도에서 지원을 받지 못하거나 성공하지 못했다고 느끼면 새로운 활동을 지속하려는 동기가 부여되지 않을 것이다(Hall & Hord, 2001). 따라서 지식과 기술의 형태뿐만 아니라 사회적·정서적 지원을 제공하는 것이 중요하다. 이는 지지적인 코치와 리더, 그리고 정기적으로 만나는 동료 네트워크를 통해 가능하다(Hall & Hord, 2001).

3) 지속적인 실행

새로운 SEL 작업이 학교의 상황과 통합하여 지속되려면 기관이나 조직과 그 구성원들이 해당 혁신이나 프로그램에 대한 주도권을 가져야 하며, 지속적인 실행(sustained implementation)과 조정이 필요하다(Fullan, 2002; Greenberg, Domitrovich, Weissberg, & Durlak, 2017). 학교가 새로운 SEL 과정을 자체적으로 도입하고 제도화하지 않은 채 대학이나 정신건강센터와 같은 외부 기관의 직원이 학교에 들어와 SEL을 제공하는 경우, 담당자 변경 또는 지원금의 소진으로 인해 결국은 중단될 것이다. SEL을 추가 기능이 아닌 학교 구조의 일부로 만들려면 시스템 내에서 광범위한 지원을 마련해야 한다. 이를 위해서는 이해관계자의 지속적인 참여, 자원의 지속적인 배분(예: 시간, 교육 및 자료), 지속적인 노력의 가시화(예: 성공 축하, 실행자의 수고 인정)를 제공해야 한다. 팀은 SEL 실행 과정을 지속적으로 개선하여 SEL을 실시하는 사람들에게 SEL이 신선하고 흥미롭고 보람이 느껴지도록 해야 한다. 새로운 시도나 변화가 시스템 일부가 된 후에는 지속적인 발전이 있을 것으로 보인다.

불가피하게, 개선 과정에는 더 많은 문제를 해결하고 새로운 문제를 방지하기 위해 조정하는 작업이 포함될 것이다. 시간이 지나면서 SEL 성공의 주역들이 다른 학교로 이동할 수 있고, 새로운 학교장이 다른 생각을 가질 수 있으며, 학생들의 요구가 변화할 수 있고, 사람들이 반짝이는 새로운 정책이나 계획에 주의를 빼앗길 수 있다. 참여했던 교직원뿐만 아니라 신규 교직원 및 달라진 리더에게 지속적인 전문성 개발 및 교육이 필요하다. 또한 처음에 학교에서 SEL을 실행하는 데 열의를 보인 일부 교사와 관리자는 지속적인 요구에 지치거나 단순히 기운이 빠질 수도 있다. 일부는 적합한 절차와 다르게 진행되어 원래 과정에서 멀어질 수 있으며[예: **프로그램 표류**(program drift); Bond, 1991], 결과적으로 프로그램 실행 내용의 충실도뿐만 아니라 결과도 저하될 수 있다. 이렇게 사람들의 상태가 달라질 수 있는 경향을 방지하는 한 가지 방법은 **지속적인 평가**(ongoing evalution)를 하는 것이다. 지속적인 평가는 준비 단계에서 언급된 많은 활동을 다시 검토하는 과정이다. 요구 사항, 실제 해 왔던 활동 및 인식에 대한 평가 등 준비 활동을 반복할 수 있지만, 이 경우에는 결과(예: 학생 SEL, 교육자 SEL, 학교 환경)까지 반영이 된다. 이 단계에서는 무엇이 효과가 있고 무엇이 효과가 없는지, 그리고 개선 방법에 대해 교직원, 학생과 가족에게 실행에 대해 질문하고 듣는 것이 필요하다. 데이터는 방향을 벗어나는 경우 올바른 방향으로 안내할 수 있다.

2 변화를 이끌어 내기 위한 주요 단계

조직 변화 노력이 제대로 시작되지 못하거나, 흐지부지되거나, 완전히 실패한 사례를 쉽게 찾을 수 있다. 연구자들은 체계적인 변화 노력 중 성공률이 20~30%에 불과하다고 지속적으로 보고하고 있으며(Cândido & Santos, 2015), 이는 학교 변화 노력이 적절한 계획 수립 없이 이루어진다면 5개 중 4개가 실패할 수 있음을 시사한다. [알아보기 2-1]에 이 문제의 다섯 가지 일반적인 원인이 제시되어 있다. [알아보기 2-1]에 포함되지 않은 추가적인 방해 요인이나 문제가 있을 수 있는데, 이는 목록이 완전할 수는 없기 때문이다. 우리는 단지 당신의 사고를 자극하고 전략적 계획 수립에 대한 당신의 집중적인 관여를 촉진하기 위해 이러한 다섯 가지 실패 요소를 제시하였다. [알아보기 2-1]의 정보를 읽은 후 잠시 시간을 내어 개인적으로 그리고 현재 학교나 기관에서 변화에 대한 자신의 경험을 [워크시트 2-1]을 사용하여 생각해 보기 바란다.

이 장과 이 책 전체에서 우리는 변화 과정이 준비, 초기 실행, 지속적인 실행이라는 세 가지 광범위한 단계로 구성되어 있다고 생각한다. 이 절에서는 SEL 준비 및 초기 실행 단계에서 수행해야 하는 필수적 절차를 강조한다. 벤저민 프랭클린(Benjamin Franklin)이 말했듯이 "준비에 실패하면 실패를 준비하는 것이다". 실제로 팀 구성원은 준비 및 초기 실행 단계의 주요 단계에 참여함으로써 대부분의 실패를 예방할 수 있다. 이 장에 제시된 주요 절차와 활동은 일반적으로 전략적 계획에서 수행해야 할 중요한 활동을 설명하는 문헌, 즉 전반적인 내용(예: Adelman & Taylor, 1997; Hall & Hord, 2001; Rogers, 2003)과 SEL에 대한 구체적인 언급[예: CASEL의 실행 이론(theory of action; CASEL, 2013); Oberle et al., 2016; Elias et al., 2015; Jones & Bouffard, 2012; Meyers et al., 2012]이 바탕이 되었다. 준비와 초기 단계에는, (1) 학교 또는 기타 시스템의 요구 사항, 역량 및 문화를 평가하고, (2) 리더십 팀이나 위원회를 구성하고, (3) 관리자와 이해관계자의 지지를 얻고, (4) 시간, 자료, 자금 등 자원을 확보하며, (5) 전문성 개발, 실행 및 평가를 위한 장기 계획을 명시한다. 이러한 단계는 학교 수준에서 가장 효과적으로 시행될 수 있다. 그러나 체계적인 변화가 불가능한 곳에 있는 경우에도, 교실 수준에서 효과적인 변화가 가능하도록 단계를 수정할 수 있다.

알아보기 2-1 변화 노력이 실패하는 다섯 가지 이유

1. **준비 단계가 없었다.** 학교 지도자들이 준비 단계에서 요구되는 사항에 대해 급히 추진하거나 압도당하여 곧바로 실행에 착수하는 것을 알게 되었다. 많은 경우, 교직원은 적절한 준비와 연수를 받지 못했고, 프로그램과 전략은 학교의 문화와 필요에 맞지 않았으며, 자료는 활용되지 못했고, 궁극적으로 학생들은 필요한 지원을 받지 못했다. 이 학교의 담당자와 지도자들은 마치 '강 한가운데에 뗏목을 젓고 있는 것'처럼 느꼈다고 진술했고, 그 후 아예 피하게 되었다("우리는 거기까지 가 봤고, 시도해 봤어요").
2. **관련된 다른 사람들의 의견을 듣지 않았다.** 실패한 많은 변화 시도의 공통점은 바로 그 변화에 이해관계를 가진 사람들과 협력하지 못한다는 것이다. SEL 노력을 시작할 때 교직원, 학생 및 가족의 참여가 없으면, 우리는 그들의 요구 사항을 잘못 읽고, 실행에 중요한 세부 사항을 간과하고, 사람들이 기대하는 바를 눈감아 버려 저항을 일으킬 가능성이 더 크다(Karp & Helgo, 2008; Waldersee & Griffiths, 2003). 리더는 이해관계자를 참여시키는 것이 불필요하거나 완전한 시간 낭비라고 생각할 수 있다(Karp & Helgo, 2008). 또한 리더는 이해관계자의 요구와 관점을 유추하여 그들이 원하지 않는다고 가정하며 이해관계자들이 더 많은 일을 하지 않도록 보호하려고 시도할 수 있다. 다른 경우에는 다른 사람들을 충분히 참여시키는 대신, 한 사람이나 소수의 사람이 '영웅적으로' 모든 일을 스스로 하려고 시도한다. 이 모델은 단기적으로 더 효율적이기 때문에 매력적일 수 있지만, 지속 가능하지 않으며 결과가 제한적일 수 있다.
3. **변화와 관련된 인간적 측면을 이해하지 못했다.** 시스템이 변화의 단계를 거쳐 진행되는 방식과 마찬가지로, 사람들의 생각도 일반적으로 계획 및 실행 과정 전반에 걸쳐 달라지거나 변화한다

(Armenakis, Bernerth, Pitts, & Walker, 2007; Karp & Helgo, 2008). 먼저, 그들은 정보에 대한 자기 중심적인 관심(이것들이 무엇이며, 이것이 나에게 어떤 영향을 미치는가?)을 갖는 경향이 있으며, 그들의 관심은 진행 관리 및 운영상의 관심(우리 일정에서 이것을 어떻게 실행하고, 실행하는 데 얼마나 많은 시간이 필요한가?)으로 바뀐다. 사람들이 과정 초기에 지원을 받으면 실행 시 동료와 협력하는 방법과 최상의 결과를 얻기 위해 실행을 조정하는 방법에 관한 관심으로 발전한다(Hall & Hord, 2011). 우려와 저항이 자연스럽고 매우 인간적인 반응일 수 있다는 점을 알고 있으면, 이를 문제라고 규명하는 것(예: 손가락질)을 넘어 근본 원인을 찾을 수 있다. 담당자로서 여러 가지 이유로 무언가를 실행하지 못할 수도 있다. 담당자로서 나는 그것에 동의하지 않을 수도 있고, 내 능력과 기술에 대한 자기 효능감이나 자신감이 부족할 수도 있고, SEL을 단지 시간이 지나면 사라질 또 다른 '유행'이라고 믿을 수도 있다. 학생 행동을 목적이나 이유가 있다는 기능적 관점에서 바라보는 것처럼, 저항도 같은 기능적 방식으로 바라볼 수 있으며, 이에 따라 실행자들을 지원할 수 있다.

4. **진행자들에게 학습을 제대로 제공하지 못했다.** 전통적으로, 변화하고자 하는 리더는 외부 전문가 및 컨설턴트와 몇 시간 함께한 후 모든 교직원이 준비되기를 기대했다. 일반적으로 이는 SEL을 소개하고 실행자에게 영감을 주는 것과 같은 기본적인 인식 교육에는 적합했지만, 의미 있고 지속적인 변화를 촉진하지는 못했다(Durlak, 2015). 이러한 교육은 보다 전체적인 인식 수준의 정보('무엇' '이유')만 제공할 수 있으며, 실행의 미묘한 차이('언제' '어디에서' '누가' '어떻게')를 고려하지 못했다. 더욱이 교육은 다양한 역할과 유형의 배경 지식이 있는 교직원의 요구에 맞게 맞춤화되지 않았을 수 있다. 아마도 너무 기본적이거나 부담스럽고, 대상자의 상황이나 환경과 관련이 없는, 학교의 복잡성을 '이해'하지 못한 전문가에 의해 전달된 교육을 경험했을 것이다.
5. **전체적인 큰 틀을 보지 못했다.** 어쩌면 열정이나 열의 속에서, 변화를 하고자 시도했던 일부 지도자들은 체계적인 변화의 여정이 아닌 단거리 경주처럼 접근하며 더 큰 맥락을 고려하지 않는 경우가 있다(Crotts & Ford, 2008; Durlak, 2015). 이미 실시되고 있는 것을 조정하지 않고, 다른 변화 계획 없이 SEL 혁신은 '추가'될 수 있다(Elias et al., 2015). 실제로 학교들은 SEL을 단편적인 방식으로 실행하는 경향이 있으며, SEL 프로그램을 교실 내에서만 실행하는 데 집중하고, SEL 전략과 기술을 학습 내용이나 특정 교실 외의 환경에 통합하는 경우는 드물다(Becker & Domitrovich, 2011; Jones & Bouffard, 2012). 또한 바꾸고자 하는 기관장들은 연수, 자금, 그리고 실행을 위한 시간을 위한 충분하고 지속적인 자원을 할당하지 않고, 불가피한 교직원 및 행정직원의 이직과 감소의 영향을 고려하지 않았거나, 특히 초기 실행 단계에서 새로운 책임을 수행하

기 위해 기존 교직원들의 책임을 그에 상응하게 줄여야 한다는 이해가 부족할 수 있다. 이러한 간과는 종종 새로운 프로그램의 포기로 이어지며, 그 노력에 대해 '그저 내 할 일 중 하나 더' 그리고 '버티고 기다려야 할 것'이라는 좌절감을 초래한다(예: Feuerborn, Wallace, & Tyre, 2016).

1) 요구 측정

요구 측정(needs assessment)은 이해관계자로부터 정보를 수집하고, 준비 단계 시작 시 이들을 참여시키는 효과적인 방법이다. 요구 측정이라는 용어는 보통 필요를 평가하는 것을 넘어서는 경우가 많아 다소 오해의 소지가 있다. SEL 계획을 하려는 목적으로 사용될 경우, 기존 역량 목록과 학교 분위기, 문화, 이해관계자의 우려 사항 및 인식에 대한 평가가 포함되는 것이 가장 좋다. 학생, 교직원, 부모와 가족, 지역사회 기관(예: 학교 시비스 분야의 정신건강 및 비영리 기관)을 포함하여 가능한 한 많은 이해관계자에게 다가가는 것이 중요하다. 요구 측정에서는 SEL에 대한 이해관계자의 강점, 요구 사항, 우려 사항, 우선순위 및 인식을 확인하고 명료화해야 한다(Armenakis, Bernerth, Pitts, & Walker, 2007; Decker et al., 2012). 이 과정은 처음부터 주도적인 태도를 보이게 만들고, 실행팀이 직면할 수 있거나 이미 발생하고 있는 문제를 파악하는 데 도움이 될 수 있다. 또 다른 주요 목표는 효과적인 기존 SEL 프로그램 또는 전략, 지원할 수 있는 SEL 전문 지식을 갖춘 사람, 잠재적인 자원을 포함하여 기존 역량 또는 자원을 파악해야 한다. 구축된 기존 역량을 파악하여 적용하면 인프라와 자원을 사용할 수 있으며, 기존의 전문성과 효과적인 절차를 활용할 수 있다. 또한 변경할 부분이 줄어들고, 해야 할 작업이 줄어든다.

2) 팀 구성

학교 리더십 팀은 SEL 준비 및 실행 활동을 효과적으로 안내할 수 있다(Elias et al., 2015; Redding & Walberg, 2015). 팀은 일반적으로 6~8명으로 구성할 것을 권장한다. 이 규모는 책임을 분배하기에 적절하며, 너무 많은 사람으로 인해 관리하기 힘든 상황을 만들지 않기 때문이다. 또한 팀이 교직원을 대표하고 다양한 관점을 대변하는 것이 가장 좋다. 일반적으로 학교 리더십 팀에는 일반 및 특수 교육 교사와 같은 다양한 역할을 대표하는 교육자, 학교 심리학자, 사회복지사, 상담사와 같은 지원 인력, 관리자, SEL 코디네이터 및 코치, 쉬는 시간 감독관, 보조 교사, 방과 후 프로그램 직원, 자원 담당자 등 일반 교직원, 가족들, 학생(해당하는 경우), 정신건강 및 약물 남용 상담사와 같은 지역사회 기관 대표 등이 포함된다. 팀은 SEL을 위해 특별히 만들어질 수 있다. 또한 기존의 유사한 목표(예: 학교 분위기나 학교 규칙 관련)를 가진 팀들을 SEL에 통합하도록 재구성할 수도 있다(Meyers et al., 2015).

SEL 리더십은 SEL 내용, 시스템, 실행, 평가 및 효과적인 팀 구성에 대한 심층적인 지식을 가지고 있어야 한다. SEL 구성 요소, 기대치 및 데이터를 팀원 전체에게 전달하는 경우가 많기 때문에, 팀원들의 SEL 기반 지식이나 기술은 일반 교직원의 수준을 능가해야 한다. 또한 SEL 팀원은 변화 과정에서 시스템과 실행 과정 중 사람들이 변화하는 단계 등 시스템의 역학을 이해해야 한다. 역시 실행 과학을 이해하고 의사결정을 알리기 위해 데이터를 효과적으로 수집, 분석 및 사용할 수 있어야 한다(Redding & Walberg, 2015). 팀은 효과적으로 기능하는 데 필요한 것이 무엇인지 이해해야 한다. 또한 구성원들에게 명확하게 정의된 목표, 역할, 그리고 함께 책임을 진다는 자세를 가져야 한다. 이해관계자들과의 명확한 의사소통 라인, 회의 안건과 회의록의 효과적인 사용, 신뢰, 존중, 책임감, 그리고 건설적인 갈등 관리 방법(즉, 갈등을 회피하지도 않고 불필요하게 일으키지도 않는)을 촉진하는 작업 협약이나 규범을 가져야 한다.

대부분의 SEL 리더십 팀은 1~3개의 최우선순위 파악하기, 전문성 개발 계획 세우기, 이해관계자 참여시키기, SEL을 실행하는 다른 사람들과의 연결 형성하기, 장기 실행 및 개선을 위한 평가 계획 세우기 같은 중요한 전략적 계획 수립을 담당한다(Elias et al., 2015). 이는 대단히 큰일이므로 팀은 앞서 언급한 핵심 영역에서 차별화된 전문성 개발이 필요한 경우가 많다. 학교 수준의 리더십 팀과 학생 수준의 문제 해결 팀 모두에게 도움이 될 수 있는 자료를 추천한다. 예는 다음과 같다.

- 팀 실행 문제 해결(Team Implementation Problem Solving: TIPS; Newton, Horner, Algozzine, Todd, & Algozzine, 2009)은 효과적인 노트 작성 템플릿을 갖춘 행동 문제 해결 팀 모델이다. TIPS 자료와 모듈은 www.pbis.org에서 확인할 수 있다.
- 팀이 건강한 방식으로 의사소통하고 갈등을 해결하는 데 도움을 줄 수 있는 책으로는 『결정적 순간의 대화: 위험이 클 때 대화하는 도구들(Crucial Conversations: Tools for Talking When Stakes Are High)』(Patterson, 2002)이 있으며, 동반 도서로는 『결정적으로 필요한 책임: 기대 위반, 약속 파기, 그리고 나쁜 행동 해결 도구들(Crucial Accountability: Tools for Resolving Violated Expectations, Broken Commitments, and Bad Behavior)』

(Patterson, Grenny, Maxfield, McMillan, & Switzler, 2013)이 있다. 이 책들은 팀 구성원들이 서로 책임을 다하게 하는 데 도움을 줄 수 있다.

3) 관리자 및 이해관계자의 적극적인 지원 확보

관리자나 감독자의 가시적인 지원과 약속을 얻는 것은 매우 중요한 절차이다(Meyers et al., 2015; Oberle et al., 2016). 관리자가 SEL를 옹호하는 사람이라고 생각하면, 담당자들은 SEL을 실행할 가능성이 더 크다(Ransford, Greenberg, Domitrovich, Small, & Jacobson, 2009). 이는 관리자가 팀 회의에 참석하고, 교직원과 함께 SEL 주제를 다루고, 교직원의 노력을 인정한다는 의미이다. 관리자는 일반적으로 자원을 배분하고, 정책 결정을 내리고, 사람들에게 책임을 물을 수 있는 권한을 갖고 있다. 관리자는 담당자의 노력에 실제적인 지원을 하고, 학교 또는 조직 전체에 SEL의 중요성을 전달하며, 전문성 개발을 준비하고, 외부와 연락하는 담당자로서 역할을 하는 위치에 있다.

최근 초등학교 교장을 대상으로 진행한 연구에 따르면, 학생들의 사회적·정서적 요구 증가와 학교 안전과 같은 SEL 관련 주제에 대해 상당히 많이 언급하고 있는 것으로 나타났다(Fuller, Young, Richardson, Pendola, & Winn, 2018). 884명의 공립학교 교장, 16명의 교육감, 10명의 교육구 수준 전문가를 대상으로 한 또 다른 포괄적인 조사에 따르면, 미국의 거의 모든 관리자(83~99%)가 SEL을 지지하고 SEL이 학생, 학교 분위기, 학생-교사 관계에 유익하다고 생각했다(DePaoli, Atwell, & Bridgeland, 2017). 그들은 또한 SEL이 괴롭힘과 같은 문제를 해결하고 학생들의 대학 및 취업을 준비하는 유망한 방법이라고 생각한다(DePaoli et al., 2017).

동시에 이러한 설문 조사 결과는 관리자에게, 특히 SEL 구축 단계에서 중학교와 고등학교에 SEL을 효과적으로 실행하기 위한 정보, 지원 및 도구를 제공하는 등 더 많은 지침이 필요함을 시사한다. 중등학교 교장의 약 4분의 1, 초등학교 교장의 3분의 1만이 SEL 실행 계획을 갖고 있다고 보고했다. 또한 이 설문 조사 결과에 따르면, 일부 교장들에게 SEL이 학생 성취도에 미치는 영향에 대해 더 많은 '설득력 있는 정보 제공'이 필요할 수 있음이 시사되었다(DePaoli et al., 2017). 즉, 관리자가 SEL이 학생의 학습에 도움을 준다는 직접적인 이점을 더 잘 이해할 수 있어야 한다. 따라서 관리자의 지원을 얻으려면 교육 및 특정 SEL 지원이 필요할 수 있으며, SEL의 학업 성취 관련 혜택을 명확하고 효과적으로 전달해야 한다는 점을 고려하는 것이 현명하다. 관리자는 특히 데이터에 민감할 수 있으므로, SEL 관심과 노력에 관해 관리자와 상담할 때 학생 성과 창출에 있어 SEL의 효율성에 대한 증거를 제공하는 것이 가장 좋다. 또한 졸업률 증가나 기타 학교 개선 목표 등 교육구와 학교의 우선순위를 확인해야 할 것이다. 예를 들어, 결석이 심각한 문제인 경우, 더 높은 출석률 및 학교 이수율로 SEL을 간결하고 구체적으로 연결하는 방식으로 정보를 준비할 수 있다.

물론 SEL 기준을 제시하여 SEL 실행의 중요성을 강조하는 것은 매우 필요하지만, 만약 이러한 기준이 없는 시나 지역에서 일하고 있다면, 책임감, 갈등 해결, 의사소통, 협력 및 유연성, 주도성, 다양성 존중, 그리고 메타인지와 같은 개인 내적 역량과 대인관계 역량을 포함하는 CCSS에 명시된 다른 SEL 관련 기준을 사용할 수 있다(Denham, 2015). 교육청, 학교, 기관 관리자로부터 적극적인 지원을 얻기 위해 다음과 같은 추가 전략을 안내한다.

- 문제 해결, 성찰적 사고, 의사소통, 협업 등 글로벌 사회에서 학교와 커리어 성공을 위해 필요한 '21세기형 기술'의 필요성을 강조한다(Jones, Greenberg, & Crowley, 2015).
- 관리자들과 SEL에 당신이 어떤 이유로 관심이 있는지에 대해 논의하고, 증거 기반의 SEL 자료 샘플을 제시한다. SEL 전략이나 프로그램을 실행할 때 현장에 초대하며, SEL의 효과와 실용성에 대해 경험과 권위를 가지고 이야기할 수 있는 지역 또는 지방의 전문가를 추천한다.
- 미국 및 전 세계의 많은 학교가 이미 SEL을 시행하고 있다는 점을 들어, 사회적인 분위기임을 강조한다(Humphrey, 2013: Weissberg et al., 2015에서 인용).
- 교사 공동체에서 우선순위로 SEL에 대한 압도적인 지지를 언급함으로써 교사들 사이에 긍정적인 사기를 확립해야 할 필요성을 강조한다(Bridgeland, Bruce, & Hariharan, 2013).

마지막으로, SEL을 촉진하고 홍보하는 데 도움이 되도록 [유인물 2-1]에서 제공하는 주요 논점, 증거 및 연구 결과를 사용하는 것이 도움이 될 수 있다(예: Durlak et al., 2011; Jones et al., 2015). 교육자(예: 교사, 정신건강 전문가, 보조 교사)인 경우, 관리자, 동료 및 가족들과 함께 이 내용을 활용할 수 있다. 관리자인 경우, 이 정보를 사용하여 동료, 가족, 지역사회 이해관계자와 교육구 감독자에게 SEL을 홍보할 수 있다.

4) 주요 이해관계자들과 협력

다른 사람들을 참여시키지 못하는 것은 체계적인 노력이 실패하는 이유 중 하나이다. 따라서 이해관계자의 지원을 받는 것이 성공에 필수적이라는 것은 당연하다고 여겨진다. 실제로 주요 이해관계자와의 협력은 모든 체계적 변화 모델 중에서 가장 두드러진 주제 중 하나일 수 있다(Weissberg et al., 2015). 조직 구조의 전통적인 개념은 **수직적 관점**(vertical view)을 표현하는 경향이 있는데, 이는 조직이 계층적으로, 즉 하향식 및 구획화로 간주된다는 것을 의미한다(Rummler & Brache, 1995). 교육감과 교육위원회는 교육구를 관할하고, 교장은 학교를 운영한다. 학급 교사는 부장이나 교감을 경유하여 교장에게 직접 연결되는 권한의 위계 구조 내에 명확하게 구획되어 배치된다. 학교와 학교의 명령 체계에 대한 이러한 견해는 단순하고 시대에 뒤떨어진 것이다. 이러한 관점은 SEL을 실행하려고 시도할 때 학교 환경의 복잡성과 풍부함을 이해하는 데 거리가 있다. 따라서 조직의 **수평적 관점**(horizontal view; Rummler & Brache, 1995)이 더 나은 대안이 될 수 있다. 비록 교장이 학교의 리더임이 분명하지만, 수평적 관점은 정보, 영향력, 아이디어가 수평적이고 상호적으로 진행된다는 점을 받아들이는 것이다. 즉, 교실의 교사들이 서로에게 영향을 미칠 수 있으며, 전문가들이 교사들에게 영향을 주고 또한 그들로부터 영향을 받을 수 있다는 것을 의미한다. 관리자가 필수적이기는 하지만 그들의 영향력만으로는 충분하지 않다. 우리가 진정으로 최고의 영향을 미치고 싶다면 교직원, 가족들, 지역사회 간의 관계와 의사소통을 고려해야 한다.

우선순위를 정하고, 개입과 전문성 개발을 선택 및 실행하며, 평가 및 질을 확보할 때 다른 의견들도 고려해야 한다(예: Torrey et al., 2001). 다음에서는 교사, 학생, 부모, 지역사회의 지원과 참여를 얻기 위한 몇 가지 전략을 제시한다(Jones & Bouffard, 2012; Meyers et al., 2015). 이 정보는 후속 장들에서 더 자세히 논의하겠다.

교사와 교직원의 헌신을 이끌어 내기

SEL 프로그램을 학교 교육 과정의 일부로 만들기를 원하는 열정적인 교사, 교장 또는 교육감은 교직원의 우려 사항과 제안을 듣고 응납하는 것이 필요할 것이다. 요구 측정에서처럼 교직원에게 요구 사항, 장애 요소, 우려 사항에 대해 직접 질의한다(Weissberg et al., 2015). 교사와 교직원을 참여시키려는 팀 노력에는 대화, 연수, SEL 프로그램의 실행 관찰 초대, 교실이나 기타 환경에서 SEL 모듈 또는 활동을 공동 코칭하는 것도 포함된다. 이러한 유형의 관여는 진실하고 상호적이어야 하며, 다르게 행동하는 것에 대한 교육자의 견해에 개방적이어야 한다. 결국, 이전의 SEL 활동이나 작업을 수용하고 활용하는 것이 실행에 매우 중요하다.

또한 오피니언 리더, 즉 사회적 영향력을 갖고 동료로부터 존중받는 리더의 견해를 고려하는 것도 중요하다(Armenakis, Harris, & Mossholder, 1993). 일반적으로 이런 사람들이 누구인지 알아내는 것은 어렵지 않다. 동료 교사나 교장에게 특히 누구의 견해가 영향을 미치는 것 같은가? 특별한 노력이 필요한 도전이 있을 때 '도움을 요청'하는 사람은 누구인가? 고려해야 할 어려운 문제가 있을 때 관리자는 누구와 상담하거나 누구의 의견을 듣는가? 이러한 질문에 대한 답변을 통해 의견을 나누고 싶은 오피니언 리더를 만날 수 있다. 특히 오피니언 리더들이 학생들과 함께 SEL에 개인적으로 참여하고 지원하는 경우, 그들의 관심과 지원을 얻으면 놀랍도록 긍정적인 결과를 얻을 수 있다.

학생 참여 장려하기

모든 단계에서 학생들의 목소리와 관여를 확보하는 것은 학교 기반 변화 노력의 실행을 이끌고 더 좋은 결과로 이어질 수 있다(Carlile, 2012; Mitra & Serriere, 2012; Voight, 2015). 교직원은 괴롭힘, 차별, 고립 등 학생에게 영향을 미칠 수 있는 문제에 대해 완전한 이해가 부족한 경우가 많기 때문에(Zhang, Musu-Gillette, & Ouderkerk, 2016), 이러한 문제는 학생 스스로가 가장 잘 이해할 수 있다. 학생들이 다양한 상황에 대해 더 많이 알고 있기 때문에, 학생들의 요구와 우리가 제공하는 것 사이에 맥락적 · 문화적 적합성을 확립하는 것이 훨씬 더 중요하다. 적합성이 확보되면 결과가 더 좋게 나오고, 학생의 참여와 협력을 더 많이 얻을 수 있다(Smith, Rodríguez, & Bernal, 2011).

변화의 모든 단계에서 학생의 의사를 들을 수 있으며, 설문 조사, 면담, 토론을 통해 얻을 수 있다. 여러 지점에서 학생 피드백을 얻는 것은 학생들을 관여시키고, 프로그램이나 전략에 대해 적극적으로 참여하게 하며, 문화적 · 맥락적 적합성을 높여 프로그램에 대한 교육 및 적용에 정보를 얻게 한다(Gaynor, 2011; Rodgers, 2006). SEL 요구 측정는 익명의 학급 및 학교 환경 설문 조사(자세한 내용은 제7장 참조)와 함께 준비 단계에서 학생의 요구 사항, 우려 사항 및 우선순위를 파악하는 데 특히 도움이 될 수 있다. 또한 SEL 실천에 대한 학생의 인식(예: 자신의 삶과의 관련성)은 형성 및 총괄 방법(종료 후)을 사용하여 평가할 수 있다(Fagan, Hanson, Hawkins, & Arthur, 2008). 팀 그리고(또는) 실시한 사람은 실행 전, 실행 중, 실행 후에 프로그램에 대해 학생들을 면담 그리고(또는) 설문 조사 할 수 있다(Voight, 2015). 면담 그리고(또는) 설문 조사를 통해 학생들에게 가장 좋아하는 측면, 가장 도움이 된다고 생각하는 측면, 개선/변경할 부분을 질문할 수 있다. 제7장에서 이러한 평가 실제에 대해 더 자세히 논의하고 제6장에서 문화적 조정에 대한 고려 사항을 제공하지만, 현재로서는 SEL 준비 및 실행 과정 전반에 걸쳐 학생의 관점을 포함하는 것이 정말 중요하다는 점을 강조한다.

가족과 지역사회에 지원 요청하기

새로운 SEL 노력의 시행 이전, 도중, 이후에 풍부한 통찰과 가족의 지원을 얻기 위해서는 지역사회와 협력하는 것이 필수적이다. 가족과 지역사회의 다양한 문화를 이해하고, SEL이 그들의 우선순위와 어떻게 조화될 수 있는지 이해하는 것은 중요하다(Elias et al., 2015; Oberle et al., 2016). 또한 생태학적 맥락이나 SEL 기술을 일반화할 것으로 예상하는 환경을 고려하는 것도 필수적이다.

미국 교육부는 가족 참여를 "아동의 발달, 학습, 웰니스를 촉진하는 활동과 프로그램에 가족을 체계적으로 포함시키는 것과 이러한 활동, 프로그램 및 시스템의 계획, 개발, 평가에 가족이 참여하는 것이 해당된다."라고 정의한다(U.S. Department of Health and Human Services & U.S. Department of Education, 2016, p. 1). 이러한 형태의 참여는 대부분 학교에서 일반적으로 이루어지는 것보다 더 많은 것을 내포하고 있다. 많은 학교가 뉴스레터, 핸드북, 웹사이트와 같은 미디어를 통해(학교에서 집으로) 가족들을 참여시키려고 한다(Gararbacz, McIntosh, Vatland, Minch, & Eagle, 2018). 의사소통은 확실히 시작되지만, 가족을 참여시키고 언어, 신념 및 목표의 차이와 같은 가정-학교 협력의 장벽을 극복하는 종류의 파트너십을 개발하는 가장 의미 있는 방법은 아니다(Hornby & Lafaele, 2011). 양방향 의사소통을 포함하는 진정한 파트너십은 가족 참여를 강화하고(Mendez, 2010) 학생의 학문적 · 사회적 · 정서적 · 행동적 성과를 증진하는 데 중요하다(McCormick, O'Connor, Cappella, & McCowry, 2013).

가족 및 지역사회 협력을 강조하는 전략은 비전을 공유하고, 상호 이익이 되는 파트너십, 문화적 · 맥락적 적합성을 촉진한다(Albright & Weissberg, 2010; Sheridan, Bovaird, Glover, Garbacz, & Witte, 2012). 준비 단계에서 부모와 지역사회를 참여시키기 위한 몇 가지 제안에는 요구 측정 설문 조사, SEL의 우선순위와 목표를 논의하기 위한 학부모 회의 또는 타운홀 회의(공개 회의) 개최가 포함된다. 또한 실행 과정에서 지역사회의 의견과 참여를 확보하기 위해 학부모와 다른 주요 지역사회 구성원, 특히 오피니언 리더들(예: 방과 후 프로그램의 임원, 의사)을 포함하는 SEL 계획 위원회나 태스크포스를 구성할 수 있다. 우리는 많은 교육자가 가족과의 연계에 어려움을 겪고 있으며 학교에 학부모의 참여가 부족하여 좌절감을 느낄 수 있다는 것을 알고 있으므로, 이 책 전반에 걸쳐 보다 구체적인 가족, 지역사회 및 학교 파트너십 전략을 추가로 제공한다.

5) 필요한 자원 확보

준비 및 실행 단계에서는 지속적인 SEL 실행 및 평가와 전문 개발 및 교육에 필요한 시간과 자금을 마련하고 확보하고 유지해야 한다(Oberle et al., 2016; Price, 2015). 변화하려는 리더는 노력이 완전한 실행에 도달하는 데 일반적으로 3년이 걸린다는 점을 명심하고(Elias et al., 2015), 다른 프로그램들이 SEL 실행에 필요한 자원을 분산시키거나 빼앗을 수 있다는 점을 인식해야 한다.

시간 확보하기

학교에서 SEL을 시행하는 데 열정적으로 참여하는 교육자는 많다. 더 어려운 과제는 SEL 프로그램과 전략을 계획하고, 교육 및 협업을 제공하고, 실행하고 평가할 시간을 확보하는 것이다. 대부분의 학교 교장(한 연구에서 거의 75%)은 SEL 교육에 충분한 시간이 중요하다는 점을 인정한다(DePaoli et al., 2017). 많은 경우, 교육청과 행정기관의 책임 압력으로 인해 정해진 시간 내에 많은 필수 교과 과정을 다루어야 하는 큰 압박을 받는 교육자들과 협력하기 위해, SEL 연구 설계와 전체 계획(수업 기간 단축, 수업 통합 등)에서 조정을 해야 했다. 더욱이 SEL의 경우처럼 일반적인 학업 과정에서 벗어난 것으로 인식될 수 있는 교육을 위해 방법을 찾을 때 시간을 마련하는 것이 특히 어려울 수 있다.

처음에는 준비 및 실행 단계에서 시간이 확보될 수 있지만, 일 년 내내 적극적으로 확보되지 않으면 다른 경쟁 활동이나 프로그램이 시작되면서 시간이 축소될 수 있다(Jones & Bouffard, 2012). SEL 팀은 만날 시간이 점점 줄어들고, SEL은 교직원 회의 안건에서 드물게 되며, 일정 변경(예: 특별행사), 시험 등으로 인해 SEL 수업이 이루어지지 않거나 생략된다. 따라서 SEL에 대한 관리자의 지속적인 지원을 얻는 것이 특히 필요할 수 있다. 교육자들은 교육 과제에 접근하는 방법에 대해 재량권을 갖고 있는 경우가 많지만, 교육 과정의 다양한 필수 구성 요소에 시간을 할당하는 방법을 결정하는 데에는 거의 없다. 이러한 결정들은 종종 학교 관리자에 의해 결정되는 '상명하달' 방식의 지시 사항이다.

아마도 SEL 수업은 모든 지역에서 필수 교육 과정의 일부가 되리라고 보지만, 이 시나리오는 아직 많은 미국 학교에서 이루어지고 있지 않다. 이루어질 때까지 우리는 창의적으로 생각하고 SEL 교육에 자연스럽게 보완적인 다른 노력을 접목해야 한다. 예를 들어, SEL 노력은 SWPBIS 시스템(Bear et al., 2015; Swain-Bradway, Johnson, Eber, Barrett, & Weist, 2015)이나 필수 건강 및 체육 교육에 통합될 수 있다. 또한 교육자들은 SEL 수업을 학업과 성공적으로 연결할 수 있다(제5장 참조). 예를 들어, 중등학교에서는 언어 예술-사회 학습 블록 수업이 종종 SEL 교육을 훌륭하게 실시할 기회가 된다(예: Jones, Brown, & Aber, 2011). 과학 및 수학 교육도 SEL 활동과 효과적으로 연결될 수 있다(예: Elias, 2004; McCombs, 2004).

재원 확보하기

많은 교장과 교사가 효과적인 SEL 실행에 대한 잠재적인 장애 요인으로 자금 조달의 어려움을 말한다(Bridgeland et al., 2013: DePaoli et al., 2017). SEL 자료뿐만 아니라 교사와 교직원을 위한 지속적인 전문성 개발과 협업을 지원하기 위해 트레이너/컨설턴트와 관련된 휴가 시간을 포함한 비용을 지원하는 것도 중요하다. 이 비용에는 SEL 자격을 갖춘 교직원과 일반직 교직원 모두 해당한다. 이는 결코 간단한 일이 아니며, 깊이 있는 조사와 네트워킹 그리고 창의적인 사고가 필요하다.

우선, SEL을 성공적으로 실행하고 있는 다른 학교 및 교육구와 연결하여 그들이 자원을 확보한 방법에 대해 논의하는 것이 유익할 수 있다. SEL에 대한 재원은 월리스재단(Wallace Foundation), 로버트우드존슨재단(Robert Wood Johnson Foundation)과 게이츠재단(Gates Foundation)과 민간재단을 통해 얻을 수 있으므로 자금 확보에는 '민간재단과 관련하고 있는 적절한' 사람들과의 연결이 필요할 수도 있다. 또한 SEL에 대한 자금은 공공 보조금, 의료센터, 대학 및 비영리 기관과의 파트너십을 통해 확보될 수 있다. 이와 같은 이유로, 일반적인 형태를 염두하되 기관의 필요에 맞게 유연성을 발휘하여 대학, 재단, 비영리 기관에 연락하는 것이 도움이 될 수 있다(Price, 2015). 이렇게 함으로써 우리가 지역사회와 가족들을 설명했던 영역에서 논의했던 것과 유사한 상호 협력관계를 형성할 수 있다. SEL 분야의 최신 정보를 얻고 자원에 접근할 수 있는 SEL 관련 이메일 목록을 구독하거나, CASEL과 같은 평가가 좋은 센터에서 제공하는 가이드와 도구 키트를 활용하는 것도 도움이 될 수 있다.

미국의 학교를 위한 연방 자금 출처로는 다음과 같은 예가 있다.

- 초등 및 중등학교 상담 프로그램(Elementary and Secondary School Counseling Program), Title V
- 「ESSA」, 21세기 지역사회 학습 센터(21st Century Community Learning Centers), Title IV
- 인디언 교육 보조금(Indian Education Formula Grants), Title VII

- 2001년 「맥키니-벤토 홈리스 교육 지원 개선법(McKinney-Vento Homeless Education Assistance Improvements Act)」, 교육 개선 기금(Fund for the Improvement of Education), Title V
- 농촌 교육 이니셔티브(Rural Education Initiative), Title VI
- 「마약 없는 학교 및 지역사회 법(Safe and Drug-Free Schools and Communities Act)」, Title IV
- 학교 개선 보조금(School Improvement Grants), Title I

또한 캘리포니아와 뉴욕의 정신건강 서비스법과 같이 주와 지방 정부의 세금 부과를 통해 지원되는 자금을 조달받을 수 있다.

6) 전문성 개발, 실행 및 평가 계획 수립

전문성 개발 및 지속적인 연수는 SEL의 결과를 예측하는 중요한 요소이다(Meyers et al., 2012). 이것은 우리가 시간과 금전적 자원을 확보하고 사용해야 하는 최우선 과제이다. 이 책에서는 교육자를 위한 SEL을 포함하여 전문성 개발에 대한 자세한 고려 사항을 설명하지만, 우리는 보다 체계적인 고려 사항들을 개괄적으로 검토한다. 이러한 고려 사항에 대한 개요는 [알아보기 2-2]를 참조한다.

알아보기 2-2 전문성 개발

전문성 개발 및 SEL 계획, 실행, 지속 가능성을 위한 노력을 지원하는 것은 성공과 장기적인 면에서 매우 중요하다. 다음은 전문성 개발 계획을 수립할 때 고려해야 할 사항들이다.

- 연수 방법
  - 콘퍼런스
  - 현장 교육
  - 온라인 교육(예: 웨비나)
  - 외부 강사(예: 대학 교수진, 프로그램 개발자)의 교육
  - 지역/학교 기반 강사의 교육

- 협력적인 PLC
- 상담, 코칭, 피드백

■ 연수 내용

- 모든 교직원에게 적용되는 연수
- SEL 이론, 연구 및 교육학
- 질 높은 실행의 결과와 자기 효능감 향상
- 효과적인 교수 및 실행의 원칙
- 프로그램 그리고(또는) 전략에 대한 광범위하고 상세한 적용 범위
- 프로그램/전략이 학교/기관의 요구와 우선순위를 충족하기 위해 노력하는 방법
- 트레이너, 실행자 및 지원 체제의 역할
- 질 높은 실행의 단계
- SEL과 선택된 프로그램/전략, 자기 및 교육자의 실행에 대한 교육자의 인식을 다루는 방법
- SEL이 일반적으로, 특히 프로그램/전략이 학교의 다른 예방 및 개입 노력(예: PBIS, 괴롭힘 예방 프로그램, 회복적 정의 실천)과 상호 작용하는 방법
- 교육자의 SEL에 대한 중요성과 그 발전을 지원하는 방법
- 신뢰하고 지지하는 관계 구축과 환경의 중요성

변화하려는 노력이 실패하는 이유 중 하나는 적절한 준비를 하지 못해서이다. 불행하게도 교육자들은 준비 프로그램과 현장에 있어서 SEL에 대한 교육을 거의 받지 못하고 있다(Jones & Bouffard, 2012: Lopes, Mestre, Guil, Kremenitzer, & Salovey, 2012). 버스 운전사, 코치, 보조 교사를 포함한 일반 교직원들은 학생들과 매일 상호 작용하고, 관계를 형성하며, 학생들의 정서 조절을 돕도록 요청받음에도 불구하고 오히려 더 적은 연수와 지원을 받고 있다(Feuerborn, Tyre, & Beaudoin, 2018). 변화가 성공적이고 지속 가능하려면 학생과 함께 일하는 모든 직원(전문가 직원과 일반 직원)에게 전문성 개발을 제공해야 한다. 이러한 전문성 개발은 반드시 그들의 배경 지식과 경험을 존중해야 하며, 적용할 특정 실천 상황과 이러한 실천 상황을 뒷받침하는 이론 또는 근거를 바탕으로 해야 한다(Graczyk et al., 2006). 시스템과 그 안에 있는 사람들은 변화를 지속할 준비가 되어 있고, 의지가 있으며, 변화를 할 수 있어야 한다.

대부분의 교사 계약서에는 전문성 개발을 보장하는 연간 최소 시간 또는 일수가 명시되어 있지만, 수행되는 노력이나 그 노력이 SEL과 관련이 있는지의 일치성을 평가하기는 매우 어렵다. 교사는 SEL에서 공식적인 현장 교육을 거의 받지 않는 경향이 있으며, 새로운 자료나 교수법을 습득해야 하는 부담은 일반적으로 개별 교사에게 직접 주어진다. 또한 보조교사와 같이 일반 직원은 이 분야에 대한 적절한 준비 및 교육을 받는 경우가 거의 없다(예: Feuerborn et al., 2018). 따라서 학생들과 함께 일하는 모든 교직원을 위한 준비 및 연수를 위한 자원을 확보하는 것이 중요하다.

SEL 노력의 성공 여부는 교사 또는 실무자가 프로그램을 얼마나 잘 이해하고, 편안하게 느끼고, 실행하거나 교실에서 SEL 활동을 제공하는지와 관련이 있으므로(Oberle et al., 2016), 특히 준비 및 초기 실행 단계에서는 전문성 개발이 중요하다. 최소한, 프로그램 실행자들은 SEL 이론, 연구, 그리고 교수법에 대한 이해가 필요하다. 또한 실행자들은 조직에서 특별히 선택된 SEL 프로그램과 전략, 그것들이 왜 시행되는지에 대한 이유, 그리고 그 노력에서 자신들의 개별적인 역할을 이해해야 한다. 게다가 실행자들은 질 높은 실행이 어떤 모습인지, 그렇지 않은 경우는 어떤 모습인지, 그리고 질 높은 실행으로 기대되는 이점에 대해 이해해야 한다(Graczyk et al., 2006). 이 장의 앞부분에서 언급했듯이, 전문성 개발을 주도하는 사람들은 SEL 관련 지식, 경험, 교육자가 가져오는 인식을 이해하고 교육을 교육자의 필요에 맞게 조정하는 것이 필요하다. 준비 및 초기 실행 단계에서, 전문성 개발의 촉진자들은 교육자들의 개인적이고 실질적인 우려(예: 이미 하고 있는 것에 더해 SEL을 어떻게 실행할 수 있는지), 이러한 노력이 관련된 기존 노력과 어떻게 조화되는지(예: SWPBIS, 회복적 실천), 그리고 교육자들의 사회정서적 기술(예: Jones & Bouffard, 2012)에 대해 다룰 필요가 있다.

전문성 개발의 방법과 내용은 교육이나 회기의 목적, 이를 진행하는 사람이나 팀에 따라 달라질 수 있다. SEL 관련 전문성 개발은 콘퍼런스, 웨비나(webinar), 기타 온라인 교육 및 회의 참석을 통해서도 이루어질 수 있다. 이러한 유형의 전문성 개발은 SEL 리더십 팀에 특히 도움이 될 수 있다. 또한 전문성 개발은 외부 컨설턴트(예: 지역 연구원, 교수)와 SEL이 무엇인지 뿐만 아니라, 특정 프로그램이나 전략의 이론 및 연구를 논의하는 것으로 이루어질 수 있다. 또한 충실히 유지되고 실행되기 위해 적용 가능한 실무 요소와 반드시 적용되어야 하는 실무 요소를 나누어 논의해 볼 수 있다(Elias et al., 2015). 외부 전문가가 제공하는 전문성 개발 및 상담은 모두에게 도움이 될 수 있지만, 비용이 많이 들고 유지하기 어려운 경우가 많다. 일반적으로 초기 실행 단계에서 필요한 유형의 기술 지원(예: 지속적인 코칭, 상담, 성과 피드백)을 제공하지 않는다. 궁극적으로 팀은 '실습, 피드백, 성찰, 수정'의 기회를 제공하는 피드백 회로를 만들기 위해 차별화되고 지속적인 지원을 제공해야 한다(Patti, Senge, Madrazo, & Stern, 2015, p. 448).

지속적인 전문성 개발은 SEL 리더십 팀과 함께 조직 내부 전문가(예: 학교 심리학자, SEL 코치)에 의해 촉진될 수도 있다. 이러한 지속적인 지원은 대체되지 않아야 하고, 외부 전문가, 연구/문헌, 그리고 SEL을 성공적으로 실행하고 있는 유사한 인구통계학적 특성을 가진 다른 학교와 같은 자원들에 의해 강화되어야 한다. 협력적인 PLC는 아이디어의 자유로운 교환, 목표 공유, 데이터 기반 의사결정과 같은 성공적인 변화와 관련된 공동 지원 유형을 구축하는 데 도움이 될 수 있다(Hall & Hord, 2001). 이러한 유형의 성공을 위해, 우리는 교육자들이 새로운 것을 시도하고 취약해지게 되면 공개적으로 피드백을 받아들일 수 있다고 느낄 수 있도록 신뢰하고 지원하는 환경을 구축해야 한다(Patti et al., 2015).

실행 및 평가 계획 수립하기

SEL 실행 및 평가 계획은 준비 단계에서 처음으로 개발되고, 초기 실행 단계에서 시행되며, 이후 지속적인 실행 단계에서 수정된다. 이 장에서는 고려해야 할 중요한 요소에 대한 개요를 제공한다. 구축 수준에서 잘 조정된 실천은 질 높은 SEL 실행 및 최적의 결과로 이어진다(Beets et al., 2008; Oberle et al., 2016). 이것은 교실 수준에서도 적용될 수 있다. 학교 또는 교실 SEL 실행(또는 둘 다)을 조직하는지에 관계없이, 단기 및 장기 SEL 목표를 설정하고 진행 상황을 평가하는 계획을 수립하는 데 있어 해당 영역의 SEL 기준 및 지표를 참조하면 도움이 된다. 또한 이 장의 앞부분에서 언급한 공통 핵심 주 표준을 참조할 수도 있다. 이 과정 전반에 걸쳐 전체적인 목적과 구체적 목표를 유지하는 것이 중요하다. 'SEL을 실행하여 당신 또는 학교 공동체가 달성하고자 하는 바는 무엇인가?'라는 질문에 대한 답을 항상 염두에 두기 바란다.

실행 및 평가 계획에는 조사하고, 통합하고, 정렬하고, 구축하는 효과적인 실제 활동이 포함되어야 한다. 조사 활동(제7장 참조)은 일반적으로 요구 측정 중에 이루어지며 준비 단계에서 진행한다. 이러한 활동은 서비스 격차뿐만 아니라 이미 존재하는 효과적인 SEL 관련 실천(예: 학생–교직원 관계를 구축하고 학생 결석 줄이기)을 보장한다. 이미 존재하는 효과적인 사례를 기반으로 구축하고 이를 새로운 SEL 사례에 전략적으로 맞추는 것이 가장 좋다. 이는 기존에 진행하고 있는 것을 고려하지 않고 새로운 요소를 추가하는 또 다른 일반적인 실수를 방지하는 데 도움이 된다. 앞서 언급한 것처럼 기존 교육과정에 SEL을 통합하면 연속성과 긍정적 성과를 촉진할 수 있으며(Oberle et al., 2016), 일상적인 대인관계 상호 작용(예:

교직원–학생, 학생–학생, 교직원–교직원)이나 운동장, 식당, 복도, 주차장 등 다양한 환경에 의도적으로 SEL을 내재화하는 것도 동일한 효과를 가져온다(Jones & Bouffard, 2012). 일리어스와 동료들(Elias et al., 2015)은 다음과 같이 SEL 조정의 중요성을 강조한다.

> 프로그램에서 SEL 기술을 제시하는 것은 필요하지만 충분조건은 아니다. 이러한 기술을 프레임워크에 통합하려면 시간이 지나면서 감정, 인지, 행동의 조정이 필요하다. 기술이 아동의 정기적인 사회적 수행의 일부가 되려면 다양한 맥락에서 학습되고, 지원되고, 평가되어야 한다.

수평적 체제(horizontal alignment)를 구축함으로써 교직원의 참여를 개선하고, 질 높은 실행을 보장하며, 더 나은 학생 성과를 이끌어 낼 수 있다는 것을 예측할 수 있다(예: Hemmelgarn, Glisson, & James, 2006). 수평적 체제에서는 프로그램과 환경 전반에서 공통된 용어를 사용하고, 학교 시간뿐만 아니라 방과 전후 프로그램에서도 공통된 기술을 장려하는 것이 포함된다(Garbacz, Swanger-Gangné, & Sheridan, 2015). 예를 들어, 나(L. L. F.)는 현재 학교 수업 시간 내내 가르치고 장려하는 SEL 기술을 방과 후 프로그램에 포함시키기 위해 교육구와 협력하고 있다. 그렇게 함으로써 우리는 의도적으로 교육자들이 사용하는 용어와 단서를 사용하고, 학교에서 가르치는 구체적인 SEL 전략들을 촉구하고 있다.

또한 학년 전반에 걸쳐 연속성을 가져오기 위해 **수직적 체제**(vertical alignment)를 구축하는 것도 중요하다. 예를 들어, 중학교에서 근무 중이라면, 초등학교 졸업반에서 가르치는 SEL 기술을 기반으로 구축하고, 졸업 예정인 8학년 학생들이 고등학교에서 교육받게 될 SEL 기술을 발전시킬 수 있도록 준비해야 한다(Weissberg et al., 2015).

SEL 프로그램 및 평가 기준을 위한 범위와 순서(무엇을, 어떻게, 언제)를 개발하고, 증거 기반 프로그램을 채택하며, 실천 및 전략을 조정하는 것 외에도, SEL 실행, 학교의 분위기 및 이해관계자들의 관점을 평가하는 주기를 만들어야 한다(Jones & Bouffard, 2012; Weissberg et al., 2015). 학교 공동체의 필요와 목표에 맞는 증거 기반 SEL 프로그램을 선택하고(Jones & Bouffard, 2012), 질 높은 실행을 보장하기 위해 잘 조직된 모니터링 계획을 수립한다(Durlak & DuPre, 2008; Meyers et al., 2012).

프로그램의 충실도를 유지하는 것과 적합성을 위해 조정하는 것 사이에서 균형을 맞추는 것이 어려울 수 있지만 프로그램을 조정하는 이유를 숙고하고, SEL 프로그램 또는 전략의 '협상 가능한' 구성 요소만 조정하는 것이 도움이 된다. 예를 들어, 문화적 · 맥락적 적합성을 향상하기 위해 프로그램을 조정하는 경우, 이러한 조정은 괜찮을 뿐만 아니라 더 강력한 결과로 이어질 수 있다(Durlak & Dupre, 2008). 그러나 다른 이유(예: 싫어해서 콘텐츠 삭제 등)로 인해 프로그램에 적용되면 프로그램이 의도한 대로 실행되었다고 주장하기가 더 어려워지고, 잠재적으로 효과가 있을 가능성을 감소시킬 수 있다.

SEL 프로그램 및 전략이 선택되면 제대로 실행되었는지 확인한다. 이는 충실도, 실행량, 전달의 질, 프로그램 적용 및 차별화, 학생 참여를 추적하는 모니터링 계획으로 시작된다(Durlak & Dupre, 2008). 이 모니터링 계획에는 때때로 지루한 탐색 과정이 필요하지만 이러한 노력은 더 높은 충실도와 결과를 생성할 것이다(Domitrovich & Greenberg, 2000; Durlak et al., 2011).

3 자신만의 전략적 계획

전략적 계획은 보다 의미 있는 결과를 달성하고 오랫동안 지속하는 데 도움이 되는 과정이다(예: Bryson, 2018; Schlebusch & Mokhatle, 2016). 이러한 접근 방식에는 미래에 대한 사고와 현재에 대한 이해라는 도전적인 변증법이 필요하다. 센지(Senge, 1990)가 말했듯이, "가장 유능한 사람들은 현재의 현실을 명확하게 보기 위해 노력하면서 자신의 비전을 '유지'할 수 있는 사람들이다"(p. 69).

자신만의 전략적 계획을 수립할 준비가 되면, [워크시트 2-2]를 프레임워크로 사용할 수 있다. 이 책의 후속 장들을 읽으면서 계획에 내용, 세부 사항, 깊이를 추가할 수 있다. [워크시트 2-3]은 CASEL 학교 실행 이론(CASEL, 2013; Oberle et al., 2016)과 QIF(Meyers et al., 2012, 2015; Weissberg et al., 2015)에서 도출되었다. 더 자세한 내용과 지원이 필요한 경우 CASEL 웹사이트(https://schoolguide.casel.org 및 https://drc.casel.org 참조)에서 제공하는 우수한 학교 및 교육구 수준 실행 모듈 및 자원과 함께, 가이드를 참조할 수 있다. 그 단계들은 방금 논의된 '변화를 이끌어 내기 위한 핵심 단계'와 유사하기 때문에 익숙하게 느껴질 수 있다. 그러나 관리자 지원 확보 및 팀 구성이라는 두 단계는 포함되지 않았다. 왜냐하면 이 두 단계를 먼저 완료하는 것이 권장되기 때문이다. 그런 다음, 팀 및 관리자와 함께 나머지 단계를 완료한다.

두 학교 이야기

각 학교에서 SEL 프로그램을 수립한 두 교장의 경험은 SEL의 영향력을 높이기 위해 전략적 계획 및 시스템 문제를 고려하는 것의 이점을 보여 준다. 다음은 실제 상황을 바탕으로 한 것이다.

교육구 부교육감과 학생 지원 서비스 책임자는 교육구가 정신건강 증진 노력을 강화해야 한다고 결정했다. 중학교 교장들은 교직원과 협력하여 학교에 적합한 SEL 계획을 고안하라는 지시를 받았다. 그들은 계획을 개발하고 단계적으로 진행하는 데 최대 18개월이 주어졌으며, 결과를 부교육감에게 연간 보고해야 했다. 지역 재단의 소액 보조금 덕분에 각 학교는 초기 실행을 위한 적절한 예산을 확보할 수 있었고, 교장은 자금 사용 방법에 대한 재량권을 갖게 되었다.

중학교 교장 두 명은 10년 전에 같은 학교에서 함께 가르쳤던 가까운 동료였다. 그들은 SEL 위임 사항이 무엇을 의미하는지 더 잘 이해하기 위해 SEL 및 정신건강에 관한 회의에 참석하기로 결정했다. 폭스 리즈(Fox Ridge) 중학교의 교장인 히브던(Hibdon)은 폭스 리즈의 학교 상담사들을 회의에 초대했다. 센트럴 밸리(Central Valley) 중학교의 교장인 볼크마이어(Volkmeyer)는 구체적인 내용이 더 명확해진 후에 다른 학교 교직원들이 의견을 제공할 수 있도록 초대될 것이라고 예상하면서, 학교 교직원들을 포함시키지 않았다. 또한 추가 자료와 교육을 나중에 구매할 수 있도록 자금을 절약하고자 했다.

콘퍼런스에는 SEL 전략 및 프로그램에 대한 여러 내용을 포함하여 청소년 정신건강에 관한 수많은 세부 세션이 있었다. 폭스 리즈 팀은 많은 이점을 제공하고 실행하기 쉬우며 예산에 맞는 특정 SEL 프로그램에 깊은 인상을 받았다. 그들은 바로 이 프로그램에 집중했고, 프로그램 사용에 관한 세션에 참석했을 뿐만 아니라 프로그램 개발자와 상당한 시간을 들여 미팅을 했다. 회의가 끝날 무렵, 폭스 리즈는 이 프로그램이 학교에 이상적이라고 판단하고 1교시 블록 수업을 진행하는 각 교사를 위한 자료를 얻었다. 그들은 또한 출판사의 컨설턴트가 그해 후반에 학교에 와서 교직원 교육을 실시하도록 예약했다. 볼크마이어는 그렇게 빨리 결정을 내리지는 못했지만 주로 시스템 전체 실행에 필요한 구성 요소와 과정을 포함하여 SEL에 대한 추가 정보를 수집하기 위한 세션에 참석했다. 팀은 코칭, 실행 및 평가를 위한 일정을 만들었다. 공교롭게도 센트럴 밸리는 폭스 리즈와 같은 프로그램을 선택했다.

회의 참석자들은 학교로 돌아왔을 때 앞으로 나아가기 위해 서로 다른 접근 방식을 취했다. 히브던은 폭스 리즈 교직원을 위한 회의를 소집하여 결정된 내용과 연수 시기를 알렸다. 반면에 볼크마이어는 교직원 회의에서 교육구 위임 사항에 대해 센트럴 밸리 중학교 교직원과 이야기하고, SEL에 대한 기본 정보를 공유한 후 일반 교육 교사 2명, 특수 교육 교사 1명, 보조 교사, 상담사, 학교 심리학자를 팀으로 구성하여, 교직원과 협력하여 전략적 계획을 개발했다. 첫 번째 단계는 SEL 관련 자원, 우선순위,

교직원, 학생, 가족 및 지역사회(예: 방과 후 프로그램 및 약물 남용 상담사들)의 요구에 관련된 평가였다.

해당 학기 말까지 폭스 리즈 교직원은 교육을 마쳤으며, 각 1교시 블록 교사는 11주 동안 SEL 프로그램을 시행했다. 반면에 센트럴 밸리 교직원은 그 기간을 다르게 사용했다. 요구 사항과 기존 역량을 평가한 후 모든 교직원 간에 SEL 실행에 대한 우선순위와 공통 목표가 설정되었다. 교직원 교육은 요구 측정 데이터 결과에 따라 조정되었다. 처음에는 주립대학의 SEL 전문가가 교육을 제공했지만, 대부분 그 기간의 노력은 전문성 개발을 받고, 프로그램을 검토하고, 가능성을 좁히고, 다른 이해관계자와 대화하는 팀에 투입되었다. 학기 말에 팀은 교직원에게 제시할 두 가지 프로그램을 선별했고, 약간의 논의 끝에 결정이 내려졌고, 자료가 주문되었으며, 팀은 코칭, 실행, 평가를 위한 시간표를 만들었다. 우연히도 센트럴 벨리는 폭스 리즈와 동일한 프로그램을 선택했다.

그다음 해가 시작되었을 때, 폭스 리즈 블록 교사는 첫 교직원 회의에서 교장과의 몇 가지 질문과 의견 외에 추가 교육이나 입력 없이 계획대로 프로그램을 실행하고 사무실이나 복도에서 교장과 가끔 의견을 주고받았다. 상담사들은 자문을 제공하기 위하여 대기 중이었다. 학년 중반에 일부 교사는 SEL 프로그램 실행 매뉴얼을 사용하지 않았고, 한 교사는 기본적으로 SEL 프로그램 사용을 완전히 중단했다. 프로그램이 '현실적'이지 않거나 학생 자신의 삶과 관련 없다고 생각한다면서, 그녀는 자신만의 SEL을 실행하기로 선택했다. 자료 수십이나 평가에 대한 계획은 전혀 세워지지 않았다. 부교육감의 요청에 부응하기 위해 연말까지 성급하게 평가 자료를 수집하는 계획을 세웠다. 데이터는 특별히 설득력이 있거나 유용하지 않았다. 이 시점에서 몇몇 교사의 열정은 약해졌지만, 학교는 다음 학년도에도 계속 과정을 계속할 것이라고 가정했다.

센트럴 밸리 중학교 교직원들은 하루 동안 프로그램에 전념할 수 있도록 전문성 개발 연수를 받으면서 2년 차를 시작하였다. 이 과정에서 학생들의 문화와 경험에 더 잘 맞도록 프로그램을 적용하는 방법과 SEL 전략을 교육 내용 수업에 통합하는 방법을 배웠다. 하루의 마지막 시간은 팀과 함께 계획을 개발한 학교 심리학자가 이끄는 평가 및 평가 계획에 전념했다.

SEL 프로그램의 첫 번째 수업은 첫 학기의 두 번째 기간까지 시행될 예정이 아니었기 때문에 교사들과 지속적인 상담 및 데이터 수집을 위한 시간을 가질 수 있었다. 처음 몇 주간의 실행은 상대적으로 순조롭게 진행되었지만, 일부 교사가 낮은 정확도로 프로그램을 실행하고 진행 데이터에 따르면 일부 수업은 다른 수업보다 적은 기술을 습득하고 있었기 때문에, 협의 및 데이터 수집 절차로 인해 일부 재교육이 이루어졌다. 두 번째 학기의 첫 번째 기간 중반쯤 SEL 프로그램은 잘 갖추어진 기계처럼 운영되었고, 지속적인 데이터 수집 노력으로 프로그램을 통해 꾸준한 성과를 얻었으며, 교직원, 가족, 학생들로부터 긍정적인 피드백을 받았다. 그해 마지막 학기까지 아침 공지 사항, 조회, 복도 등 다른 학교 환경에서 SEL 프로그램의 주요 개념 중 일부를 강화하기 위한 계획이 수립되었다. 학년 말의 측정 및 평가 데이터에 따르면, 학생의 지식과 행동적 · 정서적 기술이 크게 향상되었을 뿐만 아니라 교사, 학부모와 학생 사이에서 높은 만족도가 나타났다. 교직원들은 SEL로 다음 학년을 시작하기를 기대하며 한 해를 마무리했고, 부교육감과 학교 위원회는 학교가 제공하는 효과성의 예로 센트럴 밸리 중학교 데이터를 사용했다.

동일한 SEL 프로그램을 사용했지만 결과가 매우 다른 두 학교가 있다. 동일한 프로그램이 사용되었고 두 학교가 학생 및 교직원 구성 측면에서 상대적으로 유사하다는 점을 고려하면 왜 차이가 있을까? 분명히 그 차이는 센트럴 밸리 중학교 교장이 전략적 계획, 지역사회의 힘을 이해하고 시스템 지식을 사용하여 최상의 결과에 접근하는 데 관심을 기울였기 때문이다. 센트럴 밸리가 프로그램을 즉시 실행하지 않는 것이 어려웠을 수도 있지만, 시간을 투자하여 사려 깊고 관련성이 높으며 효과적인 프로그램을 실행하기 위한 효과적인 전략을 사용하는 결과를 얻었다. 바로 마시멜로 테스트가 실행되는 것이다!

4 맺음말

이 장에서는 학교에서 SEL를 성공적으로 실행하기 위한 주요 사항을 검토했다. 이를 통해 특정 시스템에서 SEL을 실행하거나 확장할 때 전략적으로 고려해야 할 다양한 문제를 다루었다. 이러한 문제들은 실무자들이 종종 중요하게 여기지 않지만, 사실 필수적이다. 우리는 다음과 같은 주요 사항들을 강조한다.

- 학교는 상호 영향을 미치는 역동적이고 변화하며 복잡한 시스템이다. 교사, 관리자, 학생은 서로 영향을 미칠 수 있다.
- 대부분의 조직과 마찬가지로 학교는 변혁 과정에서 예측 가능한 변화 단계(준비 상태, 초기 실행, 지속적인 실행)를 거친다.
- 많은 조직 변화 시도가 실패하는 주요 원인은 준비 단계를 생략하고, 협력 없이 작업하고, 과정을 잘못 이해하고, 효과적인 교육 제공을 소홀히 하며, 변화 시도를 단기적이거나 고립된 사건으로 보는 것이다.

- 중요한 전략적 계획 단계는, (1) 학교의 요구, 역량 및 문화 측정하기, (2) 리더십 팀 구성하기, (3) 관리자와 이해관계자의 지원 얻기, (4) 자원 확보하기(예: 시간, 자료 및 재원 지원), (5) 연수, 실행 및 평가를 위한 계획 수립하기를 포함한다.

워크시트 2-1 성찰

우리는 변화가 어떻게 어려울 수 있는지 논의했다. 변화에 대한 자신의 경험을 고려해 보라. 변화에 대해 어떻게 대응했는지, 많은 다른 사람과 마찬가지로 필요한 새로운 기술에 대한 편안함이나 다른 방식으로 일을 할 때 어떤 지원을 받을 수 있을지에 대한 인식 등의 요인에 따라 달라질 수 있다. 이제 학교나 기관의 과거 변화 노력을 고려해 보라. 성공적이었는가? 성공했거나 실패한 이유는 무엇인가? 이 정보는 학교나 기관에서 새로운 SEL 실천을 계획하고 실행하는 데 어떻게 도움이 될 수 있는가?

워크시트 2-2 SEL 전략적 계획의 개요

관리자/리더의 지원을 확보하고 팀을 구성한 후, 다음 워크시트를 사용하여 전략적 계획의 개요를 작성한다. 이러한 단계는 비선형적이고 겹칠 수 있다. 다시 말해, 당신은 여러 단계를 오가고, 전 단계로 되돌아가거나 몇 가지 단계를 동시에 진행해야 할 수도 있다.

전략적 계획 단계	없음	일부 있음	완전히 있음
요구 측정을 수행한다.			

- 안내 질문: 교직원, 가족, 학생, 지역사회 기관의 필요와 관점을 어떻게 평가할 것인가? 데이터를 어떻게 분석할 것인가? 결과를 이해관계자들과 어떻게 공유할 것인가? 제7장에서 지원 정보를 찾아본다.
  - 기존의 SEL 실천 사항 및 자원을 조사/점검한다.
  - 학교 분위기를 평가한다.
  - 설문 조사, 포커스 집단 또는 기타 수단을 통해 이해관계자(학생, 교직원, 가족)의 요구 사항, 우려 사항, 관점을 평가한다.
  - 요구 사항과 잠재적인 장애 요소를 확인한다.
- 참고, 수집할 정보 및 아직 실행되지 않은 측면:

전략적 계획 단계	없음	일부 있음	완전히 있음
SEL 관련 목표를 확인한다.			

- 안내 질문: 목표들이 기존 우선순위 및 실천 사항과 어떻게 일치하는가? 목표들은 SEL 기준, 학교 개선 목표 또는 다른 기준과 어떻게 어울리는가? 모든 이해관계자가 함께 협력하거나 지지할 수 있는 미래 공동의 목표(비전)는 무엇인가? 제1장에서 지원 정보를 찾아본다.
  - 분위기 점검과 함께 요구 측정 데이터, 규칙 데이터, 기타 학생 데이터를 검토한다.
  - SEL 기준, 공통 핵심 기준 그리고(또는) 다른 SEL 기준을 검토한다.
  - SEL 실행을 위한 1~3가지 우선순위/목표를 확인한다.
- 참고, 수집할 정보 및 아직 실행되지 않은 측면:

전략적 계획 단계	없음	일부 있음	완전히 있음
SEL 프로그램 및 전략을 확인한다.			

- 안내 질문: 파악된 우선순위에 가장 효과적이며, 학교 공동체(예: 학생의 연령 및 문화, 기존 역량)에 가장 적합한 프로그램 및 전략은 무엇인가? 몇 가지(1~3) 프로그램을 선별한 후, 이해관계자의 피드백을 받고 자원을 점검하여 가장 적절한 선택을 할 수 있도록 해야 한다. 제3, 4, 5장에서 지원 정보를 찾아본다.
  - SEL 프로그램 및 전략을 선택한다.

- 참고, 수집할 정보 및 아직 실행되지 않은 측면:

전략적 계획 단계	없음	일부 있음	완전히 있음
이해관계자들의 지지와 참여를 얻는다.			

- 안내 질문: 같은 공간에서 함께 일하는 교사, 지원 교직원, 보조 교사, 가족, 학생 및 기타 지역사회 파트너의 지원을 어떻게 확보할 것인가? 실행 전과 실행 중에 여러 참여 지점을 어떻게 설정하는가? 교육자들은 프로그램/전략을 적용하는 방법에 대한 의견을 가지고 있는가? 학생들은 SEL 프로그램/전략이 관련성이 있고 유용하며 매력적이라고 인식하는가? 제5, 6, 8장에서 지원 정보를 찾아본다.
  - 교사와 교직원을 대화, 연수, 프로그램 참관에 초대한다.
  - 설문 조사, 포커스 집단, 토론을 통해 학생들의 통찰과 관점을 구한다.
  - 가족과 지역사회 기관에 알리고 참여시킨다. 프로그램에 대한 정보를 제공하고 통찰과 관점을 구한다. 양방향 소통 경로를 설정한다.

- 참고, 수집할 정보 및 아직 실행되지 않은 측면:

전략적 계획 단계	없음	일부 있음	완전히 있음
자원을 확보한다.			

- 안내 질문: 팀이 계획을 세우고, 자료를 구매하며, 연수와 협력을 위해 교직원의 여유 시간을 확보하는 데 필요한 자원은 무엇인가? 제4장에서 지원 정보를 찾아본다.
  - 실행을 위한 시간을 마련하고 확보한다.
  - 팀, 교직원과 실행자를 위한 교육/전문 개발을 위한 자원을 찾고 확보한다. [알아보기 2-2]를 검토하고, 교육자를 위한 SEL에 대한 자세한 내용은 제9장을 참조한다.
  - 자금을 찾고 확보한다.

- 참고, 수집할 정보 및 아직 실행되지 않은 측면:

전략적 계획 단계	없음	일부 있음	완전히 있음
실행 계획을 수립한다.			

- 안내 질문: 누가 SEL 프로그램을 시행할 것인가? 기술이 교육 과정과 일상생활에 어떻게 적용될까? 환경 전반에 걸쳐 일반화를 촉진하기 위해 기술을 어떻게 강화할 것인가? (SEL) 실천이 기존의 유사한 실천과 어떻게 조정되는가? 프로그램/전략 중 수정이 가능한 측면은 어떤 것인가? 최적의 결과를 얻으려면 어떤 면을 그대로 유지해야 하는가? 협상 가능한 것과 협상 불가능한 것은 무엇인가? 제3, 4, 5, 6, 8장에서 지원 정보를 찾아본다.
  - 질 높은 실행에 필요한 요소를 파악한다.
  - 문화적 · 맥락적 적합성을 위하여 조정을 고려한다.
  - 관리자와 기타 교직원들 사이의 상호 평등한 의견 체제(수평적 체제)를 설정한다.
  - 프로그램 사이의 위계구조(수직적 체제)를 설정한다.

- 참고, 수집할 정보 및 아직 실행되지 않은 측면:

전략적 계획 단계	없음	일부 있음	완전히 있음
평가 계획을 수립한다.			

- 안내 질문: 학생 성과, 조직 분위기 및 실행을 어떻게 평가할 예정인가? SEL 우선순위와 목표를 달성하기 위해 궤도에 오르고 있는지 어떻게 알 수 있는가? 결정을 내리기 위해 데이터를 어떻게 사용할 것인가? 피드백과 지속적인 개선에 필요한 정보를 제공하는 관찰 기간을 어떻게 구축할 것인가? 제5, 7, 9장에서 지원 정보를 찾아본다.
  - 분위기와 관계를 평가하기 위한 계획을 세운다.
  - SEL 우선순위, 목표 및 학생 결과를 평가하기 위한 계획을 세운다.
  - 실행의 질을 모니터링하고 평가하기 위한 계획을 수립한다.

- 참고, 수집할 정보 및 아직 실행되지 않은 측면:

워크시트 2-3 10단계 이하로 SEL 전략적 계획 작성하기

- **요구 측정:** 이해관계자의 요구 사항, 우려, 관점, 시스템 자원 및 역량을 평가한다. 교직원, 가족, 학생과 지역사회 기관을 어떻게 참여시킬 것인가? 데이터를 분석하는 방법뿐만 아니라 데이터 수집 방법(설문조사, 포커스 집단)을 파악한다.
- **데이터 공유:** 요구 측정 데이터를 이해관계자와 공유하기 위한 계획을 세운다. 그들의 의견을 인정하고, 자원을 확인하고, 우려 사항이나 요구 사항에 대해 논의한다(그리고 일반적으로 이것들이 충족될 방법에 대해 논의한다).
- **SEL 우선순위 및 목표:** SEL 우선순위를 확인하고, 이를 기존 우선순위와 실천에 맞추어 조정한다. 이 과정에 SEL 표준이나 기타 다른 참조 기준을 사용한다.
- **자원:** 시간, 자금, 인력을 포함한 자원을 확보하고 유지한다.
- **SEL 프로그램:** 학교 공동체의 요구와 문화, 사용 가능한 자원 및 SEL 목표에 맞는 증거 기반 프로그램을 선택한다.
- **전문성 개발:** 다양한 역할과 관련하여 교직원을 위한 전문성 개발을 계획한다. 일반 SEL 이론 및 연구, 교육자를 위한 SEL, 선택한 프로그램 및 전략과 관련된 자세한 정보 등이 해당한다. 지속적인 코칭과 피드백을 위한 계획을 세운다.
- **실행:** 이해관계자를 참여시켜 학교의 우선순위와 역량에 맞는 실행 계획을 수립한다. 실행자를 확정하고, 이 계획 개발 시 질 높은 실행의 요소(예: 내용, 구조, 충실도, 실행할 수 있는 양, 적용)를 설정한다. 프로그램 시행 계획뿐만 아니라 SEL에 유리한 환경 조성 계획을 수립한다.
- **조정:** 일상적인 상호 작용, 일상생활, 학업 및 기대치, 전반적인 환경 및 학년 수준에서 실천할 수 있도록 평등한 의사소통 체계 및 프로그램의 위계를 이루기 위한 계획을 만든다.
- **평가:** 분위기, 실행의 실제 및 결과를 포함하는 평가 계획을 마련한다. 지속적인 개선을 위한 성찰, 데이터 기반 결정, 피드백 구조를 촉진하기 위한 일정한 조사 주기를 만든다.

유인물 2-1 SEL을 위한 주요 요점

■ SEL이란 무엇인가?

SEL의 리더인 CASEL(www.casel.org)은 SEL을 다음과 같이 정의한다.

> 아동들과 성인들이 감정을 이해하고 관리하며, 긍정적인 목표를 설정하고 달성하며, 타인에 대한 공감을 하고 표현하며, 긍정적인 관계를 맺고 유지하며, 책임 있는 결정을 내리는 데 필요한 지식, 태도 및 기술을 습득하고 효과적으로 적용하는 과정이다.

SEL은 일시적인 유행이나 최신 트렌드가 아니다. 인간은 사회적이고 감정적인 존재이며, SEL은 항상 우리 삶의 일부였다. 하지만 학교에서 학습으로 적용되는 SEL이라는 용어는 수십 년 전부터 사용해 왔다.

■ **SEL이 모든 학생에게 정말로 필요한가? 학교는 자원이 한정되어 있으므로, 분명히 정신건강 개입이 필요한 학생들에게만 자원을 할당하는 것이 더 나을 수도 있지 않은가?**

예방이 제일 나은 방법이다. 예방 및 조기 개입은 훨씬 더 나은 실천이며, 특히 필요한 사람들에게만 개입을 제공하는 사후 대응 모델과 비교할 때 우리 공동체에 가장 효과적이다.

SEL은 비용이 효율적이다. 1달러를 지출할 때마다 평균 11달러의 수익이 발생한다(Belfield et al., 2015).

우리 학생들은 우리가 아는 것보다 더 많은 어려움을 겪고 있다. 10~17세 미국 학생을 대상으로 한 청소년 위험 설문 조사에 따르면, 다음과 같이 나타났다.

- 10명 중 약 3명은 설문 조사 전 한 달 동안 매일 슬프거나 절망감을 느꼈다고 답했다.
- 4명 중 1명은 싸움에 휘말린 경험이 있다고 답했다.
- 5명 중 1명 정도가 다음과 같다고 답했다.
  - 조사 전해에 자살을 심각하게 고려한 적이 있다.
  - 학교에서 괴롭힘을 당한 적이 있다.
  - 설문 조사 전달에 최소 1일에 5잔 이상의 술을 마신 적이 있다.
- 7%가 학교에서 흉기로 위협을 받은 경험이 있다(Kann et al., 2014: Oberle et al., 2016에서 인용).

■ SEL이 학업 성취도에 영향을 미치는가?

그렇다! 사회정서역량(예: 감정 조절, 주의력 유지, 기억력 향상)의 정도에 따라 인지 및 학습을 촉진하거나 방해할 수 있다. 학습은 또한 사회적 · 정서적 경험이 많은 일상적인 맥락에서 이루어진다.

학문적 성과에 대한 SEL의 영향은 다음 세 가지 엄격한 메타분석적 검토를 통해 입증되었다.

- 학업 성취도 평가 점수가 백분위 11점 상승하였고, 이는 거의 1 표준 편차에 해당한다(Durlak et al., 2011).
- SEL에 참여하는 학생들은 성적 등급, 읽기 성취도, 주 표준 시험 점수 및 교사가 평가한 학업 능력이 상당히 높았다(Sklad et al., 2012).
- 이 연구에서 학업 성취도는 단기 결과가 아니다. SEL 프로그램에 참여하지 않은 학생과 비교하여 추적 관찰 시 유의미한 결과가 유지되었으며(Sklad et al., 2012), 성적 및 성취도 시험 점수가 향상되어 56~195주 추적 관찰에서도 유지되었다(Taylor et al., 2017).

■ **효과적인 SEL은 우리가 학교와 학생들에게 원하는 것을 더 많이 가져다주고, 원하지 않는 것을 줄여 준다**(예: Durlak et al., 2011; Elias & Haynes, 2008; Jones, Greenberg, & Crowley, 2015; Wilson et al., 2001; Zins & Elias, 2007).

긍정 증가	부정 감소
학업 성취도	행동 문제
자신, 타인, 학교에 대한 태도	공격성
행동, 사회성, 정서적 기술	정서적 고통
소속 학교 및 소속감	이탈
동기 부여 및 자기 옹호	중도 탈락
출석률, 졸업률	교사 스트레스
집중력, 참여도, 업무 완수	정학
교사의 직무 만족도 및 자기 효능감	퇴학
학생 및 가족 관계 개선	수업 시간 중 교실 내 방해 요소를 다루는 데 소비된 훈육 시간
학교 분위기 및 평판	
학점, 대학 및 취업 준비도	

■ **SEL은 어떤 것이며, 어디서 진행되고, 다른 행동 노력과 어떻게 조화를 이루는가?**

SEL은 패키지 프로그램이 아닌 예방 및 개입을 위한 틀(프레임워크)이다. SEL에서는 문제가 아니라 문제를 예방하고 웰빙과 회복력을 증진하는 데 중점을 둔다.

SEL은 인구통계학적으로 다양한 인구 집단에 효과적으로 사용될 수 있고, 국제적으로 적용되며, 실행자의 환경에 맞게 조정될 수 있다. SEL은 단독 프로그램으로만 실행되기보다는 학생들의 일상생활에 맞게 조정되고 조직되며 제공될 때 가장 잘 작동한다. 따라서 SEL은 교실, 복도, 구내식당, 운동장 등 학교 안팎, 방과 후 언제 어디서나 적용될 수 있다.

SEL은 일반적으로 학교에서 학생(및 교육자)이 생각, 감정 및 행동을 확인하고 관리하는 것, 목표 설정, 공감, 다양성 존중, 사회 규범과 윤리 이해, 갈등 관리, 사회적 압력에 대한 대처, 문제 해결, 기타 등등과 같은 기술을 배우고 실습하는 프로그램 및 전략이다.

SEL은 예방 및 지원에서 각각의 단계에서 이루어질 수 있다. SEL은 PBIS와 같은 다른 MTSS와 통합될 수 있다. SEL은 PBIS를 보완하고 가치를 더해 준다. 두 가지를 서로 통합하여 실행하면 결과가 더 향상된다(예: Cook et al., 2015).

■ **누가, 무엇이 관련되어 있는가?**

최근 설문 조사에 따르면, 대다수의 교사, 지원 담당자, 관리자 및 가족이 SEL을 지지하는 것으로 나타났다. 실제로 학교에서 많은 사람이 SEL을 더 강조하고 싶어 한다(Bridgeland, Bruce, & Hariharan, 2013; DePaoli, Atwell, & Bridgeland, 2017).

관리자들은 시간, 교육, 자금을 제공할 수 있다. 이들은 우선순위와 학교 개선 목표를 논의함으로써 지역사회 구성원들과 정보를 교환하고 SEL에 대한 공유된 비전과 전념을 끌어낼 수 있다. SEL 연수는 긍정적인 결과를 달성하는 데 중요하다.

교사와 지원 담당자는 교육을 제공하고, 팀으로 봉사하며, 가족과 협력하여 SEL을 일상 업무 및 학생과의 관계에 적용할 수 있다. SEL은 정신건강 교육을 받은 사람과 받지 않은 사람 모두 효과적으로 시행할 수 있다.

SEL을 계획하고 실행하며 유지하는 것은 시간과 에너지가 소요되는 과정이지만 투자할 가치가 있다는 점을 인식하고 조정하라! 장기적으로 생각해 보라. SEL에는 일반적으로 팀, 관리자 및 기타 이해관계자의 적극적인 지원, 시간, 전략적이고 체계적인 계획, 실행, 평가, 어느 정도의 자금이 필요하다.

■ **자세한 내용을 알아보려면 다음 사이트를 참조하라.**

www.casel.org

https://easel.gse.harvard.edu/about

http://smhp.psych.ucla.edu

http://ei.yale.edu/ruler

제3장

사회정서학습 교육 과정

프로그램 개요 및 선택 가이드

현재 데이터에 따르면, SEL 프로그램은 전 세계 여러 국가의 다양한 교육 환경에서 실행 가능하고 효과적이다(Mahoney, Durlak, & Weissberg, 2018, p. 22).

SEL을 시작할 수 있는 가장 가능성 있는 방법 중 하나는 학생의 사회정서적 발달에 대한 대화를 통해 학생의 필요에 맞는 프로그램을 찾는 것이다. 우리는 SEL 프로그램이 SEL을 촉진할 수 있는 중요한 수단임을 잘 알고 있지만, SEL 프로그램(또는 전략)을 선택하는 것이 과정의 한 단계(많은 단계 중 하나)라는 사실을 이해하기 바란다. 또한 SEL 계획의 일부는 자료를 검토하고 선택하는 것임을 알고 있다. 지금은 반짝이고 흥미로워 보이는 매뉴얼, 카탈로그 또는 실행 요령(tip) 안내서에서 벗어나 필요한 예비 단계로서 이 장을 읽어 보기 바란다.

제1장에서는 SEL의 노력이 기존 학교 프로그램을 보완하고, 강화해야 한다는 권장 사항을 강조했다. 일부 학교나 학급의 경우, 이 과정은 이미 SWPBIS를 효과적으로 실행하고 있지만, 학생들이 자신과 타인의 다양한 감정을 인식하는 능력을 향상시키도록 약간의 강화가 필요한 시스템에 정서 교육 프로그램을 도입하는 것을 의미할 수 있다. 다른 학교의 경우, 기존 프로그램이 제대로 실행되지 않거나 자원이 부족하거나 학생들의 사회적 · 정서적 건강에 실제로 변화를 가져올 수 있다는 믿음이 약해져 흔들리고 있을 수 있다. 이 경우, 학교 프로그램의 비전에 대한 점검이 필요할 수 있으며, 대대적인 정리와 분류, 구조 조정이 필요

할 수 있다.

SEL 프로그램을 검토하면서 존스, 브러시와 동료들(Jones, Brush, et al., 2017)은, (1) 수업 기반 교육 과정, (2) 학교 내, 비교과 접근 방식, (3) 학교 시간 외에 이루어지는 프로그램 등 세 가지 프로그램 제공 모드를 확인했다. 이 장에서는 주로 첫 번째 접근 방식에 초점을 맞출 것이며, 이는 SEL 프로그램을 접할 가능성이 가장 높은 방식이다. 또한 SEL 프로그램에 대한 검토에서 한 가지 '비교과' 접근 방식에 대해서도 논의할 것이다. 제5장에서는 일상적인 학업 콘텐츠 및 기타 활동에 포함될 수 있는 비교과 선택을 검토한다. 또한 가정 및 지역사회 환경에서 SEL을 촉진할 기회에 대해서도 논의한다. 어떤 옵션을 선택하든 SEL 실행의 주요 목표를 고려하는 것이 중요하며, 단순히 프로그램을 단독으로 선택하고 최고의 결과를 기대하기보다는 학교 차원 접근 방식에 어떻게 맞출 것인지 고려해야 한다. 포괄적인 접근 방식이 없으면 더 많은 프로그램이 쓰이지 않고 방치될 위험이 있으며, 당시에는 좋은 아이디어처럼 보였지만 실제로는 학생의 요구, 학교 우선순위, 기존 프로그램과 자원에 맞지 않아서 사라질 수 있다.

1 환경, 팀, 계획

제2장에서 설명한 대로, 프로그램을 선택하기 전에 프로그램이 학교 현장에 적합하고 지속 가능한지 확인하기 위해 시스템 평가(예: 변화에 대한 준비도, 필요, 자원, 기존 실천), 리더십 팀 구성, 이해관계자의 참여 및 지원 확보, 실행 및 평가 계획 수립, 전문성 개발 등 여러 가지 활동을 수행해야 한다. 준비 단계의 모든 구성 요소가 완벽하게 완료되지는 않는다. SEL은 지속적이고 적응력이 뛰어나며 유연한 과정이다. 하지만 제2장에 제시된 지침과 기타 지원 자원을 활용하여 시간을 들여 성공적인 실행을 준비할 것을 적극 권장한다.

우리는 잠재적 프로그램을 평가하기 위한 지침으로 [워크시트 3-1]을 제공했다. 이 워크시트에 제공된 프롬프트는 CASEL 학교 실행 이론(CASEL, 2013; Oberle et al., 2016)의 단계와 매우 잘 작동할 수 있다.

알아보기 3-1 프로그램 검토를 위한 참고

이 책 외에도 당신의 환경에 적합한 프로그램을 선정하는 데 유용한 참고 자료들이 있다. 예를 들어, CASEL은 『효과적인 사회정서학습 프로그램에 대한 가이드(Program Guides to Effective Social and Emotional Learning Programs)』 유치원 및 초등학교용(2013)과 중·고등학교용(2015)을 개발하고 출판하였다. 이 가이드에 포함된 프로그램은 CASEL 전문가의 검토를 거쳤으며, 포함 요건(예: 보편적 수준에서 실행된 프로그램, 연구 설계, 분석 및 결과 변수 상세화)을 충족해야 한다. 이 가이드는 각 프로그램의 구성 요소, 실행 가능한 환경, 필요한 지원, 효과에 대한 증거 등 각 프로그램에 대한 설명적인 정보를 제공한다. 프로그램 선택에 대한 지침도 제공된다. 이 가이드는 새로운 연구와 프로그램이 등장할 때마다 계속 업데이트된다. 가이드는 https://casel.org/guide에서 찾을 수 있다(현재 웹페이지가 비활성화 상태임–옮긴이 추가).

또한 2017년 하버드 교육대학원의 존스, 브러시와 동료들은 각 프로그램이 다루는 기술, 콘텐츠 전달에 포함된 프로그램 구성 요소, 학생에게 적용되는 구체적인 교육 전략을 자세히 설명하는 25개 SEL 프로그램에 대한 리뷰를 발표했다. 이 리뷰는 초등학교 프로그램에 초점을 맞추고 있다. 이 자료는 www.wallacefoundation.org/knowledge-center/Documents/Navigating-Social-and-Emotional-Learning-from-the-Inside-Out.pdf에서 참조할 수 있다. 이 가이드는 계속 진화하고 있으므로 정기적으로 업데이트를 확인하는 것이 좋다!

[알아보기 3-1]에 나열된 프로그램과 같이 팀이 프로그램을 검토할 수 있도록 지원하는 추가 도구도 있다. 이러한 참고 자료와 이 책은 프로그램 선택에 대한 체계적이고 조직적인 접근 방식을 염두에 두는 데 도움이 될 수 있다. 후속 장들에서는 학업 및 기타 학교 활동에 전략 도입, 교실에서 SEL 실행, 문화적 요소 및 조정, 평가 방법, 교육자의 SEL 등 고려해야 할 추가 주제를 다룰 것이다. 지금은 시작하는 데 도움이 되는 몇 가지 중요한 영역을 강조한다.

1) 학생의 단기 및 장기 목표를 확인하고 검토하기

환경에 맞는 목표를 평가하고 우선순위를 정하면 프로그램 선택 단계가 시작된다. 요구 측정은 개요를 작성하는 데 도움이 된다. 데이터 수집에 학생과 교사의 인식을 포함하면 특히 도움이 될 수 있다(제2장과 제7장에서는 평가에 대한 추가 지침을 제공한다). 많은 요구 사항과 목표가 똑같이 시급하고 가치 있어 보일 것이다. 큰 그림(예: '우리는 학생들이 자신의 감정에 관해 이야기할 수 있기를 바란다.')에 초점을 맞추는 것뿐만 아니라 더 큰 목표를 향한 성장에 기여할 수 있는 일련의 기술 세트(예: 감정에 관해 이야기하려면, 먼저 학생들이 감정과 동시에 발생하는 그들의 생리적 반응, 생각 및 행동에 대한 인식을 높여야 한다)를 이해하는 것이 중요하다. 대부분의 교직원은 학생의 주요 관심사를 본질적으로 이해하지만, 가장 방해가 되거나 파괴적인 행동(예: 괴롭힘, 신체적 공격)이 가장 명백한 개입 대상이 되는 경우가 많다. 하지만 이러한 관점은 잘못된 생각일 수 있다. 이러한 문제를 신속하게 해결해야 하지만, 학교 분위기나 내면화 문제(예: 불안, 우울증)를 겪는 학생과 같은 다른 근본적인 문제도 고려해야 한다.

목표의 우선순위를 정하는 것은 어려울 수 있지만, 시간이 지나면서 목표도 요구와 자원의 변화에 따라 변화할 수 있다는 것을 기억해야 한다.

2) 프로그램 선택 및 검토 과정 수행하기

이 장의 뒷부분에서는 증거 기반 프로그램 검색을 시작하는 데 도움이 되는 몇 가지 좋은 프로그램을 소개할 것이다. 이 목록이 전부는 아니므로 여러 프로그램을 살펴보는 것이 좋다. 신뢰할 수 있는 출처에서 정보를 찾고, 해당 프로그램을 사용하는 다른 학교와 연락을 취하고, 프로그램 웹사이트에서 정보를 검토하고, 프로그램 개발자와 대화하여 선택 과정에 도움을 받을 수 있기를 기대한다. [워크시트 3-1]도 가이드로 사용할 수 있다. 요점은 정보에 입각한 책임감 있는 소비자가 되어 프로그램이 학교 생태계와 공생할 수 있는 정도를 평가하는 것이다. 이 단계에는 다소 시간이 걸리겠지만, 수집한 정보는 그만한 가치가 있다.

3) 현재 및 과거 SEL 프로그램 평가하기

새로운 프로그램을 평가하는 것 외에도 현재 사용 중인 프로그램과 과거 프로그램도 평가하여 현재 시점에서의 유용성과 효과성을 비교하는 것이 좋다(Mart, Weissberg, & Kendziora, 2015). 학교의 기획위원회는 과거 프로그램의 성공 또는 실패 이유를 이해하는 것이 중요하다. 그리고 효과적인 프로그램과 새로운 프로그램이 필요한 경우 이를 보완할 방법을 고려하는 것도 중요하다. 전반적인 구조 조정에는 잘 작동하지 않는 프로그램을 없애는 것도 포함될 수 있다. 학교의 전문가들이 이미 시도한 프로그램이 계속되고 성공적이거나, 계속되고 있지만 지원이 미온적이거나 줄어들고 있거나, 기대한 만큼 효과가 없을 수도 있다. 이와 관련된 부수적인 피해(예: 교직원의 사기가 저하되고 향후 SEL 노력에 대한 절망감이 생길 수 있음)가 있을 수 있음을 염두에 두어야 한다. [워크시트 3-1]과 [워크시트 3-2]는 일반적으로 도움이 될 수 있으며, '기존' 프로그램을 '새' 프로그램으로 교체할 때 발생할 수 있는 문제와 단점을 나란히 비교하는 데 도움이 될 수 있다.

4) 프로그램이 SEL 표준 및 교육구 목표에 부합하는지 고려하기

제1장에서는 공통 핵심 주 표준 및 SEL 표준의 채택 증가에 대해 다루었다. 프로그램 선택 과정의 일부로, 해당 주, 도 또는 지역에서 참여하기로 선택한 표준, 특히 K-12용 SEL 표준을 채택한 경우(미국의 모든 주에서 PreK용 표준을 채택했음을 기억하라) 이러한 표준을 염두에 두고 각 프로그램을 검토하는 것이 좋다. 이 둘 사이의 연관성은 명시적으로 드러나거나 드러나지 않을 수 있다. 또한 프로그램 선정은 교육구의 목표와 활동을 고려해야 하며, 프로그램 실행은 평가 단계의 일부로 프로그램 영향에 대한 문서화를 포함해야 한다. 교육구, 가족, 지역사회 파트너에게 메시지를 전달하는 캠페인에는 다양한 지역사회에서 다양한 요구를 존중하고 평가, 책임, 지속 가능한 실천을 실천하기 위한 수단으로서 순환적 개선 체계 접근법이 필요하다.

5) 실행 노력을 지속하기 위해 필요한 자원 확인하기

프로그램을 시작하고 유지하는 것은 SEL의 가장 큰 과제 중 하나이다. SEL을 지원하기 위해 활성화하는 자원은 매우 가치 있으며, 실행의 질이 높을수록 더 나은 결과를 얻을 수 있다(Durlak & DuPre, 2008). 실행에 대해서는 제4장에서 더 자세히 다루겠다. 지금은 프로그램을 선택하기 위해, (1) 실행 충실도와 프로그램 성과를 모니터링하는 데 도움이 되는 사용 가능하거나 권장되는 평가 도구, (2) 프로그램 실행에 특정 교육이 필요하거나 권장되는 정도, (3) 관련 비용(프로그램, 교육 및 자료), (4) 워크숍, 컨설팅, 코칭 또는 기타 지원(예: 웨비나)이 제공되는 정도 등 자원이 필요한 프로그램의 특성을 파악하고자 할 것이다. 이러한 정보를 확보하면, 향후 세부 실행 계획을 수립할 수 있는 토대가 마련된다.

2 패키지 및 증거 기반 프로그램 사용의 장점

패키지 프로그램은 일반적으로 공감 능력, 문제 해결 능력, 감정 조절, 집중력, 스트레스 관리 등 매우 구체적인 기술 및 목표를 염두에 두고 설계된다. 프로그램은 아동기 발달, 부적응 또는 회복탄력성 등 이론적 개념과 알려진 연구를 변화에 영향을 줄 수 있는 교육전략과 연결한다. 일부 증거 기반 프로그램은 효과를 낼 가능성이 큰 네 가지 주요 교육 측면을 통합하여 적용하기도 한다(Durlak et al., 2011의 논의 참조). 이러한 교육 절차를 SAFE라고 하며, 프로그램 내용이 **순차적**(Sequenced, 단계별, 조정된 활동을 통해 기술 개발)으로 구성되며, **적극적**(Active, 역할극, 리허설, 피드백 등 능동적인 학습 전략으로 학생들에게 연습 기회 제공)으로 참여하도록 하며, **집중적**(Focused, 사회정서역량을 개발하기 위해 충분한 시간 할당)으로 다루어지고, **명시적**(Explicit, 일반적인 기술이 아닌 특정 기술로서 교수 학습의 초점)으로 제시되어야 한다.

모든 패키지 SEL 프로그램은 아니지만, 많은 프로그램이 효과성(effectiveness)과 실행 가능성(feasibility)에 대한 현장 검증을 거쳤다. 즉, 프로그램이 결과를 산출하고 소비자가 만족하며 많은 잠재적 문제점이 해결되었다는 사실을 뒷받침하는 데이터로 시범 운영을 거쳤다. 모든 프로그램이 강력한 근거를 가지고 있거나 다른 검증을 거친 것은 아니라는 점에 주목할 필요가 있다. 이 장에서 검토한 프로그램은 엄격하게 평가되었다. 또한 패키지 프로그램은 콘텐츠의 논리적 흐름을 만들고, 준비 시간을 최소화하며, 이미 검증된 아이디어를 바로 실행할 수 있게 하려고 이미 구성된 자료를 포함하고 있다. [알아보기 3-2]에는 많은 프로그램에서 찾을 수 있는 교육 활동 목록이 나와 있다(Bouffard, Parkinson, Jacob, & Jones, 2009: Jones, Brush, et al., 2017에서 인용). 이와는 대조적으로, 때로는 교육자가 여러 출처에서 다양한 자료를 가져와 학생들과 함께 사용하는 방법과 그 효과를 실험하기도 한다. 종종 효과가 있고 아이디어와 자료가 훌륭할 때도 있다. 하나의 프로그램이 모든 사람에게 맞을 수는 없기 때문에, 이러한 접근 방식은 일부 상황에서 실행 가능할 수 있다. 동시에 두 접근법의 잠재적인 장점과 단점을 비교하여 특정 요구와 문제에 맞게 프로그램을 조정하는 데 가치를 두고, 의도한 방식으로 프로그램을 실행해야 할 필요성에 대해 항상 균형을 맞추어야 한다는 점을 염두에 두는 것이 현명하다. 마지막으로, 일부 프로그램은 시간이 지남에 따라 학생들의 사회적·정서적 발달을 지원하고 SEL의 잠재적 영향을 극대화하기 위한 수단으로 학업 기간(PreK-12) 동안 학생들의 발달을 다루도록 특별히 고안되었다. 메렐(Merrell)의 강한 아이(Strong Kids) 프로그램이 이러한 설계의 한 예다.

알아보기 3-2 SEL 교육 활동

SEL 프로그램을 사용하다 보면, 콘텐츠를 전달하는 데 사용되는 다양한 교육 활동이 있다는 것을 알게 될 것이다. 다음은 자주 볼 수 있는 교육 활동 목록이다. 프로그램을 검토할 때 통합된 활동에 주목해야 한다.

- **미술/창작 프로젝트**: 수업 내용과 관련된 그림이 아닌 창의적인 프로젝트이다.
- **책/이야기**: 수업 내용을 보완하거나 강조하는 책/동화를 소리 내 읽어 준다.
- **교훈적인 교육**: 수업 내용을 직접 지도한다.
- **토론**: 토론은 정보를 맞춤화하고 이해를 심화하기 위해 사용된다.
- **그리기**: 목표 지향적 그리기는 학생에게 맞춤화된 개념을 전달한다.
- **운동 감각**: 춤, 움직임, 신체 활동이다.
- **역할놀이**: 소규모 집단에서 대규모 집단으로 기술을 연습/연기한다.
- **SEL 도구/유인물**: 학생들은 자료로 작업하여 이해를 심화한다.
- **기술 연습**: 게임이나 역할극 이외의 적극적인 기술 연습(예: 바꾸어 말하기)이다.
- **노래**: 음악 및 관련 활동(예: 노래, 춤)을 사용하여 콘텐츠를 보조한다.
- **교사 선택**: 교사는 학생의 필요와 선호도에 따라 활동을 선택한다.
- **비디오**: 프로그램 콘텐츠와 관련된 내용을 설명하는 동영상이다.
- **시각적 표시**: 학생이 콘텐츠를 시각적으로 작업하는 데 도움이 되는 자료(예: 포스터)이다.
- **어휘**: 활동을 통해 관련 어휘를 가르치고, 토론하고, 연습한다.
- **글쓰기**: 개인 또는 집단 글쓰기 연습(그림 그리기 포함)은 수업 내용을 개인화하고 내러티브를 통해 성찰할 수 있도록 한다.

※ 출처: Bouffard, Pakinson, Jacob과 Jones(2009)를 기반으로 Jones, Brush 등(2017)이 인용.

1) 연구 검토 및 패키지 프로그램 선택의 어려움

증거 기반(evidence-based)이라는 용어는 엄격한 과학적 방법을 사용하여 평가한 결과, 하나 이상의 영역에서 효과가 있는 것으로 밝혀진 치료법, 프로그램 또는 실천을 설명하는 데 사용된다. **연구 기반**(research-based)이라는 용어를 들어 보았을 수도 있다. 이 용어들 사이에는 차이가 있다. **연구 기반**은 프로그램 일부가 연구를 통해 검증된 이론 그리고(또는) 실천에 기반한다는 의미이다. **증거 기반**은 전체 프로그램이 특정 기준을 충족하는 방식으로 평가되어 어떤 식으로든 효과가 있는 것으로 밝혀졌음을 반영해야 한다. 개발 초기 단계의 프로그램은 종종 연구에 기반한 후 증거 기반이라고 밝혀지거나 밝혀지지 않는 경우가 많다.

효율성(efficacy)과 **효과성**(effectiveness)이라는 용어는 프로그램을 뒷받침할 수 있는 증거를 더 깊이 이해하기 위해 사용될 수 있다. **효율성**은 고도로 통제된 과학적 조건(예: 피험자 무작위 배정, 대조군 사용, 고도로 표준화된 절차, 좁게 정의된 특성을 가진 참가자)을 사용하여 프로그램을 평가한 결과, 효과가 있는 것으로 확인된 경우에 적용된다. 이와는 대조적으로, **효과성**은 '실제' 상황에서 효과가 있는지의 여부와 덜 통제된 조건(예: 시간 제약이나 학생의 필요와 관심사에 맞게 프로그램을 조정했을 수 있음)에서의 프로그램 결과를 의미한다. 두 가지 방법 모두에 내재한 단점이 있지만, 팀에서 고려 중인 프로그램을 평가하는 데 사용되는 방법론을 잘 이해하면 학교 현장에 적합한 프로그램을 선택하는 데 도움이 될 수 있다. 일반적으로 증거가 없거나 불안정한 프로그램을 실행하는 것은 시간과 자원을 낭비하는 일이며 잠재적으로 위험할 수 있다.

실질적인 문제는 연구 결과를 교육 환경의 특성, 학생 및 자원에 어떻게 적용할 수 있는지 이해하는 것이다. 연구를 검토하고, 적용하고, 프로그램 선택에 대한 결정을 내릴 때, 다음과 같은 행동 방침을 제안한다.

① 연구를 검토 및 평가하고, 학술지 논문과 프로그램 매뉴얼에 접근하여 연구가 수행된 조건과 참여자의 인구통계에 주목하고, 이를 자신의 현장과 비교한다. 한 환경에서 효과가 있는 것이 다른 환경에서는 효과가 없을 수 있으며, 마찬가지로 프로그램을 뒷받침하는 엄청난 양의 연구가 있더라도 당신의 환경에 가장 적합하지 않을 수도 있다는 점을 염두에 둔다.

② 프로그램 개발자와 상의하고 기타 지원 자료(예: CASEL 프로그램 가이드)를 활용하여 특정 집단 및 특정 실행 지원과 함께 프로그램의 효과에 대한 증거를 개략적으로 설명한다.

③ 프로그램을 시행한 학교와 이야기를 나누며 해당 환경에서 프로그램이 어떻게 작동했는지 알아본다.

④ 프로그램을 효과적이고 지속 가능하게 실행하는 데 필요한 지원 개요를 설명한다.

⑤ 프로그램이 기존 연구 결과와 유사하고 원하는 결과를 가져올 가능성을 평가한다.

⑥ 데이터, 임상적 판단, 팀을 활용하여 프로그램을 선택한다.

⑦ 프로그램의 필수 구성 요소를 유지하면서 조정이 이루어질 수 있음을 이해한다.

⑧ 지속적인 평가 주기를 통해 프로그램이 당신의 환경에서 어떻게 작동하는지 파악한다. 개입/프로그램 선택의 어려움과 모범 사례에 대한 아이디어에 대한 자세한 내용은 캐즈딘(Kazdin, 2008) 및 메렐과 뷰캐넌(Merrell & Buchanan, 2006)에서 확인할 수 있다. 또한 프로그램 목록은 CASEL 프로그램 가이드, CASEL 교육구 자료 센터, 하버드대학교 교육대학원 가이드(Jones, Brush, et al., 2017), SAMHSA의 청사진 자료를 활용할 수 있다.

2) 프로그램의 특징

프로그램에는 목표, 교육 방법 및 구성 요소에 영향을 미치는 다양한 이론적 뿌리가 있다 이 장에서 검토하는 프로그램은 핵심을 구성하고 콘텐츠를 전달하는 데 사용되는 구조화된 수업과 활동을 사용한다. 많은 프로그램에는 교실 외 환경(예: 복도, 가정, 방과 후 프로그램)에 기술을 일반화하고 시간이 지나도 이러한 기술을 유지하기 위한 전략(예: 수업 시간 동안 연습할 기회, 부스터 수업)과 같이 실행을 지원하는 구성 요소가 포함되어 있다. 25개의 SEL 프로그램을 개관하면서 존스, 브러시와 동료들(Jones, Brush, et al., 2017)은 구조화된 수업에 대한 열 가지 추가 구성 요소를 발견했다. SEL 프로그램에는 추가 교실 활동, 평가 측정, 전문성 개발 및 기족을 위한 활동 등이 있다 원하는 결과를 얻기 위해 확인된 모든 구성 요소가 필요한 것은 아니라는 점에 유의하는 것이 중요하다. 또한 필요하고 가장 효과적인 교육 구성 요소를 결정하기 위해서는 더 많은 연구가 필요하다(Durlak et al., 2011). [워크시트 3-1]에는 이러한 공통 구성 요소를 통합하여 팀이 검토하고 당신의 환경에 가장 적합한 것으로 확인할 수 있다. 일부 영역에 우선순위를 지정할 수도 있다. 예를 들어, 지역사회에서 봉사 학습을 강조하는 대안 고등학교에서 일하는 경우, 대안 십난을 위한 나이에 적합한 제안을 제공하고 지역사회와 콘텐츠를 연결하는 프로그램의 우선순위를 정할 수 있다.

현장에서는 아직 어떤 요소가 프로그램을 가장 효과적으로 만드는지 완전히 이해하지 못하고 있다(Jones & Bouffard, 2012). 따라서 특정 프로그램에서 사용되는 증거 기반 실천과 절차에 초점을 맞추면, 선택의 성공 가능성을 높일 수 있다. 이를 위해 당신이 선택한 프로그램이, (1) 탄탄한 이론과 연구를 기반으로 하고, (2) 청소년의 발달 단계에 맞는 증거 기반 교육 절차와 전략을 사용하며, (3) 문화적 요구에 따라 적절하게 사용되거나 적응할 수 있는지를 확인할 것을 제안한다. 또한 학교 팀은, (1) 실행의 엄격함과 어려움을 모니터링하고 주의를 기울이고, (2) 의사결정에 정보를 제공하기 위해 데이터를 사용하여 지속적인 평가 주기를 통합하고, (3) 시간과 환경에 걸쳐 프로그램 내용을 주입하는 방법을 계획하고, (4) 프로그램이 더 광범위한 학교, 교육구 및 지역사회 환경에 어떻게 적합한지 고려하고, (5) 따뜻하고 지지적인 교사-학생 관계를 조성하도록 교직원을 지원할 것을 권한다. 이러한 항목은 [워크시트 3-1]에 포함되어 있다. 이러한 세부 사항에 주의를 기울이지 않으면, 학교는 잠재적으로 효과적인 프로그램이 선반에 놓여 먼지만 쌓이게 될 위험이 있다.

3 SEL 프로그램 개요

이 절에서는 학교에서 시행되는 몇 가지 SEL 프로그램을 검토한다. 이 프로그램이 시중에서 판매되는 모든 SEL 프로그램을 완전히 대표하지는 않는다. (1) 학교 환경에서 SEL 향상에 중점을 두고, (2) 다양한 사회정서역량을 목표로 하며, (3) 수업 기반 형식을 사용하여 콘텐츠를 전달하고 학생 SEL, 교실 분위기 및 교사 SEL을 다루는 다양한 교육 전략을 적용하고, (4) 다양한 연령대에 걸쳐 사용되며, (5) 가정과 지역사회가 학생 SEL을 지원하기 위해 어떻게 참여할 수 있는지 보여 주고, (6) 효과를 뒷받침하는 증거가 있는 일곱 가지 프로그램을 선정했다.

이 절에서 검토한 대부분 프로그램은 학령 전 아동, 초등학생과 중학생을 대상으로 하며, 고등학생을 위한 증거 기반 SEL 교육 과정은 거의 없다. 프로그램에 관한 연구는 전부는 아니지만 검토에 포함되어 있다. 최근 몇 년 동안 SEL 프로그램의 개정 및 확장, 특히 교육자가 이용할 수 있는 교육 및 지원, 가정에서 사용할 수 있는 활동, 학부모 지원, 콘텐츠를 제공하기 위한 다양한 기술 옵션의 사용, 실행 기능 및 마음챙김과 같은 기술에 대한 강조가 증가함에 주목했다. 마지막으로, 많은 SEL 프로그램이 미국 이외의 국가에서도 사용되고 있다는 점에 주목한다. 관심 있는 프로그램에 관한 추가 연구 보고서를 찾아보고, 필요에 따라 프로그램 개발자에게 문의하는 것이 좋다. 〈표 3-1〉에는 이 절의 모든 프로그램이 요약되어 있다.

1) 배려하는 학교 공동체

개요

배려하는 학교 공동체(Caring School Community)는 학생들의 사회정서적 기술을 개발하기 위해 공동체 중심의 접근 방식을 사용하는 학교 기반 프로그램이다(Battistich, 2008). 이전에 아동 발달 프로젝트로 알려진 이 프로그램은 초등학교 6학년 학생들을 위한 프로그램이다. 이 프로그램은 교실을 학생의 사회적 · 윤리적 · 인지적 발달을 지원할 수 있는 환경으로 설정하는 이론과 연구를 기반으로 하며, 학교와의 연계를 통해 기술을 개발하는 것을 목표로 한다. 이 프로그램은 타인과의 연결 기회를 만들고, 개인 활동과 집단 결정에서 소속감, 수용성, 자율성을 증진하며, 사회적 · 학업적 역량을 함양함으로써 지지적인 교실 환경을 조성한다(Solomon, Battistich, Watson, Schaps, & Lewis, 2000).

구성 요소 및 자료

네 가지 주요 구성 요소는, (1) **학급 회의**: 학급 회의를 사용하여 학급 내 행동에 대해 논의(유치원~1학년 30개 수업, 2~6학년 35개 수업), (2) **연령이 다른 학생들 간의 버디 프로그램**: 연령대별로 학생을 짝지어 관계와 신뢰를 쌓는 활동, (3) **가정 내 활동**: 학부모에게 학교 활동에 관한 정보를 제공하고 학부모의 참여를 유도하는 활동, (4) **학교 차원의 공동체 조성 활동**: 학교와 가정, 지역사회가 참여하는 학교 차원의 비경쟁 활동 등을 포함한다. 추가 구성 요소 및 관련 자료에는 학년별 수업, 수업에서 가르치는 사회적 · 윤리적 가치를 강조하는 학년별 10권의 일반 도서, 학급 및 리더 실행 일정, 팀 회의를 위한 아이디어, 프로그램의 효과적인 실행 동기를 부여하는 방법에 관한 지침, 관찰을 위한 평가 도구가 포함된다. 프로그램 콘텐츠는 1년 동안 담임 교사가 가르치게 되어 있다. 화상 수업과 짧은 동영상을 통한 전문성 개발, 온라인 평가 및 분석, 실행, 조직화 및 연구에 도움이 되는 인쇄 자료 등이 지원된다.

연구

배려하는 학교 공동체는 25년 이상 여러 사이트와 대규모 표본을 대상으로 연구되어 왔다. 이러한 연구 중 다수는 수년에 걸쳐 수행되었으며, 다양한 참가자 인구통계(예: 사회경제적 지위, 지리적 위치, 인종, 성취 수준)에 효과가 있어 이 프로그램이 다양한 학생에게 효과적일 수 있음을 보여 준다(Solomon et al., 2000). 사회적 역량, 갈등 해결, 공감, 자존감, 반사회적 행동, 학교에 대한 긍정적 태도 및 학교와의 유대감, 동기 부여, 학업 성취도 등에서 긍정

〈표 3-1〉 선택된 SEL 프로그램

제목	일반적 목표	연령 집단	구성 요소/수업 전략	웹사이트
배려하는 학교 공동체	자율성을 지지하고, 연결하고, 촉진하며 기술을 구축하는 자연 환경으로서 학교를 통해 사회정서적 기술을 발달시키기	유치원~6학년	• 구체적 주제에 대한 수업 • 학급 행동과 규범을 논의하는 학급 모임 • 나이가 다른 학생들이 관계와 신뢰를 구축하도록 짝짓기 • SEL 교육정보 제공을 통한 '가족 연계 활동(homeside)' • 교직원, 학생, 학부모와 관련된 학교 차원의 공동체 구축하기 활동 • 수업 내용을 강조할 일반 도서 책 사용하기 • 실행 가이드와 자원	www.collaborativeclass-room.org/caring-school-community
인크레더블 이어스 (IY)	사회정서역량을 발달시키고, 행동 문제를 예방하고 처치하기	유아기~12세	• 기본적인 부모 양육 프로그램 • 교사 연수 프로그램 • 아동을 위한 디나 공룡 프로그램 • 가정 방문 • 기초적 돌봄 • 부모를 위한 진보된 프로그램 • 학교 준비도	www.incredibleyears.com
마인드업	마음챙김, 관점 채택, 감사, 이타주의 개발하기	학령 전~8학년	• 수업, 대본, 활동과 문학을 활용하여 마음챙김과 다른 기술을 가르치고 연습하기	https://mindup.org
대안적 사고 전략 촉진 (PATHS)	정서적 인식, 자기 통제, 대인관계 문제 해결, 또래관계	학령 전~6학년	• 학년에 맞춘 학급 모듈 • 정서 문해와 조절, 대인관계 기술, 행동 통제, 좌절 인내, 자존감에 대한 수업 • 수업 각본, 토론, 역할극 • 학습을 돕는 시각 자료 • 책 목록 • 부모를 위한 편지/유인물	www.episcenter.psu.edu/ebp/altthinking

제목	일반적 목표	연령 집단	구성 요소/수업 전략	웹사이트
반응적 학급	사회적 · 정서적 · 학업적 역량	유치원~ 8학년	• 학교 일상이 내재된 실천을 가르치기 • 아침 모임, 안내된 탐구, 상호 작용적인 모델링, 학업 선택, 규칙 만들기, 논리적 결론, '에너자이저(energizers)'(구호, 노래, 게임 등) 활동을 통한 휴식, 협업적 문제 해결, 학급 구성, 긍정적 교사 언어, 가족과 활동하기	www.responsiveclass-room.org
룰러 접근법	학업적 참여, 학업 성취, 대인관계, 회복탄력성 향상을 위해 정서 지능 발달과 긍정적 학급 분위기 조성	유치원~ 8학년	• 앵커 도구를 통해 지지적인 학급 환경 • 헌장(약속) • 무드미터 • 메타 모먼트 • 청사진 • 감정 단어 교육 과정을 통해 정서적 문해력 촉진	Ei.yale.edu/ruler
세컨드 스텝	학습 기술, 공감, 정서 관리, 문제 해결	학령 전~ 8학년	• 초기 학습, 초등학교와 중학교 학생을 위한 SEL프로그램 • 괴롭힘 예방 • 아동 보호 • 지면이나 웹 기반 수업 자료 • 포스터, DVD, 게임, 음악 • 가족을 위한 정보 • 리더를 위한 연수와 지원 • 일부 스페인어 자료	www.secondstep.org
메렐의 강한 아이: SEL 교육 과정	내면화 문제를 예방함으로써 사회정서적 웰니스와 회복탄력성을 촉진하기	학령 전~ 12학년	• 5개 학년 수준별 별도의 매뉴얼(학령 전~유치원, 유치원~2학년, 3~5학년, 6~8학년, 9~12학년) • 선택적 각본과 함께 10~12개의 구조화된 수업 • 간략한 선택적 마음챙김 실천 • 역할극, 시각적 보조 자료, 집단 활동, 전이 교육과 유지를 위한 팁, '숙제' • 가정에 보내는 편지 • 교육자 SEL을 위한 강사 성찰	Strongkidsresources.com

적인 효과가 측정되었다(예: Battistich, Schaps, & Wilson, 2004; Battistich, Solomon, Watson, & Schaps, 1994; Solomon et al., 2000; Watson, Battistich, & Solomon, 1997). 학교에서 공동체 의식을 갖는 것은 이 프로그램의 강력한 결과인 것으로 밝혀졌다(예: Solomon et al., 2000).

2) 인크레더블 이어스(IY) 부모, 교사 및 아동 시리즈

개요

인크레더블 이어스(Incredible Years: IY) 시리즈는 만 12세 이하의 영유아 및 아동과 부모, 교사가 함께 사용할 수 있는 종합적인 프로그램이다(www.incredibleyears.com). IY는 30년 이상에 걸쳐 설계 및 평가되어 국제적으로 사용되어 왔으며, 비용 효율적이고 지역사회 내에서 보편적으로 시행될 수 있도록 고안되었다. IY의 명시된 목표는 "아동의 사회정서역량을 증진하고 행동 문제를 예방 및 치료하는 것"이다(Webster-Stratton, 2016, p. 137). IY는 주로 사회 학습 이론, 즉 아동이 타인을 관찰하고 상호 작용하는 관계 속에서 행동을 배운다는 개념에 기초한다(Webster-Stratton, 2016). IY는 부모, 교사, 자녀 간의 관계를 활용하여 애착과 대인관계 및 개인 내적 기술을 촉진한다. IY는 또한 강화 전략을 활용하여 SEL을 가르치고 촉진하는 조작적 조건화 이론의 영향을 받는다(예: 도움이 되는 행동과 감정 식별 및 표현을 위한 프롬프트 및 강화, 도움이 되지 않는 행동 무시, 간단한 결과; Webster-Stratton, 2016).

구성 요소 및 자료

IY 시리즈는 상호 연관성이 있고 일관성 있게 운영되도록 설계된 세 가지 주요 프로그램으로 구성되어 있다. (1) IY 기본 프로그램은 유아부터 12세까지의 자녀를 둔 부모를 위한 9~20강으로 구성된 프로그램, (2) IY 교사 연수 프로그램은 3~8세 아동과 함께 일하는 교사를 위한 6일간의 연수 과정, (3) IY 디나 공룡 프로그램(공룡 학교)은 3~8세 아동의 예방 및 치료를 위한 20회 과정의 교육 과정으로 구성되어 있다. 또한 가정 방문, 1차 치료, 자폐 및 언어 지연 아동을 위한 자료, 2~6세 아동의 전반적인 사회정서적 기술 증진을 위한 6~8회기 범용 프로그램, 부모의 사회정서적 기술을 지원하는 고급 프로그램, 학교 준비 자료도 포함되어 있다.

연구

여러 평가 연구는 국제 현장(예: 영국, 뉴질랜드, 자메이카), 대상(예: 가정, 학교, 아동 복지 기관, 병원), 관심사(예: 외현화 문제, 회복탄력성 발달)를 포함한 다양한 지리적 위치에서 시리즈 프로그램의 효과를 뒷받침하고 있다(Webster-Stratton & Reid, 2010). 이러한 평가 연구 중 다수는 IY 웹사이트(www.incredibleyears.com)에 편리하게 나열되어 있다. 요약하면, 이 시리즈 전반에 걸쳐 아동의 사회적·정서적·행동적 역량(예: Taylor, Schmidt, Pepler, & Hodgins, 1998; Webster-Stratton, Reid, & Stoolmiller, 2008), 부모의 행동(예: Webster-Stratton, 1984), 부모-자녀 관계의 질(예: Webster-Stratton, Reid, & Hammond, 2004), 주의력결핍/과잉행동장애와 같은 특정 장애와 관련된 증상(Azevedo, Seabra Santos, Gaspar, & Homem, 2013) 등에 있어 긍정적인 성과가 나타나고 있다.

전반적인 학급 관리, 학생의 사회정서역량, 외현화 행동(예: Webster-Stratton et al., 2008)에서 IY 교사 및 아동 교육을 통해 긍정적인 결과가 발견되었다. IY는 국가 증거 기반 프로그램 및 실천 등록부(National Registry of Evidence-based Programs and Practices)에 등재되어 있으며, 폭력예방연구센터의 청사진 프로젝트(Blueprints Project of the Center for the Study of Prevention of Violence)에서 모델 프로그램으로 선정되었고, 여러 기관에서 '최선의 실천(best practice)' 프로그램으로 선정되어 여러 상을 수상했다.

3) 마인드업

개요

마인드업(MindUP)은 타인에 대한 친절과 선의를 기르는 데 중점을 두면서 마음챙김 기반 접근 방식을 통해 회복탄력성을 높이는 것을 목표로 한다. 마인드업은 인지 발달 신경과학 및 긍정심리학의 이론과 연구 기반 사례를 적용하며, 마음챙김 기반 사례를 SEL에 적용하기 위해 구조화되고 매뉴얼화된 접근 방식을 제공하도록 설계되었다(Maloney, Lawlor, Schonert-Reichl, & Whitehead, 2016). 이 프로그램은 보편적으로 사용(즉, 모든 학생과 함께 사용)하도록 고안되었으며, 마음챙김 인식, 즉 명확성, 연민, 평정심을 특징으로 하는 현재 순간에 대한 인식을 함양한다(Maloney et al., 2016).

마인드업은 학년과 발달 수준에 따라 학령 전~2학년, 3~5학년, 6~8학년의 세 가지 매뉴얼로 구성되어 있다. 총 다섯 개의 수업으로 구성된 네 개의 단원을 통해 학생들은, (1) 기초적인 마음챙김 전략(예: 호흡에 집중하고 생각을 알아차리기)과 뇌가 우리를 깨우고 진정시키는 기능, (2) 마음챙김 연습을 위한 감각적 접근법, (3) 관점 채택, 낙관적 사고방식 기르기, 즐거운 기억 활성화 및 즐기기, (4) 감사 연습과 지역사회에서 친절과 이타심을 발휘하는 방법을 배우게 된다. 10~15분 분량의 수업 계획, 대본, 워크시트, 활동 및 문헌 제안을 통해 개념을 전달한다. 프로그램의 하나로 현장 및 온라인 교육과 지원이 제공된다(Maloney et al., 2016; https://mindup.org/thehawnfoundation).

연구

최근 연구에 따르면, 마인드업이 실행 기능과 같은 인지 능력과 함께 사회정서역량에 긍정적인 영향을 미친다는 예비적 근거가 제시되었다. 예를 들어, 캐나다의 4~7학년 학생 246명을 대상으로 한 연구에서 이 프로그램에 참여한 학생들은 주의력, 낙관주의, 전반적인 사회정서역량이 크게 향상되었다(Schonert-Reichl & Lawlor, 2010). 무작위 대조군 실험에서는 4학년과 5학년 학생 99명이 12주 버전의 프로그램에 참여했다(Schonert-Reichl et al., 2015). 사회적 반응성 프로그램에 참여한 학생들에 비해 마인드업에 참여한 학생들은 더 빠른 반응 시간과 같은 실행 기능, 공감, 관점 채택, 낙관주의, 학교 자아 개념, 마음챙김, 수학 성취도가 향상되었고 우울증과 관련된 증상이 감소한 것으로 나타났다. 교사들은 이 프로그램이 학생들에게 효과적이고 유용하다는 사실을 발견했으며(Schonert-Reichl & Lawlor, 2010), 프로그램에 대해 학생들은 즐거움과 행복감을 보고한다(Maloney, Whitehead, Lawlor, & Schonert-Reichl, 2014: Maloney et al., 2016에서 인용).

4) 대안적 사고 전략 촉진(PATHS)

개요

대안적 사고 전략 촉진(Promoting Alternative Thinking Strategies: PATHS; Kusché & Greenberg, 1994)은 정서적 인식, 인지적 통제, 사회적 역량을 키워 공격성과 일반적인 행동 문제를 감소시키는 것을 목표로 하는 보편적인 예방 프로그램이다(Greenberg, 2006). 2011년에 개정판이 출시되었다. PATHS는 학령 전부터 6학년까지의 학생과 교사가 학교 수업 시간에 사용할 수 있도록 설계되었다. 이 프로그램은 정서-행동-인지-역동 발달 모델(affective, behavioral, cognitive, dynamic model of development)을 기반으로 하며, 신경인지 시스템을 목표로 삼고 성장을 촉진하기 위한 전략을 가르친다(Greenberg & Kusché, 1993: Riggs, Greenberg, Kusché, & Pentz, 2006, p. 93에서 인용). 간단히 말해, 학생들은 건강한 사회정서적 기술을 증진하기 위해 뇌의 특정 영역과 특별히 연계된 전략을 배운다. 예를 들어, 인지적 과정(예: 문제 해결, 감정 이름 짓기) 및 행동 전략(예: 호흡)을 가르쳐 감정 조절과 사회적 기술에 도움을 준다(Riggs et al., 2006).

구성 요소 및 자료

수업은 일주일에 2~3회, 하루 20~30분 동안 진행된다. 수업 횟수는 학년에 따라 다르다. 예를 들어, 5학년과 6학년은 36개의 수업과 학습 가이드가 있고, 1학년은 52개의 수업이 있다. 목표 기술에는 감정 문해력 및 조절, 대인관계 기술, 행동 조절, 좌절감 견뎌 내기, 자존감 등이 포함된다. 내용은 각본, 토론, 역할극, 미술, 문학, 게임, 가정 학습, 학부모 정보를 통해 전달된다.

연구

지금까지의 연구에 따르면, 미취학 아동(예: Domitrovich, Cortes, & Greenberg, 2007)부터 초등학교 학생(예: Greenberg, Kusché, Cook, & Quamma, 1995), 일반 교육 학생, 특별한 도움이 필요한 학생(Kam, Greenberg, & Kusché, 2004), 다양한 인종 및 사회경제적 요구를 가진 학생들에게 긍정적인 효과가 입증된 바 있다. 긍정적인 결과로는 감정에 대한 이해와 토론 증가(Greenberg et al., 1995), 공격성과 파괴적 행동 감소(Conduct Problems Prevention Research Group, 1992), 억제 조절 및 언어 유창성 향상(Riggs et al., 2006), 특수 교육을 받는 학생의 내면화 및 외현화 문제 감소(Kam et al., 2004), 청각장애 학생의 감정 인식, 대인관계 문제 해결 및 전반적인 사회적 능력을 향상시켰다(Greenberg & Kusché, 1998). PATHS는 국립 증거 기반 프로그램 등록부에서 프로그램 자료로 '만점'을 받았으며, 다른 최고상[예: 폭력예방연구센터의 청사진 프로젝트 모델 프로그램, 국가 중도탈락예방센터 및 네트워크(National Dropout Prevention Center/Network) 모델 프로그램, 질병통제예방센터(Centers for Disease Control and Prevention) 우수 실천 프로그램]을 수상했다. 실행 지원을 위해 교육 및 현장 상담 서비스를 이용할 수 있다(수상 및 교육 정보는 www.pathstraining.com 참조).

5) 룰러 접근법

개요

룰러(RULER) 접근법은 8학년 학생들을 위해 고안되었으며, 긍정적인 청소년 발달과 회복탄력성에 대한 보편적인 접근법이다(Rivers, Brackett, Reyes, Elbertson, & Salovey, 2013). 이 접근법의 목표는 교실 환경 변수(예: 교사-학생 관계)를 변화시켜 유대감과 학생 역량을 촉진하는 것이다. 학업 참여, 성취도, 관계에 긍정적인 영향을 미치는 사회정서적 기술을 가르치는 데 우선순위를 둔다(Rivers et al., 2013). 룰러는 특히 '감정이 사회적 상호 작용, 학습, 자기 성찰적 사고, 관점 수용에 핵심적인 역할을 하기 때문에' 결과를 촉진하는 수단으로서 감정에 초점을 맞춘다(Salovey & Mayer, 1990: Hagelskamp, Brackett, Rivers, & Salovey, 2013, p. 531에서 인용). 사회정서적 상호 작용에 대한 강조를 통해 교실에서 교사와 학생의 정서적 문해력이 향상되면, 교실 분위기(예: 지원, 조직, 관리)가 개선되고 학생들은 학습에 대한 동기를 갖게 되어 학업에 도전하며 학업적으로 그리고 사회정서적으로 더 잘 적응한다(Hagelskamp et al., 2013).

구성 요소와 자료

룰러는 3단계로 실행된다. 1단계에서는 교육자가 정서 지능과 RULER 접근 방식에 관한 기초 교육에 참여한 다음, '앵커 도구(anchor tools)'를 실행한다. 도구에는, (1) **헌장**(charter): 교육자가 추구하는 교실 분위기를 설명하는 문서, (2) **무드미터**(mood meter): 감정과 그 강도, 행동과 상호 작용하는 방식을 파악하는 도구, (3) **메타 모먼트**(meta moment): 멈춤과 성찰을 통해 순간의 감정을 관리하는 전략, (4) **청사진**(blueprint): 교육자와 학생이 공감을 촉진하고 해결책을 도출하며 관계를 구축하는 데 사용할 수 있는 갈등 관리 전략(www.ei.yale.edu)이 포함된다. 이러한 전략은 특정 정서적 문해력 기술을 가르치는 동시에 서로를 지지하는 교실 분위기를 조성하는 데 사용된다.

2단계에서는 교육자가 유치원~2학년, 3~5학년, 6~8학년을 위한 감정 단어 교육 과정에 대한 교육을 받은 후 이를 가르친다. 수업 및 관련 활동을 통해 개념을 직접 가르치고, 학생들이 감정을 인식(Recognize)하고, 이해(Understand) 및 분류(Lable)하고, 효과적이고 사회적으로 적절한 방식으로 감정을 표현하고(Express) 조절하는(Regulate) 방법을 배울 수 있는 연습 기회를 제공한다(Rivers et al., 2013). 실천을 위한 활동에는 개인적 경험과 다른 사람의 경험(예: 뉴스, 문학, 역사 속 인물)을 평가하고 다양한 감정 상태를 관리하는 것이 포함된다.

3단계에서는 교육을 이수한 교사가 모든 교직원에게 전체 프로그램을 가르쳐 학교의 SEL에 대한 통합적인 접근 방식이 될 수 있도록 할 수 있다. 예일정서지능센터(Yale Center for Emotional Intelligence)를 통해 추가 교육, 지원 및 피드백을 받을 수 있다.

연구

초기 연구에 따르면, 룰러 접근법에 대한 유망한 결과가 나왔다. 155개 교구 초등학교

5, 6학년 교실(3,824명)을 대상으로 한 학교 분위기에 대한 대규모 평가 연구에서 룰러를 도입한 학교는 정서적 분위기(예: 교사와 학생 간의 긍정적인 상호 작용)가 더 좋았으며, 교사는 일상 활동에 학생의 아이디어와 관심사를 더 많이 통합하고, 협력적 학습 기회를 더 많이 만들고, 학생과 정서 지향적인 방식으로 상호 작용(예: 주목하기, 인정하기)하는 것으로 나타났다(Rivers et al., 2013). 2년간의 시행 후에도 긍정적인 효과가 유지되었으며, 수업의 질과 구성이 개선되었다(Hagels-kamp et al., 2013). 초등학교 5학년과 6학년 학생을 대상으로 한 또 다른 표집에서는 프로그램에 참여한 학생들이 영어와 작업 습관/사회성 발달에서 더 나은 성과를 보였으며, 학습, 리더십, 관계, 주의력, 학습과 관련된 행동이 개선된 것으로 나타났다(Brackett, Rivers, Reyes, & Salovey, 2012). 마지막으로, 레이예즈, 브래킷, 리버스, 엘버트슨과 살로비(Reyes, Brackett, Rivers, Elbertson, & Salovey, 2012)는 교사가 교육 및 코칭에 참석하고 중간 정도에서 높은 수준의 프로그램 실행의 질이 확보된 학급에서 학생들이 정서적 문해력과 문제 해결 능력 측정에 있어 더 나은 성과를 보인다는 사실을 발견했다.

6) 세컨드 스텝

개요

세컨드 스텝(Second Step)은 1980년대부터 SEL의 주축이 되어 왔다. 아동위원회(Committee for Children)에서 출판한 『세컨드 스텝(Second Step)』은 학령 전부터 8학년까지의 학생을 위해 설계되었으며, 현재 네 번째 버전이 출간되었다(Committee for Children, 2011). "세컨드 스텝은 기술 중심의 SEL 교육 과정으로, 학생들에게 학습 능력, 공감 능력, 감정 관리 능력, 문제 해결 능력을 강화하는 기술을 직접 가르치는 데 중점을 둔다"(Low, Cook, Smolkowski, & Buntain-Ricklefs, 2015, p. 464). 주로 폭력 예방 프로그램인 '세컨드 스텝'은 사회적 규범과 행동이 학교 내 괴롭힘 행동에 이바지하는 방식을 다루기 위해 고안되었으며(Low et al., 2015), 기술을 가르치고 학교 분위기에 영향을 미침으로써 개입한다.

구성 요소 및 자료

세컨드 스텝은, (1) 초기 학습(학령 전), 초등학교, 중학교를 위한 SEL 프로그램, (2) 초등학교를 위한 괴롭힘 예방 프로그램, (3) 학령 전부터 초등학교를 위한 아동 보호 프로그램 등 세 가지 주요 프로그램이 있다. 이제 그 범위가 확대되어, (1) **학습을 위한 기술**: 경청, 주의 집중, 작업 기억, 억제 조절, 자기 대화 사용, 자기 주장, (2) **공감**: 자신과 타인의 감정 파악, 관점 채택, 타인 배려, (3) **감정 관리**: 격한 감정 파악 및 관리, (4) **문제 해결**: 일반적인 우정 기술 및 문제 해결 단계와 같은 네 가지 주요 교육 영역이 포함된다.

세컨드 스텝 프로그램을 실행할 때 프로그램 진행자는 학생들에게 사회정서적 기술을 직접 가르치고, 학생들에게 하루 종일 연습할 기회를 제공하며, 기술 사용을 확인한다(Low et al., 2015). 하루 종일 수업 내용을 강화하는 방법에 대한 제안이 제공된다. 수업은 일주일에 한 번 5~7분(미취학 아동), 고학년 학생의 경우 더 길게 진행한다. 프로그램의 연령 수준에 따라 대본으로 만들어진 수업 지도안, 웹 기반 교육, 브레인 빌더 게임, 포스터, DVD, 게임, 음악, 다양한 기술 카드, 가정으로 보낼 수 있는 정보(홈 링크) 등의 자료가 제공된다. 웨비나, 주요 툴킷, 마음챙김 애플리케이션(Mind Yeti), 실행 및 협업을 지원하는 1년짜리 프로그램(Leadership Institute), 스페인어 자료 등 추가 자료가 www.secondstep.org를 통해 제공된다.

연구

지난 20년 동안 엄격한 평가 연구를 통해 친사회적 기술 향상과 공격성 감소 효과에 대한 강력한 증거가 제시되었다(선별된 출판물 목록은 www.cfchildren.org/missionvision/research/program-research 참조). 예를 들어, 방관자의 책임감 증가, 성인의 대응력 향상(Frey et al., 2005), 괴롭힘에 대한 자기 주장(Frey, Hirschstein, Edstrom, & Snell, 2009), 학교 정책 시행 및 학교 분위기 개선, 개입 집단에서 괴롭힘 사례 감소(Brown, Low, Smith, & Haggerty, 2011), 괴롭힘과 공격성 감소 및 문제 행동 감소(Frey et al., 2009) 등이 그 예가 될 수 있다. 최근 평가에 따르면, 학령 전부터 초등학교 2학년 학생들의 과잉행동 및 품행 문제, 친사회적 행동, 일반적인 사회정서적 기술, 학습 기술, 감정 관리, 문제 해결 영역(Low et al., 2015)과 헤드 스타트 학생과 지역사회 학령 전 대상 실행 기능 영역(Upshur, Heyman, & Wenz-Gross, 2017)에서 효과성을 확인하였다. 마지막으로, 24개의 연구를 종합한 메타분석에서는 프로그램 내용에 대한 학생들의 지식이 전반적으로 긍정적이고 강력한 결과를 나타냈다(Moy & Hazen, 2018). 세컨드 스텝은 미국 교육부의 안전하고 규율 있는 마약 없는 학교에 관한 패널(U. S. Department of Education's Panel on Safe, Disciplined, and Drug-Free Schools, 2001), 미국 법무부의 청소년 사법 및 비행 예방국(U. S. Department of Justice, and the Office of Juvenile Justice and Delinqeuncy Prevention, 2003), SAMHSA의 국가 증거 기반 프로그램 및 실천 등록부 등 수많은 상을 수상했다.

7) SEL 심층 탐구: 메렐의 강한 아이 교육 과정 시리즈

이제 일곱 번째 특정 SEL 프로그램을 검토하여 SEL 프로그램이 어떻게 개발되고 실행될 수 있는지 설명한다. '메렐의 강한 아이: SEL 교육 과정'이 예시 프로그램이 될 것이며, 추가 정보는 strong-kidsresources.com에서 확인할 수 있다.

개요

메렐의 강한 아이는 학생들의 학업 기간 전반에 걸쳐 1차 예방에 대한 응집력 있고 발달적으로 적절한 접근 방식을 적용하는 다학년 수준 교육 과정이다(Carrizales-Engelman et al., 2016a, 2016b, 2016c). 현재 이 프로그램은 학령 전생 학령 전부터 12학년까지 고등학생을 포함하도록 설계된 몇 안 되는 프로그램 중 하나이다. 메렐의 강한 아이는 사회정서 및 회복탄력성 기술이 학교에서 가르치고 배울 수 있는 것이며, 학업 기술과 마찬가지로 명시적인 교육이 필요하다는 이론을 바탕으로 메렐과 오레곤 대학교의 연구자들이 개발했다. 사회정서 역량 및 회복탄력성 구축과 관련된 기술을 목표로 하며, 학생들에게 내면화 증상(예: 우울증, 불안, 사회적 위축, 신체회 문제)과 관련된 문제를 해결할 수 있는 기술을 제공한다. 두 번째 버전은 2016년에 Paul H. Brookes 출판사에서 출간되었으며, 학령 전부터 유치원, 유치원부터 2학년[메렐의 강한 출발(Merrell's Strong Start); Whitcomb & Parisi Damico, 2016a, 2016b], 3~5학년 및 6~8학년(메렐의 강한 아이; Carrizales-Engelmann et al., 2016a, 2016b), 9~12학년(메렐의 강한 십대; Carrizales-Engelmann et al., 2016c) 등이 포함되어 있다.

메렐의 강한 아이는 강력한 이론 및 증거 기반 접근 방식을 기반으로 제작되었다(이 논의에 대해서는 Carrizales-Engelmann et al., 2016a, 2016b, 2016c 참조). 첫째, 교육 실천이 예방(예: Merrell & Buchanan, 2006)과 조기 개입에 초점을 맞춘 공중보건 모델로 전환됨에 따라 프로그램 개발사들은 학교에서 모든 학생이 접근할 수 있는 건전하고 검증된 교육 과정이 절실히 필요하다고 생각했다. 둘째, 코웬(Cowen, 1994)이 제안한 심리적 건강을 위한 나섯 가지 경로가 프로그램 초기 설계에 큰 영향을 미쳤다. 제1장에서 언급했듯이 이러한 경로에는, (1) 초기 애착 형성하기, (2) 발달에 적합한 기술로 역량 구축하기, (3) 웰빙을 촉진하는 환경에 있기, (4) 미래에 대한 권한 부여하기, (5) 관련 기술을 사용하여 스트레스에 대처하기가 포함된다. 셋째, 내면화 문제(예: 불안, 우울, 신체화 문제, 사회적 위축)를 가진 청소년을 위한 인지 행동 실천에 대한 증거(예: Compton et al., 2004)를 바탕으로, 수업의 개념화 및 내용은 효과가 있는 것으로 잘 알려진 실천에 기반하여 구성했다. 넷째, 메렐의 강한 아이는 사전 지식 활성화, 사전 교정, 기술 사용 촉진, 다양한 시간대에 걸쳐 아이디어와 연습 기회 제공, 전략적 칭찬을 통한 단원 내용 강화, 기술의 지속적 유지와 같은 효과적인 교수 설계 원칙을 교수 및 학습 과정에 적용한다. 이 교육 과정은 또한 기술 교육에 대한 SAFE 권장 사항(Durlak & DuPre, 2008)을 사용하므로 수업이 순차적이고, 적극적이며, 집중적이고, 명시적으로 진행된다. 효율적인 실행과 준비 시간 단축을 위해 각본 옵션이 포함되어 있다.

구성 요소 및 자료

메렐의 강한 아이 시리즈는 사용자 친화적이고 비용 면에서 효율적이며 일반 수업 시간 동안 교실에서 실제로 실행할 수 있도록 설계되었다. 프로그램당 10~12개의 수업이 있고, 각 수업은 약 30~75분 정도 소요되며, 필요에 따라 수업을 나눌 수 있도록 제안되어 있다. 수업 내용은 다양한 과목(예: 언어, 사회, 건강, 대인관계/리더십 과목)에서 일상적인 수업의 자연스러운 흐름에 맞출 수 있으며, 간단한 체크리스트와 척도를 사용하여 충실도와 결과를 평가할 수 있다. 일반 및 특수 교육자, 학교 심리학자, 기타 중재자가 일반 및 특수 교육 환경과 소규모 집단에서 프로그램을 제공할 수 있다. 특정 교육은 필요하지 않지만, 프로그램 개발자 또는 프로그램 실천에 능통한 전문가에 의해 권장되며 이를 제공할 수 있다.

수업 내용은 정서 인식 및 조절, 행동 활성화, 스트레스 및 분노 관리, 공감, 관점 채택 및 사회 문제 해결, 인지적 재구성, 자산 찾기 및 구축, 목표 설정과 같은 SEL 기술을 가르치는 데 중점을 둔다. 메렐의 강한 아이는 저학년(강한 출발 Pre-K)에서 고학년(강한 십대)으로 시리즈를 진행하면서 내용과 관련 예시 및 활동에 학생들의 성숙 과정과 더 복잡한 개념을 이해하고 더 정교한 전략을 적용할 수 있는 능력을 반영했다. 수업 목록과 각 수업의 요약은 〈표 3-2〉에 나와 있다. 실행하기 쉽도록 각 수업은 일관된 수업용 양식(구성 요소 목록은 〈표 3-3〉 참조)을 따르므로, 사용자는 효율적으로 자료를 살펴보고 각 단원의 학습 내용을 예상할 수 있다.

수년에 걸쳐 이 프로그램은 프로그램의 각 발달 수준에 맞는 내용과 연습 사례를 더욱 차별화하고, 새로운 기술을 통합하고, 현대 사회 딜레마를 사용하여 콘텐츠를 설명하고, 감정 표현의 사회문화적 차이를 탐구하고, 도움이 되지 않는 생각에 도전하는 데 효과적인 것으로 알려진 전략을 적용하는 것과 함께 자신의 감정 경험을 호기심과 비판으로 바라보는 데 초점을 맞추도록 개선되었다. 또한 학교와 가정에서 하루 동안 전략을 실천할 수 있는 확장된 아이디어, 각 수업 시작 시 선택 사항인 간단한 마음챙김 기반 연습, 각 수업의 내용을 안내하고 더 깊은 이해를 돕기 위한 강사의 성찰, 각 수업을 마무리하는 간단한 호흡 연습도 제공된다.

〈표 3-2〉 메렐의 강한 아이와 강한 십대 SEL 교육 과정

회기	제목	기술
1	강한 아이: 정서 강점 교육	교육 과정 개관, 행동 기대, 정서 단어 소개
2	자신의 정서 이해하기: 1부	정서 식별하고 배우기
3	자신의 정서 이해하기: 2부	사고, 정서와 행동 간의 연결, 정서에 관한 도움이 되는 표현과 도움이 되지 않는 표현
4	타인의 정서 이해하기	타인의 정서와 단서 이해하기
5	분노 다루기	분노와 유발 요인을 이해하고 반응을 관리하는 데 도움이 되는 전략 이해하기
6	명료하게 생각하기: 1부	인지적 왜곡(예: 사고 함정)과 기분이나 행동과의 관계를 소개하기
7	명료하게 생각하기: 2부	사고를 재구성하여 사고 함정에 빠지지 않게 하는 전략
8	사람 문제 해결하기	대인관계 갈등을 해결하는 전략
9	스트레스 날려 버리기	여러 가지 유형의 스트레스를 이해하고 도움이 되지 않는 스트레스를 확인하고 관리하기
10	긍정적 삶	회복탄력성과 대처를 촉진할 수 있는 행동전략과 일상의 실천
11	강력하고 현명한 목표 세우기	단기 · 장기 목표 설정, 회복탄력성을 촉진할 수 있는 긍정 활동 증가시키기
12	마무리하기	단원의 중요 내용을 개관하고 통합하기

연구

지금까지의 연구에 따르면, 강한 아이 프로그램은 긍정적이고 유망한 결과를 보여 주었는데, 특히 학생들이 내용 지식을 유지하고, 기존의 내면화 증상을 감소시키고, 문제 행동을 줄이고, 친사회적 행동을 개선하고, 높은 수준의 개입 충실성과 강력한 사회적 타당성을 보인다는 점이 가장 두드러졌다(예: Gueldner & Merrell, 2011; Gunter, Caldarella, Korth, & Young, 2012; Harlacher & Merrell, 2010; Kramer, Caldarella, Christensen, & Shatzer, 2010; Kramer, Caldarella, Young, Fischer, & Warren, 2014; Merrell, Juskelis, Tran, & Buchanan, 2008; Nakayama, 2008; Tran, 2007; strongkidsresources.com 참조). 문화적 · 언어적으로 조정된 메렐의 강한 십대 버전으로 긍정적인 효과가 측정되었으며(Castro-Olivo, 2014; Cramer & Castro-Olivo, 2015; Wong, Li-Tsang, & Siu, 2015), 시간이 지나도 그 효과가 유지되고 있다(Harlacher & Merrell, 2010). 이 프로그램은 다양한 인구배경학적 특성을 가진 미국 학생뿐 아니라 해외/국외 학생들을 대상으로도 점점 더 많이 사용되고 있다. 향후 연구 분야에는, (1) 일반적인 상황과 시간에 따른 일반화 및 유지 효과, (2) 프로그램에 대한 적절한 조정, (3) 사용자가 평가 계획

에 실행의 주요 측면(예: 준수 정도, 투입량, 질)에 대한 평가를 포함시킨 정도, (4) 혜택을 극대화하는 데 필요한 최적의 교육 및 지원, (5) 이러한 관계를 강화하고 전체적으로 건강을 증진하는 학교-가정 파트너십의 이점 및 실행 가능성 평가가 포함된다.

〈표 3-3〉 메렐의 강한 아이 프로그램 단원별 구성 요소

단원 구성 요소	목적
사회정서역량 영역	각 단원의 기술은 자기 인식, 자기 관리, 사회 인식, 관계 기술, 책임 있는 의사결정의 CASEL의 다섯 가지 영역을 반영한다.
목적과 목표	단원에서 가르치거나 배운 기술을 살펴본다.
교자재	단원에서 사용할 교자재 목록을 준비한다.
시간 부족	시간 제한을 조정하도록 제안한다.
강사 성찰	개인적 지식과 자기 효능감을 향상하는 내용에 익숙해지도록 강사가 성찰적 연습을 한다.
개관	이전 단원의 핵심 개념 살펴본다.
도입/소개	각 단원의 핵심 개념과 중요성을 소개한다.
마음챙김 기반 초점화 활동(선택)	단원 시작 전에 학생들을 위한 간단한 활동을 한다.
핵심 용어와 정의	단원의 관련 용어를 명확하게 가르친다.
독서 목록의 책 읽기	단원 내용과 관련된 아동 책을 읽고 토론한다.
수업 내용과 실천 활동	직접적인 수업과 단원의 각 요소를 실천할 기회를 제공한다.
통합하기	단원에서 다룬 핵심 개념을 개관하고 통합한다.
마무리	숨 쉬기 연습과 단원 내용에 대한 성찰을 한다.
전이 교육과 숙제 팁/배운 것을 적용하기	강사는 학생들이 다양한 시간과 장소에 걸쳐서 기술을 사용하고 실천하도록 독려하는 방법에 관한 아이디어를 제시하고 학생들이 그렇게 하도록 제안한다.
가족 게시판	단원 내용을 개관하고, 가정에서 해당 개념을 실천할 방법에 대해 부모에게 편지 보낸다.

강한 아이 프로그램의 성공과 영향력에 관심이 많지만, 이 프로그램이나 다른 프로그램을 '최선'으로 홍보하지는 않는다. 이용 가능한 선택지의 범위를 파악할 수 있도록 이 일곱 가지 프로그램을 검토했다. 각 프로그램에는 특정한 장점과 한계가 있으며, 필요한 시간, 구조 수준, 비용, 교육 요구 사항, 대상 초점 등이 매우 다양하다. 이러한 프로그램은 신중한 계획, 개발 및 평가 방식과 사용자 친화적인 접근 방식으로 인해 큰 이점을 제공할 수 있다. [워크시트 3-3]은 프로그램 검토에 대한 초기 반응을 되돌아보는 기회를 제공한다.

SEL 프로그램 검토 및 선택하기

한 학교가 SEL 프로그램을 교육 과정에 통합하기 위한 이니셔티브의 일환으로 검토를 시작하려고 한다. 마리아나 올랜도(Marianna Orlando)는 소규모 시골 교육구에서 근무하는 학교 심리학자로 두 곳의 초등학교에 배정되어 있다. 그녀는 최근 SEL을 통합하고 지원할 수 있는 방법을 강조하는 전국 콘퍼런스에 참석했다.

그녀는 주로 RIT 실행과 SWPBIS에 대한 학교 차원의 개선에 집중해 왔지만, 올랜도는 SEL에 흥미를 느낀다. 그녀의 학생들은 작년에 큰 자연재해로 인한 이주, 오피오이드 전염병에 대한 학생과 그 가족의 경험, 최근 마리화나의 주 합법화 등 수많은 어려움에 직면했다. 그녀는 학교의 SEL 프로그램을 자세히 살펴보고 싶지만 '어떻게 시작해야 하는지' 궁금해한다.

워크숍 자료를 사용하여, 그녀는 시작을 위한 계획을 설명한다.

- 교육감 및 학교 교장과 대화하여 SEL에 대한 관심과 지원을 파악한다.
- 현재 학교에서 SEL 프로그램이 진행되는지 확인한다.
- 관리자를 대상으로 하는 프레젠테이션에서 SEL 효과에 대한 연구 지원, 실행의 중요성 및 지원을 위한 자원을 포함한 개요를 설명한다.
- 아이디어와 계획에 대해서는 학교상담사와 상의한다.

관리자와의 성공적인 회의 후, 모든 참여자는 기획위원회로서 매월 두 차례 회의를 시작하기로 합의하고 계획을 시작한다. 이들은 학교의 필요와 자원을 파악하기 위한 노력의 하나로 최근에 수집한 학교 환경 및 안전 데이터를 사용할 것이다. 올랜도와 학교 상담사인 마르티네즈(Martinez)는 학생의 필요와 교육구 자원을 충족시킬 수 있는 잠재력이 있는 다섯 가지 프로그램에 대한 초기 정보를 수집하기 위해 자원한다. 그들은 소수의 출판사 카탈로그와 웹사이트를 살펴본다. 올랜도는 다른 지역의 동료에게 전화를 걸어 추천을 요청한다. 올랜도와 마르티네즈는 함께 각 프로그램에 대한 정보를 정리하고 [워크시트 3-1]~[워크시트 3-3]과 [알아보기 3-1]에 있는 자료를 사용하여 그들의 작업을 시작한다. 이를 위해 두 달 동안 여기저기서 15분씩 시간을 할애했다. 특히 프로그램의 효과와 권장되는 실행 지원에 대한 연구에 많은 관심을 기울였다. 이 계획 단계는 많은 노력이 필요했지만, 한 콘퍼런스 발표자가 SEL을 실행하는 것은 진화하는 과정이며, 지원이 도움이 되고, 지금 투입한 노력이 학생들에게 더 나은 적합성과 결과를 가져올 것이라고 강조한 것을 올랜도는 기억한다.

올랜도와 마르티네즈는 학생과 지역사회의 선호도와 필요를 충족하기 위해 프로그램에 적용해야 할 조정 사항을 포함한 정보를 위원회에 제시한다. 팀은 프로그램 선택의 우선순위를 정하기 위해 학부모의 의견을 추가로 수렴하기로 결정한다. 올랜도와 마르티네즈는 기존에 오래 운영되고 있는 프로그램을 보완할 수 있는 프로그램을 선택할 것을 권장한다. 그들이 검토한 데이터에 따르면, 다른 프로그램을 통합하면서 현재 프로그램을 개선할 수 있는 부분이 있을 가능성이 높다. 팀은 모든 교직원을 대상으로 교육 및 상담을 지원하고 진행 상황 모니터링 시스템을 구축하는 것이 우선순위라는 데 동의한다.

4 맺음말

이 장에서는 SEL 프로그램과 프로그램 선택 시 고려 사항에 중점을 두었다. 사용 가능한 일부 프로그램과 특정 중점 분야에 대해 생각할 수 있는 출발점을 제공하기 위해 일곱 가지 프로그램을 강조했다. 요약하면, 다음 사항을 강조한다.

- 패키지 SEL 프로그램의 장점에는 개념 프레임워크, 연구, 현장 검증, 정리된 자료가 포함될 수 있다.
- 각 프로그램에 대한 근거를 검토하고 학생과 환경의 요구와 특성에 어떻게 부합하는지 평가하는 것은 프로그램을 선택할 때 우선적으로 고려해야 할 사항이다.
- SEL 프로그램을 선택하기 전에 학교의 환경, 우선순위, 목표, 현재 분위기에 가장 적합한 것을 결정하기 위해 신중한 계획을 세워야 한다.

워크시트 3-1 SEL 프로그램 검토: 정보 수집 가이드 및 체크리스트

이 워크시트에는 당신의 학교 팀이 검토 대상 SEL 프로그램에 관한 정보를 수집할 때 활용할 수 있는 문항들이 나와 있다. CASEL의 학교 실행 이론(CASEL, 2013; Oberle et al., 2016)이 다음 문항에 통합되어 있어, 시스템적 관점으로 프로그램을 검토할 수 있도록 돕는다.

날짜:

검토 대상 프로그램:

검토 대상 학교/교실:

검토 팀 구성원:

- 이해관계자 간 SEL에 대한 공통 비전 수립
  - 프로그램은 학교 관리자, 교직원, 학부모 그리고(또는) 지역사회 이해관계자의 지지를 받을 수 있는가?
- 필요와 자원 평가
  - 학생들을 위해 파악된 목표와 요구를 검토했는가?
  - 과거 및 현재의 SEL 프로그램을 평가했는가([워크시트 3-2] 참조)?
  - 프로그램 실행에 필요한 시간 · 예산 · 인력 등의 자원을 식별 · 나열했는가?
- 전문성 개발 제공
  - 프로그램 연수 요구 사항이나 제안을 설명했는가?
  - 컨설팅 및 지원 체계를 설명했는가?
  - 프로그램이 교육자들의 자기 SEL 역량 함양을 지원 · 교육하는가?
- 증거 기반 프로그램 채택
  - 대상 연령/학년은 어떻게 되는가?
  - 프로그램의 목표와 가르치는 역량은 무엇인가?
  - 구성 요소, 교수법, SAFE(안전, 수용, 피드백, 참여) 절차의 포함 여부 및 방식은 어떠한가?
  - 실행에 필요한 예상 시간은 어느 정도인가?
  - 동료 검토된 연구에 보고된 성과는 어떠한가?
  - 다른 학교에서의 실행 결과 및 도전 과제는 무엇인가?
  - 프로그램 실행을 담당할 학교 내 주요 인력은 누구인가?
  - 유사한 인구학적 특성의 집단에서 사용된 경험이 있는가?
  - 필요, 문화적 고려 사항, 자원에 맞추어 예상되는 조정 사항은 무엇인가?
  - 프로그램이 SEL 또는 기타 표준 · 지역 교육청 SEL 이니셔티브와 어떻게 연계될 수 있는가?
  - 자료 및 실행 비용 추산은 어떻게 되는가?

- 프로그램을 일상적 실천에 통합
  - 학습 활동, 기타 시간대에 프로그램 내용을 접목하기 위한 권장 방안은 무엇인가?
  - 가족 또는 지역사회 기관이 참여하는 구성 요소가 있는가?
- 실행과 성과, 요구 이해를 돕는 평가 도구 파악

사용 가능 또는 권장 평가 도구 목록	진행 모니터링	
	충실도 점검	
	성과	

프로그램과 필요, 목표 및 가용 자원의 부합성

☐ 강함 ☐ 적절함 ☐ 약함

종합 권장 여부

☐ 강력 권장 ☐ 추가 검토 ☐ 권장하지 않음

출처: 이 자료는 CASEL(2013), Oberle 등(2016), Jones, Brush 등(2017)의 연구를 바탕으로 작성되었음.

워크시트 3-2 현재 및 과거 SEL 프로그램 평가

이 워크시트를 활용하여 현재 그리고(또는) 과거에 시행된 SEL 프로그램을 평가할 수 있다. 보완 정보가 필요할 경우 [워크시트 3-1]을 함께 사용한다.

검토일: ....

검토 대상 프로그램: ....

검토 팀 구성원: ....

이 프로그램을 적용한(적용 중인) 학생 집단을 설명하라.

....

프로그램의 목적 또는 해결 · 예방하려는 문제를 설명하라.

....

프로그램 사용 중 측정되거나 관찰된 결과(예: 학생의 사회정서적 성과, 학업 성취, 행동 변화, 교직원 인식 등)를 설명하라.

....

잘 진행된 부분을 설명하라. 무엇이 효과적이었는가?

....

잘 진행되지 않은 부분을 설명하라. 무엇이 효과가 없었는가?

....

프로그램이 예상대로 작동하지 않았다면, 새로운 프로그램 도입 전과 진행 중에 직면한 장벽을 설명하라. 어떤 요소가 걸림돌이 되었는가? 이러한 실패나 장애를 다시 겪지 않도록 팀이 어떻게 예방 · 대응할 수 있는가?

....

....

워크시트 3-3 성찰

지금까지 이 장에서 우리는 SEL 프로그램을 이론적 기반, '사전 패키지(pre-packaging)', 효과성, 핵심 구성 요소, 그리고 당신의 여건(필요, 자원, 연수, 평가 등)과의 적합성 맥락에서 검토해 보았다. 검토한 모든 프로그램은 이론적 기반과 그 실행 방식이 서로 다르다. 앞으로는 [워크시트 3-1]과 [워크시트 3-2]를 활용하여 탐색 과정을 더욱 세밀하게 조정할 수 있다. 지금은 큰 그림을 돌아보고 초기 반응을 성찰해 본다. 다음 사항을 고려해 작성해 본다.

- 프로그램을 검토할 때 예상되는 어려움은 무엇인가?
- 텍스트에서 다루었거나 다루지 않았을 수 있는 프로그램에서 보고 싶은 특징은 무엇인가?
- 프로그램을 실제로 실행할 때 더 편안하거나 또는 덜 편안하고 효과적이라고 느낄 수 있는 측면은 무엇인가?
- 프로그램을 선택하는 과정에서 팀이 직면할 도전 과제는 무엇일지 개요를 작성해 본다.

제4장

교실에서의 사회정서학습의 필수 요소

효과적인 실행은 자연스럽게 또는 사발적으로 일어나는 것이 아니며, 프로그램 성공 가능성을 높이기 위해 특별히 설계된 체계적인 방법을 사용하는 것이 필요하다(Durlak, 2015, p. 395).

당신이 멋진 새 차를 구매했다고 상상해 보라. 새 차는 엄격한 테스트를 거쳐 최고 안전 등급 승인을 받았으며, 당신이 가장 좋아하는 색상으로 되어 있고, 최신 기능을 갖추고 있다. 차를 구매하고 나서 주차장을 나설 때, 당신은 이 차를 사기를 잘했다는 느낌이 든다. 하지만 배워야 할 두 가지 새로운 기술이 있다. 바로 사륜구동 자동차를 운전하는 방법과 눈 속에서 운전하는 방법이다. 당신은 괜찮고 성실한 운전자이지만, 전륜구동과 눈길 운전은 당신에게 새로운 것이다. 추가 교육, 지원 및 연습이 필요하다는 것을 알고 있다. 당신은 이 새로운 기능을 사용하면 궁극적으로 더 나은 운전자가 되고 장기적으로 더 즐거운 운전 경험을 제공할 것이라고 확신한다.

우리도 마찬가지로, 'SEL'이라는 새로운 '도구'로 교실을 새롭게 운영하기 시작할 때 이와 같은 기분을 느낀다. SEL에 익숙해지는 것은 처음에 추가적인 작업이 될 수 있지만, 설계된 방식과 우리의 요구 사항을 충족하는 방식으로 기술을 사용한다면, 우리와 학생들은 즐거운 경험을 할 가능성이 높다.

SEL은 전략적 계획과 실행 세부 사항에 대한 주의가 필요하다(Durlak, 2015; Meyers et al.,

2012; O'Conner, DeFeyter, Carr, Luo, & Romm, 2017; 제2장 참조). 그렇게 하지 않을 경우 지불해야 할 비용이 매우 클 수 있다(Durlak, 2015, p. 396). 당연히 교육자들은 처음에는 준비가 안 되어 있고 압도감을 느낄 수 있다. SEL은 많은 교육자에게 새로운 개념일 수 있으며, 이 분야에 대한 교육을 학부나 대학원 교육 과정에서 배울 수 없었다. 연습과 지원을 통해 당신은 더욱 자신감을 갖게 될 것이라고 확신한다!

이 장에서는 성공적인 SEL을 위한 핵심 요소로서의 질 높은 실행에 초점을 맞출 것이다(Durlak, 2015, p. 397). 실행에는 여러 측면이 있으며, 증거 기반 프로그램의 사용, 프로그램이 설계된 대로 얼마나 잘 실행되었는지의 측정, 프로그램 전체가 실행되었는지 여부, 직원 교육, 학생 참여도, 적절한 수정의 사용 등을 포함하지만 이에 국한되지 않는다(Durlak, 2015). 이러한 문제들을 이해하는 것은 SEL 프로그램이 기대하는 결과로 이어지게 하는 데 있어 매우 중요하다(Oberle et al., 2016). 이 장의 내용을 당신의 현장에 적용할 때, [워크시트 4-1]과 [워크시트 4-2]를 활용하시기를 권장한다. 이 장에서는 다음과 같은 내용을 다룬다.

- 분위기, 관계, 교실 공간 조직 및 행동 관리 전략을 통해 SEL에 도움이 되는 환경을 조성하는 방법
- 질 높은 SEL을 교실에서 실행하기 위한 절차 및 전략

1 SEL 실행에 도움이 되는 교실 만들기

교실은 학습에 있어 분위기가 매우 중요한 장소이다(Matsumura, Slater, & Crosson, 2008). 이는 학생들이 얼마나 연결되어 있고, 안전하며, 지지를 받고 있다고 느끼는지를 의미한다. 학생들이 학문적 · 사회적 · 정서적 역량을 개발하기 위해서는 교육 및 학습에 있어 엄격한 지침과 정서적 지원이 모두 중요하다(Matsumura et al., 2008). SEL 프로그램을 실행하는 것은 교실 분위기에 긍정적인 영향을 미치는 한 가지 방법이다. 왜냐하면 이 프로그램은 호기심과 탐구심을 자극하며, 감정과 사회적 상호 작용을 중요한 학습 주제로 다루기 때문이다(예: Hagelskamp et al., 2013). 일반적으로 긍정적인 교실 분위기에 기여하는 것으로 알려진 특정 전략들은 보다 큰 SEL 맥락에도 적용될 수 있다(Doll, Brehm, & Zucker, 2014; O'Conner et al., 2017). 이 절에서는 다음 두 가지 영역, 즉 (1) 학생들, 학생의 또래 및 가족과 긍정적인 관계를 구축하는 것, (2) 교실 공간과 학생 행동에서 질서, 안전, 유대감 및 예측 가능성을 촉진하

기 위한 조직적 전략을 적용하는 것을 검토한다.

1) 관계와 참여를 통한 지원적인 교실

관계는 학생들의 전반적인 발달에 영향을 미칠 뿐만 아니라(Jones & Bouffard, 2012; Rudasill, Reio, Stipanovic, & Taylor, 2010), 교실 분위기에도 영향을 줄 수 있다(Doll et al., 2014). SEL 실행을 효과적으로 지원하기 위해 지지적인 교실 환경이 어떻게 조성될 수 있는지 더 잘 이해하기 위해, 관계와 관련된 개념인 **애착**(attachment)이 어떻게 형성될 수 있는지 검토해 보겠다. 학생들은 성인, 또래, 그리고 다른 청소년들과 지지적인 관계 또는 그렇지 못한 관계를 맺을 수 있다. 모든 참여자는 관계를 촉진하거나 약화시킬 수 있는 행동을 하게 되며, 이는 애착의 질에 따라 서로 다른 정도로 나타난다(Cassidy, 2016).

애착은 일반적으로 성인이 아동의 필요에 안정적으로 반응하고(이를 통해 '안전한 피난처'를 마련함), 아동이 배우고 성장하기 위해 필요한 자신의 환경을 탐색할 수 있는 '안전기지'를 제공하는 틀로 간주된다(Bowlby, 2005; Hoffman, Cooper, & Powell, 2017). **조율**(attunement)이라는 과정은 성인이 아동의 정서적 · 행동적 · 신체적 신호에 주의를 기울이고, 필요한 것이 무엇인지 추측하고, 지원을 제공할 때 발생한다(Gus, Rose, & Gilbert, 2015의 토론 참조). 예를 들어, 부모나 교사는 눈 맞춤, 따뜻하고 배려하는 어조를 사용하고, 학생이 경험하고 있는 감정을 파악하고, 공감적인 진술을 통해 감정적 경험에 반응할 수 있다(예: "정말 실망스럽고 슬프게 들리네. 쉬는 시간에 소외감을 느껴서 밖에 나갔는지, 마르코와 정말로 놀고 싶어서인지 궁금하네."). 하루 동안에 학생들은 성인들에게 유대감을 형성할 수 있는 많은 상황을 제공한다. 일부 상황은 분명하지만, 그렇지 않은 경우도 많다. 시간이 지남에 따라 성인과 아이 간의 관계는 아이가 자신의 내적 · 외적 세계를 이해하고(예: "나는 아마도 놀자고 초대받지 못했을 때 슬프고, 실망스럽고, 화가 나는 것 같아.") 감정과 행동을 조절하는 능력을 개발할 수 있는 기제를 제공한다(Bretherton, 1992).

교사-학생 관계

교사-학생 관계는 회복탄력성 촉진과 교실 분위기(Doll et al., 2014), 학생들의 학교에서의 성취에 중요한 역할을 한다. 이는 종종 고등학교 이후의 성공에도 관련된다(Bergin & Bergin, 2009; Hamre & Pianta, 2001). 교사의 반응성, 따뜻함, 편안함 제공, 상호 신뢰감, 공정성과 존중에 대한 인식, 일관적인 태도, 빈번한 긍정적인 상호 작용과 높은 기대, 낮은 갈등과 같은 관계의 질은 학업 성취도, 학교 행동(예: 책임 있는 행동), 사회정서역량에 영향을 미치는 것으로 알려져 있다(Bergin & Bergin, 2009; Doll et al., 2014; O'Connor et al., 2017; Wentzel, 2002). 교사가 정서적 · 행동적 어려움을 겪고 있는 학생들에게 정서적 지원을 보여 줄 때, 이 학생들은 교사와 긍정적인 관계를 더 잘 맺을 수 있으며, 그로 인해 학교에서의 성공 가능성을 높여 준다(Buyse, Verschueren, Doumen, Van Damme, & Maes, 2008).

또래관계

또래관계가 학생의 전반적인 발전과 긍정적인 교실 분위기에 중요하다는 것은 놀라운 일이 아니다(Doll et al., 2014). 학생들이 학업과 레크리에이션의 모든 측면에서 소속감을 느끼고, 다른 사람들을 돕고, 또래의 도움을 받을 때, 그들은 더 나은 성과를 내는 경향이 있고, 교실은 더 건강한 장소가 된다(Doll et al., 2014). 일부 SEL 프로그램은 수업 또는 일상의 일부로서 또래관계를 구체적으로 다룬다(예: 갈등 관리하기, 관점 채택하기, 경청 기술 배우기). 학교와 같은 높은 사회적인 환경에서는 일과 중 이러한 기술을 연습할 수 있는 기회가 많이 있다.

학교-가정-지역사회 관계

관계라는 개념은 참여, 협력, 적극적 관심, 파트너십과 같은 흔히 사용되는 용어에 내재되어 있다. 학교-가정 관계 측면에서 우리는 학생 교육에 대한 가족 참여가 중요하며, 학교 분위기(Cohen, McCabe, Michelli, & Pickeral, 2009), 학습(Cappella, Frazier, Atkins, Schoenwald, & Glisson, 2008), 행동(Buerkle, Whitehouse, & Christenson, 2009), 고등학교 졸업(Barnard, 2004)과 긍정적으로 연관되어 있음을 알고 있다. '학교-가족 파트너십'이라는 개념은 학생을 중심으로 하는 협력적 관계를 말하며, 나아가 참여자 각자의 전문 지식을 똑같이 중요하게 여기며, 책임이 공유되고, 의사소통이 원활하며, 개입이 교실 외 여러 환경에서 발생할 수 있다는 것을 의미한다(Garbacz et al., 2015; 자세한 논의는 제5장 및 제8장 참조). 오하이오 교육부(Ohio Department of Education, 2019)는 SEL 주 표준을 작성하면서, 최근 다음과 같이 파트너십 촉진의 중요성을 강조했다.

> 부모와 가족은 어린아이들의 성장에 따른 사회정서적 기술과 역량 개발에 매우 중요하다. 이러한 표준들은 부모와 가족이 자녀의 첫 번째이자 가장 중요한 교사이기 때문에 매우 신중하게 만들어졌다. 가족과 학교, 교육자, 지역사회 간의 강력한 파트너십 구축을 통해 우리 아이들이 평생 학습자로 성장하고 세계에 의미 있게 기여하는 성인으

로 성장할 수 있도록 지원된다(p. 3).

가족 및 지역사회 파트너와의 관계를 구축하기 위해서는 필요, 관심사, 선호도, 가치관, 그리고 다양한 사람 및 조직과 관계하는 기술을 파악하는 것이 중요하다. 또한 의미 있는 파트너십에 방해가 될 수 있는 다양한 장애물도 이해해야 한다. 예를 들어, 직장에서 시간을 내는 것, 교통수단, 육아, 학교에서 느끼는 불편함, 과거의 부정적인 경험에 대한 기억(Herman, Reinke, Frey, & Shepard, 2014), 교육에서 부모의 역할에 대한 문화적 차이(Gonzales & Gabel, 2017), 지역사회 파트너들의 업무 부담, 전문적인 역할과 책임에 대한 이해 부족(Weist et al., 2012) 등이 있다. 우리가 함께 일해야 할 사람들에 대해 자신의 지식과 감정을 적극적으로 성찰하지 않는다면, 그들에 대한 오해를 낳고 실천에서 그들을 배제함으로써 잘못된 일반화를 초래할 위험에 놓이게 된다. 오하이오 교육부(Ohio Department of Education, 2019, p. 3)는 이 점을 중요하게 여기며 "학생 및 가족과의 진정성 있고 긍정적인 관계는 교육자가 자신의 위치, 권력, 특권에 대해 성찰하고 문화적 인식과 역량을 개발할 때만 가능하다."(Gallego & Cole, 2001; Artiles, 2003; Kozleski & Artiles, 2012)라고 강조했다.

관계, 분위기, SEL의 상호 작용

교육에서 관계에 주의를 기울이는 것이 얼마나 중요한지 감안하여, 다음과 같은 관찰과 요약을 통해 관계, 분위기, 그리고 SEL이 어떻게 불가분하게 연결되어 있는지 설명하고자 한다.

- 학생들은 관계의 맥락에서 사회적·정서적으로 발달한다(Albright & Weissberg, 2010; Cassidy, 2016). 학생들의 기술을 향상시키고 위험을 줄이기 위해서는 증거 기반의 사려 깊은 실행 작업을 통해 관계를 육성해야 한다(Williford & Wolcott, 2015).
- 관계와 참여는 긴밀하게 얽혀 있다. "참여는 관계적인 과정이다."(Pianta, Hamre, & Allen, 2012, p. 366)라는 관점에서, 관계에 대한 관심은 학생들이 성공을 위해 필요한 기술을 습득하도록 돕는 데 필수적이며, 또한 파트너들과의 효과적인 참여를 이끌어 내는 데 중요한 역할을 한다(Pianta et al., 2012).
- 긍정적인 교실 분위기는 SEL 개념이 더 잘 받아들여지고 실천될 수 있는 환경을 조성할 수 있다(Thapa, Cohen, Higgins-D'Alessandro, & Guffey, 2012). 오버레와 동료들(Oberle et al., 2016)은 "이러한 환경은 학생들이 안전한 분위기에서 새로운 활동, 행동, 기술

및 전략을 탐구하도록 격려하며, 실수하고, 조정하며, 연습과 예시를 통해 배울 수 있도록 한다."(p. 283)라고 설명했다. 이 진술은 우리가 앞서 논의한 내용이다. 즉, 학교 환경은 학생들이 필요할 때 지원을 받고, 탐색의 일반적인 단계 동안 안전한 피난처와 안전기지가 될 수 있다는 것이다.

- 일부 SEL 프로그램에는 교실 내(교사-학생) 및 교실 외부(학생-가족, 교사-가족, 교실/학교-지역사회) 관계와 파트너십을 촉진하기 위한 프레임워크와 전략이 포함되어 있다(Albright & Weissberg, 2010).
- 학생들과 함께 하루를 보내는 동안, 교육자는 관계 및 SEL 전략을 통합할 수 있는 많은 기회가 있다. 다음 시나리오를 생각해 보라. 한 학생이 최근 징계 조치에 대해 매우 화가 났다. 학교 심리학자는 신체 언어로 전달되는 주의가 필요한 메시지를 듣고, 몇 가지 간략한 공감 표현을 하며, 말로 훈계를 하지 않는다. 학교 심리학자는 학생이 감정을 파악하도록 돕고, 이완 전략을 사용하며, 문제 해결 과정을 촉진한다. 심리학자는 학생이 어려운 경험에 대처할 수 있도록 높은 기대감을 보이고, 할 수 있다는 자신감을 전달하는 방식으로 학생과 소통한다. 심리학자는 이러한 전략을 부모와 공유하고 집에서의 부모-자녀 관계를 지원하기 위해 이를 사용하는 방법에 대한 안내를 한다.
- 업무 상황이나 타인과의 관계에서 다양한 감정을 경험하는 것은 정상적인 일이다.

관계를 형성할 기회가 있음에도 불구하고, 여러 가지 장벽이 존재한다. 예를 들어, 성인이나 학생의 관계 기술 부족과 같은 대인관계 어려움이나 한계로 인해 관계를 형성할 기회가 많음에도 불구하고 장애가 많다.(Graziano, Reavis, Keane, & Calkins, 2007). 학생들이 우리가 불쾌하게 여기는 행동을 보일 때(예: 빈약한 의사소통 능력, 소리 지르기, 거부하기), 우리는 일관되게 따뜻하고 지지적인 반응을 제공하는 경향이 줄어들게 된다(Coie & Koeppl, 1990). 시간이 지나면서 우리는 따뜻함, 격려, 유대감 전략을 철회할 수 있으며, 이는 관계에 부정적인 영향을 미칠 수 있다(Pianta & Stuhlman, 2004). 마찬가지로, 우리의 행동도 학생들에게 자극이 될 수 있다. 우리는 모두 맥락과 우리의 기술 수준과 유형에 따라 사회정서적 한계를 가지고 있다. 이러한 문제들을 솔직하게 인식하고 자비롭게 주의를 기울이는 것이 긍정적인 첫걸음이 될 수 있다.

고려해야 할 단계들

관계, 지지적인 교실 분위기, SEL을 강조하는 문헌을 바탕으로 우리는 긍정적인 관계를 촉진하기 위해 다음과 같이 제안한다.

① SEL 자료를 검토하여 주요 관계 그리고(또는) 교실 분위기를 촉진하는 특정 전략이 포함되어 있는지 확인한다. 전략은 수업 지도의 일부로 적용될 수도 있고, 분위기를 조성하기 위한 수단 중 하나로 제시될 수도 있다. 자료를 주의 깊게 검토하거나 프로그램을 개발한 담당자와 논의해야 할 수도 있다.

② 관계 형성을 위한 수단으로 전체 SEL 프레임워크 및 실행 계획의 일부로 파트너십을 정하고 참여할 수 있게 한다. SEL 팀의 학부모 및 지역사회 파트너를 비롯하여 정보를 얻기 위한 설문 조사 및 포커스 집단, 대화식 워크숍 제공 등의 활동을 한다. 자세한 내용은 제8장을 참조하면 된다.

③ 긍정적인 교사-학생 관계를 형성하는 데 효과적인 것으로 알려진 전략을 사용한다(예: 〈표 4-1〉 참조; 종합 권장 사항 참조: Bergin & Bergin, 2009; Doll, Spies, LeClair, Kurien, & Foley, 2010; Hamre & Pianta, 2001). 종종 이러한 전략은 다른 학생들과 함께 실행되어(예: 교실, 구내식당, 버스, 방과 후 활동), 다양한 상황에서 관계가 어떻게 형성되는지 모델링할 수 있는 수많은 기회를 제공한다(Nickolite & Doll, 2008).

④ 가정-학교 관계를 구축하기 위해 다음과 같은 전략을 사용할 수 있다. 부모와의 개인적인 소통(전화, 메모), 부모를 교실로 초대하여 관찰하게 하기, 학교와 가정에서 관계가 어떻게 형성되는지에 대한 정보를 제공하기, 교실 운영의 일환으로 부모를 계획 및 의사결정 책임에 참여시키기, 부모의 관점과 의견을 적극적으로 수렴하기, 그리고 교실에서의 일상적인 일들을 부모에게 알리기 등이다(Doll et al., 2014, pp. 30-31). 또한 뉴스레터와 부모 워크숍과 같은 활동은 부모가 특정 SEL 내용을 이해하고 이 정보를 가정에서 적용하는 데 도움을 줄 수 있다(Patrikakou & Weissberg, 2007). 나(B. G.)는 학교 기반 활동을 통해 집에서 자녀와 더욱 긴밀하게 소통하는 방법으로서 자녀의 학교로부터 그러한 정보를 받는 것이 매우 도움이 된다는 것을 개인적으로 깨달았다. 가족을 파트너로 보고 찾는 것이 매우 중요하다. 부모가 열등감을 느끼거나 가치가 없다는 느낌을 갖게 만드는 위계적 관계는 협력과 호혜 관계에 도움이 되지 않는다.

⑤ 평가 계획 중 일부로 교사-학생-가족-지역사회 관계를 포함시킨다(제7장 참조). 우리는 SEL 실행에서 관계라는 필수적인 측면이 모두에게 어떻게 작용하는지 알고 싶다.

⑥ 감정적 경험에 주의를 기울이고 교육과 지원을 구한다. 제9장에서는 SEL 수업과 교실 분위기에 필수적인 교육자의 사회정서역량의 중요성을 다룬다. 협업, PLC 및 성찰 과

정을 통해 지원을 찾는 것은 SEL 방향을 탐색하는 데 도움이 될 수 있다.

다음과 같은 이야기를 많이 들어 보았을 것이다. "선(Sun) 선생님은 정말 제 옆에 있어 주셨고, 배려해 주셨어요. 선생님은 기대가 컸지만, 제가 도움이 필요할 때 제 입장을 정말로 이해해 주시고 저를 지원해 주셨어요. 그것이 제가 오늘날 이 자리에 오를 수 있었던 이유라고 생각해요." 관계에 초점을 맞추는 것을 뒷받침하는 많은 증거가 있다. 우리는 SEL 실행의 중요한 부분으로서 **관계 형성에 대한 적극적이고 전략적인 태도**를 우선시하는 것이 현명하다고 믿는다. 우리의 관계에 참여할 수 있는 기회는 풍부하며, 특히 적절한 반응적인 관계에 접근할 수 없는 학생들에게는 더욱 그렇다.

2) 교실 조직에 관한 실천

교실 공간

교실 공간과 그 구성 방식은 효과적인 교육, 학생 행동 및 안전감에 어느 정도 도움이 될 수 있다(Thapa et al., 2012). SEL 실행을 위해 공간을 구성할 때, 다양한 유형의 SEL 활동(예: 대규모 및 소규모 집단 역할극 및 작업)을 위한 공간을 마련하고, 참여와 집단 또는 독립적인 작업을 촉진하기 위한 다양한 자료를 준비하는 것을 고려해야 한다(O'Conner et al., 2017 참조).

공간 구성은 학생들의 행동에 영향을 미칠 수 있기 때문에 '혼잡과 산만함을 최소화'하는 것이 중요하다(Simonsen, Fairbanks, Briesch, Myers, & Sugai, 2008, p. 358). 일부 프로그램은 모든 사람이 강사와 자료를 볼 수 있도록 배치하고, 학생들을 집단에 미리 배정하고, 활동 중에 학생들이 이동할 수 있는 공간을 허용하는 등의 구체적인 제안이 있을 수도 있다(예: 메렐의 강한 아이; Carrizales-Engelmann et al., 2016a, 2016b, 2016c). 학교에서 일하는 대부분의 사람은 공간의 한계를 겪는다. 실제로 다용도 창고와 폐쇄된 화장실이 몇 년 동안 사무실로 사용되었다! 공간을 구조화하거나 보조 장치를 사용하며, 시각적으로나 청각적으로 끌리는 자료를 사용하는 것은 혼란스러움을 피하고 집중력을 개선하는 데 도움이 될 수 있다(Weinstein, 1977: Simonsen et al., 2008에서 인용). 우리는 또한 신체적 차이(예: 휠체어 접근성, 시각 및 청각 보조 장치, 감각 민감성 또는 장애)와 같은 특별한 요구 사항이 있는 학생들을 위한 편의 시설을 고려하기를 바란다.

〈표 4-1〉 교육자가 교사-학생 관계를 육성하기 위해 적용할 수 있는 전략

콘텐츠 영역	설명	예시 문구
따뜻하고 배려심 있는 태도와 행동	• 학생의 이름을 부르며 인사한다. • 학생들과 보내는 시간 동안 세심한 주의를 기울인다. • 학생의 학교 밖 생활에 대해 물어본다(예: 관심사, 가족, 어려운 점 등). • 5:1의 비율로 노력에 대해 칭찬을 한다.	• "좋은 아침~ 바오, 학교에 농구공을 가지고 오는 걸 봤어. 수업 시간 전이나 후, 언제 하니?" • "마야, 할머니는 어떻게 지내셔? 요즘 학교에서 보지 못했는데." • "그 프로젝트에 많은 시간을 들인 것 같네. 세부 사항을 포함한 점과 손 글씨에 신경 쓴 것을 보면 알 수 있어."
선택과 독립성 촉진 및 증진	• 학생의 선호도를 물어본다. • 지원이 가능하다는 안심을 제공하면서도 학생들이 학습과 연습에서 어느 정도 위험을 감수하도록 격려한다.	• "카르멘, LA 과제를 위해 현재 살아 있는 사람에 대해 쓰고 싶니, 아니면 오래전에 살았던 역사적 인물에 대해 쓰고 싶니?" • "마커스, 다음 10분 동안 수학 과제를 한번 해 보고, 확신이 없으면 추측이라도 해 봐. 그 후에 내가 확인할게."
공정하고 책임감 있는 행동	• 학생들과의 상호 작용 및 기대는 배려와 형평성을 고려한다. • 학생과의 약속을 지킨다.	• "란, 너는 집단을 이끄는 것을 좋아하고, 아스마, 너는 지시를 따르는 것을 편안하게 생각한다는 것을 알아. 이번 과제에서는 둘이 역할을 바꾸어 보기를 바라. 이전과 다르게 느껴질 수 있다는 걸 알지만, 질문이 있을 때 내가 도와줄 테니 걱정하지 마."
자신의 감정과 행동 관리	• 교육자는 자기 관리를 실천한다. • 교육자는 자기의 편견과 유발 지점을 인식하고 대응하는 법을 연습한다.	• (교육자가 스스로에게 말한다.) "내가 몇몇 학생들에 대한 태도에서 인종적 편견을 반영하고 있을지도 모른다고 생각해. 학생들과 나를 위해 이러한 인식을 연습하고 신뢰할 수 있는 동료와 이야기하는 것이 정말 중요해."
진실성을 보여 줌	• 정직함을 보여 주고, 적절한 겸손과 명확한 의사소통 능력을 보여 준다. • 오해를 해결한다. • 다른 사람의 관점을 존중하며 경청하고, 자신의 관점을 존중하며 공유한다.	• "여러분, 제가 시험의 4번 문제를 작성할 때 실수를 했습니다. 이렇게 수정되어야 합니다." • "내가 듣기로, 너의 답안을 몇 개를 틀렸다고 표시해서 화가 났다고 하던데……. 맞니? 한번 살펴보자."
유머가 연령과 상황에 적절함	• 부적절한 유머와 언어, 빈정거림을 피한다. • 교육자는 학생들과 일상적인 경험을 공유할 수 있다.	• "오늘 학급 회의에 여러분이 얼마나 즐겁고 관심을 가지고 참여했는지 봤나요? 선생님도 여러분처럼 느꼈어요. 이렇게 함께 웃고 즐길 수 있는 시간이 있어서 참 좋았어요."

출처: Bergin & Bergin (2009); Doll, Spies, LeClair, Kurien, & Foley (2010); Hamre & Pianta (2001).

긍정적인 행동적 전략

효과적인 행동 관리의 원칙은 SEL 실행에 논리적이고 실용적인 방식으로 적용된다. 제1장

에서 우리는 SWPBIS와 같은 시스템 전반의 행동 지원과 함께 SEL을 사용할 수 있는 방법을 검토했으며, SWPBIS와 SEL 접근 방식을 통합하면 둘 중 하나를 단독으로 사용하는 것보다 우수한 결과를 얻을 수 있다는 점에 주목했다(Cook et al., 2015). 학교와 교실에서 모두 보편적으로 채택된 전략을 포함한 체계가 마련되어 있으면, 행동 관리 전략의 사용은 직관적으로 느껴지고 긍정적인 교실 분위기를 조성하는 데 기여할 것이다. 다음은 효과적인 교실 기반 행동 관리 원칙(Simonsen et al., 2008)의 특정 측면을 SEL 실행에 적용한다. 이러한 전략 중 다수는 긍정적인 관계 형성(예: 고칠 점에 대한 피드백에 비해 높은 칭찬 비율, 구조화 및 명확한 기대 설정)과도 관련이 있다. 우리는 다음과 같은 사항을 권장한다.

- 학교 차원에서 기대하는 행동들을 SEL 수업 및 실습 중 교실에서도 적용하되, 일부 수정이 필요하다. 예를 들어, 다음과 같이 세 가지 학교 차원 기대 행동들을 적용하는 교실에서 SEL 개념과 통합할 수 있다. 학생들은 서로의 개인 공간을 존중하고[예: 다른 사람이나 물건을 함부로 만지지 말기(안전)]; 개인적인 경험에 대해 말하는 다른 학생의 말을 주의 깊게 듣고(존중), 예정되어 있는 SEL 수업에 참여해야 한다(책임감). 기대를 포스트로 게시하고, 기대를 가르치고, 요약해서 알려 주며, 감독하는 것은 바람직한 행동을 촉진하고 원치 않는 행동을 줄이는 것으로 밝혀졌다. 이러한 전략은 일반적인 교실 실습에서 효과적이며(Simonsen et al., 2008), SEL에도 적용될 수 있다.
- SEL 교육 시간에 특정한 기대 행동들을 고려하고 가르친다. 여기에는 종종 다음과 같은 것이 해당된다. (1) 학생들은 개인 정보를 요구하지 않는다. (2) 학생들은 수업 토론 중에 듣는 정보를 그 외 다른 학생들에게 말하지 않는다. (3) 학생들은 감정적으로 취약한 순간에 학급 동료를 존중하는 방법을 배우고 실천한다(예: 조용히 듣기, 조언 또는 원치 않는 대화 금지, 공감적인 반응을 보이기).
- SEL 활동 중 바람직한 행동을 강화하기 위해, 공감적 반응, 참여, SEL 개념이 개인 상황에 어떻게 적용되는지 논의하는 노력과 같은 행동을 보여 줄 때 언어적이고 조건부의 칭찬과 같은 행동 관리 전략을 사용한다. 포인트를 모아 좋아하는 SEL 활동으로 교환할 수 있는 토큰 경제 시스템도 활용한다. 소집단 SEL 수업에서는 개별적으로 설계된 행동 계약이 도움이 될 수 있다.
- 부적절하거나 바람직하지 않은 행동(예: 특정 개인을 대상으로 모욕적이거나 상처를 주는 발언, 흘끔거리기, 개인 경험에 대한 과도한 이야기)에 대응하기 위해 예방적 전략을 사용한다. 이러한 전략에는 사전 교육과 지도하기, 교사가 가까이 다가가기, 비언어적 신호

보내기, 대체 행동에 대한 긍정적 강화하기, 재교육하기, 계획적으로 무시하기, 문제 행동이 발생했을 때 점수나 권리 박탈하기 등이 포함될 수 있다.

- SEL 수업의 시작 시점에서 행동 기대 사항과 관련 관리 전략을 설정하고 가르치며, SEL 프로그램이 진행되는 동안 지속적으로 유지해야 한다. 이상적으로는 SEL 개념이 시간과 장소에 걸쳐 통합됨에 따라 학년도 내내 이를 유지하는 것이 좋다. 학생들과 SEL 개념을 더 자세히 탐구하면서 특정 기대 사항을 다시 논의할 가능성이 높다. SEL을 제외하더라도 이러한 기대 사항은 일반적으로 또래 간의 대인관계를 구축하는 데 도움이 될 수 있다고 생각한다.

우리는 담임 교사가 학생들에게 매우 흥미롭고 관련성이 높은 간단한 강화물을 사용하여 원하는 행동의 빈도를 성공적으로 높이는 것을 보았다. 많은 학생에게 자신의 경험을 공유할 기회를 갖는 것은 충분한 보상이 된다. 다른 학생들에게는 공유와 참여가 불안을 유발할 수도 있고 무의미하고 '지루'해 보일 수도 있다. 학생들이 자료에 어떻게 반응하는지 파악하게 되면, 접근 방식을 조정하게 될 것이다.

2 준비 활동: 교실에서의 SEL 실행

우리는 모두 교실에서 문제에 봉착한 경험이 있다. 수업 계획의 핵심 구성 요소를 가르치는 것을 잊어버리고, 비디오가 재생되지 않고, 지침이 잘못 읽히고, 수업을 가르칠 시간이 부족하다. 물론 SEL 내용을 전달할 때도 이와 동일한 문제가 발생할 수 있다. SEL 개념을 가르치기 위해서는 우리가 가르치는 내용을 이해하고, 자료를 구하고 정리할 계획을 세우고, 필요할 때 지원을 찾고, 우리의 가르침과 내용의 효율성을 평가할 수 있는 방법이 있어야 한다. 이 절에서는 실행에서 기본적이고 필수적인 측면에 대한 지침을 제공한다. SEL은 이러한 세부 사항에 주의를 기울일 때 보람 있고 즐거울 수 있다. [워크시트 4-2]는 이 과정을 안내하는 데 도움이 되는 참조용으로 사용될 수 있다.

1) 배경 고려하기

배경 특성과 인구통계는 사전 계획을 세우고, SEL 우선순위와 프로그램을 선택하고, 자료를 조정하는 과정에서 중요하다. 우리는 독자들이 다양한 교육 기관을 대표한다고 추측한다. 실행 변수의 광범위한 수정은 당신이 이미 알고 있는 것과 학생들에 대해 알아내야 하는 것에 의해 결정되어야 한다. 이 장의 나머지 부분을 읽으면서, 배경 특성과 인구통계가 어떻게 반영되어야 할지 고려해 보시기 바란다.

2) 효과적인 프로그램 선택하기

효과적인 SEL 프로그램을 선택하는 것은 매우 중요하다. 근거가 없는 것에 시간과 에너지를 소비할 이유는 없을 것이다. 당신의 팀이 당신의 환경에 적합하고 당신의 학생 집단과 설정된 SEL 목표에 대해 효과가 입증된 프로그램과 전략을 선택하기를 바란다. 현명한 소비자가 된다는 것은 우리 팀이 이 계획 과정을 철저히 진행해야 한다는 것을 의미한다. 이는 시간이 오래 걸릴 수 있는 과정이지만, 그만한 가치가 있다.

3) '담당자' 지정하기

프로그램 관련 수업을 가르치거나 전략을 전달할 주요 인물을 지정하는 것은 중요한 의사결정 사항이다. 학교 상담사, 심리학자, 교사는 주로 지정된 사람들로, 자료를 깊이 연구하고 수업과 개념을 가르치는 데 필요한 기술을 개발하는 역할을 맡게 된다. 교사들은 학생들과 관계를 형성하고, 교실에서 편안하게 수업을 진행할 수 있기 때문에, 학생들에게 동일하게 긍정적인 결과를 가져다주는 SEL을 점점 더 많이 실행하고 있다(예: Sklad et al., 2012). 교사가 SEL을 직접 가르치는 것은 SEL 내용에 대한 낙인을 제거하며, SEL 개념을 학생이 상담 받는 동안 다루어지는 주제가 아니라 신뢰할 수 있는 성인이나 또래와 함께 학교 내 일상적인 교육 활동의 일부로 다루어질 수 있다는 강력한 메시지를 전달한다는 점에서 중요하다. 또한 SEL 실행은 여러 사람과 이해관계자가 함께 투자하고 책임져야 한다는 점을 강조하는 것도 중요하다(Meyers et al., 2012). 마지막으로, 팀은 프로그램 담당자를 지원하기 위해 교육 및 상담을 제공하고, SEL 전달 방식을 조정하며, 평가 활동에 참여하고, 다른 교사 및 이해관계자와 소통할 필요가 있다.

4) 준비 및 실행에 필요한 시간 추정하기

모든 실행 활동에 참여할 시간을 확보하고 유지해야 한다. 프로그램이나 교과 자료는 준비 및 수업에 필요한 시간에 대한 지침을 제공해야 한다. 프로그램을 실제로 사용하다 보면, 시간 추정이 쉬워지고 준비 및 수업 작업이 더 효율적으로 이루어질 것이다. 또한 다른 실행 작업(예: 평가, 상담, 팀 회의)에 참여할 시간도 필요하다. 전체 평가 계획의 일환으로 소요 시간을 기록하고, SEL 팀 및 관련 이해관계자에게 피드백을 제공하는 것이 도움이 될 수 있다.

5) 핵심 SEL 내용을 가르칠 시기와 장소 결정하기

SEL 개념을 가르치고 통합할 시기와 장소를 선택하는 것은 계획 및 실행 과정의 일부가 될 수 있다. 프로그램에서 제공하는 권장 사항을 참고하고, 필요에 대한 평가 데이터 및 이 프로그램이나 전략을 사용한 다른 곳에서 수집한 정보를 검토해야 한다. 또한 SEL을 학업에 통합하는 방법을 다룬 제5장에서 제공된 정보, 특히 [워크시트 5-2]를 참조하는 것이 중요하다. 마지막으로, 수집된 데이터를 활용하여 이 계획을 수정하는 데 도움을 받으면 좋을 듯하다.

6) 필요한 자료 마련하기

SEL 프로그램을 실행하려면 자료가 필요할 수 있다. 자료에는 매뉴얼, 학생용 워크북 또는 복제 가능한 워크시트, 프로젝터, 스마트보드 또는 기타 시청각 장비와 같은 기술 장치, 시각 보조 자료, 필기 및 미술 용품 등이 해당될 수 있다. 학생들이 사용하는 지원 도구에 얼마나 긍정적으로 반응할지 고려하는 것도 도움이 된다(Graczyk et al., 2006). 프로그램을 처음 사용할 때는 매끄럽지 않을 수 있지만, 준비 과정이 점점 더 쉬워지고 자료를 효율적으로 접근할 수 있는 방법을 찾게 될 것이다. 학교에 이미 있는 자원(예: 사원봉사자)을 활용하여 준비를 돕는 것은 효율성을 높이고 SEL 프로그램에서 팀워크를 촉진하는 훌륭한 방법이다.

7) 내용 검토, 이해, 실습하기

교과를 가르치는 데 필요한 준비와 마찬가지로, SEL 개념을 가르치려면 내용 지식이 필요하다. 이는 반드시 전문 인증이나 고급 연수를 받아야 한다는 것을 의미하지는 않는다. 새롭고 어렵다고 느낄 수 있는 개념을 학습하는 데 도움을 줄 수 있는 다양한 참고 자료가 있다. 교사는 자신의 SEL이나 학생들에게 SEL을 잘 전달할 수 있다는 효능감을 느낄수록, 자신의 업무에 대해 긍정적인 태도를 가지고(Collie, Shapka, & Perry, 2012; Jennings & Greenberg, 2009), 스트레스 수준도 더 낮으며, 충실도 높게 프로그램을 실행할 수 있는 기술이 더 증가한다는 증거가 있다(Durlak & DuPre, 2008). 프로그램 자료를 검토하는 것은 훌륭한 첫 단계이다. 추가 자료에는, (1) 프로그램의 기초 및 현재까지의 증거에 대한 정보, (2) 권장되는 보충 자료, 참고 문헌 및 관련 웹사이트, (3) 아이디어를 논의하고, 문제를 해결하고, 솔루션을 브레인스토밍할 수 있는 특정 프로그램에 집중하는 PLC가 포함될 수 있다.

8) 실행을 위한 전문성 개발 및 지원에 참여하기

SEL 프로그램 실행을 위한 전략적 연수와 지원은 SEL 실행을 강화시킬 수 있다(예: Durlak, 2015). 우리의 경험에 따르면, 이러한 지원 제공에 대한 관심이 커졌다. 일반적으로, 시행하는 사람들이 교육을 받고 우수한 질의 SEL을 실행할 때(예: 프로그램의 여러 측면을 충실히 실행), 학생들은 더 좋은 SEL 결과를 얻는다(Durlak et al., 2011; Reyes et al., 2012). 실제로, 프로그램 실행 중에 이루어지는 교육과 지속적인 지원이 결과를 가장 강력하게 예측한다는 연구 결과가 있다(Meyers et al., 2012). 이제 두 가지 주요 교육 및 지원 형식, 즉 (1) SEL 및 SEL에 특화된 프로그램 워크숍 및 교육, (2) 컨설팅, 코칭, 피드백을 자세히 살펴보겠다.

SEL 및 SEL에 특화된 프로그램 워크숍 및 교육

워크숍과 교육은 시간 투자, 범위, 효과성 면에서 다양하다. 한 번의 교육은 SEL 프로그램을 시작하는 데 동기를 부여하고 정보를 제공할 수 있지만, 그 범위는 제한적일 수 있다. 그 결과, 이러한 교육은 학생 성과에 장기적인 영향을 미치지 못할 수 있으며(Fixsen, Naoom, Blasé, Friedman, & Wallace, 2005), 교사들이 효과적으로 실행을 지속하는 능력에도 한계가 있을 수 있다(Witt, Noell, LaFleur, & Mortenson, 1997). 따라서 학교나 교실과 같은 현장에는 의미 있는 방식으로 **충분하고 맞춤화된** 지원을 제공하는 것을 목표로 해야 한다. '충분한' 지원은 몇 시간 이상의 교육을 의미할 수 있다. 역설적으로, 상당한 교육에 참여하더라도 프로그램을 잘 실행하지 않으면(예: 모든 수업을 이행하지 않는 경우) 긍정적인 결과를 보지 못할 수 있다(Reyes et al., 2012). 마찬가지로, 교육자의 참여가 필요하다(Reyes et al., 2012). 우리는 학교 차원의 프로그램에 대해 애매하거나 회의적이며 심지어 저항적인 분위기를 직접 경험한 적이 있다(Feuerborn et al., 2016; Tyre & Feuerborn, 2017). 예를 들어, 코칭을 제공하고, 과거에 회의적이었지만 지원 코칭을 통해 성공을 거둔 사람들과 연결하는 것 등 사전 계획 및 지원적 실행 활동이 도움이 될 수 있다(Reyes et al., 2012).

SEL 및 프로그램 특화 연수를 제공하는 전문가들은 종종 대학교수, SEL 지향 조직, 개인 컨설턴트, 그리고 SEL 일반 또는 특정 프로그램에 특화된 학교 기반 실무자들 사이에서 찾을 수 있다. SEL 프로그램 개발자, 출판사 및 전문 조직 또한 특정 프로그램에 관련된 지원을 위해 교육을 제공할 수 있다. 점점 더 많은 기술 기반 지원이 웨비나 및 회의를 통해 제공되고 있다.

컨설팅, 코칭, 피드백

컨설팅(consultation)과 **코칭**(coaching)이라는 용어는 다소 상호 교환적으로 사용될 수 있다. 두 가지 모두 상담자와 내담자의 양방향 정보 교환이라는 공동 요소를 포함하며, 이는 프로그램 실행 및 문제 해결 상황에 도움이 될 수 있다. 일부 프로그램은 실행 과정을 지원하고 학생 성과와 교사 효능감을 향상시키기 위해 관찰 및 피드백 절차(예: 성과 피드백)를 활용한다(Mortenson & Witt, 1998; Noell et al., 2005). 이 전략은 일반적으로 학교 기반의 내부 전문가나 대학의 외부 컨설턴트, 또는 특정 프로그램과 관련된 사람과 같은 컨설턴트를 이용하는 것도 해당한다. 전문가는 프로그램이 실행되는 것을 관찰하고, 설계된 대로 전략과 수업이 실행되는 정도에 대한 피드백을 제공하며, 적절한 조정 및 문제 해결을 도울 수 있어야 한다. 연수와 코칭을 사용하여 우수한 결과를 도출할 수 있다는 증거가 있다(예: Reyes et al., 2012).

컨설팅과 코칭을 SEL 프로그램 실행에 적용한 몇 가지 예가 있다. SEL 프로그램인 패스트트랙 대안적 사고 촉진 전략에 대한 연구에서, 교사들은 2일간의 워크숍에 참여하고 주간 컨설팅, 관찰, 피드백을 받았다(Bierman et al., 2010). 결과는 공격성을 줄이고 학업 참여도와 친사회적 행동을 개선하는 데 긍정적이었다. 룰러 접근법은 실행 모델의 일부로 연수와 코칭을 통합하는 것이다. 한 연구는 2일 동안 9시간의 교사 연수와 연간 다섯 번의 코칭이 진행되었음을 강조했다(Hagelskamp et al., 2013). 코칭은 관찰, 피드백, 잘되고 있는 점과 어려운 점에 대한 논의를 포함했다. 첫해에 실행하는 동안 교사의 약 4분의 3이 다섯 번의 코칭 중 최소 네 번에 참여했다. 질 높은 실행은 교사의 코칭 참여와 상담자와 내담자 사이의 강한 관계에 기인한 것으로, 부분적으로 설명되었다.

전문 학습 공동체(PLC)와 성찰적 실천

PLC는 SEL을 실행하는 개인들과 SEL 계획 팀의 구성원들로 이루어질 수 있다. PLC는 계획을 전략적으로 세우고, 교실 내에서 실행하는 동안 지원을 제공하고, 성공을 축하하며, 실행 계획을 유지하고, 필연적으로 발생하는 문제에 대한 해결책을 브레인스토밍하는 데 도움이 될 수 있다(Hall & Hord, 2001). 이와 관련하여, 교육자로서의 우리의 일은 매우 어려울 수 있다. 학생과 가족들과 일하면서 겪는 자신의 반응, 사회적 · 정서적 교육 내용, 그리고 감정적인 영역에 발을 들이는 것에 대한 우리의 반응을 성찰할 수 있는 안전한 곳이 있다는 것은 매우 유익할 수 있다. 특히 유아 정신건강 및 초기 개입 분야에서는 반영적 슈퍼비전 및 컨설팅(Reflective Supervision and Consultation: RSC)의 사용이 아동과 가족에게 서비스를 제공하고, 제공자의 스트레스를 줄이는 실행 가능하고 가치 있는 수단으로 간주된다(Heffron & Murch, 2010). 이 모델에서는 임상가나 교육자가 슈퍼바이저나 촉진자를 정기적으로 만나 아이들 및 가족들과의 작업에 대해 성찰하고 논의한다. 촉진자와 임상가 간의 따뜻하고 협력적이며 존중받고 신뢰할 수 있는 관계는 RSC의 기본적인 부분으로 여겨진다. 여기서 임상가는 자신의 일, 수행한 행동, 그리고 개입과 효과성에 영향을 미치는 기타 환경적 요인(예: 개입 수용성에 영향을 미치는 문화적 조정, 임상가와 클라이언트/학생/부모 간의 차이점)을 비판적이지 않고 지원적인 방식으로 성찰할 수 있다. 임상가는 이러한 관계적 특성을 클라이언트와의 관계에도 적용할 수 있다. 성찰적 교육 실천은 교육 맥락에서 자신을 생각하는 또 다른 방법이다(Zeichner & Liston, 2013). 비록 우리가 RSC나 성찰적 교육 실천이 SEL 실행에 적용되고 있다는 것을 직접적으로 알고 있지는 않지만, 교육자들이 사회정서역량을 갖추고 SEL을 전달하며 높은 수준의 스트레스를 관리하는 효과적인 전략을 사용해야 한다는 요구가 증가하고 있음을 알고 있다. 따라서 교육자들이 SEL을 촉진하는 새로운 역할을 수행하면서 서로를 성찰하고 지원할 수 있는 지원 메커니즘이 마련되어야 한다고 강조한다.

확실히 많은 사람이 '우리는 집중적인 연수와 지속적인 지원에 충분한 시간이나 자금을 마련할 수 없다.'라고 생각할 것이다. 이를 분명히 이해한다. 하지만 당신에게 강력히 권장하는 바는, 필요한 사항을 개략적으로 작성하고, 프로그램 자료와 사용 가능한 연구 문헌을 검토하여 권장되는 연수 및 지원 수준을 결정하는 데 도움을 받는 것이다. 당신의 현장(그리고 선택한 프로그램)에 지원이 더 필요하거나 덜 필요할 수도 있음을 생각하고, 이를 자금 계획에 반영해야 한다. 앞서 언급했듯이, 이 세부 사항을 간과하면 실망스러운 결과로 이어질 수 있다.

9) 교수 방법에 주의 기울이기

효과적인 수업 원칙을 사용하는 것은 증거 기반 SEL 프로그램과 효과가 작은 SEL 프로그램을 구분하는 요소가 된다. 요리 비유를 사용해 설명하자면, 당신이 사진에서 아름답게 보이고 맛도 좋을 것으로 생각되는 디저트를 만들고 싶다고 하자. 재료를 제대로 사용하고 좋은 디저트를 만들기 위해서 필요한 효과적인 기술을 사용해야 한다. 마찬가지로, SEL의 재료(즉, 내용)를 사용할 때 적용해야 하는 특정 기술(즉, 교수법)이 있다. 기술이나 필수 내용을 소홀히 하면 질이 떨어지고 만족스럽지 않은 결과가 나올 것이다. 다음과 같이 중요한 교수법 고려 사항을 강조한다.

- 효과적인 학업 교수의 원칙은 대부분의 교사가 탄탄한 기초를 가지고 있어 비교적 편안하게 느끼는 영역이다(참고 자료: Gresham, 2002; Joseph & Strain, 2003; Kame, enui & Simmons, 1990; Rosenshine, 2010; Watkins & Slocum, 2004). 이러한 원칙은 SEL 수업에도 적용된다(예: 메렐의 강한 아이). 교수 전략에는 사전 지식 검토, 기술 모델링(예: 감정 확인 및 조절), 질문을 통한 탐색 유도 및 촉진, 연습을 통해 안내된 SEL 기술 연습, 빈번한 이해도 점검, 교정 피드백 등이 포함된다. 이러한 전략들은 정보를 제시하는 방식에 구조를 부여한다.
- 증거 기반 개입의 실행에는 프로그램 내용, 실행 구조, 수업의 타이밍 또는 속도, 프로그램 제공량에 주의를 기울이는 다른 기술들이 포함되어야 한다. 구체적으로 SEL 실행에는, (1) 실행하는 내용(예: 프로그램), (2) 구조화된 실행(예: 교육받은 전문가가 수업 시간 동안 프로그램을 실행하여 내용을 쉽게 가르침), (3) 타이밍(예: 학생의 요구에 맞추어서 수업의 속도를 조정함), (4) 정해진 수업량 보장(예: 내용을 완전히 가르치고 중간에 생략하지 않음)과 같은 기술이 포함되어야 한다(Graczyk et al., 2006; Jones & Bouffard, 2012).
- SAFE(순차적 · 적극적 · 집중적 · 명시적) 방식으로 SEL을 가르치는 것이 더 나은 학생 성과로 이어지는 것으로 밝혀졌다(Durlak et al., 2011). 예를 들어, 프로그램은 단계별로 가르치고, 각 개념은 다른 개념을 기반으로 하고(순차적), 학생들을 의미 있고 관련 있는 방식으로 참여시키고(적극적), 사회적 · 정서적 주제에 대한 교육에 시간을 할당하고(집중적), 학생들에게 원하는 학습 또는 기술에 대한 명확한 목표를 제시해야 한다(명시적).
- 하루 중 다른 시간과 교실 밖의 환경에서 SEL을 실천하도록 교육하는 것도 효과적인 교육의 일부이다(Jones & Bouffard, 2012). 복도, 쉬는 시간, 점심 식사, 통학 버스 안은

물론, 방과 후와 집도 실행 가능한 환경이다. 이러한 실천은 여러 상황에서 그리고 의미 있는 방식으로 SEL을 즉각적으로 적용할 수 있게 한다(Jones & Bouffard, 2012).

- 활동들은 효과적인 교육 원리를 전달하기 위해 종종 사용되며, 필수 프로그램 내용(예: 미술, 이야기, 토론 및 역할극)을 포함할 것이다(제3장 참조). 활동이 어떻게 전달되고 어느 정도 완성되었는지에 중점을 두는 것이 좋다. SEL 적용 사례가 포함된 [워크시트 4-3]은 주요 교육 원칙에 대해 생각하는 데 도움이 될 수 있다.

10) 일반 및 특정 요구 사항에 맞게 조정하기

당신의 팀은 특정 요구와 상황을 충족시키기 위해 SEL 프로그램을 조정하기로 결정할 가능성이 크다. 모든 상황에 맞는 하나의 방식은 없기 때문이다. 실제로 일부 프로그램의 조정은 사용 빈도를 높이고 더 잘 실행될 가능성을 증가시킨다는 사실을 알게 되면 안심이 될 수 있다(Durlak, 2015). 일반적인 조정에는 프로그램이 전달되는 시간대 또는 수업 기간, 수업을 더 길거나 짧은 시간 동안 가르치는 것, 수업 내용을 더 짧은 단위로 나누는 것, 내용을 설명하기 위해 다른 활동을 사용하는 것(예: 또래 갈등을 설명하기 위해 구두 지시 대신 비디오를 사용하는 것; Durlak, 2015), 문화적 고려 사항을 다루고 적용하는 것(제6장에서 더 자세히 논의 됨)이 포함될 수 있다. 우리는 프로그램을 학생들에게 호소력 있게 적용시키기 위한 매우 창의적인 아이디어를 가진 많은 교육자와 함께 일해 왔다. 프로그램의 효과적인 결과를 이끌어 내는 핵심 구성 요소를 유지하면서 무엇을 정확히 적용시킬 수 있을지를 결정하는 것은 어려운 일이다(Durlak & DuPre, 2008, p. 341). 우리는 실망스러운 결과로 이어질 수 있는 잘못된 변경을 원하지 않는다. 관련된 또 다른 도전 과제는 핵심 구성 요소를 구별하는 것이다. 이상적으로, 프로그램이 명확히 설명하지만, 실제로는 본질적인 요소와 비본질적인 요소를 구분하는 연구가 뒤처져 있다(Durlak & DuPre, 2008).

마이어스와 동료들(Meyers et al., 2012)의 작업을 기반으로 하여 적용할 때 몇 가지 권장 사항을 안내한다.

① 프로그램 자료를 검토하여, 첫째, 프로그램의 핵심 구성 요소가 확인되었는지, 둘째, 적용에 대한 권장 사항이 있는지, 특히 콘텐츠에 대해 수정해서는 안 되는 주의 사항이 있는지 파악한다.

② 프로그램의 핵심 요소가 식별되지 않은 경우, 팀에서 이를 확인해야 한다. 프로그램 개

발자에게 문의하는 것이 첫 번째 단계일 수 있다. 조정하지 않더라도 프로그램 구성 요소가 실행되는 정도(충실도)를 평가하려면 핵심 구성 요소를 확인하는 것이 필요하다.
③ 조정이 필요한지의 여부를 결정한다.
④ 핵심 구성 요소가 손상되지 않도록 하면서 조정한다.
⑤ 실행하는 동안 조정 사항을 기록해 둔다.

또한 우리의 경험에 따르면, 조정은 유동적인 과정일 수 있으며, 이에 따라 팀이 내용을 파악하고 해당 과정이 학생, 교실, 전반적인 자원 및 목표에 어떻게 작용하는지 알게 되면서 조정이 이루어질 수 있다. 시간이 지남에 따라 핵심 구성 요소에서 벗어나는 것을 조심해야 한다. 이러한 표류는 개입의 본래 목적을 훼손시킬 수 있다. 이러한 문제를 신중하게 고려하면, 유연성과 엄격한 준수 사이에서 균형을 유지하고 팀에게 유익하고 유효한 데이터를 제공할 수 있다.

장애 학생에게 SEL 프로그램 적용하기

우리는 자폐증, 인지장애, 학습장애, 외상성 뇌 손상, 정서 및 행동 조절 문제, 발달 지연 등이 있는 학생들을 위한 SEL 자료 사용과 수정에 대해 주기적으로 질문을 받는다. 이것은 우리가 다원주의 사회에서 모든 아동의 요구를 충족시키기 위해 노력하는 과정에서 부인할 수 없는 중요하고 어려운 질문이다. 발생률이 높은 장애(예: 학습장애) 학생을 포함한 장애 학생은 사회적 · 정서적 어려움을 겪을 확률이 더 높기 때문에 중요하다(Bauminger, Schorr Edelsztein, & Morash, 2005; Elksnin & Elksnin, 2004; Nelson, Benner, & Rogers-Adkinson, 2003). 또한 많은 학생이 다른 장애 범주(예: 심각한 정서장애)로 분류되지 않았거나, IEP에 사회-정서-행동 목표가 명시되지 않았다. 「장애인 교육법(Individuals with Disabilities Education Act: IDEA)」 또는 「재활법(Rehabilitation Act)」 제504조에 따라 분류된 장애를 가진 많은 학생도 일반 교육 교실에서 수업을 받는다. 따라서 이러한 학생들의 요구를 SEL 프로그램으로 충족시키는 방법을 고려하는 것은 일반 교육과 특수 교육 모두에서 필수적이다.

우리는 장애 학생들을 대상으로 성공적으로 조정된 예방 및 초기 개입용 SEL 프로그램과 전략이 있다는 것을 알고 있다. 예를 들어, 세컨드 스텝(Espelage, Rose, & Polanin, 2015), PATHS(Kam et al., 2004), 마음챙김 명상(Beauchemin, Hutchins, & Patterson, 2008) 등이 있다. 한 연구에서는 PATHS 프로그램이 학습장애가 있는 1~3학년 학생들을 위해 적용되었다(Kam et al., 2004). 문제 해결보다 학생들이 행동적 자기 통제를 배우도록 하는 데 더 비중을 두었다. 또 다른 연구에서는 IY 프로그램이 2~5세의 발달 지연 아동을 둔 부모를 위해 적용되었다. 이 적용은 주로 아이들의 발달 수준을 고려하여 교육하고 행동 수정 전략을 사용하는 데 중점을 두었다(예: 아이에게 적용되는 전략과 그렇지 않은 전략 구별, 적절한 강화제 사용).

일반적으로 추가적인 학습 지원이 필요한 학생들은 명확한 목표가 있는 교수, 기술 모델링 및 연습, 그리고 실제 상황과 피드백의 기회를 통해 많은 도움을 받는다(Elias, 2004; Kavale & Mostert, 2004; Montague, 1997). 이러한 전략들은 앞서 설명된 것들과 동일하다. 장애를 가진 학생들의 경우, 이러한 기법들이 더욱 강조되어야 한다. 자료를 신중히 검토하여 그것들이 적절한지 확인하고 학생들이 자료와 상호 작용할 수 있도록 행동 전략을 적용해야 한다(Wiley & Siperstein, 2015).

다음에서는 연습을 위한 권장 사항을 제공하고, 앞서 언급한 아이디어를 설명하는 예를 제시한다. [워크시트 4-2]와 [워크시트 4-3]은 당신의 과정을 지원하기 위해 사용할 수 있다.

- 장애가 있는 학생을 위한 지원을 제공할 수 있는 긍정적인 교실 분위기를 조성하여(Elias, 2004) 그들에게 지원을 제공한다(Murray & Pianta, 2007; 이 장의 초반부도 참조).
- 프로그램 자료를 검토하여 학생의 필요와 관련된 장애 범주 또는 도전 영역에 대한 조정이 제안 그리고(또는) 평가되었는지 확인한다.
- 학생들의 연령과 발달 수준에 맞는 자료를 사용해야 한다. 예를 들어, 인지장애가 있는 중학생을 대상으로 초등학생용의 프로그램을 사용하는 경우, 이러한 자료는 '유치'해 보일 수 있으며 내용을 받아들이고 참여하는 데 방해가 될 수 있다(장애 학생을 위한 수업 조정 방안에 대한 논의를 위해 Knight, Browder, Agnello, & Lee, 2010 참조). 내용의 예와 시나리오는 발달 수준에 맞추어야 한다(Feuerborn & Tyre, 2009).
- 시도하려는 적용을 안내하기 위해 효과적인 교수 원칙을 검토해야 한다. [워크시트 4-3]을 사용하여 이를 안내하기 바란다.
- 자료를 검토하여 내용을 어떻게 그리고 어디에서 더 작은 단위로 나눌 수 있을지 결정하고, 관리 가능한 양으로 정보를 더 천천히 제시한다.
- 개념을 설명하기 위해 많은 구체적인 예시, 비유, 이미지를 사용한다. 이는 명확한 교수 및 모델링의 한 방법이다. 예를 들어, 분노와 같은 감정의 강도를 설명한다면, 처음 발가락을 찧었을 때 아프지만 점차 사라지는 것과 비슷하다고 말할 수 있다. 또는 학생들에게 생각을 하늘의 구름에 비유하여 계속 변한다고 상상하게 할 수 있다. 심호흡을

꽃향기 맡기(들이마시기)와 촛불 끄기(내쉬기)에 비유하여 설명하는 것도 좋다.

- 감정 인식과 같은 기본적인 기술부터 시작한다[예: 감정을 표현하는 어휘(화남, 좌절감, 짜증, 행복, 기쁨, 황홀감), 감정을 경험할 때 몸이 느끼는 감각, 동시에 여러 감정을 경험할 수 있다는 사실 등]. 감정을 인식하는 능력은 자기 자신을 이해하는 것뿐만 아니라, 타인의 감정을 이해하고 감정을 조절하는 능력의 전제 조건이다(Elias, 2004). 인간으로서 감정이 무엇인지 충분히 이해하지 못하면, 감정을 조절하는 법을 배우기가 더 어렵다(Elias, 2004). 따라서 기본부터 시작하는 것이 중요하다.
- 하루 동안 다양한 상황에서 연습할 수 있는 기회를 많이 제공해야 한다. 예를 들어, 언어 과목 시간에 신체언어와 단어를 통해 공감을 표현하는 방법을 가르칠 수 있다["어떻게 하면 (가상 캐릭터)에게 그의 감정을 이해하려고 노력하고 있다는 것을 보여 줄 수 있을까?"]. 또는 소집단 수업 중에 "자말, 네가 케이티의 감정을 이해하려고 노력하는 것을 알겠어. 네가 케이티를 바라보고 인내심 있는 목소리로 말하는 것을 보았어."라고 할 수 있다.
- 순간순간 학생들에게 신호를 주고 코칭한다(이는 우리가 생각하는 것보다 시간이 덜 걸린다). 예를 들어, 학생이 결정을 내리기 위해 선택지를 고려할 때, 교사가 "집단과 함께 작업을 선택하면 결과가 어떻게 될지 예상하니? 또는 혼자 작업하면 어떻게 될까? 두 가지 선택에 대해 어떤 감정과 생각이 드니?"라고 물을 수 있다.
- 학생들의 삶과 경험에 관련된 예시를 사용한다. 예를 들어, 갈등 해결을 설명할 때 부모와 자녀 사이에 발생하는 긴장을 예로 들어 이야기하거나 역할극을 할 수 있다. 이러한 긴장은 휴대폰을 구매할지, 소셜 미디어에 접근할지, 통금 시간을 정할지, 부모 없이 이벤트에 참석할지 등을 결정하는 과정에서 발생할 수 있다.
- 학생들을 참여시키는 리허설 전략을 사용한다. 역할극을 통해 예시와 예시 없이 연기하는 것은 많은 학생에게 재미있을 뿐만 아니라 기술 개발에 효과적인 전략으로 알려져 있다(Kazdin, 2008). 또한 이러한 기술을 활용한 교수 및 학습에 대한 다중모델 접근법은 학습자들의 참여를 높이는 데 도움이 된다(Elias, 2004).
- 참여와 실천을 높이는 행동 강화 원칙을 활용한다. 결과보다는 노력에 대해 구체적인 칭찬을 제공하는 것이 특히 효과적일 수 있다(예: "타비, 마르시아의 감정을 이해하려고 정말 열심히 노력했구나."; Dweck, 2000).
- 프로그램이나 전략에 적용된 조정 사항을 문서화한다.
- 평가 방법을 자주 활용하여 시간 경과에 따른 진행 상황을 평가한다.

요약하면, 학교 팀과 협력하여 프로그램 자료를 검토하며 장애 학생에 대한 평가가 어떻게 이루어졌는지, 그리고 어느 정도 조정이 이루어졌는지, 가능했는지 확인하는 것이 좋다. 또한 평가되지 않았거나 잠재적으로 부적합할 수 있는 조정에 대해 주의해야 한다. 이러한 지속적인 작업에는 문헌 검토, 때로는 프로그램 개발자에게 연락하여 프로그램 조정에 대한 정보 및 제안을 얻는 것도 해당될 수 있다.

11) 실행 모니터링 및 결과 평가하기

평가는 교실에서 광범위하고 세부적인 규모로 이루어질 것이다. 제2장에서 우리는 실행의 '큰 그림'을 다루었으며, 이는 계획, 실행, SEL을 지속시키는 데 도움이 되는 실천 방법을 논의했다. 제7장은 실행 중 평가의 세부 사항을 다루며, 데이터에 기반하여 실행 실천을 조정하고 지속 가능성을 향해 나아가는 방법을 설명한다. 이러한 장들은 교실에서 이 중요한 실행 요소를 통해 팀을 안내할 것이다.

12) 수업 중 어려운 대화 다루기(학생의 발언이 우리를 멈추게 할 때)

SEL과 학업 콘텐츠의 차이점은 SEL이 다른 방법으로는 해결할 수 없는 생각, 감정, 행동 및 사회적 상황을 의도적으로 탐구한다는 것이다. 교실 토론의 내용이 불편하게 느껴지는 순간들이 있는 것은 불가피한 현실이다. 학생들은 또래들 앞에서 어색해하고, 지나치게 개인적이거나, 부적절하며 도발적인 발언을 하거나, 혹은 사적으로 논의하는 것이 더 나을 수 있는 발언('과잉 공유')을 할 수도 있다. 이러한 발언은 우리의 수업 과정을 방해하는 것처럼 느껴질 수 있으며, 주의를 산만하게 하거나 순간적으로 우리의 감정적 동요를 겪게 할 수 있다. 어떻게 반응해야 할지 알기 어려울 수 있다. 예를 들어, 학생이 "나는 절대 이걸 할 수 없어! 나는 아무것도 제대로 할 수 없어. 난 그냥 바보야!"라고 말했다면, 우리는 이 학생에게 특별히 주의를 기울여야 할 필요성을 신호하는 생리적 변화를 느낄 수 있다(예: 심박수 증가). 우리는 짜증이나 일반적인 불편함을 느끼고, 다음에 무엇을 해야 할지에 대한 산만한 생각을 하며, 아마도 무력감을 느낄 수 있다. 많은 교육자가 SEL을 포기하는 이유는 내용이 그들의 교육 범위를 벗어난다고 느끼기 때문이다. 그들은 수업 중에 이러한 문제가 발생할 위험이 SEL 여정을 시작하는 것의 이점보다 더 크다고 느낄 수 있다. 우리는 이러한 우려를 전적으로 이해하며, 우리 자신도 직접 경험한 적이 있다.

40여 년 전, 밴듀라와 아담스(Bandura & Adams, 1977)는 불안하고 비효율적이라고 느끼는 기술을 연습하는 것이 궁극적으로 우리의 기술에 대한 자신감을 높이는 데 도움이 된다고 하였다. 당신은 '왜 나를 불편하게 만드는 일을 굳이 해야 하지?'라고 자문할 수 있다. 여기서 우리는 높은 위험이나 위험이 수반되는 상황이나 경험을 말하는 것이 아니다. 인간은 도전적이면서도 우리의 기술을 성장시킬 수 있는 경험을 단순히 회피하는 것이 매우 정상이다. 적절한 지원과 조력, 그리고 성장 마인드셋(Dweck, 2006)을 가지고 이러한 상황을 미리 예측한다면, 우리는 더 큰 자신감을 가지고 그 도전에 맞설 수 있다. 우리는 또한 개인적인 감정 인식을 기르고, 자기 조절이 가능하며, 이러한 순간에 학생들을 지도할 수 있는 능력을 갖추는 것이 필요하고 가치 있다고 굳게 믿는다. 교육자들은 다양한 경험, 연수, 편안함의 정도에 따라 SEL을 실행할 수 있다. 이 책은 당신에게 출발점을 제공하기 위해 작성되었다. 제9장에서 개인 SEL을 좀 더 탐구할 수 있을 것이다. 다음의 글상자에서 이러한 상황을 관리 가능하게 만들고 자신감을 키워 나가는 길을 제시할 몇 가지 팁을 제시한다.

교육자는 힘든 순간을 예상하고, 준비하며, 대응한다

관점 수용에 대한 SEL 수업을 진행한다고 상상해 본다. 사회적으로 그럴듯한 시나리오를 설명하고 학생들에게 그 상황에 대한 자신의 관점을 제시하도록 요청한다. 당신의 의도는 같은 상황에서 어떻게 다른 관점을 가질 수 있는지 논의하는 것이다. 갑자기 한 학생이 "집에서 쫓겨나서 차에서 살던 때가 생각나요. 너무 무서웠어요. 가끔 추워서 잠도 못 잤어요. 엄마와 남동생이 많이 울었어요. 나는 아무도 우리 차에 침입하지 못하도록 매일 밤 창밖을 감시했어요."라고 불쑥 말한다. 당신은 잠시 멈춰서 생각해 본다. '방금 내가 들었는데, 이제 나는 무엇을 해야지?' 무엇을 해야 할지 다음 단계를 안내할 수 있는 몇 가지 팁은 다음과 같다.

이런 일이 일어날 수도 있다고 예상하기

많은 SEL 프로그램은 학생의 상황에 맞게 수업과 활동을 설계한다. 때때로 학생들은 생생하고 충격적일 수 있는 정보를 나눌 것이다. 우리는 실제로 공유하려는 욕구를 연결하고 배우고자 하는 긍정적인 지표로 본다. 학생들은 지원을 요청할 수도 있다. 우리는 모든 SEL 담당자가 일부 학생 의견이 불편할 수 있고, 무엇을 해야 할지 알기 어려울 수 있으며, 어떤 경우에는 집단 상황에서 나누는 것에 경계를 설정하고 SEL에 참여하도록 한다.

사전 교육하기

SEL 교육을 시작할 때와 행동 기대 사항을 설명할 때, 학생들의 의견과 토론이 어떻게 다루어질 것인지에 대해 이야기한다. 개인적인 경험에 대해 이야기할 때 다양한 감정을 느끼는 것이 정상이라는 사실과 다른 학생들에게 조언을 할 때는 매우 신중하게 해야 한다는 점을 알려 준다(가능하면). 그리고 모든 발언을 진지하게 받아들일 것이라고 말해 준다. 일부 발언은 그 순간에 다루고, 일부는 나중에 사적인 시간에 학생과 함께 더 다룰 것이라고 설명한다. 다음은 예시 대본이다.

> "앞으로 몇 달 동안, 당신은 또래 학생들이 겪는 다양한 상황에 대해 이야기할 것입니다. 우리는 이러한 상황과 관련된 감정, 생각, 행동에 대해서도 이야기할 것입니다. 때로 당신이 듣는 게 쉬울 수도 있고, 반면에 수업 내용이나 다른 학생의 이야기를 듣는 게 더 어려울 때도 있을 것입니다. 이러한 기분들은 모두 정상입니다. 우리가 공유하는 내용 중 일부는 집단과 함께 나누기에 적합할 수 있어서 수업 중에 당신의 생각과 감정에 대해 이야기할 것입니다. 하지만 어떤 경우에는 모든 사람이 듣기에 '너무 많은 이야기'처럼 느껴질 수 있기 때문에 개인적으로 이야기할 수도 있습니다. 당신 자신이나 다른 사람에게 무서운 일이 일어나거나, 누군가가 다칠 위험에 처해 있는 경우처럼 걱정되는 일이 있다면, 꼭 저나 다른 어른에게 말해 주세요. 우리가 함께 해결할 수 있도록이요. 또한 '지금 이 대화가 매우 불편하니 멈추고 개인적으로 이야기하고 싶어요.' 또는 '저에게 뭐라고 지시하는 것을 원치 않아요. 그냥 제 경험을 공유하고 싶어요.'라고 말하는 것도 괜찮습니다."

학생의 의견을 수업 중에 탐색할지, 아니면 개인적으로 해야 할지에 대해 결정하기

학생들이 수업 중에 개인 정보를 공유할 때 우리는 종종 신속하게 결정을 해야 한다. 다른 학생들이 참여할 수 있도록, 의견을 좀 더 이야기하도록 요청해야 하는가, 나중에 이야기해야 하는가, 아니면 무시해야 하는가? 우리는 몇 가지 일반적인 지침을 제공하며, 또한 동료와 상의하여 선택지를 함께 고민해 볼 것을 제안한다. 전반적으로 학생의 의견을 인정하고, 감정을 공감하며, 행동 방식을 명확히 표현할 것을 권장한다. 어떤 의견도 무시하거나 간과하지 않도록 한다.

① 학생의 의견을 수업 중에 더 듣는다. 학생의 의견을 인정하고, 감정을 확인하며, 수업시간에 함께 더 많은 설명과 나눔을 권장한다. 예를 들어, 한 학생이 동급생이 괴롭힘을 당하는 것을 보고 슬픔과 불안을 느꼈다고 말한다. 다음은 예시 대본이다.

"로코, 네 의견을 공유해 줘서 고마워. 그 학생이 괴롭힘을 당하는 것을 보았을 때 많이 슬프고 걱정이 되었던 것 같아. 그때 어떤 감정을 느꼈는지, 그리고 무슨 생각을 했는지 좀 더 이야기해 줄 수 있니?"

② 학생의 의견을 반 전체와 함께 더 듣게 될 때 주의가 필요하다. 의견이 SEL 수업 내용과 관련이 있고 다른 학생들이 공감할 수 있는 내용이라면, 반 전체와 함께 더 깊이 나누어 볼 수 있다. 어떤 경우에는 학생(들)과 나중에 따로 이야기를 나누며 그들이 어떻게 느끼고 있는지 확인하는 것이 좋다. 예를 들어, '걱정'이라는 감정에 대해 이야기할 때, 한 학생이 자신은 폭력조직 활동이 많은 동네에서 집으로 걸어가는 것을 걱정한다고 말할 수 있다. 다음은 예시 대본이다.

"마이클, 학교에서 집까지 걸어가는 것이 너에게 힘든 일인 것 같구나. 그 경험이 너를 걱정스럽게 하고, 두렵게 하고, 슬프게 만들었을 수도 있을 것 같아. 다른 학생들 중에도 너의 기분을 정확히 이해할 수 있는 친구들이 있을지도 몰라. 혹시 비슷한 감정이나 경험을 해 본 적 있는 친구가 있나요? (다른 학생들의 반응을 기다림.) 마이클, 나중에 네 기분이 어떤지 다시 이야기해 보자. 이와 관련해서 걱정이 있는 친구가 있으면 언제든지 저에게 말해 주세요. 함께 해결 방법을 찾아볼 수 있어요."

또 다른 예는 다음과 같다.

학생 우리 가족이 이 나라로 이주했을 때가 기억나요. 우리는 정말 배가 고팠어요. 우리와 같이 있었던 사람들 중 몇 명이 죽었어요. 나는 국경 순찰대가 아버지를 몇 시간 동안 데려가던 때를 결코 잊지 못할 것 같아요. 나는 그들이 무엇을 하고 있는지 알지 못해서 무서웠어요.

교사 캐롤라이너, 그때 많은 걱정과 두려움, 불확실한 상황을 겪었던 것 같아. 다른 학생들도 비슷한 경험을 했을 것 같아. 수업 후에 이야기를 나누고 싶어, 괜찮겠어? 그동안, 여기 우리나라에 왔을 때의 감정을 나누고 싶은 사람이 있나요?

③ 학생의 의견이 다른 사람들 앞에서 논의되는 것을 제한해야 하고, 즉각적인 후속 조치가 필요한 경우가 있다. 주제는 종종 대인 간 폭력, 심각한 사고, 사망, 학대 및 범죄에 대한 생생하고 충격

적인 묘사 또는 매우 개인적인 경험이 해당하며, 이러한 주제는 개인적으로 논의하는 것이 좋다. 예를 들면, 다음과 같다.

학생 저는 김(Kim)이 아버지가 돌아가셨을 때 정말 많이 속상해하는 걸 알 수 있었어요. 그녀는 많이 울었고 정말 화가 나 있었어요. 지난주에는 저한테 소리까지 질렀어요!

교사 김이 어떻게 느꼈는지에 대해 말한 것 같아. 김도 자신의 감정과 생각을 가지고 있을 거라고 생각해. 김이 내용을 집단과 나눌지 아닐지는 김이 결정할 수 있을 것 같아.

또 다른 예는 다음과 같다.

학생 어떤 날은 죽고 싶다는 생각이 들어요. 그리고 핸드폰으로 어떻게 하는지 찾아봐요. 사실 꽤 쉬워요. 모르겠어요. 가끔은 죽는 게 더 나을 것 같아요.

교사 레날도, 지금 정말 기분이 안 좋은 것 같아 보여. 이렇게 말해 줘서 정말 다행이야. 나에게 레날도는 정말 소중하고, 레날도의 안전이 정말 중요해. 레날도의 생각과 감정에 대해 더 알고 싶어. 수업이 끝난 후에 좀 더 이야기할 시간을 가질까?

학생들의 경험을 듣는 데 있어서 편안함의 정도는 교사마다 과거의 개인 경험, 교육, 그리고 그날의 기분에 따라 다를 수 있다. 학생들이 자신이나 타인에게 잠재적으로 위험해 보이는 상황, 감정, 행동(예: 자살, 살인, 기타 대인 폭력, 위험한 행동, 학대)에 대해 이야기하는 것을 들으면, 동료와 즉시 상의할 것을 분명히 권장한다. 이러한 상황은 학교 행정, 부모, 사회복지 기관 그리고(또는) 법 집행 기관과 대화 그리고(또는) 보고가 필요할 수 있다. SEL을 실행할 때, 대부분의 학생이 학습의 목적으로 참여할 수 있는 주제를 탐구하는 것, 불필요하게 노골적이고 폭력적인 내용에 학생들이 노출되지 않도록 막는 것, 신뢰할 수 있는 어른과 개인적으로 탐구하는 것이 더 나을 수 있는 정보를 부적절하게 공개하는 것을 관리하는 것은 필수적이다. 기본 계획을 세워 두는 것이 도움이 되고 안심이 될 수 있다.

개인 자각을 높이기

우리는 학생들의 이야기를 들을 때, 이와 동시에 우리의 감정적 반응을 경험한다. 이는 놀람, 걱정, 슬픔, 분노, 그리고 이러한 상황을 어떻게 다루어야 할지에 대한 불안감 등이다. 이러한 순간들은 명확하게 생각하는 능력을 방해할 수 있으며, 신속한 사고와 문제 해결을 어렵게 만든다. 우리 학생들은 우리가 판단 없이 들어 주고, 그들의 상황에 대해 호기심을 가지고, 그들이 반성하고 자신만의 통찰력을 개발할 수 있는 공간을 제공받기를 원한다. 동시에 불안하고 걱정스러운 이야기를 듣는 우리의 경험도 스트레스가 될 수 있다는 것을 인정받아야 한다. 이는 누구나 겪을 수 있는 보편적인 경험이다. 어떤 사람들은 완벽해 보일 수 있지만, 우리도 학생들의 개인적인 어려움에 의해 긍정적으로든 부정적으로든 영향을 받을 수 있는 사람이다. 성찰적 실천을 통해, 교육자들은 SEL을 실행할 때 자신의 경험을 고려할 수 있다(일반적인 성찰적 실천에 관한 논의는 Husu, Toom, & Patrikainen, 2008 참조). 또한 신뢰할 수 있는 동료나 PLC에 의지할 수 있다. 사실, 우리의 경험에 대한 자각은 우리 삶에 긍정적인 변화를 일으킬 수 있는 메커니즘이 될 수 있다(Prochaska, DiClemente, & Norcross, 1992). 이 책 전반에 걸쳐, 우리는 당신이 자신의 경험과 학생들의 경험에 대한 자각을 높이는 과정을 시작하는 데 도움이 될 수 있는 성찰, 연습, 자원을 제시했다.

3 맺음말

이 장에서는 교실에서 SEL을 실행하는 방법의 필수 사항을 다룬다. 다음은 몇 가지 주요 내용이다.

- SEL 실행을 위해 긍정적인 분위기를 조성하고 협업과 전반적인 성공을 위해 중요한 관계에 주의한다.
- 학습에 도움이 되는 공간을 구성한다.
- 학교 차원의 실행과 관련된 행동적 기대 사항을 조직하고 전달하며, 이를 SEL 교육에 맞춘다.
- 학생들의 배경과 필요에 부응하는 실행을 보장하는지 확인한다.
- 자료를 준비하고, 가르치고 연습할 시간을 확보하고, 내용을 이해한다.
- 효과적인 교수법은 학생들에게 긍정적 성과를 가져올 수 있는 매우 중요한 경로이다.
- 프로그램을 적절하게 조정하면, 프로그램이 성공적으로 사용될 가능성이 높아질 수 있다. 프로그램의 핵심 요소를 그대로 유지하고, 수행한 조정 사항은 기록한다.
- 교육과 지속적인 지원은 SEL 실행을 시작하고 유지하는 데 있어 매우 중요하다. 필요

와 기술 수준은 시간이 지나면서 변하므로, 불가피한 어려움에도 불구하고 SEL을 지속할 수 있도록 지원활동에 참여한다.

- 교실에서 실행할 때 실행의 여러 측면에 대한 평가를 포함하는 계획을 세운다.
- 당신을 멈추게 하고, 기술이 부족할 때 대처할 수 있고, 학생들의 사회정서적 경험을 다루는 능력을 향상시키고자 할 때 필요한 당신의 의견이나 태도를 마련해 둔다.
- 개인 성찰과 집단 작업을 통해 자신을 돌보고 배운다.

워크시트 4-1 성찰

이 장에서는 SEL 실행의 여러 차원을 다룬다. 프로그램을 진행하면서 다음 질문을 생각해 본다.

- 실행 시 어떤 영역이 상대적으로 편안하다고 생각하는가?
- 잠시 멈추게 되는, 때로 매우 길게 멈추게 되는 영역은 무엇인가?
- 어떤 상황이 당신의 감정을 자극하여 관리하기 어렵게 만들 수 있는가?
- 어떤 상황과 감정을 피하거나 저항하게 되는가?
- 교사가 상황을 처리하고 문제를 해결할 시간을 확보하기 위하여, 지금 당장 대응할 수 있는 언어적 표현을 미리 연습해 두었는가? 예를 들면, "학생들과 감정에 대해 이야기하는 것이 정말 불편하고, 내가 이걸 할 수 있을지 확신이 서지 않아요. 이 수업을 가르치는 것을 피할 방법을 찾고 있는 것 같아요. 이건 내가 지원이 필요하다는 신호일 거예요. 우리 PLC이 다른 선생님과 이야기해 보고, 그 선생님이 이런 상황에서 어떻게 대처하는지 알아봐야겠어요."와 같다.
- 당신이 필요로 하고 원하는 지원 내용을 개요로 작성해 본다.

영역	성찰하기
SEL 실행에 적합한 교실 만들기	
준비 활동	
힘든 대화에 대처하기	

워크시트 4-2 교실에서 SEL 실행을 위한 기본 체크리스트 및 워크시트

이 워크시트에는 교실에서 실행할 주요 활동이 나열되어 있다. 이 워크시트를 사용하여, (1) 각 구성 요소를 검토하고, (2) 다음에 제공된 예시를 검토하고 본문에 설명된 예시를 참조하고, (3) 교실에서 각 구성 요소를 실행하는 방법을 적용할 계획을 세운다. 당신이 만들거나 조정하는 것을 포함한다. 이때, (1) 실행해야 하는 프로그램의 핵심 구성 요소를 확인하고, (2) 적용을 안내할 수 있는 정보(예: 프로그램 매뉴얼, 동료 검토 논문)를 사용하는 것을 기억한다.

SEL에 도움이 되는 교실 만들기	예시	교실 적용
교사-학생 관계	아침에 학생들에게 인사하고, 감정 조절 전략을 모델로 삼고, 존중하는 마음으로 경청한다. (추가 아이디어는 〈표 4-1〉 참조)	
학생-학생 관계	집단 활동에서 피할 수 없는 갈등을 해결하는 모델을 제시하고 실천을 촉진한다.	
교실/학교-가정 관계	학년 초에 학교에서 사용할 수 있는 SEL 프로그램 및 내용을 집에서도 활용할 수 있는 방법에 관해 모든 학부모와 소통한다. 부모에게 아이디어와 궁금한 점을 물어본다.	
학급 조직: 공간	학생들은 원형(circle), 작은 반원형(semicircle), 또는 짝(pair)을 이루어 앉는다. 모든 학생이 교사를 볼 수 있도록 자리를 배치한다.	
학급 조직: 행동 관리 전략	SEL 담당자는 학생들에게 학교 차원의 행동 지원 체계가 SEL에 적용되는 방법을 가르친다. SEL 담당자는 개인 정보 공유에 관한 지침을 검토한다.	

SEL 실행 준비	예시	교실 적용
학생들의 특성과 요구 고려	프로그램 개발자와 협력하여 학생들의 문화적 · 언어적 요구에 맞게 내용을 조정한다. 자폐스펙트럼장애가 있는 학생이 적용하는 데 필요한 교육 전략을 검토한다.	
효과적인 프로그램 선택	유사한 배경을 가진 학생들에게 사용된 증거 기반 프로그램을 선택한다.	

'실행자들' 지정	학교 상담사와 교사가 프로그램을 지도할 것이다. 2학년 교사들이 학교의 상담 지원을 받아 프로그램을 지도한다.	
준비 및 실행에 필요한 시간 예상	프로그램 자료를 검토하여 수업 진행에 소요되는 평균 시간을 결정한다. 처음 실행을 준비할 때보다 준비 시간이 두 배 더 필요할 것으로 예상한다.	
핵심 SEL 콘텐츠를 가르칠 시기와 장소 결정	요구 측정의 데이터를 검토하여 수업을 가장 적합하게 통합하는데 최선인 시간/주제 영역을 결정한나.	
필요한 자료 확보	장치를 검토하여 작동하는지 확인한다. 유인물 사본들이 만들어졌는지 확인한다.	
내용 검토 및 이해	프로그램 매뉴얼을 읽고 동료와 함께 실습한다. 질문이 있는 부분은 학교 상담사와 함께 검토할 수 있도록 강조 표시한다.	
기술 지원: 워크숍, 코칭, 피드백 및 학습 공동체	여름 동안 진행될 2일간의 연수와 프로그램 개발자가 제공하는 5회의 코칭에 대한 예산이 확보되었다. 학교 상담사는 미래에 코칭을 제공할 수 있도록 연수를 받는다.	
교수법: 효과적인 교수법의 원리	SEL과 함께 사용할 주요 교육 원칙 복록은 [워크시트 4-3]을 검토한다.	
일반적인 요구	적용에 적합한 일반 핵심 수업 개념에 대해 확인한다. 허용 가능한 조정에 대해서는 프로그램 설명서를 참조한다. 수업은 두 개로 나누어 진행된다 한 단위는 일주일에 한 번 전달한다. 수업 내용을 강조하기 위해 비디오를 선택한다.	
특별한 요구	SEL 팀은 학습장애가 있는 학생에게 적합한 프로그램을 검토한다. 실행자들은 추가적인 암묵적인 지시, 모델링, 리허설 및 연습 기회를 촉진한다.	
실행의 핵심과 평가를 위한 계획	SEL 팀은 학생의 강점과 어려움, 교사-학생 관계 및 분위기, 프로그램 충실도 및 전반적인 실행, 진행 상황 모니터링, 프로그램 실행자와 학생의 인식, 실행 과징을 계획하고 측정한다.	
SEL 내용의 진행과 참여에서 잠시 멈추게 만드는 학생 반응	자료를 계획하고 준비하는 동안 실행자는 학생(또는 교육자)에게 불편을 초래할 수 있는 콘텐츠 영역을 '표시'한다. 잠재적인 행동 방안을 브레인스토밍하여 신뢰할 수 있는 동료에게 지원을 구한다.	

워크시트 4-3 SEL 적용을 위한 핵심 교수 전략

다음에서는 SEL에 효과적이라고 밝혀진 교수 전략을 예시와 함께 요약한다(Durlak et al., 2011; Gracyzk et al., 2006; Rosenshine, 2010 참조). 이 워크시트를 사용하여, (1) 주요 교육 방법을 검토하고, (2) 다음에 제공된 적용 사례를 검토하고, (3) 환경에서 이러한 방법을 어떻게 사용할 것인지 계획한다. 당신이 만들거나 만들었던 적용을 포함시킨다. 그렇게 할 때, (1) 실행해야 하는 프로그램의 핵심 구성 요소를 확인하고, (2) 적용을 안내할 수 있는 정보(예: 프로그램 매뉴얼, 동료 검토 논문)를 활용하는 것을 기억한다.

교수 방법	예시	교실 적용
이전 내용 검토하기	새로운 내용을 가르치기 전에 이전 수업의 내용을 검토하고 핵심 개념을 강조한다.	
소량, 단계적으로 정보 제시하기	SEL 직접 교육에는 5~10분이 소요된다. 짧은 시간 동안 복잡한 개념을 정리한다.	
교수 시간이나 속도 조정하기	학습 속도는 학생의 필요에 따라 더 느리게 또는 더 빠르게 시행한다.	
개념을 연습하도록 학생들에게 질문하기	"화가 났을 때 몸의 느낌은 어떻습니까?" "자신을 진정시키기 위해 무엇을 합니까?" "친구가 실망했다는 것을 어떻게 알 수 있나요?"	
문제 해결 방법 모델, 프롬프트 단계 제시하기	(선생님이 큰 소리로 말한다.) "채점할 과제는 많고 시간은 없습니다. 건너뛰고 내일 할 수도 있고, 아니면 오늘 밤에 조금 하고 내일 조금 할 수도 있어요. 오늘 채점을 마치고 이틀 밤 동안 신경을 쓰지 않기 위해서 두 번째 옵션을 시도할 거예요." (선생님이 학급에 말한다.) "해결해야 할 문제가 있을 때 가장 먼저 해야 할 일은 무엇인가요?	
리허설 활동 안내하기	더 많은 예를 사용하여 개념을 더 자세히 설명한다. 학생들에게 개념을 다양한 단어로 설명하고, 개념을 다양한 시나리오에 적용하고, 내용을 요약하도록 요청한다. 실제 활동을 지켜보고 피드백을 제공한다.	
질문을 통해 이해하고 있는지를 확인하고, 내용을 요약하며 자세히 설명하기	교사는 다음과 같은 구체적인 질문을 한다. "스트레스 관리에 도움이 될 수 있는 전략은 어떤 것인가요?" 학생들은 내용을 요약한다. 학생들은 내용을 자세히 설명한다(예: 내용에 대해 개인적인 반응을 보이고, 추가적 상황에 적용한다).	

대부분의 학생이 내용을 이해하고 적용하기	교사는 자주 그리고 정기적으로 이해 여부를 확인한다. 교사가 관찰하는 소집단 실습이나 서면으로 작성된 도움이 될 것으로 예상되는 실습 활동을 한다.	
어려운 학습 내용에 발판이나 지원 제공하기	개념 학습에서 교사의 모델링을 증가시킨다는 것은 개념과 관련된 사고 과정을 언어로 표현하고, 문제 해결의 방법을 보여 주며, 다양한 시각적 자료를 활용하고, 좋은 예와 잘못된 예를 알려 주는 것을 포함한다.	
개인 또는 집단 연습을 위한 시간, 자료 허용하기	학생들은 특정 사례 내용을 개인화하는 사기 성찰 워크시트를 작성한다. 학생들은 두세 명씩 집단을 지어 공감을 전달하는 언어적 표현과 몸짓을 연습한다.	
내용을 자주 검토하고 연습하기	학생들은 하루 중 다양한 상황에서 감정과 조절 전략을 확인하라는 메시지를 받는다. 학생들은 학업 과제에 문제 해결 모델을 적용한다.	

제5장

학업과 사회정서학습

상호 연계되고 통합된 관계

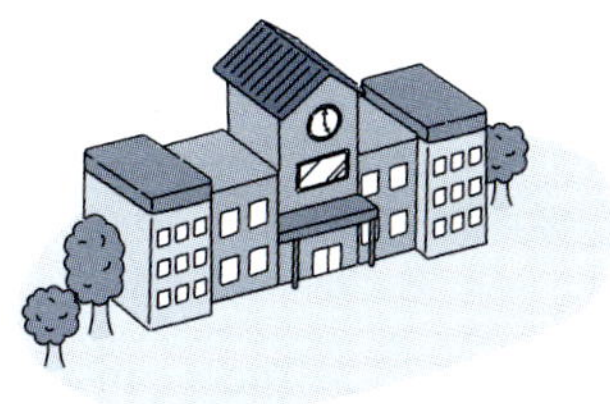

인간 발달에 관한 연구에 따르면, 사회정서적·인지적 발달은 서로 깊이 얽혀 있으며 교과 학습 및 성공에 함께 필수적인 요소이다(Jones & Kahn, 2017, p. 8).

이 장에서는 SEL과 학업의 통합 관계에 초점을 맞춘다. SEL은 취업, 인간관계, 전반적인 회복탄력성 등 성공적인 삶을 위한 인지적, 개인 내적, 대인관계, 학업 기술을 개발할 수 있는 실행 가능하고 효과적인 메커니즘이 되었다. 그러나 학교에서 SEL을 옹호하는 데는 많은 어려움이 있다. 책무성의 시대에 교사에게 부과되는 SEL 요구는 기껏해야 압도적인 것으로 느껴질 수 있으며, 학생과 지역사회가 직면하는 문제는 극복할 수 없는 것처럼 보일 수 있다. 다음과 같은 의견은 이해할 수 있고 놀랍지도 않다. '학교 수업 중에 SEL에 집중할 시간이 언제 있겠는가?' '이게 어떻게 학교의 책임인가?' '학업이 우선순위인데 사회적·정서적 발달에 집중할 수 있을지 모르겠다.' '가정에서 가족들이 해야 하는 것 아닌가?'

우리는 시대적 흐름이 SEL과 학업의 통합에 대한 더 많은 지식과 이해, 지원으로 바뀌고 있다고 믿는다. 실제로 최근 연구에 따르면, 교사들은 SEL이 중요하다고 생각하고, 해당 기술을 가르칠 수 있다고 생각하고, SEL 역량이 학생들의 학업 성취도와 취업 및 대학 준비도 향상에 도움이 되며, 학교가 SEL을 우선순위로 삼아야 한다고 생각한다(Bridgeland et al., 2013; Buchanan, Gueldner, Tran, & Merrell, 2009). 또한 CASEL 교육구 협력 이니셔티브

(Collaborating Districts Initiative: CDI)는 학교와 전체 교육구에 필요한 지원을 제공하는 데 긍정적인 단계라고 생각한다.

SEL의 가치를 완전하게 이해하기 위해서는 학생의 학업적 역량(academic competence), 태도(attitudes), 학습에 대한 접근 방식(approaches toward learning), 그리고 행동(behaviors)에 미치는 SEL의 영향을 이해하는 것이 필수적이다(Garner & Waajid, 2008; Zins, Bloodworth, Weissberg, & Walberg, 2004). 결국 교육 의사결정권자는 SEL의 이점이 비용 대비 가치가 있는지 여부를 결정해야 한다. 〈표 5-1〉은 일반적으로 학교에서의 역량과 관련된 학업 지표, 학습 태도, 행동 지표의 몇 가지 예이다.

이 시점에서 몇 가지 중요한 용어를 정의하는 것이 중요하다.

첫째, **학업 성취도**(academic achievement), **학업 역량**(academic competence), **학교에서의 역량 또는 성공**(school competence or success)과 같은 용어는 학교에서 학생 성과를 설명할 때 혼용되어 사용된다. 이러한 용어는 다음과 같이 정의될 수 있다.

- **학업 성취도**: 성적, 시험 점수 및 표준화 시험의 점수로 측정된 학업적 수행
- **학업 역량**: 학업 성취도와 학습에 도움이 되는 행동적 · 인지적 조건(예: 동기, 주의력, 지시에 대한 반응 방식, 교실에서의 행동, 과제 완료)
- **학교에서의 역량 또는 성공**: 학업 성취도 및 역량, 학교에 대한 태도, 학습과 관련된 행동, 학생이 학교에서 교사 및 동료와 갖는 상호 작용의 질 등을 포함(Elias, 2004; Malecki & Elliott, 2002).

이러한 개념을 이해하고 탐색하고 있다면, 학교에서 목표로 삼고자 하는 바로 그 기술을 고려할 준비가 된 것이다.

둘째, SEL과 발달을 설명하는 데 사용되는 개념과 용어는 광범위하고, 중복되며, 양방향적이고, 많은 개념을 포함할 수 있다는 점에 유의하는 것이 중요하다(Jones & Kahn, 2017). 이를 위해 **사회정서적 기술 또는 역량**(social and emotional skills or competence)이라는 용어를 사용함으로써 학생의 전반적인 발달의 일부인 인지적 · 개인 내적 · 대인관계적 기술을 지칭한다(Jones & Kahn, 2017). **인지**(cognitive)는 일반적으로 주의력, 기억력, 억제, 계획력 등 기능을 포함하는 지능이나 성취와 같은 학문적 개념과 관련된 과정으로 지칭되어 왔다(Jones & Kahn, 2017). 반면에 사회정서적 기술은 '비인지적' 기술 영역으로 분류되어 왔다. 이러한 분류 체계는 깔끔하게 범주화된다는 매력에도 불구하고, '인지' 및 '비인지' 영역이 '학교와

직장에서의 성공을 위해 상호 작용'한다는 사실을 지나치게 단순화한다(Jones et al., 2015, p. 2283). 즉, "인지와 감정이 함께 작동한다. 자기 통제와 같은 핵심 기술에는 개인의 감정과 상황에 따라 더 쉽게 또는 더 어렵게 발휘할 수 있는 인지적 억제 요소가 포함된다"(Jones & Kahn, 2017, p. 4). 이러한 과정의 교차점이 이 장의 핵심이다. 사회정서적 기술은 인지 체계와 함께 작동하는 절대적인 필수 요소이다. [알아보기 5-1]은 SEL과 학교에서의 역량 간의 강력한 연관성을 입증하는 증거에 대한 개요를 제공한다. 이 정보가 내부 및 외부 이해관계자와 SEL에 대해 논의하는 데 도움이 되기를 바란다.

〈표 5-1〉 학업 역량, 학습에 대한 태도와 접근, 학교 행동 지표

학업 역량	학습에 대한 태도와 접근	학교 행동
• 성적 • 평균학점 • 이수학점 • 졸업률 • 표준화된 시험 점수 • 운동기술(예: 필기)	• 학교/교사/또래에 대한 태도 • 소속감과 유대감 • 학습동기 • 수업에 대한 반응성 • 자기 옹호	• 과제 완료 • 출석 • 수업 참여 • 대인관계 • 책임 있는 행동 • 처벌(징계) 건수

알아보기 5-1 학교 기반 SEL 프로그램이 학업 역량과 학교에서의 성공에 미치는 긍정적 영향에 대한 증거

사회정서적 기술은 학업 성취 및 학교 적응과 연관되어 있음이 유아기(예: Howse et al., 2003)부터 고등학교(Kuhl & Kraska, 1989; Malecki & Elliot, 2002; Wentzel, 1991)에 이르기까지 다양한 연령대에서 보고되었다(예: Catalano, Berglund, Ryan, Lonczak, & Hawkins, 2002; Durlak & Weissberg, 2007; Elias & Haynes, 2008; Malecki & Elliot, 2002).

이 장에서 가장 핵심적인 질문 중 하나는 '교실 기반 SEL 프로그램이 실제로 학생들의 학업 역량과 학교에서의 성공에 긍정적인 영향을 미칠 수 있는가?'이다. 다음 표는 수백 편의 연구를 대상으로 한 메타분석 결과 중 일부를 요약한 것으로, SEL 프로그램이 평가된 다양한 연구에서 학업 지표와 관련된 주요 결과들을 보여 준다.

연구	통계적으로 유의미한 학업 지표 결과
Wilson et al. (2001)	출석률 및 중도 탈락률 향상
Durlak et al. (2011)	성취도 검사 점수, 교과 성적, 평균 평점 향상
Sklad et al. (2012)	평균 평점, 읽기 성취도, 표준화 검사, 교사 평가 학업 역량 향상; 추후 평가에서도 학업 성취 지속
Taylor et al. (2017)	추후 평가에서 학업 성취 향상(평균 56~195주 후)

이 장에서는, (1) 학교에서 성공한다는 것은 무엇을 의미하는가, (2) 사회적 · 정서적 · 학업적 기술 간의 연결을 뒷받침하는 증거는 무엇인가, (3) 학업적 맥락(즉, 교육구, 학교, 학급)이 어떻게 SEL 프로그램 및 전략을 촉진할 수 있는가, (4) 독립형 SEL 전략은 학업적 맥락에서 SEL을 촉진하는 데 어떤 역할을 하는가, 마지막으로 (5) 학교는 SEL 실행과 학업 간의 교차점에서 가족 및 지역사회 파트너와 어떻게 협력할 수 있는가에 대해 다룬다.

1 사회정서역량과 학교에서의 역량 간의 연결을 지지하는 연구

SEL 이전의 실험 연구는 SEL과 학교에서의 역량 사이의 연관성을 입증한다. 스탠퍼드 대학교 연구진은 반세기 전에 아이들의 만족 지연 능력 발달을 연구하기 위해 실험을 실시했다(Mischel & Ebbesen, 1970). '마시멜로 검사'는 마시멜로 하나를 먹고 싶을 때 바로 먹거나, 마시멜로를 먹지 않고 15분간 기다렸다가 마시멜로 두 개를 받는 방식으로 진행되었다. 일부 아이들은 주의를 분산시키는 전략을 사용하여 마시멜로를 먹는 것을 지연시켰지만, 다른 아이들은 거의 즉시 마시멜로를 삼켰다. 상당히 간단한 조사였던 이 실험은 후속 연구로 이어져, 만족을 지연시킬 수 있었던 아이들이 기다릴 수 없었던 아이들에 비해 더 나은 SAT 점수, 학업 성취도, 전반적으로 더 나은 사회정서역량 기술(예: 더 나은 주의력, 더 '이성적인' 사고, 향상된 계획 능력, 좌절과 스트레스 관리 능력)과 같은 바람직한 특성을 보여 주었다(예: Mischel, Shoda, & Peake, 1988).

실제로 학생들이 하루 동안 "먼저 할 일을 하고 나서 놀아라." "먼저 내가 실험하는 것을 보고 나서 네가 해 봐." "먼저 점심을 먹고 나서 쉬는 시간을 갖자." "먼저 반 친구의 말을 듣고 나서 네 생각을 말해 봐."라고 말할 때 만족을 늦추는 연습을 할 기회가 얼마나 많은지 생

〈표 5-2〉 SEL 프로그램의 학생 중심 사회적·정서적·학업적 역량 측정 영역의 예시

SEL 프로그램	평가 영역	
배려하는 학교 공동체	• 학교 소속감 • 학업에 대한 태도와 동기 • 자존감, 자기 효능감 • 사회적 태도와 역량	• 성취 동기 • 학교생활 만족도 • 갈등 해결 기술 • 읽기, 수학 성취도
인크레더블 이어스(IY)	• 공격성, 행동 문제 • 협력 • 사회정서역량 • 학교준비도	• 문제 행동 • 내면화 문제 행동 • 약물 남용
마인드업	• 마음챙김 • 자기 조절 • 공감, 관점 채택 • 친사회적 기술	• 행복감 • 수학성취도
대안적 사고 전략 촉진 (PATHS)	• 정서 지식과 조절 • 공격적, 방해 행동 • 사회적 문제 해결, 사회적 역량 • 내면화, 외현화 문제 행동	• 억제조절 • 언어 유창성 • 주의 집중 • 학업 성취, 참여
룰러 접근법	• 학업 성취 • 학업 습관 • 주의 집중과 학습	• 내면화, 외현화, 학교 문제 • 적응기술 • 학급 지지
세컨드 스텝	• 공격성 • 주의 집중, 작업 기억, 억제 조절 • 학습 기술 • 공감 • 정서 증상, 관리	• 문제 해결 • 일반적인 사회정서역량 • 또래 문제 • 과잉행동, 행동 문제 • 친사회적 행동
메렐의 강한 아이	• 건강한 사회정서 행동에 대한 지식 • 사회정서적 자산과 회복탄력성	• 내면화, 외현화 문제 • 사회적, 학업 역량 • 또래관계

참고: 이 목록은 평가된 프로그램이나 영역을 모두 다루고 있는 것은 아니며, 선별된 SEL 프로그램 유형, 영역이나 측정 구인의 예시이다.

각해 보라. 충동을 조절하고 다른 사람들과 어울리는 방법을 배우는 것이 학업 성공에 필요한 여러 가지 특성, 예를 들어 숙제나 시험공부를 위해 게임을 하기를 미루거나 프로젝트를 완료하기 위해 팀원들과 협력하는 것과 같은 여러 가지 특성으로 어떻게 전이될 수 있는지 알 수 있었다.

시간이 지남에 따라 수학 및 읽기 능력과 같은 지표에 관한 연구(Oberle, Schonert-Reichl, Hertzman, & Zumbo, 2014)를 통해 사회 역량과 학업 성취도 간의 연관성에 대한 이해가 확대되었다(예: Wentzel, 1991). 실제로 학업과 사회정서역량 간의 관계는 양방향적인 것으로 간주되는데, 이는 사회정서역량이 학업 역량에 영향을 미칠 수 있고 학업 역량이 사회정서역량에 영향을 줄 수 있다는 것을 의미한다(Welsh, Parke, Widamean, & O'Neil, 2001). 오늘날 전문가들은 사회정서역량이 학업 및 학교에서의 역량에 필수적이라고 생각한다(Oberle et al., 2014). 실제로 SEL 프로그램의 결과 연구에서는 종합 평가의 일부로 학교에서의 역량 지표를 점점 더 많이 포함하고 있다. 〈표 5-2〉에는 제3장에서 검토한 SEL 프로그램에서 평가된 사회적 · 정서적 · 학업적 역량 영역이 요약되어 있다.

2 학교에서의 역량과 연결된 사회정서적 영역

사회정서역량이 학교에서의 역량에 영향을 미칠까? 이러한 변화를 촉진하는 '메커니즘'은 아직 완전히 이해되지 않았지만, 지금까지 확보한 정보를 바탕으로 몇 가지 단서가 있다. 예를 들어, 사회정서역량은 학생들이 대인관계를 탐색하고 감정과 행동을 조절하는 데 도움이 되며, 궁극적으로 학습 관련 과제에 집중하는 데 도움이 된다(Elias & Haynes, 2008). 다음에서는 학교에서의 역량과 구체적으로 연관된 것으로 밝혀진 몇 가지 광범위한 사회정서적 기술 영역에 대해 간략히 설명한다. 〈표 5-3〉은 가상의 학생 사례를 통해 이러한 역학 관계를 설명한다. 이러한 시나리오와 그 안의 상호 작용은 복잡하지만 직관적이다. 물론 이는 학생들과 함께 관찰한 모든 상황의 표면적인 모습일 수 있다.

〈표 5-3〉 5개의 SEL 역량 영역, 학업 성취, 태도 및 학교 행동 간의 상호 작용

SEL 역량 영역	좋은 예	잘못된 예
자기 인식 (Self-Awareness: SA)	• 학생은 실수를 배움의 기회로 여긴다(+SA). 이 믿음은 실수를 저지를 때에도 긍정적인 태도를 유지하도록 돕는다(+태도). • 실수를 하면 자신의 감정과 생각을 인지(+SA)하고 다시 시도한다(+학교 행동). 학생의 성적이 향상된다(+학업 성취).	• 학생은 글쓰기 능력이 발전할 수 없다고 믿으며(-SA) 교사가 자신을 도와줄 거라고 생각하지 않는다(-태도). • 과제 도움을 요청하기를 주저한다(-학교 행동). 학생의 성적이 저조하다 (-학업 성취).
자기 관리 (Self-Management: SM)	• 학생은 학교에서 배운 호흡 전략을 활용해 시험 전 긴장을 가라앉힌다(+SM). • 집중력과 수행 능력이 높아져(+학교 행동) 양 방향 점수가 향상된다 (+학업 성취).	• 학생은 질문에 충동적으로 답한다(-SM). 반 친구들에게 방해가 되어 집단 프로젝트를 거절당한다(-학교 행동). • 프로젝트를 제때 마치지 못해 성적이 떨어진다(-학업 성취).
사회적 인식 (Social Awareness: SoA)	• 학생은 가장 친한 친구의 아버지가 돌아가셨다는 사실을 접하고, 어떤 마음일지 생각해 본다(+SoA), 친구가 학교에 복귀했을 때 공감과 인내심으로 경청한다(+SoA). • 상담 교사와의 토론에도 참여하여(+SoA) 교실 내 집중을 돕는다(+학교 행동).	• 학생은 인종 · 성별 비하 발언을 한다 (-SoA). • 친구 간 차이를 부정적으로 인식하며 명령적으로 행동한다(-학교 행동). • 소셜 미디어로 새 친구를 소외시키고 처벌을 받는다(-태도, -학교 행동).
관계 기술 (Relationship Skills: RS)	• 학생은 토론 중 모든 반 친구가 의견을 나누도록 격려한다(+RS). • 교사의 중간 피드백 후 학생 참여도가 높아진다(+학교 행동). 토론의 질이 향상되어 높은 점수를 받는다(+학업 성취).	• 학생은 말과 글로 의사소통하는 데 어려움을 겪는다(-RS). • 과제 진행 상황을 효과적으로 공유하지 못해 진전이 없다고 생각한다(-태도). • 집단 프로젝트에서 고립되고 과제에 대해 도움을 구하기 더 어려워지며 과제 수행 능력도 저하된다(-SM, -학교 행동, -학업 성취).
책임 있는 의사결정 (Responsible Decision Making: RDM)	• 고등학생이 방과 후 의미 있는 활동에 참여하며(+학교 행동) 청소년 시기 약물 남용의 위험과 이점을 고려하여 사용을 자제한다(+RDM).	• 학생이 시험공부를 잊고 친구의 답안을 베끼고(-학교 행동), 결과에 대해 반성하지 않는다. 이러한 행동이 다른 학생에게 주는 영향에 대해 성찰하지 않는다. 시험에 실패한다(-학업 성취, -RDM).

참고: '+'는 해당 역량이 긍정적으로 발휘된 경우, '-'는 발휘되지 않거나 부정적인 경우를 나타낸다.

1) 정서 지식

감정 상태를 인식하고 명명하고, 감정 상태가 우리의 생각과 신체에 어떻게 나타나는지,

감정 경험의 원인과 결과를 이해하는 것은 관찰하고 호기심을 갖고, 행동을 취하고, 제동을 거는 등 감정으로 무언가를 할 수 있는 능력을 길러 준다. 즉, 이러한 이해는 학생들이 자신의 감정과 행동을 **조절**(regulate)하는 데 도움이 되며, 이에 대해서는 다음에 설명할 것이다(Eisenberg, Sadovsky, & Spinrad, 2005). 이러한 역학 관계는 학업 과제에도 적용된다는 가설이 있다(Garner & Waajid, 2008). 집중력과 특정 기술이 필요한 과제를 하다가 좌절감을 느낀다고 상상해 보자. 효과적인 접근 방식을 적용하려면 자신이 느끼는 감정을 파악하고 이해할 수 있어야 한다. 정서 지식의 보유는 학생들의 학교 적응력(Shields et al., 2001)과 학업 역량(Garner & Waajid, 2008; Izard et al., 2001)을 예측하는 것으로 밝혀졌다. 요약하면, 지식과 조절 사이의 관련성과 함께, 정서 지식은 긍정적(또는 부정적) 학업 역량을 촉진하였다.

2) 조절

조절은 본질적으로 그 순간에 해야 할 일을 하는 데 유용한 정서적 · 행동적 · 인지적 전략을 배치할 수 있다는 것을 의미한다(Liew, 2011). 우리는 행동을 시작하거나 억제하고, 우선순위에 대한 집중과 주의를 전환하고, 주의 산만을 관리하거나, 계획을 세우고 실행해야 할 수도 있다(Eisenberg, Valiente, & Eggum, 2010; Liew, 2011). 주의 집중(Nelson, Martin, Hodge, Havill, & Kamphaus, 1999), 그 순간에 적절하지 않은 반응 억제(Blair & Razza, 2007), 감정 관리(Howse, Calkins, Anastopoulos, Keane, & Shelton, 2003; Ivcevic & Brackett, 2014)와 같은 조절 기술은 학업 역량과 연관되어 있다. 조절 능력 저하와 관련된 문제의 예로는 과도한 스트레스, 불안 또는 장기간의 우울증 등이 있다. 이러한 문제는 수업에 집중하고, 핵심 개념을 기억하고, 계획을 세우는 데 필요한 인지적 과정을 방해할 수 있다(Blair, 2002). 자신의 행동을 조절하는 데 문제가 생기면 학습과 성취에 문제가 생길 수 있다(Graziano et al., 2007; Valiente et al., 2013). '인지적 자기 조절 능력'(Blair & Razza, 2007, p. 648)을 필요로 하는 일련의 과정인 실행 기능이 학업 성취도 및 역량과 관련이 있다는 연구가 점점 더 많이 이루어지고 있다(Best, Miller, & Naglieri, 2011; Blair & Razza, 2007). 학생들이 감정을 조절하지 못하면 수업에 집중하고, 핵심 개념을 기억하고, 숙제를 완수하는 데 필요한 인지적 과정(즉, 주의력, 기억력, 계획 능력)이 방해를 받는다(Blair, 2002).

3) 사회적 기술

사회적 기술은 "다른 사람과 긍정적으로 상호 작용할 수 있는 학습되고 사회적으로 허용되는 행동"으로 정의된다(Gresham, Elliott, Vance, & Cook, 2011, p. 28). 사회적 기술은 학생들이 동료의 말을 경청하고, 갈등을 해결하고, 도움을 요청하고, 친구를 사귀는 등의 사회적 과제를 수행할 수 있도록 한다. 사회적 기술은 학업 성취도(GPA, 표준화 시험 점수; Wentzel, 1993; Caprara, Barbaranelli, Pastorelli, Bandura, & Zimbardo, 2000) 및 역량(교사 평가 학업 기술; Malecki & Elliot, 2002)과 관련이 있다고 알려져 있다. 말렉키와 엘리엇(Malecki & Elliot, 2002)은 교실에서 일어나는 사회적 행동이 학업 성취도에 영향을 줄 수 있는 '학업 촉진 요인(academic enablers)'이라고 제안했다. 사회적 문제 해결과 같은 특정 기술은 학업 능력 예측과 관련이 있다(D'Zurilla & Sheedy, 1992; Rodríguez-Fornells & Maydeu-Olivares, 2000; Webster-Stratton et al., 2004).

많은 학생이 학교에서 트라우마나 다른 어려움을 경험하면서, 이로 인해 학습하고 수행하며 번영하는 능력도 영향을 받는다. 학생들이 경험하는 사회적 · 정서적 어려움은 분명히 학업 기능을 방해할 수 있다. "나는 이걸 잘하지 못하고 앞으로도 잘하지 못할 거야."라고 말하며 과제 제출이나 수업 참여를 중단하는 학생의 말을 들을 수 있다. 다른 경우에는 학생들이 행동을 통해 우리에게 말하고 싶어 하는 것을 예민하게 관찰해야 한다. 이러한 행동의 예는 수업 토론에 참여하지 않기(disengagement), 학습 과제 회피하기, 지속적인 공상(daydreaming)으로 수업 내용을 놓치기, 언어적 폭발(verbal outbursts), 만성적인 짜증(chronic irritability)과 반항(opposition), 과도한 완벽 추구, 과제를 맞게 수행했는지에 대해 재확인 요청(reassurance seeking), 모둠 활동의 회피나 협력의 어려움, 무단결석(truancy), 그리고 필요 시 지원을 요청하지 않기 등이다. 물론 이러한 상황이 '닭이 먼저냐, 달걀이 먼저냐'의 문제인지 고려해야 하지만, 학교에 대한 애착이 낮거나 출석 문제, 학습 문제가 있는 학생들이 지속적인 좌절감, 실망, 낮은 자존감, 대인관계 문제를 경험하는 것은 분명하다. 감정 조절 능력이 부족한 학생의 경우, 이러한 문제는 행동 관리의 어려움을 겪게 되고 이후 학업 성취에도 문제를 야기할 수 있다. [워크시트 5-1]은 교사가 개인적인 방식으로 이러한 정보를 성찰하는 데 활용될 수 있다.

3 학업을 플랫폼으로서 활용한 SEL 융합 교육

우리는 사회적 · 정서적 · 학업적 역량이 서로 연결되어 있다고 생각할 수 있다. 하지만 교실에서 그리고 수업 시간 동안에 어떻게 SEL 발달을 촉진할 수 있을까? 우리는 학령 전부터 고등학교까지 수년간의 연습을 통해 잠재적인 결과가 아무리 유망하더라도 변화를 시작하기가 어렵다는 것을 알고 있다. 게다가 이미 예정되어 있고 세밀하게 조정된 활동을 재구성하는 것은 창의적인 재구성과 그에 따른 스트레스를 수반할 수 있다. 동시에 학업은 학습과 관련된 개인 내적, 대인관계, 인지적 과정이 서로 상호 작용할 충분한 기회를 제공한다(Zins et al., 2004). 또한 사회정서적 프레임워크가 교육을 안내할 때 발생할 수 있는 토론의 깊이를 통해 학업 내용이 더욱 풍부해질 수 있다(Zins et al., 2004). 역사적 사건, 문학 작품, 수학 문제를 조사할 때 사회정서적 관점을 포함하면 더욱 흥미로워질 수 있다. 어려움에도 불구하고 SEL의 통합은 연습을 통해 개선되며, 일상적인 학교 운영의 자연스러운 부분이 될 수 있다.

1) SEL 프로그램과 학업 내용의 전형적인 통합

SEL 실행의 전형적인 시나리오부터 시작해 보라. 핵심적인 학업 교과가 다루어질 때 하루 중 지정된 시간에 SEL 프로그램이 선택되고 실행되는 경우가 많다. 프로그램의 각 수업을 가르치는 것 외에도 중재자 또는 교사는 수업 내용과 전략을 일상적인 학업, 사회정서적 상황에 적용하여 자료를 더 연습하고 일반화하는 방법에 대한 권장 사항을 따른다. 하루 동안 학생들의 기술과 회복탄력성을 키울 기회를 상상해 보라. 이 과정이 어떻게 작동하는지에 대한 두 가지 예를 살펴보겠다.

사회적 의사결정과 사회적 문제 해결

이 프로그램은 학문적 내용 영역(예: 언어, 사회)뿐만 아니라 사회적 문제 해결이 필요한 다른 상황에도 적용할 수 있는 문제 해결 전략을 사용한다(Elias, 2004). 학생들은 감정 파악하기(identify Feeling), 문제 파악하기(Identify), 목표 설정하기(Goal setting), 해결책 생각하기(Think of solutions), 결과 상상하기(Envision consequences), 최선의 해결책 선택하기(Select the best solution), 실행/시도해 보기(Plan it/try it), 어떤 일이 일어나는지 알아보기(Notice what happens)의 약자인 'FIG TESPN'이라는 기억술(mnemonic)을 사용한다. 수업이나 실습

과정에서 문제가 제시되면, 교사는 '이 문제를 해결하는 데 FIG TESPN이 어떻게 도움이 될 수 있을까?'라고 묻는다(Elias, 2004). 또는 국어 수업 중에 학생들은 FIG TESPN 지침을 사용하여 문학 인물의 생각, 감정, 행동, 의사결정 및 잠재적 결과를 평가할 수 있다. 담임 교사, 버스 운전사, 운동장 감독자, 보조 교사 및 다른 교직원과 학부모 및 지역사회 구성원도 학생들이 이 전략을 사용하도록 유도하는 교육을 받고 실행할 수 있어야 한다. 학생들은 이 접근법을 학교 기반 상황에서 사용할 수 있으며 다양한 삶의 상황에 대한 비판적 사고에 적용할 수 있다는 것을 배운다(Elias, 2004). 자신의 삶과 관련된 사회정서적 · 학업적 내용 영역에서 FIG TESPN 루브릭을 사용한 학생이 루브릭을 사용하지 않은 학생에 비해 언어 및 사회 학습 능력이 향상된 것으로 나타났다(Elias & Clabby, 1992).

메렐의 강한 아이

수업은 일반적으로 진행되는 수업 시간(예: 국어 또는 사회 수업) 또는 하루 중 다른 시간(예: 방과 후 프로그램) 중에 제공되도록 설계되었다. 학생들이 감정을 파악하고, 스트레스와 갈등을 관리하고, 다른 사람의 관점을 취하는 전략을 연습할 수 있도록 관련 사례와 시나리오가 제시된다(〈표 3-2〉 참조). 각 수업은 학교 수업 중 적절한 순간에 수업 내용을 적용할 수 있는 아이디어를 제공한다. 예를 들어, 사회 수업 중에 학생들은 분노 관리 전략(5회기)을 역사적 인물의 분노 경험에 적용하고, 스트레스 관리 전략(9회기)을 시험이나 발표 준비에 사용할 수 있으며, 어려운 학업 과제 전과 도중에 인지적 왜곡을 점검하고(6회기) 상황을 재구성하는 데 도움이 되는 대안 설명을 생성하도록 유도할 수 있다(7회기).

2) 논리적 계획하기 쟁점과 해결책

SEL 프로그램 및 전략을 학교 수업에 주입할 위치와 방법을 결정하는 것은 SEL 계획 과정의 중요한 부분이다. SEL 개념을 가장 잘 가르칠 수 있는 시간을 확보하는 것에 대한 권장 사항을 많은 프로그램에서 요구하고 있다. 국어, 사회, 건강 증진, 역사, 정치학/시민학, 과학, 예술, 문화 및 윤리와 같은 교과목이 실행 가능한 선택지가 될 수 있다. 정서적 회복탄력성을 키우는 것과 관련된 문제를 다루는 것은 건강 증진의 중요한 부분이다. 국어에서는 일반적으로 문학을 기반으로 한 내용을 통해 학생들이 문학적 인물의 감정과 행동을 토론하고 분석할 수 있으며, 사회 과목에서는 문제 해결 능력을 향상할 수 있는 복잡한 국내외의 딜레마를 다룰 충분한 기회를 제공한다. '서클' 또는 '미팅 시간'은 집단과 함께 개념을 복습하고 기술을 연습하는 데 효과적일 수 있으며, 하루 중 일상적인 시간에도 활용할 수 있다. 수요 조사 및 계획 위원회 논의는 가장 적절하고 실행 가능한 시간을 결정하는 데 도움이 될 것이다. SEL 학습 표준의 채택이 증가함에 따라 미국의 학습 표준도 이러한 통합 과정을 안내한다. 이러한 표준은 학생의 발달 단계를 고려하고 그에 따라 교육을 계획할 수 있는 기준을 제공할 뿐만 아니라, 이를 준수할 수 있는 지침을 제공해야 한다. 이러한 표준은 또한 문화적으로 민감하고 적절한 방식으로 SEL 및 학업 교육을 제공할 때 우선순위를 안내한다 (Dusenbury, Weissberg, Goren, & Domitrovich, 2014). [워크시트 5-2]는 계획 과정을 지원하기 위해 제공된다.

요컨대, 기존 수업일에 SEL 프로그램 및 전략을 주입하기 위한 전략적 계획은 시간과 자원 제약이 있는 학교 체계에서 현명하고 효율적으로 일하려면 절대적으로 우선시되어야 하는 SEL 실행의 조정되고 사려 깊은 접근이 필요하다. 또한 우리는 학생들이 하루에 여러 번 연습할 수 있는 기회를 활용하여 SEL 프로그램 내용을 연습한 후 이러한 기술을 다른 생활 상황에 적용할 수 있도록 지원할 수 있다.

학업과 SEL 프로그램 통합하기

단테 존스(Dante Jones)는 3학년 교사로, 학교에서 사회적 · 정서적 · 학업적 역량을 촉진하기 위한 수단으로 학급에서 긍정적인 사회정서적 상호 작용과 사회정서적 문해력을 키우는 데 중점을 둔 프로그램인 룰러를 채택했다. 현재까지 이러한 영역에서 긍정적인 결과가 참여 학생들에게서 발견되었다(예: Hagelskamp et al., 2013). 실행 준비의 일환으로, 존스는 자료에서 다음 정보에 주목한다.

- 이 프로그램의 감정 단어(feeling words) 구성 요소에는 12개의 단원이 있다. 각 단원은 2주에 걸쳐 다루도록 설계되었다.
- 회기는 일반적인 교과수업 시간이 아닌 다른 시간 동안에 진행된다. 각 회기는 15~20분 정도 소요된다.
- 각 감정 단어에 대한 수업 및 연습은 6단계로 구성된다. (1) 감정 단어를 소개하고, (2) 학생들이 감정과 관련된 개인적인 경험을 공유하고, (3) 학생들이 시각 디자인을 사용하여 감정 단어의 의미를 표현할 수 있는 방법을 생각하고, (4) 학생들이 그 감정이 학업 내용과 어떻게 관련되는지를 이야기하고(예: 스토리의 주인공), 개인이 감정을 어떻게 다르게 경험하고 표현할 수 있는지 탐구한다. (5) 학생들은 집에서 가족들과 감정 단어에 대해 토론하고 감정을 관리하는 전략에 대해 논의하

며, (6) 수업에서 이 과정에 대한 경험을 토론하고 조절에 대한 다양한 관점과 아이디어를 학습한다(Brackett et al., 2010에서 설명 참조).

존스는 일반적으로 언어(Language Arts) 수업에 할당된 시간에 룰러(RULER) 관련 정보와 활동을 언어 교육과정의 일부로서 융합할 것을 결정하였다. 약간의 추가 수업 준비가 필요하지만, 시간이 지남에 따라 준비 시간이 줄어들 것으로 보인다. 그는 또한 프로그램 연수에 참여했으며, 프로그램 예비 시행에 처음으로 자원했고, 연수에 참여한 다른 교사와 이야기하여 그들이 서로 자문할 수 있는지를 알아볼 것이다.

6주가 빠르게 지나갔다. 시작은 약간 매끄럽지는 않았지만(항상 새로운 것에 대한 학습 곡선이 있기 마련임), 존스는 학업과 SEL 프로그램 내용의 통합이 더욱 논리적이고 유연하게 되고 있다고 느낀다. 그는 학생들이 자신의 감정뿐만 아니라 다른 사람의 감정과 다양한 학업 내용의 맥락에서 이야기하는 것을 즐긴다고 믿는다. 그는 또한 자신이 공감 능력이 뛰어나다고 생각하지만, 학생들의 감정에 반응하는 정도에서 변화가 있게 되었다. 예전에 비해 존스는 학생들의 감정을 탐색하는 데 더 편안함을 느낀다. 또한 그의 교실이 좀 더 차분해졌다. 함께 연수를 수료한 다른 교사도 일주일 후에 프로그램을 시작한다. 두 교사는 매주 점심시간에 만나 서로의 메모 노트를 비교할 계획이다. 그들은 프로그램이 설계된 대로 가르칠 필요성을 인식하고 있지만, 서로가 각 학생 집단의 특성에 맞게 어떻게 조정했는지에 대해서도 관심을 갖고 있다.

4 학업 맥락에서 비교과 교육 과정으로서의 SEL 전략

비교과 교육 과정으로서 SEL 접근 방식은 일반적으로 교실에서 하루 중 시행되며, 학습을 향상하고 행동을 개선하기 위해 일반적인 교실 이벤트를 활용한다. 제3장에서 설명한 프로그램과 달리, 비교과 접근 방식에는 교육 내용이 포함된 규정된 수업이 거의 없다(Jones, Brush, et al., 2017). 오히려 정해진 일상적 활동, 집단 활동 및 모델링을 사용하여 SEL 개념을 전달하고 건강한 심리사회적 발달을 위한 수단으로써 교실 분위기를 조성하는 데 중점을 둔다. 비교과 과정으로 분류할 수 있는 전략에는 구조화되고 증거에 기반하며 프로그램과 관련된 전략부터 프로그램과 관련이 없고 사용을 뒷받침하는 증거가 있을 수도 있고 없을 수도 있는 독립형 전략(stand-alone)에 이르기까지 다양한 전략이 있다. 이러한 프로그램 선택을 서로 구분하여 어떤 프로그램이 교육 환경에 적합한지(또는 적합하지 않을 수 있는지를) 이해하는 것이 중요하다. 반응적 학급(Responsive Classroom) 프로그램은 더 구조화되고 증거에 기반한 비교과 접근 방식의 적용을 보여 준다.

1) 반응적 학급

반응적 학급은 SEL과 학업적 학습을 모두 지원하고 우선시하는 안전한 교실 환경을 조성하기 위한 접근 방식이다(Griggs, Rimm-Kaufman, Merritt, & Patton, 2013). 학령 전부터 8학년까지의 학생들을 위해 고안된 반응적 학급은 발달에 적합한 교육 실천, 학업만큼이나 큰 SEL의 중요성, 관계의 맥락에서 성장과 발달 촉진, 필수적인 실천으로서 가족 및 기타 교육 전문가와의 협업 등의 원칙을 기반으로 한다(Griggs et al., 2013). 반응적 학급은 자기 주장, 자기 통제, 공감, 협력, 책임감, 마인드셋, 인내심, 학업 및 학습 전략과 같은 기술을 우선시한다(자세한 내용은 www.responsiveclassroom.org 참조). 수업 기반 프로그램과 비교하여, 반응적 학급은 낮 동안의 학업 및 기타 활동 전반에 걸쳐 SEL을 통합한다(Ottmar, Rimm-Kaufman, Berry, & Larsen, 2013). 이 프로그램을 촉진하는 데 사용되는 몇 가지 교육 실천으로는 매일 집단으로 만나 사회적 의사소통 및 학업 기술을 토론하고 연습하는 시간을 설정하는 아침 회의(moring meetings), 학습의 주인의식과 자율성을 증진하기 위해 학생들에게 학습 주제 및 관련 자료에 대한 선택권을 일상적으로 제공하는 학업 선택(academic choice), 학생들이 모델링을 통해 교실의 기대치와 집단으로 작업하는 방법을 배우는 대화형 모델링(interactive modeling)이 있다(Griggs et al., 2013).

반응적 학급 모델은 거의 30년 동안 다양한 표본을 대상으로 한 대규모 연구를 포함하여 평가되었으며, 학생과 교사에게 광범위한 긍정적인 효과를 가져다주었다. 학령 전부터 6학년까지 다양한 참가자를 대상으로 한 연구에서 반응적 학급 접근 방식에 참여한 학생들은 참여하지 않은 학생들에 비해 협력과 자기 주장 능력이 향상되고 문제 행동이 줄어들었으며 학업 능력이 향상되었다(Elliott, 1995). 다른 연구에서도 비슷한 결과가 나타났다(예: Brock, Nishida, Chiong, Grimm, & Rimm-Kaufman, 2008). 특히 읽기 및 수학에서 학업 성취도가 향상되는 것으로 측정되었다(Rimm-Kaufman, Fan, Chiu, & You, 2007). 반응적 학급 접근법을 사용한 교사는 더 효과적이고 표준화된 방식으로 수학을 가르치는 것으로 밝혀졌으며(Ottmar et al., 2013), 학생들의 수학 성취도도 더 높은 것으로 나타났다(Ottmar, Rimm-Kaufman, Larsen, & Berry, 2015).

2) 독립형 전략

독립형 전략은 비교과적 접근 방식과 반대편에 있다. 일부 전략은 실제로 프로그램의 한 구성 요소일 수 있지만, 학급은 프로그램을 사용하지 않는다. 예를 들어, 반응적 학급(앞에서 설명한 바와 같이)에는 마인드셋의 원칙이 포함된다. 때때로 교실에서는 사고방식 전략을 사용하지만 반응형 학급 프로그램을 사용하지 않는 경우가 있다. 대신 교사가 교실에서 마인드셋 언어를 시범 보이고 학생들이 마인드셋 문장을 사용하여 연습할 수 있는 활동을 설정한다. 독립형 전략의 다른 예로는, 횡격막 호흡, 감정을 파악하는 기술, 시험 중 자신을 진정시키는 자기 대화 전략, 점진적 근육 이완, 감정과 행동에 관한 이야기할 기회로서 이야기 시간 활용, 문제 해결 및 의사결정을 위한 단계, 교사의 SEL 정보와 아이디어를 위한 심리 교육 전략(자세한 정보 및 아이디어는 O'Conner et al., 2017, p. 7 참조) 등이 있지만, 이에 국한되지 않는다.

더 나아가, 교육자가 인지하고 있지만 프로그램 일부가 아니거나 교실 환경에서 평가되지 않은 전략이 있을 수 있다. 때로는 전략이 유연하게 채택될 수도 있다. 우리의 경험에 따르면, 이러한 방식으로 전략을 적용하는 것이 새로운 것은 아니지만 어려움이 있다. 연구 기반이 제한적이고 단순히 좋은 아이디어라고 생각하여 전략을 채택하거나, 해당 전략이 원하는 결과를 도출하는 데 효과적이고 필수적인 요소인지 알지 못한 채 프로그램에서 단일 전략을 추출하는 데에는 위험이 따른다(Jones & Bouffard, 2012; Rimm-Kaufman & Hulleman, 2015).

그러나 우리는 교육자들이 더 많은 정보와 연수, 그리고 '지금 당장' '월요일 아침에' 사용할 수 있는 전략을 원할 것이라고 확신한다. 독립형 전략 접근 방식을 적용하는 것은 SEL에 대한 대부분의 연구가 전체 프로그램을 평가했기 때문에 새롭게 떠오르는 연구 분야이다(O'Conner et al., 2017). 또한 그것은 가장 유익한 효과가 있고 독립적인 전략으로 추출하여 사용할 수 있는 '적극적 요소(active ingredients)'를 결정할 수 있는 연구를 수행하는 데 큰 비용과 시간이 소요된다(Domitrovich, Syvertsen, & Calin, 2017; Durlak, 2015). 현재까지 SEL 실행을 위한 모범 사례는, (1) 효과적인 프로그램 및 전략의 사용, 교육, SEL을 전달하는 역량, (2) 실행자의 교육과 지원에 관한 확인, (3) 실행의 질과 학생 성과에 모니터링 및 평가 등을 포함하되 이에 국한되지 않는 여러 요소에 주의를 기울일 것을 강조한다(Durlak, 2015의 논의 참조). 이러한 중요한 실행 변수를 고려하지 않고 SEL 프레임워크가 없는 상태에서 독립형 전략을 사용하는 경우도 있다. 따라서 기존 SEL 프로그램과 반드시 연계되지 않은 전략의 사용을 고려할 때는 신중하게, 때로는 조심스럽게 진행하는 것이 가장 좋으며, 특히 그 사용을 뒷받침하는 연구가 거의 없는 경우에는 더욱 그렇다.

이러한 고려 사항에도 불구하고, 우리는 SEL 전략이 '학교의 필요와 상황에 맞는 접근 방식의 연속체'(Jones & Bouffard, 2012, p. 12)로, MTSS 내의 또 다른 구성 요소로서 효율적인 SEL 실천을 위한 수단으로 고려될 가능성이 있다는 의견에 동의한다. 전략은 전략적으로 선택되고 수업 시간 내내(그리고 그 이후에도) 통합되며, 학업 내용에 주입되고, 기존 SEL 프로그램을 이상적으로 보완한다. 또한 교사와 학생 간의 상호 작용 및 교실 분위기를 개선하기 위한 전략도 실행될 것이다. 이 두 가지 요소는 학생의 SEL을 촉진하는 데 중요한 것으로 알려져 있으며, 제4장에서 논의된다. 실제로 우리는 교실, 가정 및 임상 환경에서 효율적이고 효과적으로 사용되는 많은 전략(예: 긍정적 강화제 사용, 반성적 경청 기술, 호흡 전략, 타임아웃)을 알고 있으며, 이를 뒷받침하는 증거도 있다[전략 및 '개입 기술(kernels)' 개념에 대한 검토는 Embry & Biglan, 2008 참조; 전략을 SEL 프레임워크에 맞추는 것에 대해서는 Jones & Bouffard, 2012, pp. 11-14 논의 참조]. 논리적으로 학교에서 사회적 · 정서적 역량을 발달시키기 위해 추가 전략을 사용하는 것은 합리적이다.

독립형 전략을 효과적으로 사용할 수 있는 정도에 대한 질문은 가능성을 보여 주며, 전략의 선택과 실행이 SEL의 '큰 그림'과 어떻게 조화를 이룰 수 있는지에 대한 지속적인 고려를 강력히 지지한다. SEL에 대한 단편적인 접근 방식의 함정을 피하는 것이 지속 가능성과 성공에 가장 중요하다. 또한 데이터를 수집 및 검토하고 행동 방침을 재평가하는 계획을 세울 것을 강력히 권장한다. [그림 5-1]과 [워크시트 5-2]를 계획에 사용할 수 있다.

마지막으로, 교육자는 교실에서 자연스럽게 발생하는 상황을 통해 학생들에게 감정에 대해 가르치는 데 중요한 역할을 한다(Denham, Bassett, & Zinsser, 2012). 가정에서 부모가 자녀에게 감정에 대해 가르치는 것처럼, 교육자는 (1) 감정 확인, 이해 및 조절의 모델로서 역할을 하고, (2) 감정을 무시하거나 처벌하기보다는 수용, 공감 및 문제 해결 기술을 전달하는 방식으로 학생에게 반응하며, (3) 감정에 대해 학생을 교육함으로써 학생들의 SEL을 지원할 수 있다(Denham et al., 2012). 다음 가상의 시나리오는 교육자가 SEL 프로그램 일부로서의 전략과 프로그램과 독립적인 다른 전략을 모두 적용할 수 있는 방법을 보여 준다. 이러한 전략에는 호흡 연습, 자기 연민 언어 사용(자세한 내용은 Neff, 2003 참조), 감정 코칭의 원리([알아보기 5-2] 참조), 시각적 수업 지원, 아동 문학 활용(Doyle & Bramwell, 2006), 마인드셋의 원리를 전달하는 언어(Dweck, 2006) 등이 있다.

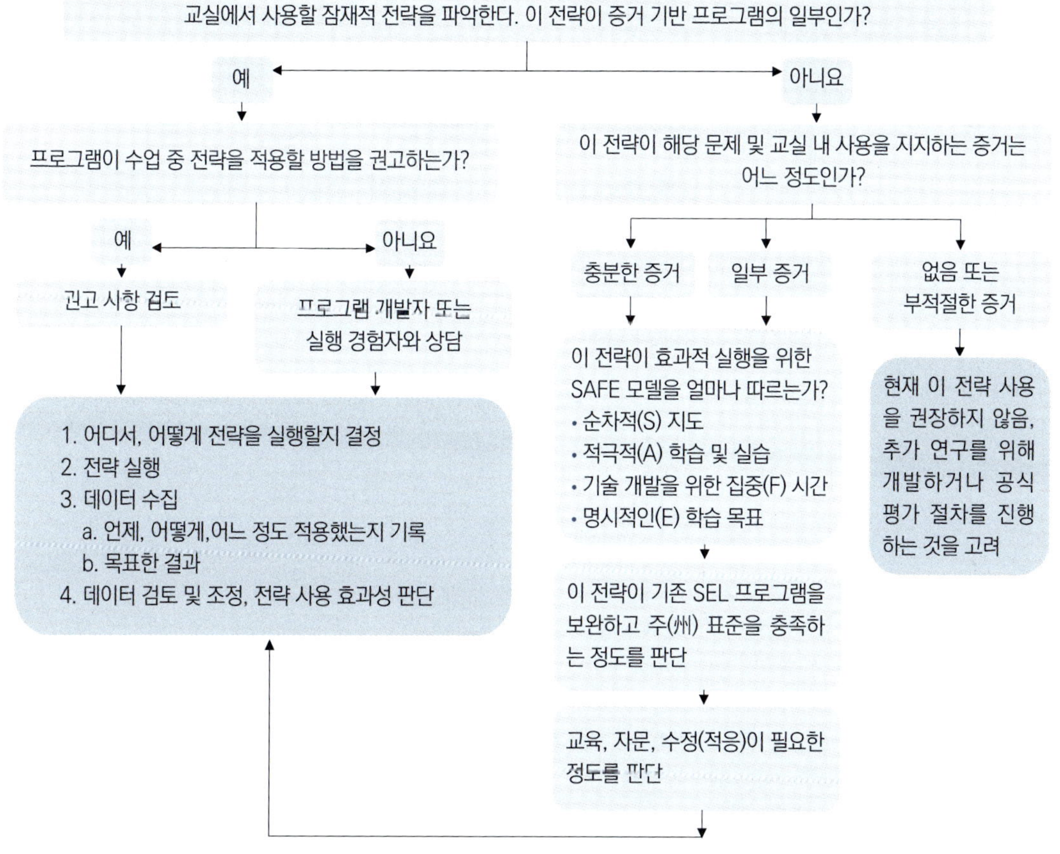

[그림 5-1] SEL 전략 평가를 위한 의사결정 나무

알아보기 5-2 감정 코칭: 사회정서역량을 키우기 위한 유망한 전략

감정 코칭은 자녀의 사회적 · 정서적 · 학업적 역량을 키울 수 있는 전략이다. 감정 코칭은 '감정적 순간'에 어른들이 감정에 대해 생각하고 아동에게 반응하는 방식에 초점을 맞춘다(Gottman, Katz, & Hooven, 1996).

- 감정은 불편하므로 경시해야 한다(무시하는 스타일).
- 감정은 통제되어야 하며 표현해서는 안 된다(인정하지 않는 스타일).
- 감정에 대해 가르치거나 행동에 제한을 두거나 문제를 해결하는 데 신경 쓰지 않고 감정을 표현해야 한다(자유방임 스타일).
- 어른들은 감정을 소중히 여기고, 감정에 귀를 기울여야 하며 문제를 해결하고 행동에 한계를 설정

한다(감정 코칭 스타일).

어른들은 아동들이 '높은 강도의 감정'(예: 격렬한 분노)을 경험할 때뿐만 아니라 낮은 강도의 감정(약간의 좌절감)을 경험할 때도 주의를 기울인다. 이렇게 하면 감정을 연결하고, 감정에 라벨을 붙이고, 감정을 공감하고, 이해하고, 검증하고, 한계를 설정하고 문제를 해결할 수 있는 많은 기회를 얻을 수 있다. 감정 코칭은 임상 및 비임상 학교 집단에 대한 포괄적인 개입 및 사전 예방 접근법의 일부로 점점 더 많이 사용되고 있다(예: Digby et al., 2017; Duncombe et al., 2016; Gus et al., 2015; Gus, Rose, Gilbert, & Kilby, 2017; Hurrell et al., 2017). 다음은 학생과 학교 상담사 간의 감정 코칭의 좋은 예와 잘못된 예이다.

좋은 예	잘못된 예
"타샤, 오늘 의사결정 수업에서 딜런이 역할극한 거 보고 좀 짜증 났던 거 아닐까 생각했어. 너도 역할극을 하고 싶었는데 내가 다른 친구를 골라서 실망했을 수도 있겠다 싶었거든. 당연히 실망할 수 있지. 그런데 네가 딜런한테 한 말은 좀 심했어. 딜런한테 미안하다고 사과해 줘. 너도 역할극을 해 볼 수 있도록 기회를 주고 싶구나. 내일 다시 해 보자."	"타샤, 네가 딜런에게 한 말은 매우 불친절했어. 지금 사과해 줘."

교사, SEL 전략을 학업에 주입하다

이틀 후면 학교는 주 정부 시험을 시작한다. 교사는 학생들이 더 안절부절못하는 행동을 보이고 일부 학생들이 점점 더 짜증을 내는 것을 발견한다. 말하자면 활동의 '주파수'가 평소보다 더 크고 강렬해졌다. 교사는 인내심이 줄어들고 스트레스 지수가 상승하는 것을 느낀다. 그는 자신의 스트레스를 해결하는 방법을 학급에 보여 주고(모델로서 역할하기), 학생의 감정 표현에 주의를 기울이고(반응하기), 상황에 대한 감정과 사고 방식에 대한 교육을 제공하기 위해 학급 학생들을 활동에 참여시킨다(가르치기).

교사가 모델이 되어 정서를 확인하고, 이해하며, 조절하기

교사 (학급 학생들에게 큰 소리로 말하며) 평소보다 스트레스가 좀 더 많은 것 같아요. 주 정부 시험이 다가오고 있고 많은 것을 해내야 하기 때문이 아닐까 싶어요. 저는 인내심이 조금 줄어들고, 마음이 조급해지고, 가슴이 더 빨리 뜨거워져서 스트레스를 받고 있는 것 같아요. 또한 주 정부 시험 준비를 위해 제가 할 수 있는 모든 지원을 다하고 싶어요. 저는 스스로에게 "그래, 이맘때는 시험 때문에 조금 더 힘든 시기야. 큰 시험을 앞두고 스트레스를 받는 것은 당연한 일이야. 다른 선생님과 학생들도 비슷한 경험을 하고 있을 거야."라고 말하죠. 다음으로 저는 심호흡을 몇 번 해요. 이 전략을 매주 SEL 프로그램의 일부로 사용하고 있는데, 이 상황에서도 시도해 보려고 합니다. 몸과 마음이 차분해지는 데 도움이 되는 좋은 방법이라고 확신합니다.

적용된 전략: 감정 확인, 자기 연민 언어, 기존 SEL 프로그램의 일부로서 호흡

교사가 학생의 감정에 반응하기

교사 무니르(Munir), 지금 정말 답답한가 봐. 얼굴이 화난 것 같고 팔짱을 끼고 있고 말을 하지 않아서 궁금해. 무슨 일이니?

무니르 시험 보기 싫어요. 멍청한 짓이죠.

교사 알겠어. 시험을 보고 싶지 않고 바보 같다고 생각하는구나. 또 다른 거는? (교사의 몸짓 언어는 눈을 마주치고 편안한 얼굴과 차분한 목소리로 주의를 전달한다. 교사는 학생의 '위에' 서서 싸우거나 도망가는 반응을 유발하지 않도록 학생 옆에 앉는다. 교사는 학생이 자신을 표현하도록 격려하고, 학생에게 다그치거나 조언을 제공하거나 그렇게 느끼면 안 된다고 설득하려고 하지 않음으로써 모든 감정이 적절하다는 것으로 받아들이게 한다. 교사는 이 상황을 연결하고, 지원하고, 가르칠 수 있는 기회로 여긴다.)

교사 정말 힘든 상황이지. 모든 사람이 시험을 치러야 하니 불가능한 일처럼 보이기도 해. 선생님도 주 정부 시험을 치를 때 가끔 시간 낭비처럼 느껴지고 수학이 너무 어려워서 긴장했던 기억이 나. 당연히 짜증이 나! 선생님이 도와주고 싶어. 몇 가지 선택에 대해 간략히 말해 줄게.

적용된 전략: 감정 파악을 통한 감정 코칭, 신체 언어와 구두 언어를 통한 공감 표현, 학생의 감정과 관점 이해 및 검증, 문제 해결

학생에게 감정에 대해 가르치기

교사 (SEL 프로그램의 일부인 일반적인 학급 회의 시간에 학생들을 모이게 하여, 다가오는 시험에 대해 이야기한다.) 또 누가 주 정부 시험 때문에 스트레스를 받고 있나요? 벽에 걸린 '감정 바퀴(emotions wheel)' 그림을 보고 '우리가 경험하고 있는 감정'을 몇 번 돌아가면서 찾아보세요.

(이 토론 후, 교사는 스트레스를 받는 학생에 관한 문학 도서의 한 부분을 읽고 그가 어떻게 하는지 설명한다. 이 책은 사용 중인 SEL 프로그램에서 추천한 책이다.)

교사 이 학생도 비슷한 감정을 느꼈던 것 같네요. 이 학생은 어떤 행동을 해서 도움이 되었나요? 도움이 되지 않았나요? 시험과 같은 상황을 어떻게 배움의 기회로 바라볼 수 있는지 기억하시나요? 당신 모두 며칠 동안 많은 집중을 하게 될 거라는 것을 압니다. 이번 시험은 당신이 알고 있는 것을 보여 줄 수 있는 시간이며, 새로운 것을 배우기 위해 함께 노력할 수 있는 기회이기도 합니다. 시험에서 모르는 것이 있다면 곧 알게 될 것입니다.

적용된 전략: 감정 인식을 활용한 감정 코칭, 몸짓과 언어를 통한 공감 표현, 학생의 감정과 관점을 이해하고 타당하게 여기기, 문제 해결하기

이 장은 특히 SEL과 학업 사이의 교차점에 초점을 맞추고 있지만, SEL 전략은 개별 수업 시간에 국한되지 않고 학교에 있는 시간 전반에 걸쳐 실행하는 것이 가장 좋다. 학교에서의 역량에는 학업 성취도 지표 이상의 것이 포함되므로, 학교 수업과 수업 이후에도 학생들이 참여하는 활동을 고려하는 것이 현명하다. 이를 위해 [그림 5-1] 및 [워크시트 5-2]는 SEL 전략을 적용하는 방법을 고려하기 위한 구조를 제공한다.

5 가족 및 지역사회 파트너와의 관계 구축

SEL에 생태학적 프레임워크를 수용하는 것은 학생들과 상호 작용하고 지원하는 다른 성

인, 즉 시스템을 포함한다는 의미이다. 교육자, 양육자(예: 부모, 조부모, 보육 및 방과 후 교육 제공자), 지역사회 파트너(예: 의료 전문가, 학령 전 협의회, 튜터, 코치) 간에 SEL과 학업이 상호 작용하는 방식과 성인이 학생 역량을 지원하는 데 적극적인 역할을 할 수 있는 방법에 대해 비교할 수 있는 몇 가지 기회가 있다. 학생의 학업이 잘 진행되지 않거나 다른 우려되는 행동이 있을 때 양육자와 대화를 나누고, 같은 이유로 지역사회 서비스 제공자와 협력하고 있다. 사회정서역량과 학업 성취도 사이의 연관성을 논의하는 것은 직관적인 논의이지만 교육자가 불편함을 느낄 수 있는 주제이다. 고등학교 2학년 자녀를 둔 학부모가 수학 선생님과 중간고사 성적에 대해 논의하는 다음의 예를 생각해 보라.

부모 제 딸이 수학을 못 한다고요? 괜찮은 대학에 입학하려면 최소한 B 학점을 받아야 해요. 이해가 안 돼요. 딸은 항상 잘해 왔는데요.

교사 성적이 더 좋았다면 대학 지원에서 훨씬 더 유리한 위치에 있었을 것이라는 걱정을 이해합니다. 성적이 떨어진 이유에 대한 부모님의 견해를 듣고 싶어요. 제 생각에는 최근 자녀가 더 조용해 보이고 지난 2주 동안 숙제를 제출하지 않은 것 같아요. 어떻게 생각하시나요?

부모 네, 지도 알아차렸어요. 제 생각에는 이른 아침까지 방에서 휴대폰을 하고 있는 경우가 많았어요. 최근에 책을 펴는 걸 본 적이 없어요. 잘 모르겠어요. 저녁에는 피곤해요. 도와주고 싶은데 어떻게 해야 할지 모르겠어요. 수학을 도와줄 수는 없을 것 같아요.

교사 네, 비슷한 증상이 있는 것 같네요. 저는 집중력과 에너지 수준에 영향을 미칠 수 있는 다른 일이 일어나고 있는 건 아닌지 궁금합니다. 만일 그렇다면, 학업에도 영향을 미칠 수 있겠네요. 지금 우리가 하고 있는 가장 중요한 일은 이 대화를 통해 자녀를 지원하는 것입니다. 자녀를 돕기 위해 최선을 다하고 있으시다는 것을 알고 있습니다. 과거에 도움이 되었거나 새롭게 도움이 될 만한 아이디어가 있으신가요?

부모 딸아이가 어렸을 때는, 가끔 결정을 내리는 것이 정말 어렵지만 아이에게 도움이 되는 결정을 내리는 것에 관해 이야기했었죠. 지금 아이와 그런 대화를 나누고 싶지만, 어떻게 해야 할지 모르겠어요.

교사 아, 그거 정말 흥미롭네요. 2학년 과학 수업에서 의사결정 기술을 배우고 있어요. 그 이야기를 우리 교실에서도 나누어 보면 좋겠네요. 저희가 몇 가지 제안드릴 수 있고, 집에서도 시도해 보실 수 있어요. 그런데 먼저, 따님과 그런 대화를 어떻게 나누셨어요? 잘되었던 점은 무엇이었나요?

이 대화는 의미 있고 효과적인 파트너십을 위한 좋은 시작이다. 교사가 가족에게 SEL과 학업의 교차점에 대한 정보를 제공할 수 있는 또 다른 예를 생각해 보라.

학령 전 교사 지아 웡(Jia Wong)은 학년 초에 학부모들을 위한 안내 모임을 연다. 그는 해당 학년 동안 학교에서 운영할 SEL 계획을 소개하는 자료를 준비해 왔다. 이 자료에는 사회적·정서적·학업적 기술이 어떻게 서로 연관되어 있는지를 설명하는 일반적인 심리교육 정보가 포함되어 있다. 웡은 또한 학생들이 학년 중에 배우게 될 SEL 기술에 관해서도 설명한다. 그는 학부모가 이러한 전략과 기술을 가정에서도 활용할 수 있도록, 예시와 함께 연 4회 가정으로 안내문을 보낼 계획이다. 여기에 추가 자료(예: 웹사이트, 책, 학부모 모임 등)도 포함된다. 학년 초 모임에서 이 정보를 간단히 소개한 후, 학부모 상담이나 교내에서 학부모를 만날 때마다 계속 내용을 공유한다. 또한 그는 SEL 내용이 가정에 얼마나 도움이 되었는지에 대해 학부모에게 정기적으로 피드백을 요청한다. 초기 모임이나 상담에 참석하지 못한 학부모에게는 정보를 집으로 보내고, 가족과의 연락을 위해 전화도 한다. 웡은 시간이 지나면서 학부모들과의 대화가 어떤 때는 짧고, 어떤 때는 꽤 길어질 수 있다는 것을 알게 되었다. 그는 학부모들이 SEL에 대해 더 알고 싶어 하고, 자녀를 지원하고자 하는 열의가 크다는 것을 느낀다. 또한 다양한 관점과 의견을 듣고 이를 SEL 팀에 공유한다.

마지막으로, 학생들을 돌보고 관심을 가지는 어른들과 정보를 교환하는 것이 사회적·정서적·학업적 연결을 증진하는 데 얼마나 가치 있는지를 보여 주는 예시들을 소개한다.

- 민감한 주제(예: 노예제, 생물학적/입양 가족, 젠더 문제, 강제 또는 자발적 이민, 마리화나 합법화, 총기 권리 등)를 다루기 전에, 한 사회과 교사는 학급에서 해당 주제를 다룰 예정임을 미리 학부모에게 알린다. 그녀는 학부모가 가정에서 자녀와 이 주제에 대해 어떻게 대화를 나눌 수 있는지에 대한 제안을 제공하고, 학부모가 자신의 생각을 제시하거나 우려 사항을 공유하도록 독려한다.
- 지역 정신건강 서비스 제공자가 교사에게 연락해서 한 학생의 행동에 대해 이야기한다. 제공자는 그 학생의 성적과 학습 습관, 그리고 학교에서의 행동이나 학업 성과에 영향을 주기 위해 어떤 SEL 기술 프로그램을 쓰고 있는지 물어본다.
- 한 학습 튜터와 중학교 교사가 협력해서, 어떤 학생이 "나는 이거 못 해."와 같은 자기 비하적인 말을 자주 한다는 점과 수학에서 어려움을 겪는다는 점을 공유한다. 이들은 그 학생이 성장 마인드셋을 가질 수 있도록 SEL 프로그램에서 제안하는 전략을 활용해 보는 것에 대해 고려한다.

이러한 협업 노력에서 가장 어려운 점은 아마도, (1) 시간에 쫓기는 상황에서 모든 당사자가 서로 대화할 수 있는 시간이 제한되어 있다는 점, (2) 대화를 시작하는 데 있어 불편함, 관점을 공유하는 데 있어 우리의 역할에 대한 불확실성, 그리고 대화가 어떻게 받아들여질지에 대한 불확실성, (3) 변화에 대한 의구심일 것이다. 이러한 잠재적 장벽을 모든 측면에서 고려하는 것이 좋다. 전문 문헌과 동료들과 상의하여 학생들을 돌보는 다른 사람들과의 대화에 참여할 때 시간적 제약과 불안을 관리할 수 있는 전략을 찾아보자. 건강한 인간 발달을 지속적으로 촉진하려면 생태학적 접근 방식을 활용해야 한다. 이러한 논의에 참여하여 긍정적인 변화를 이끄는 것이 다원주의 사회에서 교육이 해야 할 역할의 일부라고 믿는다. 이 책의 나머지 부분에서는 학교, 가족, 지역사회 파트너가 협력할 방법을 다시 살펴볼 것이다.

6 맺음말

이 장에서는 사회적 · 정서적 기능과 학교에서의 역량 간의 연관성, 전략적인 SEL 프로그램과 전략이 할 수 있는 역할, SEL을 학업과 통합하는 방법, 그리고 학교, 가족, 지역사회 파트너의 참여 중요성을 강조했다. 이 분야는 이러한 목표들을 어떻게 달성할 수 있을지에 내한 이해가 점점 향상되고 있다. 요약하자면, 학교에서의 역량에는 학업 성취도, 학교에 대한 태도, 그리고 학습 및 학습 결과를 보여 주는 데 필요한 행동들이 포함된다.

- 학교에서의 역량에는 학업 성취도, 학교에 대한 태도, 학습에 필요한 행동과 학습을 입증하는 행동에 대한 지표가 포함된다.
- SEL 내용을 학업에 적용하는 것은 일상적인 학습 중에 SEL을 통합하는 데 효율적이고 의미 있으며 효과적인 수단이 될 수 있다.
- 학업 성취도가 사회정서역량에 영향을 미치는 것처럼, 사회정서역량은 학업에 긍정적인 영향을 미칠 수 있다.
- SEL 프로그램 및 전략은 SEL과 학업을 통합할 수 있는 유용한 전달 매체이다.
- 가족 및 지역사회 파트너와의 협업은 SEL의 생태학적 접근 방식에 필수적이다.

워크시트 5-1 성찰

상당한 스트레스, 슬픔, 좌절, 걱정, 사회적 갈등, 또는 기타 사회적 · 정서적 요인을 겪었던 때를 떠올려 보고, 다음 질문에 대해 생각해 보라.

- 이와 같이 힘들었던 감정 상태를 겪으면서도 효율성과 정확성을 유지하며 당신의 업무를 완성하려고 했을 때 어땠는지 설명해 보라.
- 상대적으로 스트레스를 더 적게 받았던 시기를 떠올려 보고, 그때 직장과 집에서의 일 처리 경험은 어땠는지를 고려해 보라.
- 스트레스를 이겨 내는 데 도움이 됐던 전략은 무엇인가?
- 새롭게 시도해 보고 싶은 전략이 있는가?

워크시트 5-2 SEL 프로그램 및 전략을 학업과 통합하기

프로그램 검토 과정([워크시트 3-1] 및 [워크시트 3-2])으로 돌아가서, 해당 프로그램(또는 전략)이 제시한 다음 두 가지에 대한 권고 사항을 확인해 보라.

(1) 수업을 언제 진행할 것인가
(2) 하루 중 다양한 시간대나 상황에 따라 전략을 어떻게 그리고 언제 적용할 것인가

- 만약 권고 사항이 없다면, 담임 교사를 포함한 팀 전체가 논의했을 때 적절하다고 여겨지는 시간과 기회를 목록으로 작성해 보라. SEL 내용을 가장 효과적으로 전달할 수 있는 교과목은 무엇인가? 정보를 전달하기 위해 어느 정도의 시간이 필요한가? 특정 수업 내용과 전략을 다른 교과목(또는 급식실, 복도, 등하교 시간 등과 같은 '비학업적'시간)에 적용할 수 있는 다른 시간대가 있는가?
- 요구 측정 데이터를 바탕으로, 학생들에게 SEL 전략적 수업이나 지원이 더 많이 또는 덜 필요했던 특정 시간대가 있었는지 검토해 보라.
- 다른 학교나 교육청에서는 해당 프로그램 또는 전략을 학업과 어떻게 통합했는지 논의해 보라. 이를 위해 어떤 조정이 이루어졌는지도 함께 정리해 보라.
- [그림 5-1]에 제시된 의사결정 나무를 검토한 후, 현재 고려 중인 전략에 적용해 보라. 이 활동을 바탕으로 실행할 계획을 구체적으로 정리해 보라.
- 학교 교직원, 양육자, 지역사회 파트너들과 공유할 계획을 작성해 보라. 이 계획은 SEL과 학업 성취 간의 관계를 설명해야 한다. 참고 자료로 [유인물 2-1], [알아보기 5-1], 〈표 5-1〉을 활용하라.

제6장

단일 모델 적용의 부적합성*

다문화 세계에서 SEL 적용하기

문화에 대한 더 풍부하고 복잡한 개념화로부터 많은 것을 얻을 수 있다(Hecht & Shin, 2015, p. 50).

문화적으로 민감한 SEL이란 무엇을 의미하는가? 왜 필요한가? 자기 인식, 사회적 인식, 책임 있는 의사결정, 관계 기술, 자기 관리가 모든 문화와 인종에 걸쳐 동일하게 필요한 것으로 보이지 않는가? 이것은 내(S.C.O.)가 부모님과 동료들에게 나의 관심 연구에 관해 이야기할 때 받는 가장 일반적이고 유용한 질문 중 하나이다. 나는 거의 20년 동안 문화적으로 반응하는 SEL에 참여한 특별한 경험이 있다. 이 기간에 많은 변화가 있었다. SEL에 대한 주 공무원, 교사, 대학원생, 심지어 친구와 가족의 관심이 높아지고, 모든 학생의 역량과 전체적

* 제6장은 사라 캐스트로-올리보(Sara Castro-Olivo), 아나 다브레우(Ana d'Abreu), 제시카 퓨러(Jessica Furrer), 오스카 위달레스-베니테즈(Oscar Widales-Benitez)가 집필하였다.
사라 캐스트로-올리보 박사는 텍사스 A&M 대학교 교육심리학과 부교수이다. 아나 다브레우는 텍사스 A&M 대학교의 학교심리학 전공 박사과정에 재학하고 있는 대학원생이며, 캘리포니아 오렌지 카운티에 있는 웨스턴 유스 서비스(Western Youth Service)에서 박사학위 취득 전 인턴십을 이수 중이다. 제시카 퓨러는 텍사스 A&M 대학교 학교심리학 프로그램의 박사과정 중이다. 오스카 위달레스-베니테즈 박사는 아동 건강 의료시스템 내 달라스 아동의학센터(Children's Health, Children's Medical Center Dallas)에서 심리학 박사 후 연구원으로 일하고 있다.

인 표준을 수립하려는 미국 내 여러 주에서 새로운 운동이 일어나고 있다는 사실에 흥분을 느끼지 않을 수 없다.

수십 년 동안 우리는 학교가 학생들의 학업적 · 사회정서적 발달/회복탄력성을 지원해야 할 상황들을 보아 왔다(Greenberg et al., 2003). 사회과학자들은 일부 학생들이 오늘날의 글로벌 경제/사회에서 경쟁력을 갖추기 위한 사회정서적 기술을 배울 수 있는 기회를 얻을 수 있는 유일한 환경이 학교일 수 있다는 데 동의했다. 그러나 학교에서 보편적 SEL 프로그램의 시행은 비교적 최근의 일이며, 매우 빠른 속도로 확산되고 있어 많은 사람이 모든 학생의 SEL 발달을 동일한 방식으로 지원하고 있는지에 대해 의문을 제기하고 있다.

역사적으로 감정의 조절과 표현은 세대에서 세대로, 가족/가정 환경에서 전수되고 모방되는 일련의 기술, 가치, 관습 등으로 간주되어 왔다(Bridgett, Burt, Edwards, & Deater-Deckard, 2015; Castro, Halberstadt, Lozada, & Craig, 2016). 이를 고려할 때, 우리는 모든 학생에게 동일한 방식으로 SEL 교육과 지원을 제공하는 접근 방식을 옹호하는 것이 어렵다고 생각한다. 다양한 배경(인종/민족, 언어, 성적 정체성, 사회경제적 지위, 출신 국가 등)을 가진 학생들은 그들의 문화적 현실과 조화를 이루는 SEL 교육이 제공될 필요가 있다고 강하게 믿는다. 그들의 문화적 현실에 맞추어야만 SEL 교육과 지원에 대한 동등한 접근을 진정으로 보장할 수 있다.

나(S.C.O.)는 항상 나의 연구 관심사가 개인적인 경험에서 비롯되었음을 솔직히 밝힌다. 나는 14세에 엘살바도르에서 미국으로 이주하면서 영어를 전혀 모르고 수년간 가족과 떨어져 지낸 경험이 있다. 이러한 개인적인 경험은 내가 학교 심리학 학위를 취득하고, 학교 환경에서 문화적 · 언어적으로 다양한(Culturally And Linguistically Diverse: CLD) 아동들 사이에서 회복력을 증진하기 위한 개입 작업에 몰두하게 했다. 나는 주로 소수 민족 아동 및 가족과 함께 작업해 왔는데, 이러한 작업은 나의 생각과 학교 환경에서 문화적으로 민감한 SEL의 필요성을 확인시켜 주었다. 아직도 기억나는 것이 있는데, 한번은 갱단에 연루되고, 임신한 여자 친구가 있으며, 약물 사용을 공개적으로 인정하는 14세 소년이 상담 회기 중에 나에게 이렇게 말한 적이 있다. "지금, 이 순간, 당신은 내가 가장 좋아하는 사람이 아닙니다." 나는 충격을 받았다. 우리는 이전의 여섯 번의 회기 동안 강한 관계를 형성했다고 생각했기 때문이다. 왜 지금 그가 나를 좋아하지 않는다고 말하는 걸까? 나는 빠르게 반응하여 "좋아요. 얼굴을 마주하고 이런 말을 들은 건 처음이에요. 더 이야기해 주세요."라고 말했다. 그러자 그가 나의 경력에 큰 영향을 미친 말을 했다. "많은 상담사와 교사가 내가 왜 약물을 끊어야 하는지 말해 왔지만, 당신은 실제로 내가 그 필요성을 느끼게 만든 첫 번째 사람이에요. 약물을 좋아하지만, 당신의 말이 맞아요. 그래서 지금은 당신이 제일 싫어요. 이제 정말 약물을 끊어야 할지 생각해 봐야겠어요. 당신 때문에요!" 말할 필요도 없이, 그는 나의 하루를 빛나게 만들었다! 당시 나는 인턴이었지만, 이 소년에게 다른 전문가들이 여러 번 이야기했던 것을 생각하게 했다는 사실을 깨달았다. 차이점은 무엇이었을까? 나는 그의 문화적 현실에 맞추어 개입하는 것을 두려워하지 않았다. 그의 언어를 사용하고 솔직한 예를 제공하는 것을 두려워하지 않았다. 대면하여 이야기하는 대신, 우리는 직접적인 눈 맞춤을 최소화하기 위해 그림을 그리는 것에 집중했다. 나는 인지 행동 치료(Cognitive-Behavioral Therapy: CBT) 회기를 그의 현실에 맞추었지, 그의 현실을 우리의 CBT 회기에 맞추지 않았다.

이 장에서는 먼저 문화적으로 조정하는 SEL의 필요성과 우리가 서비스하는 아동 및 청소년의 문화적 현실에 맞추어 SEL 교육을 조정할 필요성을 설명한다. 그런 다음, 문화적으로 조정된/민감한 개입을 지지하는 연구에 대한 간략한 요약을 제공하고, 적용을 안내하는 데 사용할 수 있는 관련 프레임워크들을 검토하며, 다문화 교실이나 CLD 집단에 SEL 개입을 시행할 때 실무자들이 고려할 수 있는 모델을 제시한다.

1 문화적으로 민감한 SEL이란 무엇인가

문화적으로 민감한 SEL이 무엇인지, 그리고 이를 모든 교실에서 교사들이 어떻게 실천할 수 있을지에 대해 질문을 받을 때마다 나는 간단하게 설명하려고 한다. 나의 설명은 주로 문화적으로 민감한 SEL이란 우리가 제공하는 SEL 교육을 우리가 서비스하는 아이들의 문화적 현실에 맞추는 것이라고 말한다. 학생들은 SEL 프로그램이 자신들을 위해 개발된 것이며 그들의 현실과 일치한다고 느껴야 한다. 이는 우리가 그들이 일상생활에서 SEL 기술을 어떻게 적용할 수 있는지에 대한 예시를 제공해야 함을 의미한다. 학생들의 경험이 그들의 현실을 형성하며, 그 현실은 그들의 문화에 뿌리를 두고 있다.

수십 년 동안 정신건강과 인간 발달 분야에서는 문화의 중요성이 논의되어 왔다. 이 전제에 기반하여, 정신건강 전문가들은 민감하고 윤리적이며 효과적인 교육, 연구, 실천에 참여하기 위해 자신과 다양한 내담자들의 세계관, 삶의 경험, 문화적 현실에 대한 인식을 통해 역량을 갖출 것을 요구받아 왔다(Sue, Arredondo, & McDavis, 1992). 마찬가지로, 문화적 민감성은 상담 영역을 넘어 일반 교육 교실에서의 SEL 교육과 개입으로 확장되어야 한다. 이는 문화적 현실이 인종, 민족적 배경, 언어, 출신 국가 이상을 포괄한다는 이해에서 시작된다.

문화적 현실을 완전히 고려한다는 것은 실무자들(예: 학교 상담사, 교사, 심리학자)이 CLD 집단에 대한 평가, 사례 개념화, 개입 전달에 **생태학적 관점**을 취해야 한다는 것을 의미한다(논의를 위해 Hecht & Shin, 2015 참조). 이러한 접근법을 통해 우리는 아동의 행동과 필요를 그들이 삶에서 접하는 여러 시스템과의 상호 작용의 결과로 볼 수 있다.

가족 내의 부모-자녀 관계와 문화 적응 격차와 같은 좁은 범위의 가족 특정 요인뿐만 아니라, 연방 정책 및 미디어에서 아동의 문화 집단 구성원들이 묘사되는 방식과 같은 넓은 범위의 요인은 아동의 발달과 학교 및 사회에서의 전반적인 성공에 지속적인 영향을 미칠 수 있다. 이러한 현실을 이해하도록 돕지 않고, SEL 기술을 사용하여 잠재적인 어려움에 대처하는 방법을 명확하게 가르치지 않는 것은 학교 시스템에서의 부실 행위로 간주될 수 있다. 문화적으로 민감한 SEL 실천을 하지 않는 것은 '전인적인 아동' 발달을 지원하겠다는 우리의 목표를 충족시키지 못하는 것과 같다. 주류 또는 문화 중립적인 실천을 따르는 것은 학생들이 SEL 교육에 참여하지 않게 만들고, 우리가 가르치는 내용이 자신들과 같은 아이들에게는 적용되지 않거나 일반 교실이 자신들과 같은 학생들을 위한 것이 아니라는 인식을 가지게 할 수 있다(즉, 소속감을 느끼지 못함). 우리가 문화적으로 민감한 학교 기반의 SEL를 광범위하게 시행한 결과, 많은 CLD 학생에게 차별과 사회경제적 불평등을 겪는 그들의 경험과 일치하지 않는 예시나 실천을 제공하는 것은, 프로그램이 전형적인 환경에서 자란 아이들에게만 적용되고 자신들과 같은 학생에게는 해당되지 않는다는 메시지를 전달하고 있음을 알게 되었다. 미국 전체 공립학교 학생 인구의 거의 절반이 CLD 집단으로 분류되는 상황에서(National Center for Education Statistics: NCES, 2018), 교실에서 문화를 무시하는 것은 좋지 않은 결과를 초래할 수 있다. 연구에 따르면, 전체 교사 중 공립학교 교사는 80%에 해당하는데, 이들 공립학교 교사 중 20%만이 교사 교육 프로그램에서 충분한 다문화 역량 교육을 받았다고 보고한다(King & Butler, 2015). 아동이 SEL 기술을 적용하는 방법을 진정으로 돕고자 하는 교육자들은 최소한 교육 프로그램의 주요 목표 중 일부(예: 기술 개발 및 환경 전반에 걸친 일반화)를 충족할 수 있도록 문화적으로 민감한 프레임워크를 채택할 것을 권장한다.

CLD 청소년을 위한 적절한 개입 중에서 증거 기반을 가진 것은 얼마 되지 않는다(예: Villarreal, 2014). 또한 증거 기반이거나 이론 기반의 개입을 다양한 사회의 구성원에게 문화적으로 적합하게 만드는 것은 쉽지 않은 과제이다. 우리는 종종 교육자들이 인종, 언어, 성별, 사회경제적 지위와 상관없이 교실 내 모든 학생에게 도달할 수 있도록 문화적으로 민감한 실천을 실행하는 데 도움이 되는 모범적인 단계에 대하여 질문을 받는다. 그러나 우리는 모범적 제안을 제시하는 데 어려움이 있다. 이는 각 학급의 개별 학생은 그의 문화적 현실이나 공동체 내에서 다양한 맥락적 요인에 기반하여 다를 수 있기 때문이다. "이 상황에서 무엇을 해야 합니까?"라는 질문을 받으면 종종 "상황에 따라 다릅니다."와 "더 자세히 이야기해 주세요."라고 답변을 할 수밖에 없다. 처방적인 답변이 훨씬 더 효율적으로 느껴질 것이다! 하지만 SEL 실천을 조정하는데 수반되는 어려운 과제를 생각할 때 다양한 정보를 신중하게 고려하는 것은 필수적이다. 우리는 이 과정에서 우리를 이끌어 줄 프레임워크를 사용할 수 있으며, 성장 사고방식을 적용하여 이 어려운 작업을 지원할 수 있다. 의미 있는 조정을 하는 것은 쉬운 일이 아니며, 우리는 어려움을 겪을 수 있다. 그러나 이러한 노력이 우리와 학생들을 더 강하게 만들 것이다(마인드셋에 대해서는 Dweck, 2006 참조). 학생들의 필요에 맞게 SEL 실천을 조정하는 것은 학생들에게 더 큰 도움이 될 것이다(Durlak, 2015). 따라서 우리의 노력은 그만한 가치가 있다.

요약하자면, 우리는 교육자들에게 문화적으로 민감한 실천을 끊임없이 발전하는 틀과 지속적으로 적용해야 하는 도전적 과제로 본다. 최선의 방법은 일률적인 접근 방식을 지양하고, 학생들의 문화적 현실에 대한 우리의 지식이 CLD 학생들의 실천과 상호 작용을 이끌 수 있는 유연한 방식을 찾아내는 것이다.

2 우리 공동체의 다양성에 대한 이해

다양성은 여러 가지 형태로 나타난다. 이 절에서는 미국 내 인종, 민족, 언어의 다양성 특성에 초점을 맞추지만, 학생들의 문화적 현실에 이바지하는 다양한 요인을 고려하는 것이 중요하다. 이러한 요인들에는 도심, 교외, 농촌, 또는 도서 지역과 같은 거주 지역의 지리적 특성, 독특한 기회와 도전 과제를 제공하는 지역적 차이, 사회경제적 지위와 주거 상태, 종교적 소속, 성 정체성, 이민 신분, 성적 지향, 건강과 발달적 차이가 포함되며, 이에 국한되지 않는다. 학생들을 다차원적이고 민감하며 끊임없이 발전하는 시각으로 바라보는 것은 SEL의 맥락에서 그들의 필요를 신중하게 고려하는 데 도움이 될 것이다.

수년간 미국 내 학생 인구통계는 변화해 왔다. 예를 들어, 2002년과 2012년 두 시점에서 측정된 데이터를 사용하고 2024년까지의 데이터 추세를 예측한 결과, 2015년에 미국 교육부에서 발표한 보고서(Kena et al., 2015)는 공립학교에서 인종/민족 범주에 이러한 변화가 있음을 보여 주었다. 백인 학생 등록 수는 2002년 59%에서 2012년 51%로 감소하였고, 2024년에는 46%로 예측되었다. 히스패닉 학생 등록 수는 2002년 18%에서 2012년 24%로 증가하였고, 2024년에는 29%로 예측되었다. 흑인 학생 등록 수는 약간 감소하여 각각 17%, 16%, 15%를 기록했다. 아시아/태평양 섬 주민 학생 등록 수는 각각 4%, 5%, 6%로 약간 증가했으며, 두 개 이상의 인종에 속하는 학생들도 각각 1%, 3%, 4%로 증가했다. 아메리카 원주민/알래스카 원주민 등록 수는 1%로 일정하게 유지되었다. 이 포괄적인 보고서에는 영어 학습자 비율, 「장애인 교육법」에 따라 서비스받는 아동, 사립 및 대안학교 등록, 빈곤 가정 아동, 졸업률, 고등 교육 성과와 같은 다른 인구통계 측면에 대한 데이터도 포함되었다. 이러한 데이터 요약보고서는 우리가 SEL 계획 및 실행 과정을 고려할 때 학생들, 가족, 지역사회의 특성과 잠재적인 필요에 대한 이해를 넓히는 데 도움을 줄 수 있다.

인종적 다양성의 증가는 언어적 다양성의 증가와 관련이 있으며, 이러한 증가하는 학생 집단을 보다 효과적으로 지원하기 위해 교육 프로그램의 필요성이 제기되고 있다. 평균적으로 라틴계 학생의 30%, 아시아 학생의 20%, 태평양 섬 주민 학생의 15%가 영어 학습자(English Language Learners: ELL)로 분류된다(Kena et al., 2015). 공립학교에 등록한 학생 10명 중 약 1명이 ELL 서비스를 받는다. 텍사스와 캘리포니아 같은 일부 주에서는 더 많은 학생이 ELL 서비스를 받는다(각각 17%와 22%; Kena et al., 2015). 이 통계는 모국어 또는 능숙한 언어가 영어가 아니지만 학교에서 해당 서비스를 이용할 수 없거나 부모가 그러한 서비스를 거부하기 때문에 ELL 서비스를 받지 못하는 학생들을 제외했다.

미국 학교에서 수년간 학생들의 인구 구성이 변화해 왔지만, 몇몇 중요한 통계는 여전히 긍정적인 방향으로 개선되지 않았다. 예를 들어, CLD 학생들의 등록 비율은 증가했지만, 이들은 여전히 우수한 프로그램이나 졸업률에서 저조한 비율을 보인다(Kena et al., 2015). 라틴계 학생들은 다른 인종 집단에 비해 가장 높은 중퇴율을 보이며, 그 뒤를 흑인 학생과 원주민 학생들이 따르고 있다. 특히 외국에서 태어난 학생들은 중퇴 위험이 두 배 가까이 높아, 미국 태생 학생이 5%인 데 비해 9%에 이르고 있으며(Kena et al., 2015), 10명 중 1명은 미국 학교에 등록하기 전에 학업이 중단되었다(Potochnick, 2018). 정규 교육이 제한적이거나 중단된 학생들(Students with Limited Or Interrupted Formal Education: SLIFE)은 전체 중퇴자의 35% 이상을 차지한다(Fry, 2005). 인종적 소수 학생들은 중퇴율뿐만 아니라 특수 교육 프로그램, 특히 학습장애와 정서장애 범주에서도 높은 비율을 보이며, 정학 처분을 받을 확률도 크다(Kena et al., 2015). 또한 인종 및 민족적 소수 학생들은 청소년 교정 시스템에서도 높게 나타나고 있다. 흑인 청소년들은 백인 청소년보다 더 높은 비율로 체포되며, 청소년 사법 시스템의 여러 단계에서 비율적으로 과도하게 나타나고 있다(Sickmund & Puzzanchera, 2014).

스트레스, 트라우마, 그리고 정신건강 문제는 CLD 학생들에 대한 연구에서 자주 간과되는 주제이며, 이러한 문제의 상황을 정확히 파악하기 어렵게 만든다. 또한 일부 연구는 제한된 샘플에서 얻은 결과를 특정 민족 집단 전체에 과도하게 일반화하는 경향이 있어, 한계를 드러낸다(Lopez, Edwards, Teramoto Pedrotti, Ito, & Rasmussen, 2002). 연구 결과는 유사한 집단 내에서도 특정 문제에 대해 상이한 추정치를 보여 주고 있다. 예를 들어, 일부 연구는 외국 태생 청소년들이 미국 태생 청소년들보다 정신건강 문제를 덜 겪거나 더 많이 겪는다는 상반된 결과를 제시했다(예: 논의를 위해 Bridges, de Arellano, Rheingold, Danielson, & Silcott, 2010; Huang, Calzada, Cheng, & Brotman, 2012 참소). 또한 유럽계 미국인과 비교했을 때도 차이가 관찰되었다(Bridges et al., 2010 참조). 원주민들은 미국 내 다른 집단에 비해 더 높은 빈곤율과 피해율을 겪고 있으며, 더 많은 트라우마 사건에 노출된 것으로 나타났다(Sarche & Spicer, 2008에서의 논의 참조). 지역사회 폭력과 같은 잠재적으로 트라우마적인 사건을 목격하는 것도 학생들이 정신건강 문제를 겪을 위험을 증가시킬 수 있다(Bridges et al., 2010; Fortuna, Porche, & Alegria, 2008). 2001년에서 2015년 사이에 5~12세의 아동 네이터를 최근 평가한 결과, 흑인 아동들이 백인 아동들보다 자살률이 더 높았다. 13~17세 사이의 백인 청소년들은 자살 발생률이 50% 낮았다(Bridges et al., 2018). 더욱이, 정신건강 관리 서비스를 찾고 이용하는 것은 낙인, 교통, 일정 문제, 보험 부족과 같은 장애물 때문에 CLD 집단에게 큰 어려운 과제가 된다(Nadeem et al., 2007). 이주한 지 얼마 되지 않은 이민자들은 어떻게 치료를 받을지 모를 수 있으며, 의료 기관과 CLD 가족 간의 언어 차이는 추가적인 장애물이 될 수 있다(Chen & Vargas-Bustamante, 2011). 요약하자면, 많은 사회적 · 문화적 변수가 아동의 발달에 영향을 미칠 수 있으며(훌륭한 논의를 위해 Garner, Mahatmya, Brown, & Vesely, 2014를 참조), CLD 집단의 경우 위험 요인이 보호 요인보다 많아 학교 기반 개입, 예를 들어 문화적으로 민감한 SEL과 같은 개입이 더욱 필요하다.

결론적으로, SEL을 통한 우리의 작업은 모든 아동의 웰빙을 증진하는 것이다. 이를 위해서는 다양한 필요를 고려한 맞춤화된 예방 및 개입 노력이 필요하다고 여겨진다. SEL 프로그램은 CLD 학생들과 함께 학교 환경에서 다양한 성공을 거두었으며, MTSS의 모든 수준에서 사용되었다(Garner et al., 2014). 이러한 것이 문화적으로 민감한 적용을 염두에 두고 실행되었을 수도 있고, 그렇지 않았을 수도 있다. 다음 절에서는 우리의 작업을 안내할 수 있는 프레임워크에 대해 살펴보겠다.

3 증거 기반 실천의 문화적 조정을 안내하는 프레임워크

모델이나 프레임워크는 학생들을 위해 원하는 변화를 체계적으로 창출하는 데 도움을 준다. 프레임워크는 프로그램의 주요 구성 요소를 나열하고 조직하는 데 사용될 수 있으며, 가장 중요한 부분이 누락되지 않도록 하는 일종의 체크리스트로 사용할 수 있다. 예를 들어, 조종사는 철저한 훈련을 받고 자신의 직무에 능숙하지만, 동시에 중요한 비행 전 안전 점검 목록이 나열된 체크리스트를 사용하여 안전을 확보한다. 문화적으로 조정된 모델은 실무자, 교사, 개입 전문가, 연구자가 다양한 사람을 대상으로 목적에 따라 영향력 있는 개입 및 프로그램을 설계하는 데 도움을 준다. 이러한 모델은 좋은 결과를 최대화하고 위험을 최소화하기 위한 구체적인 단계를 제공한다. 이 절에서는 생태학적 타당성 프레임워크(Ecological Validity Framework: EVF), 문화적 조정 과정 모델(Cultural Adaptation Process Model: CAPM), 심리치료 적용을 위한 통합적인 상향식 및 하향식 접근법이라는 세 가지 광범위한 프레임워크를 검토한다. 〈표 6-1〉은 각 모델의 지침과 조정 차원을 설명한다.

〈표 6-1〉 증거 기반 프로그램의 문화적 조정을 위한 모델

모델			
생태학적 타당성 프레임워크(EVF)[a]	문화적 조정 과정 모델(CAPM)[b]	심리치료 적용 및 수정 프레임워크(PAMF)[c]	심리치료 적용을 위한 형성적 방법(FMAP)[d]
• 언어 • 개인들, 개입 전문가들 • 비유, 예시 • 내용 • 개념들 • 목표 • 방법 • 맥락	• 준비 단계 설정 • 초기 조정 • 반복적 조정 과정	• 역동적 이슈 및 문화적 복합성 • 개입에 대한 오리엔테이션 • 문화적 신념 통합 • 긍정적인 내담자-치료자 관계, 치료자의 자기 인식 • 표현과 의사소통에서의 문화적 차이 • 중요한 문화적 이슈에 대한 주의	• 지식 생성, 이해관계자 의사소통 • 이론과 경험적 근거와 정보 결합 • 새롭게 개발된 개입을 지역사회와 함께 검토 및 수정 • 문화적으로 조정된 개입 시범적 사용 • 개입의 최종안 만들기

출처: [a]Bernal, Bonilla, & Bedillo (1995); [b]Domenech, Rodríguez, & Wieling (2004); [c]Hwang (2006); [d]Hwang (2009).

1) 생태학적 타당성 프레임워크

EVF는 문화적으로 조정된 개입을 위한 가장 초기의 프레임워크 중 하나이다. 이 프레임워크는 브론펜브레너(Bronfenbrenner, 1977, 1989)의 생태학적 체계 이론에 기초하고 있으며, 이 이론은 인간 발달이 개인과 환경 체계의 상호 작용에 기반한다고 주장한다. EVF는 라틴계 내담자를 염두에 두고 만들어졌지만, 다른 소수 인종 및 민족 집단에도 유용할 수 있다(Bernal, Bonilla, & Bellido, 1995). 이 프레임워크는 개입에 문화적 조정을 할 때 고려해야 할 여덟 가지 요소 또는 차원을 포함한다. 이는 언어, 개인, 비유, 내용, 개념, 목표, 방법, 맥락이다. 이러한 요소들을 치료적 맥락에 포함시키는 것은 내담자와 치료사가 치료에 대한 동일한 이해를 가지도록 돕고, 더 좋은 치료 결과를 가져올 수 있다(Bernal et al., 1995).

두아르테-베레스, 버널, 보닐라(Duarté-Vélez, Bernal, & Bonilla, 2010)의 연구에서 CBT와 EVF는 주요 우울장애를 진단받고 성적 지향, 가톨릭 신앙인으로서의 종교적 정체성, 라틴계 가톨릭 가정 내에서 가족의 수용 문제로 어려움을 겪고 있는 보수적인 가정 출신 라틴계 내담자를 지원하기 위해 사용되었다. 이 사례에서는 EVF의 여덟 가지 요소가 적용되었다. 예를 들어, 치료는 같은 출신 국가의 라틴계 치료사가 스페인어로 진행했으며, 가족주의(familismo) 개념과 내담자가 공유한 추가적인 가치들을 다루었다(Duarté-Vélez et al, 2010). 치료는 내담자의 서로 다른 갈등하는 정체성 간의 복잡한 관계를 탐구했다. 치료사는 이 치료적 관계에 미국에서 동성 결혼이 합법화되고 LGBTQIA+ 정체성이 주류 사회에서 점점 더 많이 대표되고 수용되는 세계관이나 관점을 가지고 접근했을 수 있다. 그러나 이러한 접근 방식은 내담자의 정체성들의 상호 작용을 충분히 고려하지 않았을 수 있다. 치료사는 EVF를 따르면서 동성애, 라틴계 가족주의와 개인주의(personalismo) 가치, 그리고 개인과 가족의 종교적 신념을 통합하여 내담자의 우울증 치료에 반영했다. 그 결과, 우울증 증상이 상당히 감소했다. 만약 내담자의 가치관, 선호도, 상황이 충분히 고려되지 않았다면, 치료 결과는 훨씬 덜 성공적이었을 것이다.

또한 EVF는 SEL 프로그램에도 적용되었다. 예를 들어, 캐스트로-올리보(Castro-Olivo, 2014) 및 크레이머와 캐스트로-올리보(Cramer & Castro-Olivo, 2015)는 강한 십대 프로그램의 수정된 버전을 평가했다. 이 프로그램은 MTSS 전반에 걸쳐 사용될 수 있는 8~12개의 수업으로 구성되어 있다. EVF와 포커스 집단을 활용하여 라틴계 이민 청소년의 요구를 반영하기 위한 특정 수정 사항들이 추가되었는데, 프로그램을 스페인어로 번역하고, 이중 언어 및 이중 문화적 배경을 가진 치료사가 프로그램을 실시하였다. 그 결과로 교사와 학생들로부터 가치를 인정받았으며, 대기자 명단에 있는 청소년들과 비교했을 때 회복탄력성 기술이 유의미하게 증가했음을 알 수 있었다. 〈표 6-2〉는 수행된 조정 사항의 예시를 제공한다.

EVF 프레임워크는 실무자가 최선의 실천을 위해 자신의 정체성을 여덟 가지 영역 각각에 대해 탐구해야 한다는 점이 중요하다고 볼 수 있다. 개입하는 사람은 무의식적으로 의도하지 않은 경미한 말이나 행동으로 인해 발생할 수 있는 의도치 않은 피해를 방지하기 위해 자신의 정체성을 검토한다. '우리가 같은 나라에서 태어났다는 사실이 이 내담자에게 어떤 도움을 줄 수 있는가?' '내가 가지고 있는 편견이 치료적 관계 맥락에서 도움이 되거나 방해가 될 수 있는가?' '다양성을 고려한 언어를 사용함으로써 어떻게 자기 이해를 높일 수 있는가?' '문화적으로 형성된 가족 신념과 전환에 대한 나의 이해가 내담자의 관점과 일치하는가?' '내담자의 우울증 증상을 고려했을 때, 어떻게 공감적인 태도를 유지하여 어떤 안전한 방법으로 지원을 제공할 수 있을까?'와 같은 질문을 스스로에게 던진다. 만약 치료사가 우울증 증상에만 집중하고, 여덟 가지 차원과 치료사와 내담자의 정체성 간의 상호 작용, 그리고 내담자 내에서의 정체성 간의 상호 작용을 고려하지 않았다면, 치료 계획에서 우울증 치료의 복잡성이 충분히 반영되지 않았을 수 있다.

〈표 6-2〉 생태학적 타당성 프레임워크(EVF) 기반 강한 십대에 적용된 문화적 조정의 예시

차원	조정
언어	수업은 스페인어와 영어로 제공함. 문화적으로 관련된 언어를 사용함
개인	수업은 이중 언어 및 이중 문화 역량을 지닌 사람들이 진행함. 문화와 관련된 개인의 요구를 확인함
비유	교육 내용을 전달하기 위해 문화적으로 형성된 비유를 사용함
내용	SEL 콘텐츠(예: 민족적 자부심, 문화적 가치, 관습, 전통, 문화적 스트레스에 대처하는 방법)를 설명하기 위해 문화적으로 관련된 내용과 개념을 수업에 추가함
개념	개념들은 문화적으로 적절하게 구성됨
목표	프로그램과 대상자의 목표와 가치를 조정하기 위해 학생, 전문가와 협의함
방법	적응, 프로그램 내용 및 절차의 일치를 위해 포커스 집단 및 자문을 활용함
맥락	학생의 삶의 경험을 고려하고 이를 문화적 삶의 경험(예: 문화 적응 스트레스 및 가족 간 차이 등)과 통합하여 인식함

출처: Castro-Olivo와 Merrell(2012) 및 Cramer과 Castro-Olivo(2015)의 자료 활용.

2) 문화적 조정 과정 모델(CAPM)

CAPM 모델은 연구와 실천 모두에 초점을 맞추고 있다(Bernal & Domenech Rodríguez, 2012). 이 모델은 세 단계로 구성된다. 첫 번째 단계는 개입을 실행하기 전에 필요한 활동을 조직하는 단계이고, 두 번째 단계는 공동체 참여를 통해 초기 조정을 하는 단계이며, 세 번째 단계는 프로그램을 세밀하게 조정하기 위해 실행 과정에서 반복적인 과정을 거치는 단계이다(Domenech Rodríguez & Wieling, 2004, Domenech Rodríguez, Baumann, & Schwartz, 2011, p. 173에서 인용). 각 단계에는 네 가지 과정, 즉 (1) 치료 개발자와 문화적 조정 전문가와의 협력을 강화하는 것, (2) 관심 있는 집단에 대한 문헌과 개입 설계가 얼마나 잘 맞는지 탐구하는 것, (3) 공동체 리더와 만나 그들의 관심과 제안된 개입의 필요성을 탐색하는 것, (4) 집단의 필요를 더 깊이 탐구하고, 보다 문화적으로 관련성이 높은 개입을 만들기 위한 정보를 수집하는 것(Domenech Rodríguez & Wieling, 2004, Domenech et al., 2011, pp. 173-174에서 인용)이 포함된다.

이 프레임워크는 공동체 협력과 관계 구축의 중요성을 강조한다. 우리가 지원하는 학생들을 위험에 처한 집단으로만 보고, 그들의 많은 강점을 간과하는 함정에 빠지기 쉽다. 공동체와의 협력은 우리가 공동체 구성원이 아닐 때 접근할 수 없는 추가적인 관점을 제공하며, 우리의 개입이 학생들의 문화적 현실과 일치하도록 도와준다. 또한 공동체와의 관계를 긍정적으로 형성하는 것은 제안된 문화적으로 조정된 개입이 더 많은 지지와 관심을 받아서, 잠재적으로는 더 큰 긍정적 성과를 거둘 수 있도록 한다. CAPM에서는 원래 개입 프로그램 개발자와의 협력도 중요한데, 이는 개입의 구성 요소를 더 깊이 이해할 수 있게 하고, 개발자가 문화적으로 조정된 개입을 더욱 강화할 수 있는 유용한 조언을 제공할 수 있기 때문이다.

CAPM이 증거 기반 프로그램에 적용된 예로는 부모 관리 교육-오리건 모델(Parent Management Training-Oregon Model: PMTO; Domenech Rodríguez et al., 2011)이 있다. 이 프로젝트는 CAPM과 EVF를 사용하여, 치료 프로그램 개발자와 문화적 조정 전문가 간의 협력을 통해 적용 과정을 안내했다. 공동체 리더와 부모들이 상담에 참여했으며, 필요와 선호도가 평가되었다. 라틴계 주민과의 부모 교육 실천을 포함한 EVF의 주요 차원들이 고려되어 개발되었고, 조정된 프로그램은 현장에서 테스트되고 수정되었으며, 지원이 즉시 제공되었다. 이 연구의 결과는 다음과 같은 사항을 중요한 내용으로 강조했다. (1) 중요한 문화적 조정을 수용하기 위해 유연한 접근 방식을 채택하는 것, 동시에 수정되지 않은 프로그램을 구성하는 이론과 실천에 대한 깊은 이해를 갖추는 것, (2) 변화 과정에서의 조정을 기록하는 것, (3) 개입을 조정할 때 가장 중요한 요소인 공동체 참여이다.

3) 심리치료 적용을 위한 통합적인 상향식 및 하향식 접근법

이 모델은 두 가지 문화적 조정 프레임워크에 기반을 두고 있다. 첫째, '심리치료 적용 및 수정 프레임워크(Psychotherapy Adaptation and Modification Framework: PAMF)'이고, 둘째, '심리치료 적용을 위한 형성적 방법(Formative Method for Adapting Psychotherapy: FMAP)'이다(Hwang, 2009). PAMF는 '하향식 접근법'으로, 기존의 개입을 조정하여 원래의 개입 대상과 다른 특성을 가진 사람의 고유한 강점과 필요에 맞게 조정시키는 데 도움을 준다. 이 접근법은 임상가들이 문화적 역량 획득이라는 다소 일반적인 개념에 의존하기보다는, 조정할 수 있는 영역과 적절한 특정 조정 방법을 생각하고, 그 방법을 사용하는 이유를 명확히 할 수 있도록 설계되었다(Hwang, 2009). 예를 들어, 라틴계 여고생들의 SEL을 지원하기 위해 설계된 개입이 PAMF를 통하여 라틴계 남고생들의 SEL 지원을 위해 조정될 수 있다. PAMF는 이 개입을 조정할 때 다음 여섯 가지 영역, 즉 (1) 내담자의 역동적인 문제와 문화적 복잡성, (2) 개입, 그 목표, 접근법에 대한 내담자의 이해, (3) 정신건강 및 치료에 관한 문화적 신념 통합, (4) 긍정적이고 정보에 근거한 내담자-치료자 관계 및 치료자의 문화적 자기 인식 함양, (5) 일반적인 의사소통과 고통 전달에서의 문화적 차이 이해, (6) 낙인, 가족 역할, 삶의 경험, 특권 등과 같은 중요한 문화적 문제에 대한 주의(Hwang, 2009, p. 26)를 고려한다.

반면에 FMAP 또는 '상향식 접근법'은 특정 집단의 강점과 필요, 그리고 종종 공동체에서 확인된 요구를 바탕으로 개입을 설계한다(Hwang, 2009). FMAP은 다섯 단계, 즉 (1) 특정 집단에 대한 지식 습득 및 이해관계자와의 소통, (2) 이론과 경험적 지지를 바탕으로 한 지식 통합, (3) 조정된 개입에 대한 공동체의 의견 수렴 및 그에 따른 수정, (4) 개입 평가, (5) 개입 최종 확정(Hwang, 2009, p. 26)으로 구성된다. 이 프레임워크의 개발 과정 대부분은 중국계 미국인을 위한 치료 접근법을 개발하는 동안 발전되었다. FMAP은 PAMF에서 사용된 여섯 가지 영역의 확장된 버전을 포함하고 있다(더 자세한 내용과 논의는 Hwang, 2009 참조).

4 CLD 학생 대상 SEL 적용과 문화적으로 민감한 조정을 지지하는 연구

연구들은 CLD 학생의 요구에 잘 부합하도록 SEL 프로그램과 정신건강 개입을 조정하는 것을 지지한다(Castro-Olivo & Merrell, 2012; Garner et al., 2014; Bernal & Domenech-Rodríguez, 2012). 동시에 이 분야는 개입과 SEL 프로그램 및 전략에 프레임워크를 일관되게 적용하고, 증거 기반 개입을 특정 CLD 학생의 요구에 맞추는 데 있어서 초기 단계에 있다(Brown, Maggin, & Buren, 2018). 학교 기반 적용에서 가장 흔히 이루어지는 것은 제안된 적용에 대해 이해관계자들과 상담하고, 개입의 핵심 요소와 실행 절차를 검토하며, 추가 자원의 필요성을 평가하는 것이다. 또한 내용과 언어에 대해 정보에 입각하여 변경하고, 특정 문화 요인에서 학생들과 잘 맞을 수 있는 실행자를 선택하며, 적용 사항을 문서화하는 것도 중요하게 생각한다(Brown et al., 2018). 그러나 적용을 생각할 때 개입하는 사람들이 가질 수 있는 주요 우려는 "하지만 원래 프로그램의 충실도는 어떻게 할까요? 너무 많이 변경하여 프로그램의 효과를 감소시키고 싶지 않습니다."라는 것이다. 물론 우리는 어떤 프로그램의 주요 원칙에서 벗어나지 않도록 주의해야 한다. 동시에 프로그램의 핵심 요소를 유지하면서 적용하는 것이 학생들에게 더 좋은 결과를 가져올 수 있다는 증거도 있다(Castro, Barrera, & Martinez, 2004; Hall, Ibaraki, Huang, Marti, & Stice, 2016). 그리고 이것이 우리의 목표가 아닌가? 모든 청소년에게 가장 효과적인 프로그램을 사용하는 것뿐만 아니라, 효과가 분명하게 입증된 프로그램을 계속해서 혁신하고 평가하는 것이 우리의 목표이다.

이제 의미 있는 조정의 이점을 보여 주는 몇 가지 예를 살펴보겠다. 이러한 예는 성인을 대상으로 한 지역사회 기반 개입과 학교에서 청소년을 대상으로 한 주목할 만한 연구가 있으며, 이 분야의 연구가 시간이 지남에 따라 어떻게 발전해 왔는지를 보여 준다.

2006년부터 2016년까지 수행된 12개의 메타분석을 최근 검토한 결과는 비서구 문화 배경을 가진 개인들의 정신건강장애를 위한 문화적으로 조정된 심리사회적 개입의 효과와 사용된 방법을 이해하는 데 초점을 맞추었다(Rathod et al., 2018). 연구 방법론의 문제를 고려하고 결과를 신중하게 보았을 때, 문화적으로 조정된 개입이 CLD 개인의 심리적 요구를 해결하는 데 작은 효과부터 큰 효과까지 나타나 효과적임을 시사했다. 언어, 개념, 가족 간의 의사소통, 맥락, 문화적 규범과 실천의 차원에서 대부분의 조정이 이루어진 영역이있다. 그러나 조정을 하는 데 다양한 프레임워크, 방법 및 초점이 사용되었으며, 이는 조정을 위한 표준화된 프레임워크의 사용 또는 합의 부족을 시사한다.

베니시, 킨타나, 그리고 웜폴드(Benish, Quintana, & Wampold, 2011)의 메타분석 연구에서는 이전의 몇 가지 메타분석이 문화적으로 조정된 심리치료가 다양한 이질적인 대조군보다 인종 및 민족적 소수자에게 더 효과적이라는 결론을 내렸지만, 문화적으로 조정된 심리치료의 진정한 효과는 조정되지 않은 버전의 치료와 비교해야만 정확히 분석될 수 있다고 제안했다. 또한 연구자들은 문화적으로 조정된 심리치료가 가장 효과적인 경우는 '질병'에 대한 설명이 개인의 질병에 대한 믿음과 일치할 때라는 가설을 세웠다. 이러한 믿음은 문화, 경험, 맥락에 의해 형성된다(Benish et al., 2011, p. 281). 따라서 문화적으로 조정된 개입은 이러한 설명과 일치하게 조정된다. 이 연구의 결과에 따르면, 문화적으로 조정된 치료가 조정되지 않은 치료보다 인종 및 민족적 소수자 성인에게 더 효과적이었으며, 특히 내담자의 문제에 대한 설명이 그의 문화적 관점과 일치하는 치료가 그렇지 않은 치료보다 더 효과적이었다.

CLD 집단을 위한 SEL 개입은 기존의 증거 및 학교 기반 SEL 프로그램을 문화적으로 조정하여 개발하거나(Peterson, Villarreal, & Castro, 2017), 특정 문화를 위해 자생적으로 만들어질 수 있으며, 후자는 '문화 토착적인' 프로그램으로 명명할 수 있다(Okamoto, Kulis, Marsiglia, Holleran Steiker, & Dustman, 2014). 비록 문화적 조정/기반 SEL 프로그램의 타당성에 관한 현재 연구는 제한적이지만, 이러한 프로그램이 CLD 집단에게 효과적이라는 연구 결과들이 지지를 받고 있다(Aston & Graves, 2016; Aston, Graves, McGoey, Lovelace, & Townsend, 2018; Castro-Olivo & Merrell, 2012; Cramer & Castro-Olivo, 2015; Graves & Aston, 2018; Graves et al., 2017). 원래의 증거 기반 프로그램과 통합을 유지하면서 연구자들은 라틴계 ELL(Castro-Olivo & Merrell, 2012; Cramer & Castro-Olivo, 2015; Urbina et al., 2017)과 흑인 학생(Graves et al., 2017)에게 고유하게 영향을 미치는 사회문화적 요인을 고려하여 가장 잘 달성할 수 있도록 개입의 특정 측면을 성공적으로 수정했다.

그러한 연구 중 하나에서 애스턴과 그래이브스(Aston & Graves, 2016)는 '니아의 자매들(Sisters of Nia)' 프로그램을 학교 환경에서 사용하도록 조정하고, 문화적으로 적합한 조정 사항을 설명했으며, 실행상의 어려움을 평가했다. 이 프로그램은 긍정적인 민족적 정체성과 자신 및 타인과 건강한 관계를 함양하려는 목표를 가지고, 지역사회 환경에서 아프리카계 미국인 여성 집단에 실행되었다. 니아의 자매들은 아프리카 중심적 프레임워크를 적용하여 문화적 원칙을 안내하고 속담과 같은 방법을 사용하여 개념과 내용을 전달한다. 학생들을 위한 조정에는 정체성에 맞는 내용 선택, 흑인 여성과 현재 아프리카의 삶을 소개하는 미디어 사용, 지역사회의 흑인 여성을 포함시켜 직업 중심의 경험을 공유하고 긍정적인 파트너십을 구축하는 것이 포함되었다. 이 연구에서는 인종 정체성, 사회적 강점, 탄력성, 자존감, 학업 능력이 크게 향상되는 것으로 나타났다.

라틴계 ELL 학생들 사이에서 증거 기반 SEL 프로그램에 대한 조정은 SEL의 다양한 측면을 개선하는 데 성공적이었다. 앞서 우리는 인종적 정체성, 가족 문화 적응 격차, 차별에 대한 인식, 문화 적응 스트레스 등 이민자 고유의 경험을 논의하여 강한 십대 SEL 프로그램을 수정하는 EVF(Bernal et al., 1995)를 사용하는 방법을 설명했다. 이 프로그램의 문화적 조정에서 각 수업은 이민자 ELL 학생들이 차별 경험, 언어 학습의 어려움, 가족의 문화 적응 격차 등과 관련된 문화적 현실에 대처하기 위해 SEL 기술을 사용할 수 있는 방법을 명확하게 반영하도록 조정되었다. 이 조정된 프로그램에 대한 평가에서는 교사와 학생의 높은 인정과 가치, 문화 적응 스트레스 예방, 탄력성 증가가 나타났다(Castro-Olivo, 2014; Castro-Olivo & Merrell, 2012; Cramer & Castro-Olivo, 2015). 사용자에게 적합하게 조정한 SEL 프로그램의 또 다른 예는 '스페인 방식의 문화적 번역: 학생 성공 기술(Spanish Cultural Translation: Student Success Skills: SCT: SSS)' 프로그램이다. 프로그램의 SSS 버전은 교실과 소집단에서 사용되었으며 인지적, 사회적, 자기 관리 기술에 중점을 둔다(Urbina et al., 2017). 프로그램의 목표와 핵심 구조는 동일하게 유지하면서, 조정 과정에서 용어를 스페인어로 번역하고, 여러 국가의 라틴계 학생과 가족이 이해할 수 있는 용어를 채택하는 것이 포함된다. 필요한 경우 동일한 개념을 설명하기 위해 다른 단어를 사용하고, 유명한 미국 라틴계 인물의 사례를 활용하는 것도 있다(Urbina et al., 2017 참조). 미국에서 9학년과 10학년의 라틴계 ELL 및 비ELL 학생들을 대상으로 한 이 프로그램의 평가에서는 학업 측정에 대한 통제 조건과 결과를 비교했다. 결과는 프로그램에 참여한 라틴계 학생들이 통제 조건의 라틴계 학생들보다 수학과 읽기 측정에서 더 좋은 성과를 냈다.

흑인 학생들을 대상으로 최근의 한 연구에는 문화적으로 조정된 SEL 개입과 문화적 기반을 둔 SEL 개입이 모두 포함되었다. 예를 들어, 라이언과 동료들(Ryan et al., 2016)은 흑인 여성 청소년을 대상으로 강한 아이의 보편적이고 조정되지 않은 버전을 실행했지만 SEL 지식과 기술에서 의미 있는 개선을 찾지 못하여, 문화적으로 조정되거나 기반이 있는 개입의 필요성을 강조했다. 이에 대하여 그래이브스와 동료들(Graves et al., 2017)은 강한 출발 프로그램 내 언어, 내용 예시, 도서 추천 목록을 수정하여 도시의 Title I 학교(저소득층을 위한 학업 성취도 향상 프로그램)에 다니는 흑인 남학생들에게 이를 사용했다. 이 조정된 프로그램은 학생들의 자기 조절, 자아 유능성 및 전반적인 SEL 지식을 향상시켰다. 또한 우지마 형제(the Brother of Ujima)와 니아의 자매들과 같은 문화에 기반을 둔 프로그램은 언어적 공격성을 감소시키는 동시에(Aston et al., 2018) 아프리카 중심적 가치(Graves & Aston, 2018), 자아 개념, 사회적 강점 및 인종 정체성을 향상하는 것으로 나타났다(Aston & Graves, 2016).

5 문화적으로 민감한 SEL 접근을 위한 표적화된 요구

문화적으로 조정된 증거 기반 개입이 CLD 개인의 요구를 충족시키기 위한 실행 가능하고 효과적인 접근 방식이라는 사실에도 불구하고, 학교 차원의 SEL 프로그램의 문화적 조정은 여전히 많은 한계와 성장의 기회가 있다. 주목할 만한 주요 영역으로는, (1) 많은 학교와 교육구에서 나타나는 높은 수준의 다양성을 고려한 프로그램 적용, (2) 문화적으로 민감한 교육과 실천에 대한 교사 연수, (3) 최선의 실천을 수행하기 위한 교직원 지원 등이 있다. 이러한 현재의 도전 과제들을 좀 더 자세히 살펴보겠다.

다양하고 취약한 학생 집단과 함께 일하는 것은 막중한 책임을 요구한다. 미국심리학회(American Psychological Association), 미국교육연구학회(American Educational Research Association), 전국학교심리학회(National Association of School Psychologists), 미국학교상담학회(American School Counselor Association), 미국교사협회(Association of American Educators)와 같은 조직들은 각 분야의 전문가들에게 자신이 지원하는 사람들에게 해를 끼치지 않고, 다양한 배경을 가진 사람들을 존중하며, 문화적 역량을 갖추는 것이 중요하다는 사실을 알리고 있다. 이러한 CLD 집단과 일하는 전문가들을 위해 윤리적 지침이 마련되었으며, 이는 학생들과의 상호 작용에서 인식, 존중, 그리고 최선의 실천을 증진하기 위한 것이다. 주류 문화에 동질적이거나 거의 동질적인 문화에서 자라 온 이들에게는 다른 문화에 대한 인식과 이해가 평생에 걸친 여정이 될 수 있다. 많은 이가 다른 문화를 배우거나 CLD 학생들과 일하는 과정에서 실수하거나 정치적으로 부적절한 행동을 할까 봐 두려워한다. 그러나 다른 문화를 배우는 과정은 반드시 어렵거나 부담스러운 것이 아니다. 우리가 약간의 취약함을 용기 있게 받아들이고 문화적 겸손을 실천한다면, 다른 문화를 배우는 과정은 즐겁고 보람차며, 전반적으로 긍정적인 경험이 될 수 있다. 이는 인생을 변화시키는 경험이 될 수도 있다.

동시에, 특정 교실에서 모든 아동의 문화를 정확하고 세심하게 다루는 것은 문화적으로 가장 민감한 교육자에게도 도전일 수 있다. 미국 학교의 다양성은 너무 커서 각 학생의 문화에 대해 그리고 문화적 신념, 가치, 전통이 각 학생의 사회화 및 학습 방식에 어떤 영향을 미칠 수 있는지에 대해 배우는 것에 부담감을 느낄 수 있다. 그럼에도 불구하고 우리 학교의 인종적 · 문화적 다양성은 미국에서 자라는 아동들에게 가장 훌륭하고 귀중한 경험 중 하나이다. 다른 언어를 구사하고, 종종 독특한 문화적 경험을 가진 개인들과의 상호 작용은 우리가 세상을 더 잘 이해하고, 경제적 · 사회적 리더로서 소통하고 협력하는 데 큰 도움이 된다.

또한 학생들이 자신의 정체성을 형성하는 중요한 발달 단계에서 '정상적'이라고 느끼는 것이 중요하다. 그러나 학생들이 모든 학생에게 해당한다고 느끼게 하려는 의도로 '모두에게 동일한' 접근 방식을 선택하면, 사회와 학교 시스템에 각 개인이 가져오는 고유한 경험과 강점을 최소화하는 '문화적 중립성'으로 이어질 수 있다. 더 나아가, 학교에서 문화적 다양성이 수용되지 않을 때, 많은 학생이 이방인처럼 느끼거나 자신이 부족하다고 느낄 수 있다.

교사 연수는 문화적으로 민감한 실천에 도움이 될 수 있지만, 많은 교육자는 정규 교사 연수 프로그램 중에 그러한 연수를 받지 못했다. 문화적으로 민감한 교수법에 대한 자신감에 대해 질문했을 때, 80% 이상의 교사가 별로 편안함을 느끼지 못하고 정규 교사 연수 프로그램 동안 문화적 역량에 대한 아주 기본적인 연수만 받았다고 보고했다(King & Butler, 2015). 문화적으로 민감한 실천에 대해 교사가 받는 연수는 학교 환경에서 문화적 SEL을 실행하는 데 상당한 제한점이 있다. 200명 이상의 교사를 대상으로 한 연구에서 참가자 중 22%만이 학생들에게 SEL을 가르치는 데 자신감을 느끼고 있다고 보고했다(Buchanan et al., 2009). 교사가 CLD 학생들에게 SEL 프로그램을 가르치는 데 얼마나 자신감을 느끼고 있는지에 대해서는 알려진 바가 적다.

효과적인 준비와 전문성 개발을 제공하기 위해, 교육자들은 교육자 연수 프로그램, 교육자들이 일하는 학교, 그리고 교육자 자신을 포함한 다양한 자원으로부터 지원을 받아야 한다(He & Cooper, 2009; Miller & Fuller, 2006; Seeberg & Minick, 2012). 우리는 CLD 학생들과 효과적으로 일하고, 문화적으로 조정된 SEL 프로그램에 참여하기 위해 명확한 교육과 지원이 필수적이라고 믿는다. 교사들이 이러한 작업에 참여할 때, 학교 시스템 내에서 모든 학생을 진정으로 포용할 수 있도록 자신의 지역사회에서 추가 연구를 수행해야 하는 실무자들을 위한 자원도 제공되어야 한다. 각 학생의 SEL 발달에 기여하는 사회문화적 요소를 파악하는 것은 모든 학생의 현실과 요구를 반영하는 SEL 프로그램을 효과적으로 개발하고 제공할 수 있는 능력을 향상시킬 수 있다. 교사들이 문화적으로 민감한 SEL 기술을 모델링하고 효과적인 교육을 제공할 수 있는 능력은 궁극적으로 우리 아이들이 최적의 발달을 이루도록 도울 것이다. 여기서 제시된 요구 사항들은 일반적인 SEL 실행 가이드라인에 해당하며, 즉 자신의 대상 집단을 이해하고, 필요한 교육을 받고, SEL을 진정성 있게 실행할 수 있도록 필요한 지원을 요구하는 것이다.

6 언제 조정을 고려하는가

지금쯤이면 아마 "현재 내가 실행 중인 SEL 교육 과정을 언제 문화적으로 조정시켜야 할까?"라고 생각하고 있을 것이다. 우리의 경험에 따르면, 거의 모든 경우에 고려해야 한다. 우리가 본 거의 모든 학교 교사나 개입 전문가가 SEL 교육 과정을 실행할 때 어떤 형태로든 문화적 조정을 했으며, 때로는 자신도 모르게 그렇게 하고 있었다. 많은 프로그램이 절반 정도 대본 형식으로 되어 있어, 교사와 개입 전문가가 학생들에 대해 알고 있는 것을 바탕으로 예시를 변경할 수 있는 유연성을 제공한다. 학생, 교직원, 가족, 그리고 지역사회의 필요와 경험에 맞추기 위해 내용과 전달 방식을 조정해야 할 필요성을 느낄 때, 조정을 고려하게 될 가능성이 크다.

메렐의 강한 십대 SEL 프로그램에서 예를 들겠다. 여섯 번째 수업에서는 학생들이 여섯 가지 다른 사고 오류에 대해 배우게 된다. 이 수업의 예시 중 하나인 '개인화하기(making it personal)'는 한 학생이 부모님의 이혼을 자신 탓으로 돌리는 상황으로 설명되고 있다(Merrell, Carrizales, Feuerborn, Gueldner, & Tran, 2007, p. 92). 그러나 당신이 학생들에 대해 알고 있는 정보를 바탕으로, 대본에 제시된 예시 대신, 영어 발음이나 옷차림 때문에 괴롭힘을 당하는 상황을 예시로 사용할 수도 있다. 프로그램에 대해 당신이 하게 될 문화적 조정 중 일부는 사소하고 즉각적으로 조정할 수 있지만, 다른 조정들은 더 많은 시간과 창의력이 필요로 할 것이다. 예를 들어, 더 복잡한 필요를 가진 집단을 위한 조정은 시간이 더 걸릴 수 있다. 두 가지 유형의 조정에는 공통된 중요한 요소들이 있다. 다음 절에서는 이러한 조정 과정을 안내하기 위한 권장 사항들을 설명한다.

7 CLD 학생에게 SEL 프로그램을 조정하기 위한 권장 사항

우리의 프로그램 조정에 대한 권장 사항은 사실상 어느 SEL 프로그램에서도 유용하게 사용할 수 있도록 설계되었지만, 우리가 모든 프로그램에 조정을 직접 경험해 본 것은 아니다. 대신, 우리가 확인한 원칙과 전략은 다양한 프로그램에 일반화될 수 있다고 본다. 동시에 임상적 의사결정과 윤리적 지침이 시행되어야 한다. 〈표 6-3〉은 당신의 팀이 사려 깊은 계획과 실행 과정을 진행하는 데 도움이 될 수 있도록 구성되었다.

SEL 프로그램을 조정하기 위해 가장 중요한 권장 사항은 학생들과 그들의 공동체를 잘 아는 것이다. 이는 단순히 학생들이 엄마, 아빠, 형제자매와 함께 살고 있는지, 아니면 다른 가족 구성원과 살고 있는지, 또는 그들의 주요 언어가 무엇인지 아는 것 이상의 의미를 가진다. 학생들의 위험 요소와 보호 요소, 그들의 가치관과 신념, 그리고 이러한 가치관과 신념이 당신과 얼마나 비슷하거나 다른지, 또한 SEL 콘텐츠를 학생들의 문화적 현실에 어떻게 적용할 수 있는지를 아는 것이 중요하다. 이러한 문제를 고려하는 것은, 특히 부정적인 삶의 상황과 경험에 더 큰 위험이 있는 학생들(예: 조직폭력에 연루된 청소년, 법적인 문제와 상황에 관여된 경우)을 다룰 때 필수적이다. 요구 측정과 포커스 집단을 실시하는 것은 지역사회의 강점, 문제점, 그리고 선호도를 이해하는 한 가지 방법이다(평가 아이디어는 제2장과 제7장 참조). 이러한 활동은 학생들의 가족과 다른 지역사회 구성원들이 SEL의 계획, 실행, 평가에 참여할 수 있는 훌륭한 수단이 될 수도 있다.

학생들의 요구, 경험, 선호에 부응한다는 것은 프로그램을 학생들이 선호하는 언어로 제공하는 것, 학생들이 공감할 수 있는 비유와 예시를 사용하는 것, 그리고 그들의 경험과 관련된 내용과 개념(예: 문화적 스트레스)을 보완하는 것을 의미할 수 있다. 또한 계획 및 실행 프레임워크에 부모와 지역사회 기반 프로그램을 포함할 수도 있다. 요약하면, 우리는 증거 기반과 문화적으로 민감한 프레임워크에 부합하면서, 학생의 문화적 현실이 무엇일지라도, 이를 반영하여 조정이 이루어지도록 해야 한다. 이 과정은 우리가 학생들, SEL 자료, 그리고 이들이 어떻게 조화를 이루는지 알아 가는 동안 지속적으로 발전하고 변화한다.

〈표 6-3〉 문화적으로 민감한 SEL을 제공하기 위한 일반 원칙

학생들에 대해 알아본다.
- 학생들에게 문화적 정체성, 활동 및 의식(rituals)에 대해 질문한다.
- 교실과 학교 시스템(및 자신의 문화적 배경)에서 지배적인 문화적 변수를 고려한다. 이러한 문화적 측면이 학생들의 행동이나 사고방식에 어떤 영향을 미치는지 확인한다.
- 학생, 가족, 지역사회가 직면한 일반적인 문제와 보호 요소를 확인한다.

학생 공동체에 대해 알아본다.
- 수업에 참여하는 학생들의 집과 가족을 방문한다.
- 학생들의 문화에 대해 더 많이 배울 수 있도록 문화 조정자(문화 집단의 구성원으로 알려진 부모 또는 공동체 구성원)를 확인한다.
- 문화 조정 과정에 도움을 줄 수 있도록 문화 조정자에게 문의한다.
- 부모와 학생들에게 그들의 공동체를 가장 잘 반영할 수 있는 SEL 예시를 찾아 달라고 요청한다.

학생들이 이해하고 공감할 수 있는 방식으로 교육 과정을 제공한다.
- 학생들이 핵심 아이디어를 쉽게 이해할 수 있도록 각 수업의 언어를 조정한다.
- 학생들의 삶과 일치하는 예시와 상황을 사용한다(예: 캐릭터 이름 변경, 대가족, 신체장애가 있는 아동, 학생들이 경험한 문제의 예 사용).
- 학생들이 자신의 지역사회에서 경험하는 유사한 상황을 나타내는 영화 클립을 역할극으로 표현하거나 설명한다.

학생들이 다양성을 소중히 여기도록 격려한다.
- 학생들에게 다양한 문화 집단을 존중하는 방법을 가르친다.
- 학생들이 또래의 사례와 의견을 존중하도록 격려하고 강화한다.
- 포용성을 촉진하고 차이를 축하하는 교실 규칙과 규범을 확립하고 강화한다.

평가 도구를 조정한다.
- 학생들이 이해할 수 있도록 평가 자료를 수정(예: 언어 및 맥락)한다.
- 교육 과정을 실행하기 전에, 소집단 학생들을 대상으로 일부 평가 자료에 대한 예비 검사를 시행하여 학생들이 질문을 이해하는지 확인한다.
- 개입, 사례 및 대처(조치)의 사회적 타당성과 수용성을 측정하는 평가 도구를 포함한다.

문화 내 변형을 인식한다.
- 학생들의 문화와 정체성에 대한 모든 측면을 알고 있다고 가정하지 않는다.
- 문화 집단에 대해 과도한 일반화를 피한다.
- 자신의 세계관, 가치, 편견을 검토하고 이것이 학생들의 것과 무엇이 다른지 평가한다.
- 자신의 세계관, 가치, 편견이 각 핵심 SEL 역량에 대해 가르치는 방식에 어떤 영향을 미치는지 검토한다.
- 학생의 정체성 기반 당신의 가정(assumptions)과 학생을 다루는 방식의 정확성과 공정성을 조사한다.

조정 사항을 문서화하고 피드백을 구하며 결과를 평가한다.
- 조정을 지속적이고 끝이 없는 과정으로 이해한다.
- 실행 모니터링 체계의 일부로서, 모든 조정 사항을 문서화한다.
- 조정 노력에 대한 적절성과 정확성에 관해 학생과 공동체 구성원에게 자문받는다.
- 학생들에게 교육 과정이 그들의 요구와 삶의 경험과 얼마나 잘 일치하는지 질문한다.
- 주요 성과를 평가하고 문화 집단별 잠재적 차이를 평가한다.
- CLD 학생들이 지속적으로 직면하는 특정 사회문화적 요인을 다루는 조치를 평가한다.
- 조정에 대한 학생들의 만족도와 수용 여부를 평가한다.

우리는 또한 당신이 자신의 문화적 배경, 경험, 그리고 편견을 이해하고, 이러한 편견이 학생들과의 상호 작용 및 관계에 어떤 영향을 미칠 수 있는지를 고려할 것을 권장한다. 이상적으로는 SEL 자료를 실행하는 사람들과 참여하는 사람들 간의 상호 작용을 최적화하는 것이 목표이며, 이를 위해 교사들은 자기 인식을 높여 배려, 관심, 신뢰의 환경을 조성해야 한다. 개인적 인식은 개인적으로나 집단 내에서 키울 수 있다. 최근 몇 년 동안 '공평성과 다양성'에 관한 교육이 증가하고 있으며, 이는 참가자들이 성찰, 대화, 실천 가능한 행동을 촉진할 수 있도록 돕는다. 우리는 이 책에 '성찰' 활동을 의도적으로 포함시켜 당신의 여정을 지원하고자 했다. 이는 그만큼 중요하기 때문이다(이번 장의 성찰을 위한 [워크시트 6-1]을 참조).

마지막으로, 조정을 시도할 때 한계와 주의 사항도 인지해야 한다. 한계에는, (1) 동일한 민족 집단의 구성원들에게 문제를 과도하게 일반화하는 것, (2) 다양한 요구를 가진 학생들을 위한 집단을 운영하기 위한 자원의 제한, (3) 학생들이 직면하고 있을 가능성이 있고 중재 과정에서 논의할 필요성이 있는 사회문화적 문제를 정확하게 평가할 능력 등이 해당된다. 우리는 이 중에서 문제를 과도하게 일반화하는 것이 가장 우려되는 한계라고 본다. 즉, 우리의 인식에 맞추어 또는 집단의 고정관념에 맞추어 적용을 시도하는 것은 도움이 되지 않으며, 종종 문제가 된다. 집단 내에는 일반적으로 집단 간의 차이보다 더 큰 차이가 존재할 수 있다. 문화적 조정 수준, 영어 능력, 그리고 사회경제적 지위는 동일한 민족 집단의 두 구성원이 상황을 경험하고 해석하며 대처하는 방식에 완전히 다른 영향을 미칠 수 있는 명확한 요소들이다. 예를 들어, 동남아시아 출신의 공통된 배경을 가진 두 학생이 있다고 하더라도, 그들의 주류 미국 문화에 대한 동화 경험은 크게 다를 수 있다. 한 학생은 영어를 배우고 미국 문화에 적응하는 데 어려움을 겪는 캄보디아 시골 출신의 1세대 이민자일 수 있는 반면, 다른 학생은 자신의 민족적 배경을 인식하고 있지만 영어만 구사하며 미국의 주류 문화에 완전히 동화된 5세대 필리핀계 미국인일 수 있다.

자원의 제한은 집단 내 다양한 요구를 다룰 때 어려움을 야기할 수 있다. 예를 들어, 학생들이 논의해야 할 기술과 문제(예: 문화적 조정 스트레스)를 충분히 다루기 위해서는 여러 집단을 운영해야 할 수 있다. 하지만 시간이 부족하거나 자원이 제한되어 있고, 이를 어떻게 실행할지에 대한 의견이 엇갈릴 경우, 이는 실질적으로 어려운 과제가 될 수 있다. 또한 그들의 지역사회에 속해 있지 않거나, 공동체와 긴밀히 협력하여 학생들의 가장 시급한 요구를 파악하지 않는 경우, 엄청난 어려움이 될 수 있다. 이 문제를 해결하기 위해서는 가정-학교-지역사회 파트너십을 구축하고, 포커스 집단을 운영하며, 문화적 문제에 대해 적극적으로 배우는 것이 중요하다.

마지막으로, 적절한 교육 과정이나 프로그램 적용을 통해 SEL 프로그램을 모든 학생에게 효과적으로 전달하려는 노력에 진지하게 임할 것을 권장하면서, 다시 한번 사려 깊게 진행할 것을 당부드린다. 우리는 이러한 조정이 CLD 학생들에게 SEL을 효과적으로 전달하는 데 큰 차이를 만들 수 있다고 확신한다. 이러한 수정은 프로그램의 핵심 아이디어나 주요 특징을 훼손하지 않는 선에서, 스타일, 전달 방식, 그리고 미묘한 차이에 초점을 맞추어 학생들과 더 잘 연결될 수 있도록 해야 한다.

CLD 학생 및 SEL에 프레임워크 적용하기

한 대안 고등학교가 SEL 프로그램 도입에 관심을 가지게 되었고, 이를 시작하기 위한 아이디어를 협력하고자 해당 분야의 대학 연구자이자 실무자에게 연락했다. 이 전문가는 SEL과 CLD 학생들과 함께 일한 경험이 풍부했다. 학교 측은 학생들의 건강과 웰빙에 대해 걱정하고 있었으며, 학생들과 함께할 수 있는 시간이 자주 제한적이었다. 이 학교의 많은 학생은 본래 학교에서 정학을 당한 후 최소 30일 동안 이 학교에서 지내야 했다. 학교가 위치한 마을은 이중 언어와 이중 문화를 가진 가정이 많았으며, 주민의 97%가 라틴계 사람들이었다.

대학에 근무하는 SEL 전문가와 학교 측 대표 두 명(학교상담사와 교장)이 아이디어와 목표를 논의하기 위해 만났다. 학교 팀은 학생들에 대한 헌신과 SEL 프로그램에 대한 열의를 보였다. 그들은 채택될 어떤 프로그램도 학생들에게 잘 받아들여질 것이며, 학생들이 문화적 배경과 경험이 매우 유사하기 때문에 특별한 적용이 필요하지 않을 것으로 생각했다. 학생들을 가능한 한 빨리 돕고자 하는 절박한 마음에 매우 빨리 시작하고 싶어 했다.

SEL 전문가는 이러한 상황에 대한 자신의 경험을 공유하면서, 프로그램을 즉시 실행하기 전에 지역사회의 주요 필요 영역을 신중하게 생각하는 것이 종종 가장 유익하다고 강조했다. 전문가는 이렇게 하는 것이 번거롭게 느껴질 수 있다는 점을 인정하면서도, 이러한 접근이 학교의 노력을 더욱 성공적으로 만들 수 있다고 조언했다. 전문가는 먼저 학생들과 관련된 이해관계자들, 즉 부모, 학교의 모든 교직원, 그리고 학생들 자신을 파악하는 것부터 시작할 것을 제안했다. 이러한 이해관계자들이 파악된 후 일주일 동안 포커스 집단이 진행되었으며, 이 과정에서 학교 팀과 SEL 전문가는 학생들의 건강과 웰빙에 대한 요구와 선호에 대해 중요한 정보를 수집할 수 있었다.

수집된 정보는 통찰력이 있었으며, 다소 놀라운 부분도 있었다. 예를 들어, 모든 학생이 라틴계로 확인되었지만, 미국으로 이민 온 학생들과 미국에서 태어난 학생들 사이에는 차이가 있었다. 이민 온 학생들은 종종 미국에서 태어난 학생들과 자신이 매우 다르다고 느꼈다. 비록 언어 장벽이 항상 문제는 아니었지만, 이들은 미국에서 태어난 동급생들처럼 영어와 스페인어를 자유롭게 구사할 수 없기 때문에 문화적으로 소외감을 느꼈다. 또한 이민 온 학생들은 미국에서 태어난 동급생들의 일부 문화적 가치를 이해하지 못한다고 느꼈다. 그들에게는 이러한 동급생들이 지나치게 개인주의적이며, 지지적이지 않다고 생각되었다. 이해관계자들을 참여시키고 이 정보를 수집한 결과, 학교에서 두 개의 다른

SEL 프로그램 집단을 구성하기로 결정했다. 하나는 영어를 주로 사용하는 학생들을 위한 집단이었고, 다른 하나는 스페인어를 주로 사용하는 학생들을 위한 집단이었다. 프로그램을 실행하는 동안, 스페인어를 주로 사용하는 집단이 서로 그리고 학교 및 대학 기반의 집단 리더들과의 상호 작용에서 '열려 있고' 편안해 보인다는 점이 관찰되었다. 이러한 역동성이 나타난 이유는, 학생들이 자신들의 목소리가 반영되고, 선호 사항이 사려 깊게 고려되고 있다는 느낌을 받았기 때문일 것이라는 가설이 제기되었다.

두 집단의 학생들은 그들의 웰빙에 중요한 개념들을 가르치고 배우는 데 사용된 형식, 내용, 그리고 방법에 대해 높은 만족도를 보고했다. 부모들도 프로그램에 참여하고 싶다는 관심을 표명했으며, 학교와 가정이 서로 배우고 관계를 깊어지게 할 수 있도록 프로그램 내용을 가정으로 확장하는 계획이 수립되었다.

8 맺음말

이 장에서는 학교에서 SEL과 관련된 문화적 · 언어적 다양성의 여러 측면과 그 상호 작용에 대해 고려해야 함을 강조했다. 교사와 학교 기반 정신건강 전문가로서 우리는 수많은 문화적 현실을 다루어야 하며, 모든 학생의 요구를 충족시키는 데 필요한 적용을 고려하는 것이 벅차고 막막하게 느껴질 수 있다. 또한 각 복잡한 상황에 대해 정확한 지침을 제공하는 레시피나 매뉴얼을 가지지 못할 수도 있다. 이 과정에서 개방성, 유연성, 과정의 진실성이 매우 중요하다. 비록 어려움이 크지만, 모든 교육자가 자원을 찾고, 이 과정에 참여하며, 모든 학생을 지원할 준비가 되었다고 느낄 수 있도록 돕는 지원을 지지하는 것에서 시작하기를 권장한다. 이를 위해, 앞으로 나아가기 위한 다음의 지침을 강조하고자 한다.

- 우리는 학생들의 위험 요소와 보호 요소, 그들의 신념과 가치, 가족과 지역사회, 복잡한 문화적 현실을 알아야 한다.
- 우리는 SEL 역량과 이러한 역량이 우리가 살고 있는 상황과 환경에 따라 다양한 방식으로 표현될 수 있다는 점을 고려하여, 자신의 편견과 가치를 지속적으로 점검해야 한다.
- 이해관계자들과의 양방향 정보 공유는 필수적이다. 교육자들은 SEL 프레임워크에 대해 설명하고, 그것이 무엇인지, 어떻게 유용할 수 있는지, 그리고 어떻게 신중하고 민감한 방식으로 사용할 수 있는지에 대한 정보를 제공할 수 있다. 반면, 가정에서는 그

들의 우선순위, 우려 사항, SEL과 관련된 가치에 대한 정보를 제공할 기회를 갖게 된다. 또한 CASEL이 제안한 다섯 가지 핵심 역량을 강조하는 것은 학교, 지역사회, 그리고 그 이상의 성공 가능성을 높이기 위해 필요한 기술을 이해시키는 데 유용할 수 있다.

- SEL 실행에 있어 문화적 겸손과 문화적 이해를 바탕으로 접근해야 하며, 이는 이론적 틀, 연구, 실천과 학생들이 속한 지역사회의 목소리를 반영한 데이터 기반 의사결정에 의해 이루어져야 한다.
- 또한 우리는 그 효과와 한계를 더 잘 이해하기 위해 문화적으로 조정되고 정보에 입각한 SEL 프로그램 및 실천을 계속 평가해야 한다. 이 정보를 문서화하고 공유함으로써 우리는 학생과 지역사회를 더 잘 지원할 수 있다.

워크시트 6-1 성찰

우리 자신의 사회적 · 정서적 · 문화적 성장, 편견, 정체성, 가치를 비판적으로 검토하는 것은 문화적으로 민감한 교육 및 SEL 실천에 참여하는 데 필수적이다. 그것은 또한 우리의 인간성을 탐구하는 중요한 측면이기도 하다. 이러한 성찰은 인간성 탐구 노력에 도움이 될 수 있다.

1. 자기 인식, 자기 관리, 사회적 인식, 관계 기술, 책임 있는 의사결정이라는 다섯 가지 SEL 역량을 고려한다. 우리의 문화적 배경과 정체성은 이러한 각 영역에 대해 우리가 믿을 수 있는 것과 표현되는 방식을 형성한다. 예를 들어, 일부 문화에서는 개인의 자유와 고유한 자기 표현을 우선시하는 반면, 다른 문화에서는 조화, 자제, 또는 행동이 관계에 미치는 영향을 우선시할 수 있다. 그러한 가치관은 우리가 자신 및 다른 사람과 관계를 맺는 방식에 영향을 미칠 수 있다. 다음 질문을 고려해 본다.

   - 문화적 신념과 가치관은 각각의 역량과 어떻게 연관되어 있는가? 예를 들면, 다음과 같다. "나는 내 목표를 위해 노력하는 것보다 다른 사람들과 어울리는 것을 더 중요하게 여기는 공동체에서 자랐다." "나는 독립적으로 결정을 내리기보다는 결정을 내리기 전에 다른 사람과 상의한다." "나는 내 감정을 다른 사람에게 보여 주는 것보다 감정을 숨기는 것을 더 중요하게 생각한다."
   - 당신은 특정 신념과 가치를 다른 것보다 더 중요하게 생각하고 있는가? 그렇다면 그것들은 어떤 것들인가? 예를 들어, "나는 내 감정이나 관점보다 다른 사람들의 감정과 관점을 더 잘 이해하는 것을 선호한다."라고 할 수 있다. 당신은 자신과 다른 가치를 가진 사람들을 판단하거나 부족하다고 느낀 적이 있는가? 예를 들어, "친구가 기분이 좋도록 친구가 '이기게' 하는 것을 선호하는 학생을 나는 어떻게 바라볼까?"라고 생각해 본 적이 있는가?
   - 당신이 이러한 믿음, 가치, 편견을 가지게 된 이유는 무엇인가? 예를 들면, 다음과 같다. "우리 가족은 감정에 관해 이야기하는 데 어려움을 겪지 않았는지 궁금하다. 어떤 면에서 안전하기 위해 조용히 있어야 했는지 궁금하다."
   - 자신의 가치와 신념이 어디에 있는지를 생각하는 또 다른 방법은, 다른 사람이나 학생들에게 내렸을지도 모르는 판단이나 가치를 고려하는 것이다. 예를 들어, 자기 표현을 중시하는 경향이 있다면, 보다 내성적이거나 조용한 학생들과 관계를 맺을 때 그들을 '껍질에서 꺼내고자' 하는 욕구를 느꼈을 수도 있다.

2. 문화적 지식과 공평성 기반 교수법은 지속적인 성찰, 의도, 학습, 개선이 필요하다. 현재 교육자로서의 실천을 더 깊이 이해하기 위해 다음 여섯 가지 질문에 대해 성찰해 본다.

   - 당신이 교육자인 경우, 당신의 교육 자료에 학생들의 배경이 나타나 있는가? 학생들은 교육 자료에 자신이 어떻게 표현되어 있는지 알고 있는가?

- 역사적 · 사회정치적 · 젠더적 · 인종적 문제 등 형평성과 관련된 주제를 의도적으로 통합하고 다루는가? 학생들은 교실에서 형평성 문제를 통합하는 방식에 편안함을 느끼는가?
- 당신은 역사적으로 또는 현재 소외되었거나 억압된 사람들의 관점과 견해를 고려하고 통합하고 있는가? 이러한 관점이 학생들의 견해와 일치하도록 하기 위해 누구와 상의하고 있는가?
- 학생들의 배경과 지역사회에 대해 배우고자 하는 관심을 가지고, 학교 안팎에서 이를 알아보기 위해 노력하는가?
- 현재 당신이 접근할 수 있는 공평성 및 SEL과 관련된 전문 학습 기회는 무엇이 있는가? 이 분야에서 더 성장할 수 있는 추가적인 기회를 어떻게 찾을 수 있는가?
- 학생들이 당신과 다르게 SEL 역량을 발휘하는 방식을 알아차린 적이 있는가?

제7장

사회정서학습의 측정 및 평가 전략

교실 평가를 통해 태도, 기술, 지식, 사고력은 길러지고, 함양되며, 가속화되거나 억눌린다(Hynes, 1991: Earl, 2001, p. 27에서 인용).

초 · 중 · 고등학교에 대해 잘 아는 사람이라면, 누구나 측정(assessment)과 평가(evaluation)* 가 점점 더 중요한 역할을 하고 있다는 사실을 잘 알고 있다. 미취학 아동의 발달 검사부터 고등학교 3학년에게 주에서 시행하는 졸업 능력 시험에 이르기까지, 학생들은 1년에 20개에 달하는 주 및 교육구에서 요구하는 시험을 치를 정도로 시험이 학교 경험의 일부로 자리 잡고 있다(Lazarín, 2014).

그러나 미국 학교에서는 시험에 대한 일반적인 열의와 학업 성취도 평가, 아동의 사회정서역량 측정 사이에 간극이 있다. SEL 측정는 계속 뒤처지고 있다(McKown, 2017). 손스, 반스와 동료들(Jones, Barnes, et al., 2017)에 따르면, "학교에서 데이터 기반 의사결정에 대한 일반적인 추세에도 불구하고 SEL 프로그램 및 전략의 선택, 실행 또는 평가에 대한 결정을 내리기 위해 데이터를 사용하는 학교는 거의 없다"(pp. 65-66).

* 역자 주: assessment를 측정으로, evaluation을 평가로 번역하였다. 이 장에서는 측정 도구나 측정으로 특화된 경우에 측정으로 번역하였으나, 다른 장들에서는 맥락상 측정이나 평가가 구분되기 어렵고, 독자의 이해를 돕기 위해 저자의 의도를 손상시키지 않는 한 일부 측정(assessment)을 평가로 번역하였다.

SEL 측정에는 많은 어려움이 남아 있지만, 최근 SEL에 대한 관심이 급증하면서 주목할 만한 발전이 이루어지고 있다. 우리가 SEL 측정에 대해 알아야 할 모든 것을 알지 못할 수도 있지만, SEL을 효과적으로 지원하는 데 필요한 정보를 수집하고 정보에 입각한 결정을 내리는 데는 충분하다. 따라서 교육자, 정신건강 실무자, 지도자와 연구자로서 우리의 책임은 알려진 내용을 숙지하고 기존 SEL 측정 도구에 대한 정보에 입각한 소비자가 되는 것이다. 이를 염두에 두고 SEL의 측정 및 평가에 시험 실천을 적용하는 데 필요한 원칙, 지침 및 도구를 제공한다.

이 장에서는 먼저 SEL 측정의 현재 과제에 대해 논의한 다음, 이러한 과제를 극복하기 위한 몇 가지 기본 원칙과 고려 사항을 제시한다. 이러한 폭넓은 접근 이후에는 이 논의의 근거가 될 수 있는 구체적인 방법과 도구에 초점을 맞춘다. 일반적으로 사용되는 측정 도구의 예를 제공하고, SEL 실행 및 효과와 관련된 중요한 질문에 답하는 데 도움이 되는 방식으로 데이터를 수집하고 사용하기 위한 질문 중심의 문제 해결 과정을 간략하게 설명한다. 생태학적이고 전체적인 관점에서 사고를 유도하기 위해 학교 차원 MTSS 프레임워크 내에서 평가의 역할에 대해 논의한다. 이 장은 SEL 성장을 모니터링하기 위한 자신만의 방법을 만드는 방법에 대한 예시로 마무리하며, 이 장의 주요 정보가 어떻게 결합되는지 설명한다. 독자들은 평가에 참여하는 데 있어 다양한 수준의 편안함을 느낄 것으로 예상한다. 따라서 [워크시트 7-1]의 연습을 통해 불편한 점과 필요한 부분을 생각해 보는 것이 좋다.

1 SEL 측정의 문제점

몇 가지 예외를 제외하면, SEL 측정을 계획하고 선택하는 것은 SEL 프로그램을 계획하고 선택하는 것에 비해 나중에 고려하는 경향이 있다. 측정이 종종 이렇게 낮은 위치에 놓이는 데에는 몇 가지 이유가 있다. 우선, SEL 프로그램의 설계자(우리 포함)는 프로그램 내용에 대부분의 에너지를 쏟는 경향이 있다. 많은 프로그램 개발자에게 측정 전략은 프로그램의 영향에 대한 증거를 생성하는 것에 대해 생각하기 시작할 때 관심을 갖게 된다. SEL 역량을 측정하는 데 관심을 가지는 경우에도, 이는 일반적으로 SEL 실행 과정의 후반부에서 이루어지며, 측정 도구는 쉽게 접근할 수 있는지 또는 다른 사람들이 사용했는지에 근거하여 선택된다.

문제를 더욱 복잡하게 만드는 것은 프로그램 개발자, 연구자, 실무자마다 SEL 결과의 측정 대상과 측정 방법이 다른 경우가 많다는 점이다(McKown, 2017). CASEL의 다섯 가지 역량 영역이 널리 받아들여지고 있지만, 이 프레임워크와 일치하는 평가 도구는 거의 없다. SEL

에 참여하는 사람들은 다양한 학문과 분야(예: 심리학, 지역사회 정신건강, 신경 과학)에서 왔으며, 다양한 이론적 프레임워크에서 도출하고, 유사한 구인이나 결과를 논의하기 위해 서로 다른 언어를 사용한다(Feuerborn & Gueldner, 2019). 서로 다른 연구에 걸쳐 SEL 결과를 비교하는 것은 마치 오렌지와 사과를 비교하는 것처럼 느껴질 수 있다. 무엇을 어떻게 측정해야 하는지, 예를 들어 회복탄력성, 그릿, 성장 마인드가 같은 것인지, 아니면 별도로 측정해야 하는지, 그렇다면 어떻게 측정해야 하는지를 결정하려고 할 때 끝없이 문제에 빠져 실제로 실무자와 연구자 모두 이 모든 것을 통합하는 방법에 대해 혼란을 겪을 수 있으며, 이로 인해 노력이 흩어지는 느낌을 받을 수 있다.

또 다른 문제는 측정 자체에 숨어 있다. 다양한 학생 집단에 맞지 않는 측정 도구를 사용하는 것은 계속해서 문제가 되고 있다. 이러한 집단에 대해 검증된 문화적 · 발달적으로 적합한 도구가 필요하다(Berg et al., 2017). 미국에서는 대부분의 평가가 지배적인 문화의 관점에서 계속 개발되고 있으며, 다른 문화권의 가치, 상섬, 관점을 반영하지 못할 수 있다. 또한 사회적 · 정서적 영역에서 사용되는 많은 측정 도구는 청소년의 병리 또는 결핍에 초점을 맞추고 있다. 이는 문제, 증상, 장애 또는 기능장애에 초점을 맞추고 사회적 · 정서적 역량이나 강점을 간과하거나 최소화하는 경향이 있다(Feuerborn & Gueldner, 2019; Merrell, 2008). 결함 중심의 도구가 널리 보급되고 사용되면서, 우리는 긍정적인 강점 기반 프로그램의 영향을 학생의 문제 증상 감소 여부로 평가하려고 시도할 수 있다. 짐작할 수 있듯이, 증상 감소를 통해 사회정서적 기술의 성장을 평가하는 것은 SEL 측정에 접근하는 비합리적인 방법이다. 프로그램 또는 전략에서 가르치는 내용과 일치하지 않는 측정 도구는 우리가 잘 알고 있는 문제이다.

이러한 어려움에도 불구하고 여전히 낙관할 만한 이유가 있다. 장애 및 문제에 대한 평가와 동등한 위치에 있는 종합적인 강점 기반 평가를 향한 움직임의 징후가 포착되고 있다. 이제 우리는 SEL 역량 측정과 학생에게 원하는 결과에 대해 더 잘 이해하고 있으며, 교실 분위기, 교육자의 사회정서역량, 프로그램 충실도 등 SEL에 영향을 미치는 생태학적 변수에 대해서도 더 높은 평가를 받고 있다.

2 도전에 맞설 준비: 준비, 설정, 천천히!

제2장에 자세히 설명된 계획 과정의 일부로 '이 프로그램 또는 전략을 실행하는 데 있어

나의 목표는 무엇인가?' '무엇을 달성하고자 하는가?' '학생들이 무엇을 성취할 수 있기를 바라는가?' 등의 질문을 고려해야 하며, '어떤 측정 방법을 사용할 것인가?'로 바로 이동하지 않아야 한다. 사전에 시간을 투자하여, SEL 측정이 학교 공동체의 SEL 목표 및 목적, 그리고 가르치는 내용에 일치하도록 해야 한다. 이러한 유형의 조율을 통해 더 의미 있고 지속적인 결과를 얻을 수 있다(Jones & Doolittle, 2017; Oberle et al., 2016). 이 장을 계속 읽으면서 제2장에서 설명한 전략적 계획을 참조하고, 필요하고 가능한 경우 세부 사항을 추가하기 바란다.

시작하기 전에, 당신은 어떤 SEL 활동 및 기타 학교 차원의 노력이 이미 진행되고 있는지를 알고 가능한 경우 그에 따라 교실 추정 계획을 조정하고 싶을 것이다. 학교, 기관이나 교실에서 현재 데이터 수집 실천에 대한 측정 도구부터 시작하여 사용 가능한 것을 기반으로 구축하여 지속 가능성을 높이고 작업량을 줄이는 데 도움을 받는 것이 좋다. 지금 잠시 시간을 내어 [워크시트 7-2]의 데이터 인벤토리를 작성해 보라. 기존의 학교 차원 데이터 수집 실천이 학교 공동체의 목표나 우선순위와 일치하는지를 확인하는 것이 중요하다. 예를 들어, 학교 졸업률을 높은 우선순위로 두는 고등학교에서 근무하는 경우, 학교에서는 출석 데이터를 수집하고 분석하며 학생의 학교 태도 및 유대감 등 학교 졸업에 중요한 요소를 측정하는 학교 차원 선별 도구를 사용할 수 있다. 또한 학교에서는 학업 이탈 및 성적 미달과 같은 학업 중단과 관련된 조기 경고 지표를 측정할 수도 있다. 그러나 학교 차원의 비전이 제대로 정의되지 않았거나 데이터 수집 노력이 합의된 비전과 일치하지 않는 경우, 이 문제를 학교 리더십 팀에 가져와 학교 차원 데이터가 합의된 목표를 평가할 수 있도록 공통 비전을 수립하고 데이터 수집을 더 잘 통합하는 방법을 논의해야 할 수 있다.

측정 준거(benchmarks)의 범위와 순서를 정하고 평가 기준표(rubrics)를 만들 수 있다. 예를 들어, 일리노이주에서는 일부 교육구에서 SEL 표준을 사용하여 지표 기술을 생성하고 '시작(beginning)' '접근 중(approaching)' '안정적(secure)' '모범적(exemplary)' 등의 설명어를 사용하여 루브릭을 생성했다. 미국의 경우, 전국주지사협회 우수실천센터와 주교육감협의회(National Governors Association Center for Best Practices & Council of Chief State School Officers, 2010)에서 만든 CCSS를 사용하여 책임감, 갈등 해결, 의사소통 및 협업, 유연성, 주도성, 다양성 인정과 메타인지와 같은 개인 내적과 대인관계 준거를 설정하는 데 도움을 받을 수 있다(Denham, 2015). 또한 랜드(RAND) 평가 파인더(www.rand.org/leducation-and-labor/projects/assessments.html)와 함께 CASEL ToA 온라인 학교 수준 계획 도구(https://casel.orglin-the-schoals) 및 평가 가이드(https://measuringsel.casel.org/assessment-guide)와 같은 유용한 자원을 검색하여 SEL 측정 계획 및 활동을 추가로 지원할 수 있다.

1) 생태학적 고려 사항

하나의 데이터 자원만을 기반으로 의사결정을 내리는 것을 경고하는 평가의 기본 원칙에 대해 잘 알고 있을 것이다. 교실 분위기, 실행의 충실도, 교사 자신의 사회정서역량 및 인식과 같은 상황적 요소는 학생의 SEL과 불가분의 관계에 있다(Schonert-Reichl, 2017). 이러한 중요성에도 불구하고 우리는 종종 이러한 중요한 변수를 간과하고 측정 계획을 학생의 성과에만 고정시킨다. 학생 SEL에 영향을 미치는 요인을 폭넓게 고려하지 않으면, 학생이 사회정서역량을 발휘하거나 발휘하지 못하는 이유에 대해 잘못된 결론을 내릴 위험이 있다(Bronfenbrenner & Morris, 2006). 예를 들어, 문제 일부가 교실에서 교육자의 실천일 수 있는데도 문제의 책임을 전적으로 학생에게만 돌릴 수 있다. 프로그램이 완전하거나 정확하게 실행되지 않았고 학생들의 문화적 · 상황적 요구에 맞지 않는다면, 원하는 결과를 얻지 못할 것이다. 실행을 측정하지 않으면, 학생의 진도 부족을 애초에 기술을 기르치거나 촉진하지 못한 것이 아니라 프로그램 자체 또는 학생 탓으로 돌리는 오류를 범할 수 있다. [그림 7-1]에서는 SEL 측정 계획에서 고려해야 할 학생, 교실, 학교 및 지역사회 요소를 포함한 생태학적 고려 사항에 대한 기본적인 그림을 제공한다. [그림 7-2]에서는 이 모델의 핵심인 학생 요소를 자세히 살펴보고, SEL 교육 목표 및 목적을 설정할 때 그리고 이러한 교육 목표 및 목적에

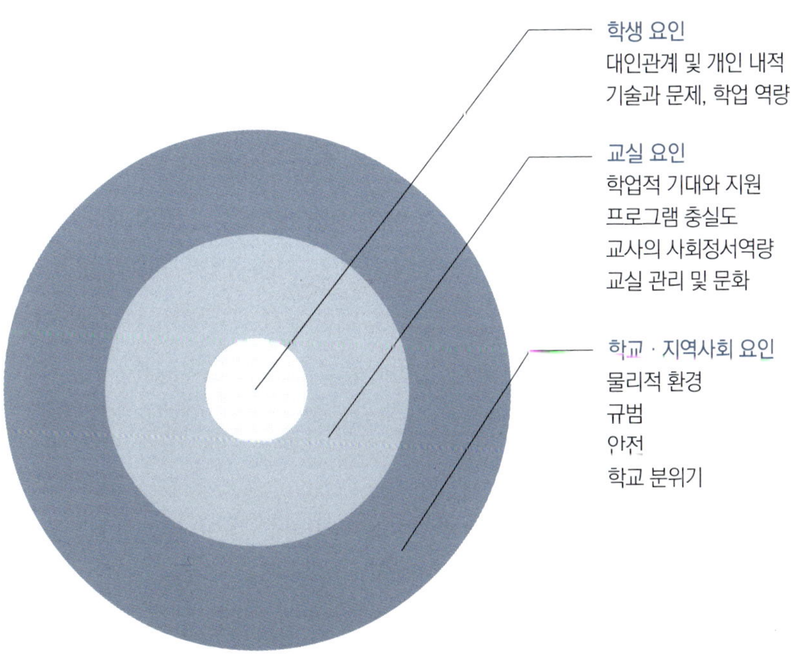

[그림 7-1] SEL 측정에서 중요한 생태학적 요인의 예

대한 진행 상황을 평가할 계획에서 고려하는 데 도움이 되는 대인관계, 개인 내적, 학업 역량의 몇 가지 예를 제공한다. SEL 목표를 고려할 때 제3장에 나열된 SEL 프로그램 성과를 참조하는 것도 도움이 될 수 있다.

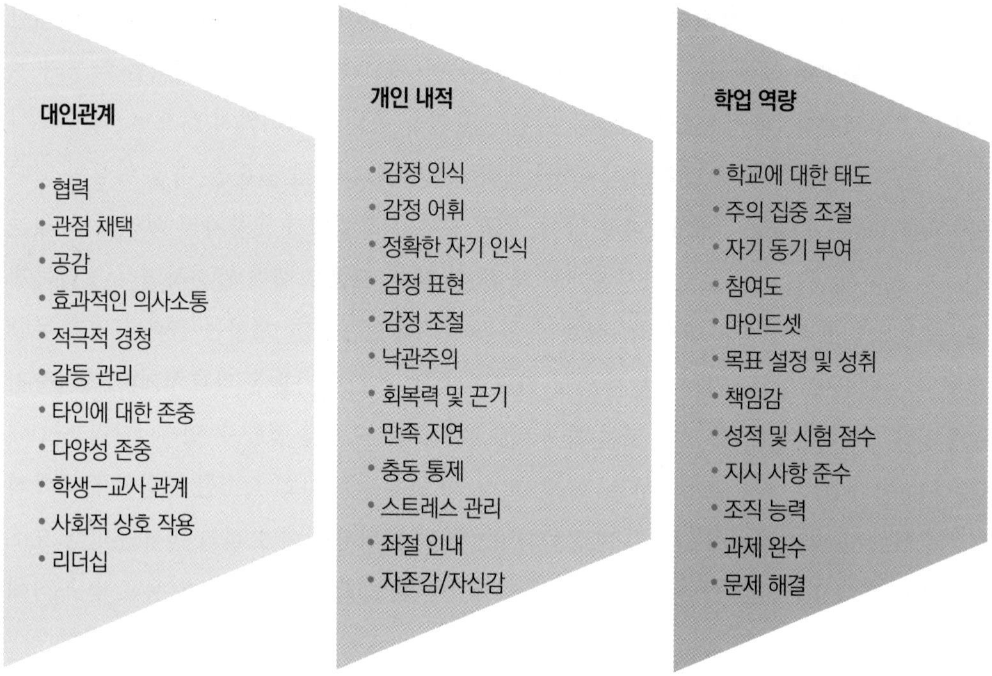

[그림 7-2] SEL 측정 계획에서 고려해야 할 대인관계, 개인 내적, 학업 역량의 예

프로그램 실행 모니터링 및 결과 평가

SEL 실행의 여러 단계에서 다양한 형태의 평가가 수행된다. 교실 평가에 대한 범위를 좁힐 때 가장 중요한 질문은 다음과 같다. 의도한 대로 프로그램이 실행되고 있는지 어떻게 알 수 있는가? 우리가 보고 있는 결과가 SEL 접근 방식 때문인지 아니면 다른 요인 때문인지를 어떻게 알 수 있는가? 프로그램 실행 후 달라지거나 동일한 것은 무엇인가?

실행의 질

목표는 실행 중에 발생한 것을 반영하는 데이터를 수집하는 것이다. '질'이란 우리가 원하는 결과를 얻기 위해 주의해야 할 특정 기준이 있다는 것을 의미한다(Meyers et al., 2012). 실행이 제대로 이루어지지 않았다면, 그 결과가 프로그램의 결과라고 단정할 수 없다! 또한 초기 단계의 실행 동안 일어난 것을 자세히 살펴본다면, 문제를 더 빨리 발견하여 훨씬 더 신속하게 조치를 취할 수 있다(Durlak & DuPre, 2008).

이러한 목표를 달성하기 위해서는 프로그램을 실행하기 위해 취한 단계와 그러한 실행의 질을 측정해야 한다. 수업 실행 모니터링의 일부가 될 수 있는 몇 가지 영역은 다음과 같다(Durlak & DuPre, 2008). 실행된 수업이 원래 프로그램 설계를 얼마나 충실하게 따르는가(충실도)? 어느 정도까지, 어떤 종류의 적응 또는 변경이 이루어졌는가(예: 문화적)? 수업은 얼마나 잘 진행되었는가(질; 예: 명확한 교육 방법)? 수업의 핵심 구성 요소가 어느 정도 실행되었는가(예: 일부, 전부)? 얼마나 많은 학생이 참여했는가(도달 범위)? 참가자들이 프로그램에 어떻게 반응했는지, 프로그램이 다른 프로그램과 무엇이 다른지, 프로그램에 참여하지 않은 학생의 결과 등도 평가할 수 있는 영역이다. [그림 7-3]은 SEL 프로그램에서 사용되는 충실도 양식이다. 여기에는 이러한 영역 중 일부가 설명되어 있으며, 필요에 맞게 수정할 수 있다. [그림 7-4]는 각 회기의 구성 요소가 완전히 실행된 정도에 대한 시각적 피드백을 제공하는 데 사용할 수 있는 그래프의 예이다.

성과

프로그램이 원하는 결과로 이어지는 정도를 이해하는 것은 SEL의 주요 목표이다. 우리는 학생들이 중요한 기술을 배우고 사용하기를 원한다! 결과에는 학생 중심 SEL 및 학업 기술, 프로그램 및 경험에 대한 학생의 관점, 교육자의 역량 및 인식, 기타 학교 교직원 및 공동체 구성원의 생각과 관찰이 포함될 수 있다. 데이터가 어떻게 사용될 것인지도 염두에 두어야 한다. 학교에서 포괄적으로 다룰 수 없는 영역(예: 우울증 증상)이 평가되는 경우, 확인된 문제를 분류하여 지원 계획을 세워야 한다. SEL이 수용되고 관련성이 있으며 실행 가능한 정도를 이해하는 것이 중요하다. 모든 정보와 필요한 단계가 압도적으로 느껴질 수 있다는 것을 이해하지만, 숨을 크게 쉬고 SEL에 관련된 다른 사람들이 당신과 함께 제거하기 어려운 성가신 문제 속에 있다는 것을 기억하고 팀과 함께 한 번에 한 가지 측면을 해결하는 것이 좋다.

2) 기술적 고려 사항

측정 도구의 가치는 측정 도구의 심리측정적 특성, 사용 방법, 데이터에 기반한 의사결정이 학교, 교실, 학생에게 미치는 영향에 내재되어 있다. 타당도는 신뢰도보다 도구의 의도나 사용과 더 밀접하게 연관되어 있다. 예를 들어, 어떤 검사는 시간이 지남에 따라 정보를

프로그램: 효과적인 SEL 프로그램

수업 번호: 1

실시자: 학교 상담사 및 담임 교사

실시 날짜: 3월 1일(월) 및 3월 3일(수)

수업 과목/영역: 언어 예술, 일반 교육

시작 시간: 3월 1일 오전 10:00 종료 시간: 오전 10:30

시작 시간: 3월 3일 오전 10:00 종료 시간: 오전 10:30

참여 학생 수: 3월 1일: 30명 중 29명, 3월 3일: 30명 중 28명

단계	실행 수준	조정 사항	비고
도입	**미실시** · 일부 · 전면 실시	없음	실시자 건너뜀
지난 수업 내용 검토	미실시 · 일부 · **전면 실시**	주말 뉴스를 활용하여 내용 설명	–
어휘 검토	미실시 · 일부 · **전면 실시**	그림과 단어로 어휘 설명	–
개념 1 수업	미실시 · 일부 · **전면 실시**	수업 속도 조정	–
활동	미실시 · **일부** · 전면 실시	활동 모델링용 영상 활용	4개 중 2개 활동 완료
개념 2 수업	미실시 · 일부 · **전면 실시**	시사 예시를 통해 내용 설명	–
활동	미실시 · 일부 · **전면 실시**	추가 예시 활용 연습	–
개념 3 수업	미실시 · **일부** · 전면 실시	이해도 확인을 위한 추가 질문 실시	시간 부족으로 후반부 건너뜀
활동	미실시 · 일부 · **전면 실시**	학생들이 자기 예시로 연습	–
수업 정리	미실시 · 일부 · **전면 실시**	없음	–

수업 구성 요소 실행 비율: 미실시 10% / 일부 실시 20% / 전면 실시 70%

이 수업에 적용된 구체적인 교수 원칙([워크시트 4-3] 참조)

✓ 교사는 금요일 언어 예술 수업의 예시를 사용하여 개념 1~3을 모델링했다.
✓ 교사는 학생들이 내용을 개인화된 상황에 적용해 소집단으로 공유하도록 유도했다.
✓ 교사는 학생들의 연습 과정을 모니터링했다.

수업에 추가로 적용된 조정 사항

✓ 수업을 두 부분으로 나누어 월요일에 1부, 수요일에 2부를 진행했다.
✓ 활동은 지역사회 최근 사건에 대한 학생의 관심을 반영하여 수정했다.

[그림 7-3] 충실도 양식의 예시

안정적으로 제공할 수 있지만 측정하고자 하는 것을 정확하게 측정하지 못하기 때문에 타당도가 부족할 수 있다. 또한 측정 도구는 종합적인 성격이나 일회성 평가에는 신뢰할 수 있고 유효할 수 있지만, 반복적이고 지속적인 변화를 측정할 수 있는 민감도가 부족할 수 있다. 이는 SEL 측정과 관련이 있는데, 일회성 측정을 통해 SEL 프로그램의 효과를 측정하는 데 관심이 있을 수 있지만, 진행 상황을 모니터링하기 위해 지속적으로 데이터를 수집해야 할 수 있다. 신뢰할 수 있고 타당한 측정 도구라고 하더라도 학생을 대표하지 않을 수 있는 특정 집단에 대해 규범화되고 검증될 수 있다는 점을 염두에 두어야 한다. 예를 들어, 미국 중서부 시골 지역의 백인 학생을 대상으로 검증한 표준화된 도구는 도시 지역사회에 거주하는 CLD 학생에게는 적합하지 않을 수 있다. 또한 일부 측정 도구는 고학년 학생에게는 신뢰할 수 있고 타당할 수 있지만 어린 학생에게는 문제가 될 수 있다. 어린 학생들은 자기 성찰, 자기 평가, 정확한 자기 보고(self-report) 능력이 부족한 경우가 많다. 일반적으로 자기 성찰, 조절, 메타인지는 중학생이나 초등학교 고학년이 되어야 비로소 나타난다.

특히 결정 사항이 더 중요한 경우(예: 서비스 자격, 책무성)에는 특정 목적을 위해 문서화되고 타당한 심리측정학적 속성(예: 신뢰도, 타당도)을 갖춘 도구를 선택하는 것이 중요하지만, SEL 측정은 비교적 새롭고 많은 인구를 대상으로 검증되지 않았기 때문에 일반적으로 중요한 결정에는 사용하지 않는 것이 좋다(Melnick, Cook-Harvey, & Darling-Hammond, 2017). 중

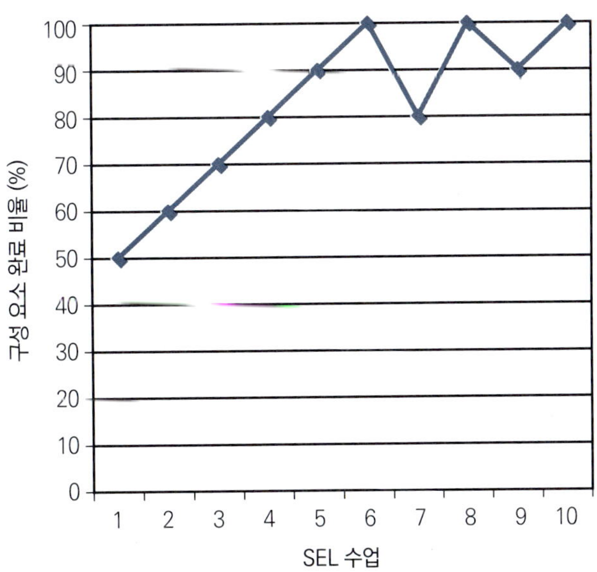

[그림 7-4] 수업 구성 요소의 완료 비율을 목표로 삼아, SEL 교육 과정 수업을 실행한 교사 사례를 그래프로 나타낸 예시

요한 의사결정을 위해 정보를 제공하는 데 필요한 측정은 신중하게 선택되고 문화적으로 적절하며 검증된 평정(rating) 척도, 반복적이고 구조화된 관찰, 표준화된 면담 등이 포함될 수 있다.

3 SEL 측정 방법과 도구

이제 SEL 측정의 일반적인 방법과 구체적인 예시에 대해 논의해 보겠다. 이 절에서는 지금까지 읽은 내용을 보다 구체적으로 이해하도록 돕고 학교에서 일반적으로 SEL 측정이 어떤 모습인지 더 잘 시각화할 수 있도록 돕고자 한다. 새로운 측정 도구가 등장하면 무엇을, 어떻게, 언제 사용해야 하는지 알기 어려울 수 있다. '다소 오래된 검증된 방법을 선택해야 하는가, 아니면 검증이 부족할 수 있는 보다 진보적이고 실험적인 도구를 사용해야 하는가?' 라고 궁금해할 수도 있다. 이러한 이유로, 여러 가지 특정 (평가) 도구를 배우는 것보다 안목 있는 소비자이자 책임감 있는 측정 도구 사용자가 되는 방법을 배우는 것이 더 유용할 수 있다. 특정 도구보다는 SEL 측정 방법을 강조한다. 일부 예외를 제외하고 다음에 설명된 방법은 설문 조사, 관찰, 체크리스트, SEL 프로그램 평가, 면담 및 평가 척도를 포함하여 SEL과 관련된 대부분의 평가를 나타낸다.

가능하면 여러 가지 방법으로 얻은 여러 데이터 출처를 활용하는 것이 좋다.

1) 요구 측정 설문

요구 측정 설문은 그 의도에 따라 다르지만, 일반적으로 사람들의 관점, 생각, 신념, 요구, 경험, 흥미에 대한 일련의 질문이 포함되어 있다. 당신의 경험이 나와 비슷하다면, 만족도 설문 조사, 출구 설문 조사, 사용 설문 조사 등 모든 종류의 설문 조사를 완료하라는 요청을 많이 받았을 것이다. SEL에서 설문 조사는 요구 사항, 환경, 프로그램 만족도 및 적용 가능성을 평가하는 데 가장 자주 사용된다.

요구 측정

요구 측정은 광범위한 대상에게 도달할 수 있다는 이점이 있으며, 교직원, 학생, 학부모 및 지역사회와 함께 사용할 수 있다. 요구 측정은 일반적으로 요구 그 이상을 측정한다는 점에서 약간 잘못된 이름이며, 기존 자원과 이해관계자의 SEL 관련 인식, 신념, 경험 및 우려 사항도 평가한다(Hall & Hord, 2010; Weiner et al., 2008). 요구 측정 설문 조사는 대부분 체계적인 수준(학교 및 교육구)에서 실시되지만, 교실 수준에서도 실시할 수 있다. 요구 측정은 현재 SEL의 노력을 점검하고, 서비스 격차를 파악하고, 노력을 조정하고, 변화를 지원하는 데 도움이 될 수 있다. 제2장에서 설명한 대로, 이러한 유형의 체계적 평가는 SEL의 준비 및 초기 도입 단계에서 학교 리더십 팀에 특히 유용하여 우선순위와 기존 역량을 파악하고 SEL 실행의 잠재적 장벽을 피하는 데 도움이 될 수 있다(Holt et al., 2007; Wanless et al., 2015). 요구 측정 데이터는 설문 조사, 포커스 집단 토론 및 면담을 통해 얻을 수 있다. 설문 조사는 대상 범위가 넓고 필요한 자원이 적은 반면, 상세한 데이터를 제공하지 못할 수 있으며 응답률이 낮을 수 있다. 반면에 포커스 집단, 면담, 토론은 상세한 정보를 얻을 수 있지만, 시간과 자원이 많이 소요될 수 있다. 따라서 특정 인구통계학적 특성을 가진 학부모, 이질적인 집단의 학생, 사회적으로 영향력 있는 교사 등 의도적으로 선정된 개인을 대상으로 사용할 때 가장 적합하다. 이번에는 SEL에 특정한 요구 측정 설문은 없지만, 일반적인 변화 노력(Elias et al., 2015 참조) 및 SWPBIS와 같은 유사한 변화 노력을 위해 개발된 몇 가지 도구가 있다. 학생 및 교직원 행동 및 훈육에 대한 인식 설문 조사(Student and Staff Perception of Behavior and Discipline surveys: SPBD; Feuerborn, Tyre, & King, 2015)는 그대로 사용하거나 SEL 특정 요구사항의 자체 개발 모델로 사용할 수 있는 설문 조사의 예이다(https://spbdsupport.com 참조). 앞서 언급한 CASEL의 학교 계획 도구도 SEL 요구 측정을 수행하는 데 유용한 지침을 제공할 수 있다.

어떻게 요구 측정 데이터를 수집하거나 누구로부터 수집했는지와 상관없이, 수집한 데이터에 따라 조치를 취하라. 당신의 행동은 이해관계자에게 투명해야 하며, 이해관계자는 당신의 의도와 함께 결과(즉, 정보가 어떻게 활용될 것인지)를 이해할 수 있어야 한다. 설문 조사에 참여한 후 자신의 데이터가 누군가의 책상 위에 놓여 있다는 사실을 알게 되는 것을 좋아하는 사람은 아무도 없다! 요구 측정의 데이터 분석 단계에서는 집단(예: 인종, 민속, 식무 역할)별로 데이터를 세분화하여 다수가 아닌 집단의 데이터가 누락되지 않도록 주의하는 것이 중요하다. 예를 들어, 학교에 다니는 외국 학생은 고유한 SEL 요구 사항과 우려 사항이 있을 수 있다. 특정 집단으로 분류된 교직원은 대부분의 다른 교직원과 매우 다른 SEL 관련 요구 사항을 가질 수 있다. 이러한 데이터를 집단 데이터와 결합하면 이러한 추세/차이를 식별하지 못할 수 있다.

분위기 설문 조사

분위기 설문 조사는 학교와 학급 수준 모두에서 도움이 될 수 있으며, 일반적으로 학생, 교직원, 학부모의 인식 조사를 포함한다(Doll, Brehm, & Zucker, 2014). 이 책 전체에서 논의하듯이 학교와 교실의 분위기는 좋든 나쁘든 학생의 웰빙에 큰 영향을 미치므로 이를 평가하는 것이 중요하다. SEL을 촉진하는 학교 분위기는 지원적이고, 격려하며, 배려하는 분위기이다. 학교는 안전하고, 학생과 교직원이 참여하고, 교직원은 유능하며, 학생 성취에 대한 높은 기대치가 있고, 학교의 물리적 구조는 질서정연하고 깨끗하며 기물 파손이 없다(Garibaldi, Ruddy, Kendziora, & Osher, 2015). 학교 분위기 설문 조사를 선택할 때는 통계적으로 우수한 심리측정학적 속성을 가진 설문 조사를 선택하고 건강한 학교 분위기의 주요 지표를 평가하는 것이 중요하다. 이를 위해 적절한 심리측정학적 속성을 가지고 있으며 무료로 이용할 수 있는 학교 분위기 측정 도구의 몇 가지 예를 〈표 7-1〉에 제시한다. 더 자세한 분위기 설문 조사 목록은 https://safesupportivelearning.ed.gov에서 확인할 수 있다.

교실 분위기 설문 조사를 통해 얻은 데이터는 특히 SEL 프로그램 계획과 관련하여 강점과 개선이 필요한 영역을 파악하는 데 있어 교육자에게 매우 유용할 수 있다. 긍정적인 교실 분위기를 구성하는 특정 특성에 대한 합의는 부족하지만(Zullig, Koopman, Patton, & Ubbes, 2010), 교실 내 모든 사람의 사회적·정서적 웰빙에 큰 영향을 미치는 몇 가지 주요 환경 요인에 대해서는 합의가 이루어지고 있다. 이러한 요인에는 행동 관리 및 훈육, 교수 및 수업, 학업 기대치, 교사의 사고방식 및 사회정서역량, 교사-학생 관계, 안전 및 포용에 대한 학생의 인식, 학생-학생 상호 작용과 관련된 실천이 포함된다. 교실 분위기를 평가하기 위한 기존 설문 조사 시스템의 예로는 클래스맵(ClassMaps) 설문 조사가 있다(Doll et al., 2010). ClassMaps은 초등학교와 중학교 학생들을 대상으로 하는 55개 항목의 설문 조사로, 회복탄력성을 촉진하는 교실의 여덟 가지 특성을 평가하기 위해 개발되었다. 내 안의 믿음(학업 효능감), 책임감(학업 자기 결정), 학급 규칙 따르기(행동 자제력), 나의 선생님(학생-교사 관계), 나의 반 친구(또래 친구 관계), 우리 반 아이들(또래 갈등), 걱정(또래 공격성 우려), 부모님과 대화하기(가정-학교 의사소통) 등 여덟 가지 영역으로 구성되어 있다. 이 설문 조사와 설문 조사 활용에 도움이 되는 자세한 정보는 『회복탄력적 교실: 학습을 위한 건강한 환경 만들기 가이드북(Resilient Classrooms: Creating Healthy Environments for Learning)』에서 확인할 수 있다(Doll et al., 2014). 또한 학생-교사 관계 척도와 개별화된 학급 측정 점수 시스템은 교사-학생 관계를 평가하는 데 도움이 된다.

〈표 7-1〉 학교 분위기 설문 조사 사례

도구 이름	측정 항목 및 변수	학년	응답자	항목 수 및 기타 세부 사항	웹사이트
AIR 학습 조건 설문 조사 (American Institute for Research Conditions for Learning Survey)	안전하고 존중하는 학교 분위기, 기대 수준, 학생 지원, 사회정서 학습	2~12학년	학생	23~56개 항목, 서면 및 온라인	www.air.org/project/conditions-learning-survey
수월성 문화와 윤리 측정 (Culture of Excellence and Ethics Assessment)	수월성, 윤리, 학교 문화, 교원 실천, 학생 안전, 교원의 학생 지원 및 참여, 교원의 신념과 행동, 가정-학교 소통, 학부모 참여를 높이기 위한 학교 노력, 가정 학습	중·고등 학교 (6~12학년)	학생, 학부모, 교직원	70~134개 항목, 서면 및 온라인	https://ceui.org
시각된 학교 경험 척도 (Perceived School Experiences Scale)	학업 동기 부여, 학업에 대한 압박, 학교 소속감	7~12학년	학생	14개 항목, 서면 조사	https://cswo.osu.edu/about/faculty-staff/faculty-directory/anderson-butcher-dawn-ph-d

2) 관찰

관찰은 종종 다른 형태의 데이터와 함께 사용하여 특수 서비스 자격 여부와 같은 의사결정을 지원하고, 위험 징후를 보이는 학생(예: 정서 및 행동장애)을 확인하고, 개입을 평가하는 데 사용된다(Shapiro & Heick, 2004). 교실과 같은 자연스러운 상황을 직접 관찰하는 것은 학생의 행동 및 성과를 평가하는 데 가장 자주 사용되지만, 이 방법은 교실 생태, 교육자의 실천 및 SEL 프로그램 실행의 충실도를 평가하는 데에도 사용할 수 있다.

학생 행동 관찰

이 방법은 외적 사건에 의존하므로 자기 인식 및 대안적 사고 전략에 참여하는 능력과 같이 개인 내적이고 쉽게 관찰할 수 없는 SEL 기술에 비해 관찰 가능한 역량(예: 자기 관리, 관계 기술 및 책임 있는 의사결정) 및 관련 행동(예: 대화 시작, 방해 행위)을 평가하는 데 가장 유용한 경향이 있다. 일반적으로 신뢰할 수 있고 타당한 행동 샘플을 얻으려면 20~30분 동안 3~6회의 관찰이 필요하므로 직접적인 행동 관찰에는 시간과 자원이 많이 소요될 수 있다(McKown, 2017). '아동 행동 평가 시스템 제3판(Behavior Assessment System for Children, Third Edition: BASC-3)'(Kamphaus, Reynolds, Hatcher, & Kim, 2010)의 구성 요소인 학생 관찰 시스템(Student Observation System: SOS)과 같이 공개되고 타당화된 학생 행동 관찰 도구가 여러 가지 있다. 표준화되고 출판된 관찰 도구 외에도 학생 행동을 직접 관찰하는 데 널리 사용되는 많은 형식과 양식이 있으며, 여기에는 행동의 'ABC(Antecedents: 선행사건, Behavior: 행동, Consequences: 결과)'를 평가하는 방법과 간격 기록(예: 30초 간격)이 포함된다. 이러한 양식의 대부분은 간단한 인터넷 검색을 통해 찾을 수 있다.

교실 관찰

구조화된 교실 관찰은 교사의 행동과 교실의 생태 및 분위기를 측정하는 데에도 사용할 수 있다. 이러한 관찰 시스템의 예로 교실 측정 채점 시스템(Classroom Assessment Scoring System: CLASS; Pianta, La Paro, & Hamre, 2008)을 들 수 있다. 이 시스템은 정서적 지원, 분위기, 교사의 민감성, 교실 조직 및 수업 방식을 평가한다.

프로그램 충실도 관찰

연구에 따르면, 충실도 측정 및 교사와 학생 결과에 대한 피드백 제공에 있어 관찰의 가치가 입증되었다(Bierman et al., 2010). 관찰은 SEL 프로그램 실행의 충실도를 측정하는 데 사용할 수 있다. 이러한 방식으로 관찰자(예: 학교 심리학자)는 프로그램 실행 또는 수업을 관찰하여 프로그램 또는 수업의 필수 구성 요소가 완전하고 정확하게 실행되는지 관찰한다. 관찰은 다음 절에서 설명하는 것처럼 체크리스트와 함께 사용되는 경우가 많다. 제3자가 직접 관찰하면 신뢰할 수 있고 유효한 충실도 데이터를 생성하는 경향이 있으며, 어려운 상황의 문제 해결을 포함한 실행 문제에 대한 또 다른 관점을 제공한다(Meyers et al., 2012).

3) 체크리스트

체크리스트는 주로 프로그램을 의도한 대로 실행하고 있는지(충실도 또는 무결성), 실행의 다른 측면(예: 교실 관리, 적응)을 얼마나 잘 수행하고 있는지 모니터링하는 데 사용한다. 체크리스트는 이미 프로그램에 포함되어 있을 수도 있지만, 체크리스트가 없는 경우 다음 사항에 맞는 체크리스트를 개발하는 것이 좋다. 측정 요소는 프로그램 회기에서 제시된 순서대로 프로그램의 필수 내용 영역 나열, 각 요소가 실행된 정도(예: 전혀, 부분적으로, 완전히), 회기 내 전달의 질(예: 속도), 필요에 따라 수업을 조정하고 차별화한 정도, 학생의 참여 정도 등을 포함할 수 있다. 충실도를 측정하기 위한 체크리스트는 스스로 보고하거나 프로그램에 대해 잘 알고 있는 독립적인 관찰자가 사용할 수 있다. 전자의 방법은 충실도를 비교적 빠르고 쉽게 측정할 방법이지만, 이 방법은 상당히 주관적이며 데이터의 타당성을 위협할 수 있다는 단점이 있다(Sanetti & Kratochwill, 2009). 후자의 방법은 일반적으로 공정한 평가자가 수행하며, 수업 내용이 실행되는 것을 관찰하는 동안 완료된다. 또한 성과 그래프는 시간이 지남에 따라 충실도를 개선하는 데 필요한 시각적 피드백을 제공할 수 있다(Balcazar, Hopkins, & Suarez, 1985). [그림 7-4]에 그 예가 나와 있다.

4) 프로그램 기반 측정

SEL 프로그램과 함께 제공되는 측정은 일반적으로 프로그램에서 다루는 SEL 관련 지식 및 기술을 평가하는 데 사용된다. 대부분의 경우 이러한 평가는 학업 프로그램에 수반되는 이해력 단위 시험과 유사하게 특정 프로그램 내의 내용과 연결된다. 그러나 이러한 평가는 교육 과정이나 프로그램에 의존적이지 않아 평가되는 기술이 SEL 주 표준 또는 CASEL 역량(자기 인식, 자기 관리, 사회적 인식, 관계 기술, 책임 있는 의사결정)과 같은 중요한 SEL 목표 및 목적과 일치하지 않는다. 프로그램 평가는 일반적으로 프로그램 또는 개입에 참여하는 학생이 완료한다. 예를 들어, 데뷰 학생 강점 평가(Devereux Student Strengths Assessment: DESSA; 이 장의 뒷부분에서 설명)는 종종 세컨드 스텝(제3장에서 설명) 프로그램과 함께 사용하기 위해 개발된 도구인 DESSA 세컨드 스텝용(SSE)을 사용한다. 강한 아이 프로그램 평가는 20개의 객관식 및 참/거짓 문항으로 구성되어 있으며(Carrrizales-Engelmann et al., 2016a, 2016b, 20l6c; Whitcomb & Parisi Damico, 2016a, 2016b), 각 수업의 주요 목표와 CASEL 역량을 측정하도록 설계되어 있다.

5) 면담

면담은 프로그램 실행의 장애물과 같은 상황적 요인을 심층적으로 분석하고 문제의 근본 원인을 설명하며 해결책, 강점, SEL 목표를 파악하는 데 도움이 되는 평가 전략으로 유용할 수 있다. 자기 인식과 사회적 인식과 같은 개인 내적 기술에 대한 자세한 정보를 얻기 위해 학생과 면담을 진행할 수 있다. 프로그램 실행 가능성에 대한 정보를 얻기 위해 담당자와 면담(평가 척도에 따라서)을 실시할 수도 있다. 이러한 면담에서 시행자는 자료, 비용 및 교육 공간 요구 사항과 함께 필요한 교육의 양에 대한 인식에 대해 질문을 받는다. 또한 교사, 학부모와 학생 면담을 실시하여 프로그램 시행 전, 시행 중, 시행 후에 프로그램 만족도 및 문화적 관련성에 대한 피드백을 도출할 수 있다. 이 방법(설문 조사 포함)은 SEL 실행의 모든 단계에서 학생의 참여를 유도하는 한 가지 방법이다.

구조와 신뢰성 수준은 매우 다양하지만, 면담은 학생(또는 다른 정보 제공자)으로부터 직접 정보를 얻기 때문에 SEL 측정의 전형적 방법이다. 심지어 버클리 퍼펫 면담(Berkeley Puppet Interview: BPI)과 같은 표준화된 면담도 있는데, 이는 아동의 SEL 기술(예: 자아 개념)을 측정하는 데 사용된다(Measelle, Ablow, Cowan, & Cowan, 1998). 하지만 이처럼 특정 목적을 위해 개발되고 검증된 면담은 거의 없으며 개인에게 실시하는 데 많은 시간(약 30~45분)이 필요하기 때문에, SEL 역량을 평가하는 기본 방법으로는 면담을 권장하지 않는다(McKown, 2017).

6) 평정 척도

마지막 방법인 평정 척도는 임상 및 교육 환경에서 사회적 · 행동적 · 정서적 평가 목적으로 널리 사용된다. 이 방법은 진단 목적으로 그리고 일반적인 학생보다 더 많은 도움이 필요한 학생에게 가장 자주 사용된다. 학생의 사회적 · 정서적 · 행동적 역량 및 문제를 평가하기 위해 평정 척도를 사용할 때는 부모(부모 보고 측정), 교사(교사 보고 측정), 학생(자기 보고 측정) 등 여러 정보 제공자가 모두 사회적 · 정서적 · 행동적 발달에 대한 귀중한 통찰력을 제공하므로 이들을 활용하는 것을 고려한다(Merrell, 2008).

정보 제공자마다 관점이 다를 수 있으며 결과가 일치하지 않을 수 있다. 자기 보고는 내적 상태(자기 인식, 사회적 인식, 불안, 우울증)를 평가하는 데 특히 유용할 수 있지만, 학생이 세상과 상호 작용하는 방식에 대한 인식 부족, 제한된 자기 이해 또는 인지된 약점을 공개하지 않으려는 욕구('사회적으로 바람직한 반응' 등 측정의 편견으로 인해)로 인해 수집된 정보가 제한될 수 있다. 성인용 보고서는 목표 설정, 자기 관리, 스트레스 관리, 관계 기술, 책임 있는 의사결정과 같이 관찰 가능한 기술과 관련된 정보를 수집하는 데 유용하다. 부모는 가정과 지역사회 환경에서의 자녀나 청소년에 대해 더 잘 알고 있는 경향이 있으므로 특히 유용한 관점을 제공할 수 있다. 교사 평가 척도는 교사가 대상 환경인 교실에서 학생들과 비교하고 상호 작용하면서 보다 폭넓은 기준으로 학생을 평가할 수 있기 때문에 유용한 관점을 제공할 수 있다. 그러나 교사에게 평가 척도를 작성하도록 요청하는 것은 이미 고된 업무량으로 바쁜 교사에게 과도한 부담을 줄 수 있으므로 주의해야 한다(Stewart-Brown & Edmunds, 2003). 또한 교사가 인종 그리고(또는) 문화가 다른 학생을 평가하는 경우 잠재적인 편견을 인식하는 것이 중요하다. 편견은 왜곡된 인식, 다른 기대치 또는 학생의 기술 및 행동에 대한 부정확한 보고로 이어질 수 있다.

〈표 7-2〉에서는 권장되는 평정 척도 및 평정 척도 시스템을 확인하고 해당 척도의 초점, 연령, 평정 범위 및 문항 수에 대한 개요를 제공한다. 이 표에 포함된 평정 도구는 적절함에서 강함까지의 기술적 특성을 가지고 있고, 장애(정서 및 행동 장애 포함)가 있는 학생과 없는 학생에게 표준화되어 있으며, 학생 서비스 계획, 교사-학생 관계 평가, 서비스 및 프로그램의 영향 평가, 특수 프로그램의 자격 및 배치 결정 지원(예: 정서 및 행동 장애를 위해 특별히 고안된 교육이 학생이 필요할 수 있는 경우) 등 여러 목적으로 사용할 수 있다. 예를 들어, 사회정서적 자산 및 회복탄력성 척도(Social Emotional Assets and Resilience Scales: SEARS)와 DESSA는 선별 및 진행 상황 모니터링 도구와 함께 종합적인 평가 도구로 사용할 수 있다(후자의 두 가지에 대해서는 이 장의 뒷부분에서 자세히 설명할 예정이다). 이 표에 포함된 도구는 탄탄한 연구 기반과 강력한 기술적 기반 외에도 상업적으로 출판되었거나 공개적으로 쉽게 구할 수 있다. 대부분은 지필 및 온라인 채점 및 관리 기능을 갖추고 있으며, 초·중·고등학교 전 학년의 학생을 대상으로 검증되었다.

〈표 7-2〉의 도구는 SEL 개입에서 가장 중요한 다양한 긍정적 기술, 자산, 속성 및 특성을 평가한다. 아헨바흐 아동 행동 체크리스트(Achenbach Child Behavior Checklist: CBCL; Achenbach & Rescorla, 2001) 및 아동 행동 평가 시스템 제3판(BASC-III; Reynolds & Kamphaus, 2015)과 같이 정기적으로 사용되는 다른 평가 척도 체계도 있지만, 이러한 척도는 정신건강 문제(예: 우울증) 또는 인지 행동 정신병리(예: ADHD)를 확인하고 진단하기 위해 정신의학자와 임상가가 자주 사용하므로 제외했다. 문제 행동 및 증상에 대한 단일 초점이 아닌 SEL 역량의 폭과 깊이를 파악하는 것의 중요성에 대해 다시 한번 상기해 본다.

광범위한 SEL 역량을 포괄하는 강점 기반 평가 척도 측정 외에도 고려해야 할 또 다른 유형의 평가 척도 평가는 집중된 사회적 기술 또는 사회적 역량 측정이다. 이 유형의 대표적인 두 가지 평가 시스템인 학교 사회성 척도(School Social Behaviors Scale: SSBS-2; Merrell, 2002)와 사회적 기술 향상 체제(Social Skills Improvement System: SSIS; Gresham & Elliott, 2008)는 〈표 7-2〉에 포함되어 있다. 이러한 유형의 척도는 앞서 나열한 평가 내용에 포함된 광범위한 사회정서역량을 포함하지 않는 경향이 있지만, 교육 및 아동 정신건강 환경에서 오랫동안 효과적으로 사용되어 왔으며 특히 또래관계 및 사회적 기술 평가가 가장 중요한 상황에서 유용할 수 있다.

표에 간략하게 소개된 평가는 아동과 청소년의 사회정서역량을 평가하는 데 관심이 있는 전문가에게 다양한 선택지를 제공한다. 각 시스템이나 도구는 다소 독특하고 초점 영역이나 목적이 다르지만, 모두 최소한 적절한 수준의 기술적 특성과 실용적 이점을 갖추고 있어 권장할 만한 가치가 있다. 이 권장 평가 도구 목록은 특정 평가 요구 사항을 충족하는 도구와 시스템을 선택하는 데 좋은 출발점이 될 것이다. 이 글을 쓰는 시점에 SEL 역량에 맞추어 더 많은 강점 기반 평가가 개발되고 있지만, 이를 완전히 평가하려면 더 많은 시간이 필요하다. 예를 들어, SEL을 위한 SSIS는 CASEL 역량과 연계되어 있으며, 교사, 학부모, 학생 형식과 함께 선별 및 진행 상황 모니터링 양식을 포함한다(Gresham & Elliott, 2017). 비교적 최근에 개발된 다른 측정 도구로는 파노라마 사회정서학습 학생 및 교사 평가(Panorama Social-Emotional Learning Student and Teacher Ratings), WCSD 사회정서역량 측정(WCSD Social Emotional Competency Assessment), 학생을 위한 사회정서역량 설문 조사(Social Emotional Competency Survey for Students: SEL-C), ACT TESSERA 검사, Six Seconds 청소년용 검사(Six Seconds Youth Version: SEI-YV) 등이 있다. CASEL 측정 가이드는 기술 보고서 및 웹사이트(http://measuringsel.casel.org/assessment-guide)와 함께 이러한 측정 도구에 대한 자세한 정보를 제공한다. 가까운 시일 내에 온라인 수행 기반 평가 도구를 포함하여 더 많은 도구가 제공될 예정이다. SEL 측정의 혁신이 곧 제공될 예정이므로 여기에 제공된 가이드라인을 사용하여 당신의 필요에 맞는 도구를 찾아보기 바란다.

〈표 7-2〉 권장 사회정서역량 측정 척도

도구/시스템 명칭	초점/측정 대상 및 변수	학년 및 연령 범위	정보 제공자	문항 수 및 소요시간	출판사 및 웹사이트
행동 · 정서 평가 척도 2판 (BERS-2) 및 유아용(P-BERS)	사회정서적 강점, 가족 및 학교 기능 참여도, 정서적 강점, 진로 강점(작업 습관 및 관심)	학령 전~12학년	교사, 학부모, 학생 자기 보고 (학령 전생은 제외)	52문항, 10분	www.proedinc.com
발달 자산 프로필 (DAP)	8개 범주 내 40개 발달 자산: 지지, 권한 부여, 경계 및 기대, 건설적 시간 활용, 학습 몰입, 긍정적 가치, 사회적 역량, 긍정적 정체성 추가로 개인 · 사회 · 가족 · 학교 · 지역사회 '맥락' 점수 포함	4~12학년	학생 자기 보고만	58문항, 10~15분	www.search-institute.org/surveys/choosing-a-survey/dap
데뷰 학생 강점 평가 (DESSA) 및 미니-DESSA	위험 요인 상쇄 및 회복탄력성 형성에 기여하는 보호 요인: 낙관적 사고, 대인관계 기술, 자기 인식, 책임감, 자기 관리, 목표 지향 행동, 사회적 인식, 의사결정	학령 전~8학년	교사 및 학부모	72문항, 10분(미니-DESSA: 8문항)	http://apertureed.com/dessa-overview
Bar-On 정서지능 지수 척도-청소년판 (EQI-YV)	정서 지능 이론 기반, 사회 · 정서 지식의 실제적 적용, 대인관계, 자기 이해, 적응력, 스트레스 관리, 일반 정서, 긍정적 인상 등 평가	7~18세	학생 자기 보고	60문항: 20~25분, 30문항 단축형: 15분	www.mhs.com
사회정서적 자산 및 회복탄력성 척도(SEARS)	사회정서역량, 대처 기술, 문제 해결 능력, 정서 지식, 회복탄력성, 책임감, 자기 조절, 자이 존중감, 공감	유치원~12학년	교사, 학부모, 학생 자기 보고	52~54문항, 12~15분, 단축형 사용 가능	www.parinc.com
학교 사회성 척도(SSBS-2)	사회적 역량(또래관계, 자기 관리, 학업 행동) 및 반사회적 행동(적대적/과민, 반사회적/공격적, 반항적/파괴적)	유치원~12학년	교사, 학부모	64문항, 12분	https://brookespublishing.com
사회적 기술 향상 체제(SSIS)	사회적 역량(5개 하위 척도 포함), 문제 행동(3개 하위 척도 포함), 학업 역량	학령 전~12학년	교사, 학부모, 학생	34~35문항, 10~25분	www.pearsonassessments.com

4 측정 과정: 탐구의 순환 과정

이제 우리는 평가 방법의 유형과 특정 도구에서 의사결정을 안내하는 데 적용되는 방법으로 논의를 전환한다. 데넘(Denham, 2015)은 "SEL 측정의 목표는 학생의 SEL 강점과 약점을 밝히고, 데이터에 기반한 결정을 내리는 데 도움을 주어 아동의 SEL을 촉진함으로써 광범위하고 장기적인 긍정적인 결과를 촉진하는 것이다."(p. 296)라고 말한다. 이 목표를 달성하기 위해 데이터를 검토하고 지속적인 개선을 유도하기 위해 의도적인 질문을 하는 탐구 과정에 대해 논의한다(Copland, 2003; Oberle et al., 2016). 이 주기적인 과정은 [그림 7-5]에 나와 있다. 다음 논의에서 쉽게 참조하고 안내할 수 있도록, 이 과정의 여러 단계와 안내 질문이 [워크시트 7-3]에 설명되어 있다. 이러한 질문 단계의 방향을 잡는 데 도움이 되도록 [그림 7-1] 및 [그림 7-2]를 다시 참조하고 SEL 측정에 적용되는 학생(대인관계, 개인 내적 및 학업), 교실, 학교 및 공동체 요소를 고려하라.

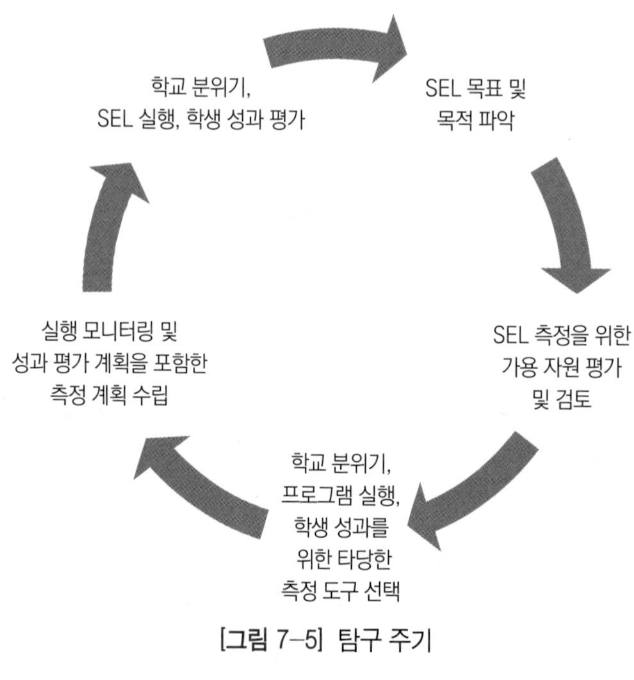

[그림 7-5] 탐구 주기

1) 1단계: 확인과 명료화

이 과정의 첫 번째 단계에서 필수적인 작업은 SEL을 추구하는 이유를 명확히 하는 것이다. 이 단계에서 작업의 틀을 잡는 활동은, (1) 자원 식별, (2) 단기 및 장기 목표 확인, (3) 데이터 수집을 통해 의사결정할 사안 확인, 데이터 수집 및 사용, SEL 교육에서 잠재적인 촉진 및 방해 요인의 확인 순으로 시작한다.

다음 질문에 대해 고려해 본다. SEL 목표는 무엇인가? 학생들이 무엇을 할 수 있기를 원하는가? 당신(및 핵심 이해관계자)이 원하는 결과는 무엇인가? 문제를 예방하기, 기술을 향상시키기 아니면 두 가지 모두를 장려할 계획인가? 평가 및 교육 목표를 지원할 수 있는 충분한 자원이 있는가?

예를 들어, 교사는 대인관계 기술(예: 협력 및 타인 존중)과 학업 능력(예: 과제 완수 및 문제 해결)을 키우고 문제 행동(예: 갈등)을 줄이는 응집력 있는 교실 분위기를 조성하기 위해 SEL을 가르치는 데 관심이 있을 수 있다. 포용적인 교실 분위기라는 이 교사의 목표는 학교 공동체의 두 가지 확립된 우선순위 및 가치인 존중과 협력과 일치한다. 이 교사는 교육 관리자, SEL 리더십 팀과 SEL 측정 및 교육에 대한 충분한 자원의 지원을 받고 있다. 이 교사는 학급 분위기 설문 조사 및 교실 관찰 데이터를 바탕으로 집단 프로젝트 참여에 대한 학생의 저항, 파벌의 존재(집단 내/외), 학생 간의 갈등, 도움 행동 부족 등을 포괄하는 SEL 목표를 선택했다. 따라서 이 교사는 공감, 존중, 관점 취하기, 협력, 효과적인 협업과 같은 사회 인식과 관계 기술의 하위 기술을 증진하고자 한다. 이 교사는 또한 부정적인 대화, 모욕하기, 갈등, 학업 무관심을 줄이고 예방하는 것을 목표로 한다. 이 교사는 SEL 교육 및 평가 시간이 지속 가능성에 잠재적인 장벽이 될 수 있음을 인식하고 있으므로 가능한 경우 간단한 평가 방법을 선택하고 기존 활동에 교육을 삽입해야 한다.

목표 및 결과의 선택과 그에 따른 SEL 측정 도구의 선택에서 학생의 발달 단계와 SEL역량 획득 단계를 고려하는 것도 중요하다(Jones, Barnes, et al., 2017). 우리는 초등학교 학생들이 고등학교 학생들에게 기대하는 것과 같은 타인의 관점을 취하고 공감을 표현하는 능력을 발휘할 것으로 기대하지 않으며, 동일한 방식으로 평가하지 않을 수 있다(McKown, 2017). 또한 학생들이 더 정교한 역량(예: 자기 관리)을 배우기를 기대하기 전에 몇 가지 기초적인 SEL 역량(예: 자기 인식)을 개발해야 한다. 학생이 덧셈과 뺄셈에 관한 기술이 부족하다면 긴 나눗셈을 가르치고 평가하는 단계로 넘어가지 않을 것이며, 여기에도 동일한 논리가 적용된다.

2) 2단계: 측정 도구 선택과 데이터 수집

이 단계에서 수행해야 할 작업에는 평가하려는 질문에 적합한 측정 도구를 선택하고, 데이터 수집 계획을 개발하여, 데이터를 쉽게 검색하고 사용할 수 있도록 수집 및 정리하는 작업이 포함된다. 2단계에서는 학생의 특성(예: 문화) 및 환경(예: SEL 수업과 평가를 위한 지정된 제한된 시간)과 함께 중요한 SEL 목표(예: 대인관계 기술 및 학업 역량)도 고려한다. 주요 언어를 사용하지 않거나 최근에 이민 온 학생을 평가할 때는 다른 방법을 사용하거나 기존 방법을 적절하게 조정해야 한다. 1단계의 교실 분위기 예를 사용하여 이 교사가 원하는 결과를 어떻게 측정할 수 있을지 생각해 보라. 설문 조사와 관찰을 통해 교실 분위기를 계속 평가하면서 간단한 사회적 기술 평가 척도를 추가할 수도 있다. 또한 이 교사가 어떤 식으로든 문제의 원인이 될 수 있으므로(예: 불명확한 집단 과제 기대치), 자신의 실천에 대한 평가도 포함할 수 있다(제9장 참조).

팀 또는 학습 공동체의 일원으로서 동료들과 함께 이 단계를 완료하는 것이 가장 이상적이며, 목표를 측정하는 가장 실행 가능하고 효과적인 방법을 결정하고, 심리측정학적으로 타당하고 시간과 자원의 범위 내에서 적합한 도구를 선택하는 것이 좋다. 데이터 수집 계획을 수립할 때 데이터 목록([워크시트 7-2])을 참고하여 현재 효과적인 방법을 기반으로 한다. 예를 들어, 학교에서 이미 학교 분위기 설문 조사를 수집하고 있는 경우, 특히 학생 안전, 또래관계, 학교 유대감과 관련된 목표가 있다면 이 정보를 통해 데이터 수집 계획을 보완할 수 있다.

3) 3단계: 데이터 분석과 평가

이 단계에서 작업의 틀을 잡는 활동은, (1) 데이터 분석, (2) 프로그램 또는 전략 실행 중과 실행 후의 변화 파악, (3) 질문에 답하기 위해 추가 데이터가 필요한지 여부 파악, (4) 파악된 목표를 달성하기 위해 노력한 정도의 종합적인 평가 등이다. 데이터를 분석할 때는 평가 방법, 사용된 도구 및 결과를 제시하고 분석하는 방법(예: 시각적 분석, 표준화된 점수 검토, 동료 비교)을 고려한다. 예를 들어, SEL 프로그램 평가, 교실 분위기 관찰 데이터, 평가 척도 데이터는 모두 분석을 위해 약간 다른 접근 방식이 필요하다. 일부 데이터는 그래프로 표시되고 시각적으로 분석되는 반면, 다른 데이터는 수동이나 컴퓨터 소프트웨어를 사용하여 분석된다. 이 과정을 안내하는 데 유용한 몇 가지 일반적인 질문에는 데이터가 성과 또는 기술 부족의 존재 여부를 확인하는지, 기술 성장, 또는 성장에 기여할 수 있는 특정 자원을 확인하는지, 또는 문제의 원인이 될 수 있는 특별한 사항이 있는지에 대해 확인한다.

필요한 추가 데이터가 있다면, 어떤 것이 있는지 고려하라. 추가 정보가 필요한 경우 어떻게 정보를 수집할지 고려하라. 추가 정보를 사용할 수 있는가, 아니면 새로운 평가가 필요한가(데이터 목록, [워크시트 7-2] 참조)? 새로운 평가가 필요한 경우, 이 정보를 시기적절하게 비용 효율적으로 얻을 수 있는 간단한 방법이 있는가? 추가 정보가 필요하지만 해당 정보를 생성할 시간과 자원이 제한되어 있는 경우, 이러한 종류의 문제를 고려해야 한다.

평가 단계에서는 적용한 프로그램이나 전략의 효과를 평가하는 데 관심이 있을 수 있다. 노력이 효과가 있었는지 궁금할 수 있다. 즉, 데이터에서 기술과 역량이 증가하고 문제가 감소했음을 나타내는가? 데이터가 SEL 목표를 달성하지 못했음을 나타내는 경우, 그 이유를 조사하는 것이 중요하다. 예를 들어, 학생이 SEL 프로그램에 응답하지 않았지만 휴업일(예: 휴교일, 공휴일) 또는 학생 결석으로 인해 프로그램이 완전히 시행되지 않은 경우, 프로그램이 학생에게 효과가 없었는지 아니면 단순히 전체 '내용량'을 받지 못했는지 확인할 수 없다. 따라서 학생에게 더 많은 교육이 필요할 수도 있다.

이 마지막 단계에서는 다음 단계를 결정하고 지속적인 개선을 위한 계획을 세우는 것이 도움이 된다. 더 나은 결과를 얻기 위해 접근 방식을 수정해야 할 수도 있다. 원하는 결과를 얻으려면 기술의 지속 가능성을 계획해야 할 수도 있다.

이 단순화된 3단계 모델은 질문과 답변을 위한 주기적인 과정으로서 측정에 대한 실용적인 접근 방식을 나타낸다. 이 과정은 측정이 교육자로서 일상적인 업무에 직접적인 영향을 미치지 않을 수 있는 '검사'를 위한 또 다른 의무가 아니라 잠재적으로 가치 있는 목적을 위한 수단이라는 점을 이해하여 SEL 역량 측정에 접근하도록 장려하기 위해 포함되어 있다.

5 MTSS를 사용하여 과정 적용하기

이제 논의의 초점을 MTSS 프레임워크라는 더 넓은 맥락에서 SEL 측정에 대해 논의하도록 한다. 제1장에서는 이 다층 모델이 SEL 개입, 전략, 지원을 구성하는 데 유용한 방법이 될 방법을 검토했지만, SEL 측정에 대한 접근 방식을 구성하는 데에도 사용할 수 있다. [그림 7-6]은 3단계 모델에 적용되는 측정 전략을 시각적으로 보여 준다.

1) 1단계: 보편적 측정

보편적 단계(1단계)의 측정 활동은 모든 학생의 SEL 역량을 지원하고 육성하도록 그리고 사회적·정서적·행동적 문제(예: 학교 차원의 SEL 프로그램)를 방지하도록 설계된 학교 차원

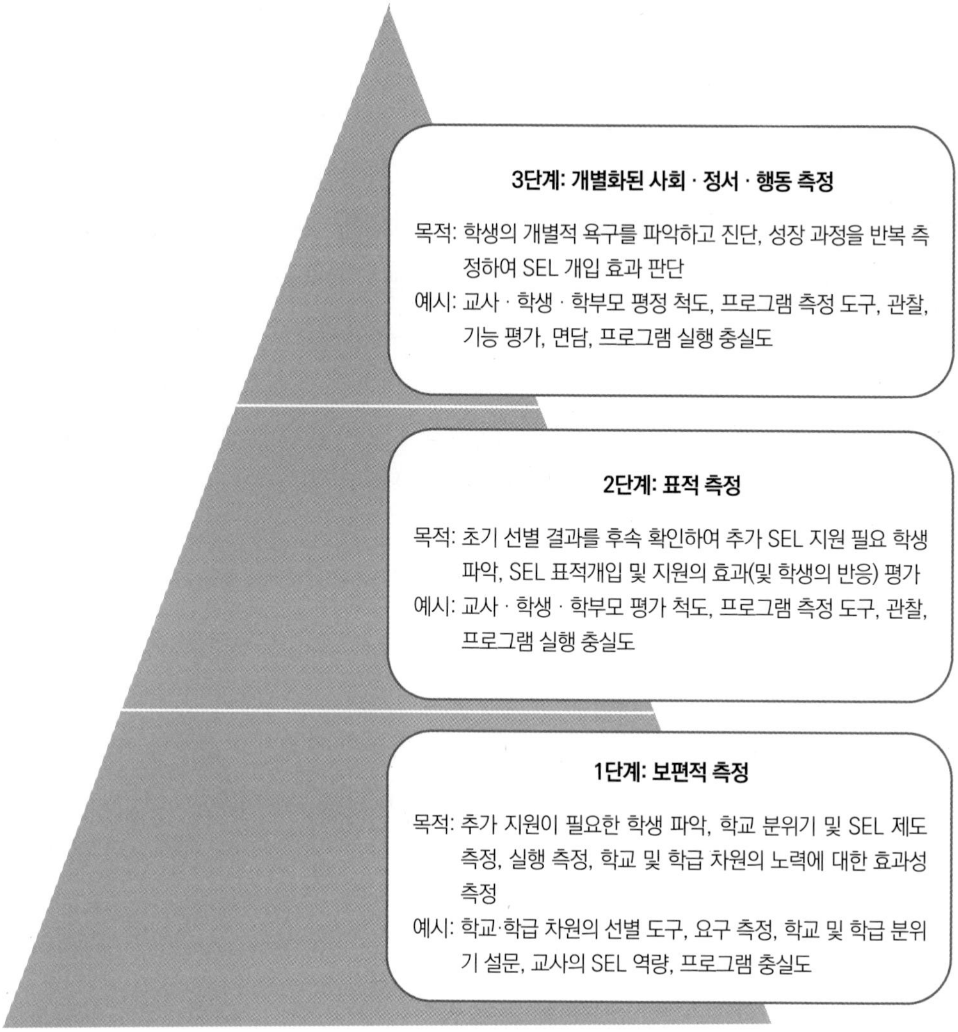

[그림 7-6] SEL 측정의 3단계 모델

및 학급 차원의 SEL 노력과 연계된다. 1단계는 종종 정신건강 문제 또는 사회정서역량 결핍과 관련된 심각한 우려를 나타내지 않는 대다수 학생(예: 80%)에게 서비스를 제공한다는 점을 기억하라. 많은 SEL 프로그램의 목표는 예방접종과 비슷하다. 심각한 질병으로부터 보호하기 위해 백신을 접종하는 것과 마찬가지로, 건강한 학생은 삶에서 필연적으로 발생할 수 있는 미래의 스트레스 요인으로부터 자신을 보호하는 데 사용할 수 있는 소량의 정보와 기술을 얻게 된다. 따라서 이 단계의 평가는 사회적, 정서적, 또는 행동적 문제의 위험이 있는 학생을 확인하고, 교실 또는 학교의 전반적인 분위기를 평가하며, 보편적/1단계 SEL 지원의 효과를 평가하는 데 도움이 될 수 있다. 안내 질문에는 다음이 포함된다.

- 우리는 학습에 도움이 되는 건강한 학교와 교실 환경을 제공하고 있는가? 교직원과 학생들이 안전하고, 서로 연결되어 있으며, 지원받고 있다고 느끼는가?
- 모든 학생을 위한 현재 SEL의 노력이 성공적인가? 모든 인구배경학적 집단(종종 소외되는 집단 포함)의 대부분의 학생이 예상되는 SEL 기술과 자산을 보여 주고 있는가?
- 누가 추가 SEL 지원이 필요할 수 있을까?

1단계에서 평가한 결과가 특정 집단의 상당수(예: 20% 이상)가 SEL 목표를 충족하지 못하고 있음을 나타내는 경우, 이는 해당 집단에 기인한 문제가 아니라 실제로 시스템(즉, 교육자로서 우리가 하고 있거나 하지 않고 있는 일)에 기인한 문제일 수 있다. 예를 들어, 평가 결과 교실의 CLD 학생 중 상당수가 안전, 연결 또는 지원을 받지 못한다고 느끼는 것으로 나타났다면, 이는 해당 학생에게만 문제가 있는 것이 아니라 보편적인 지원의 변화가 필요하다는 것을 나타낸다.

1단계에서 SEL 노력의 효과에 대한 확실한 이해와 더 많은 지원이 필요할 수 있는 학생을 확인할 수 있는 적극적인 수단이 없다면, 우리는 반응적인 주기에 갇히게 될 수 있다. 나(L. L. F.)는 하루 종일 '불을 끄는' 것처럼 느껴지고, 한 문제에서 다음 문제로 바쁘게 이동하면서 증상(예: 수업 중단, 제대로 처리되지 않은 갈등)에 반응한다고 말하는 교사들과 종종 이야기를 나눈다. 나는 종종 그들과 함께 한발 물러서서 이러한 문제가 더 큰 그림에 어떻게 부합하는지 고려한 다음, 문제의 근본 원인을 파악하고 해결하기 위한 평가 계획을 수립하도록 돕는다. 나는 보통 이 과정을 1단계 SEL 데이터에 대해 질문하면서 시작한다. 대부분의 경우, 이러한 데이터를 통해 문제의 근본 원인인 시스템적 문제를 파악하고 해결할 수 있다. 일부 근본적인 문제는 사회적인 문제이고 교육자가 통제할 수 없지만, 많은 문제는 우리가 통제할 수 있는 범위 내에 있다. 우리는 교실에서 형평성 교육학을 적용하고, 인종 및 성 평등과 포용을 가르치고 지원하고 장려하는 교실 및 학교 환경을 의도적으로 조성해야 한다. 보편적 단계에서 SEL 측정을 지원하는 데이터 출처는 SEL 요구 측정, 학업 데이터(예: 성적 및 시험 점수), 출석, 징계 데이터(예: 학교 징계 추천), 학교 및 교실 선별 도구, 학교 및 교실 분위기 설문 조사, 교실 관찰, 교육자 SEL 역량, 보편적 SEL 프로그램 효과 및 충실도 측정이 포함될 수 있다. 모든 학생을 대상으로 수집되는 데이터에는 성취도, 출석, 행동 및 분위기 설문 조사가 포함된다. 또한 전체 평가 계획의 일부로 교사-학생 관계를 포함하는 것이 좋다. 질 측정의 예로는 학생-교사 관계 척도(Student.Teacher Relationship Scale: STRS; Pianta & Hamre, 2001) 및 개별화된 교실 평가 점수 시스템(Individualized Classroom Assessment Score

System: inCLASS; Downer, Booren, Lima, Lickner, & Pianta, 2010) 등이 있다. 선별 측정 도구는 또한 보편적인 데이터 수집을 위한 귀중한 데이터 출처이다.

선별

보편적/1단계 선별 검사에서 특히 관련성이 높은 데이터의 출처를 자세히 살펴보자. 선별(screening)이란 정신건강 문제, 사회정서역량 결함 또는 파괴적 행동 등 두 가지 기준 또는 초점에 따라 더 많은 학생 집단을 대상으로 소수의 학생으로 범위를 좁히는 과정을 말한다. 선별은 그 자체로 진단이 아니라 더 많은 교육과 지원이 필요할 수 있는 학생을 확인하기 위한 첫 번째 단계이다. 성공적으로 사용된 선별 절차의 예로는 자기 보고, 교사 평가 척도, 교사 추천 절차 등이 있다. 일부 선별 도구는 여러 절차와 단계를 통합하여 '다중화된' 선별 도구로 설명된다. 구체적인 선별 도구의 예는 [그림 7-7]에 나와 있다.

결국 더 자세한 정보를 얻을 수 있는 과정의 첫 단계로, 간결하고 관리하기 쉬우며 SEL 목표와 직접적으로 연결된 선별 도구 및 기술을 사용하는 것이 중요하다. 이러한 도구의 간결성은 필수적이다. 이러한 목적을 효율적으로 달성할 수 있는 도구로는 매우 간단한 평가 척도(10~15개 항목), 교사가 학급 학생의 이름을 특정 기준(예: 갈등 해결에 있어서 가장 문제가 많은 학생부터 가장 적은 학생까지 나열)에 따라 순위를 매기거나 우선순위를 정하는 표준화된 과정 또는 매우 간단한(10~15개 항목) 학생 자기 보고 척도 등이 있다. 선별을 통해 실제로 문제가 없는 학생 몇 명이 문제가 있다고 선별될 수 있다(이를 유형 I 또는 '위양성' 오류라고 함). 이러한 학생은 나중에 더 심층적인 평가 과정에서 쉽게 분별할 수 있기 때문이다. 실제로 우려 기준을 충족하는 학생을 놓치지 않는 것이 더 중요하다(이를 유형 II 또는 '위음성' 오류라고 함). 따라서 그물을 넓게 드리우면 필요 이상으로 많은 학생을 포착할 수 있지만, 이것이 선호되는 오류이다. 학교 차원의 선별 검사를 실행하려면 계획과 리더십 팀 및 행정 지원을 포함한 탄탄한 인프라가 필요하다. 이 과정에는 바라는 목표에 부합하는 자원, 명확한 목표, 그리고 적절한 선별 도구의 선택이 필요하다. 규준을 사용한다면, 선별 검사는 모집단과 비슷한 비교적 최근의 규준을 사용해야 한다. 일반적으로 연령/학년별 규준 표본에 최소 100명의 학생이 포함되어야 한다. 선별 검사는 관리 및 해석이 실용적이어야 하며, 결과는 적절한 지원 또는 개입으로 연결되어야 한다. 물론 궁극적인 목표는 결과를 개선하기 위해 데이터를 사용하는 것이다(Glover & Albers, 2007).

행동 및 정서 선별 시스템(BESS) 학령 전~12학년 학생들의 외현화 및 내면화 행동, 적응 기술(예: 사회적 및 자기 돌봄 기술) 및 학업 역량을 선별 www.pearsonassessments.com	**사회적 기술 향상 시스템 성과 선별 안내(SSIG-PSG)** 유치원~12학년 학급 단위로 사회적 기술, 문제 행동 및 학업 역량을 선별 www.pearsonassessments.com
사회 · 정서 · 행동 위험 선별 도구(SAEBRS) 유치원~12학년 학생을 위한 다단계 선별 절차. 사회적 행동, 학업 촉진 요인 및 정서적 행동과 역량을 선별 http://ebi.missouri.edu/?p=1116	**내면화 및 외현화 행동 학생 선별 척도(SRSS-IE)** 유치원~12학년 학생들의 내면화 및 외현화 행동을 선별 www.ci3t.org/screening
행동장애 체계적 선별(SSBD) 1~6학년 학생을 위한 다단계 선별 절차로, 내면화 및 외현화 문제 위험 학생을 파악 www.pacificnwpublish.com	**강점 및 어려움 설문지(SDQ)** 3~16세 아동 · 청소년의 정서 증상, 행동 문제, 과잉행동, 또래 문제 및 사회적 기술을 선별 www.sdqinfo.com

[그림 7-7] 사회 · 정서 · 행동 선별 도구

2) 2단계: 표적 측정

표적 단계(2단계)는 일반적인 학교, 학급 또는 집단에서 문제가 있어 추가 지원의 가능성을 고려해야 하는 학생들로, 약 15% 정도이다. 2단계에서는 1단계에서 선별 방법을 통해 파악된 학생과 이미 2단계에 속해 있는 학생 중 개입이 효과적인지를 확인하기 위해 측정이 이루어진다. 이 단계의 측정 도구에는 평정 척도 및 진행 상황 모니터링 도구(다음에서 설명)가 포함된다. 1단계에 비해 2단계 측정에는 더 많은 검사 항목, 더 많은 도구, 더 많은 자료 조사 시점, 의사결정을 위한 더 복잡한 과정 등이 더 많이 포함되는 경향이 있다. 이 단계의 측정을 안내하는 질문에는 다음이 포함된다.

- "목표한 개입 또는 전략이 효과가 있는가? 학생들이 이 개입에 적절하게 반응하고 있으며 충분한 속도로 개선되고 있는가?"
- "아니면 학생에게 더 개별화되고 집중적인 지원이 필요한가? 표적 지원을 받는 학생은 기술과 자산이 더 적고 문제와 증상이 더 많이 나타나는가?"

일반적으로 이 과정은 추가 지원의 필요성을 확인하거나 반박하기 위해 학생에 대한 더 많은 데이터를 수집하는 것으로 시작하지만, 이 단계의 측정에는 이미 사회정서적 기술 결함이 있는 것으로 알려진 학생도 포함된다. 실제로, 표적 단계에서의 측정 실행은 보충 지원의 영향을 측정하고 3단계 수준에서 더 개별화되거나 집중적인 지원이 필요할 수 있는 학생을 선별하기 위한 목적으로 실시되는 경우가 많다. 따라서 2단계 수준에서의 측정은 실제로 2단계 수준의 지원이 필요한 학생을 확인하는 데 도움이 될 뿐만 아니라 정보를 형식적으로 수집하여 중간에 개입을 변경해야 할 시점을 파악하는 데도 도움이 된다. 또한 이 단계의 측정은 프로그램이나 전략이 끝날 때 요약적으로 정보를 수집하여 기준이 충족되었는지 또는 원하는 결과를 달성했는지 측정할 수 있도록 도와준다.

3) 3단계: 개별화된 사회 · 정서 · 행동 측정

개별화 단계(3단계)는 일반적인 학교, 학급 또는 집단에서 보다 집중적인 문제를 가지고 있으며 개별화된 지원의 가능성을 고려해야 하는 학생들로서 대략 약 6%를 차지한다. 3단계 지원이 필요한 것으로 확인된 학생은 일반적으로 특정 종류의 집중적이고 개별화된 개입 서비스가 필요하다(제8장에서 설명). 2단계에 비해 3단계 측정에는 더 많은 검사 문항, 더 많은 도구, 더 많은 데이터 조사 시점이 포함되며, 의사결정을 위해 더 개별화된 과정을 거치는 경향이 있다. 이 단계의 측정을 안내하는 질문에는 다음이 포함될 수 있다.

- "학생의 개별화된 요구 사항은 무엇인가?"
- "개별화된 개입이 효과가 있는가? 학생이 목표 영역에서 더 많은 사회정서적 기술과 자산을 보여 주고 더 적은 문제와 증상을 보이고 있는가?"
- "학생이 이 집중적인 개입에 적절하게 반응하고 있으며 충분한 속도로 개선되고 있는가? 학생에게 더 개별화되고 집중적인 지원이 필요한가? 아니면 지원의 수준을 줄일 수 있을까?"

일반적으로 담임 교사는 어떤 학생이 집중적인 도움이 필요한 집단에 속하는지에 대해 놀라지 않는다. 하지만 항상 그런 것은 아니다. 다양한 정신건강 문제(예: 우울증, 불안, 사회적 위축)가 있는 학생이 항상 교사나 다른 학교 교직원의 레이더망에 포착되는 것은 아니다. 종합적이고 개별화된 평가(대부분의 경우 학교 심리학자가 실시)는 진단 측면에서 학생의 고유한 요구 사항을 더 잘 이해하고, 개입을 계획하고, 서비스 수혜 자격을 결정하고, 지역사회 기관과 협력하는 데 유용할 수 있다. 우리가 강조하는 것과 일치하는 집중 지원의 몇 가지 예로는 SEL 학교와 지역사회를 연결하는 '랩 어라운드(wraparound)' 서비스, 개별화된 사회정서적 기술 교육, 개인 또는 소집단 상담, IEP의 가능성 등이 있다. 일반적으로 이 단계의 지원을 받는 학생은 변화에 민감하고 반복적으로 장기간에 걸쳐 관리할 수 있는 도구를 사용하여 매주 진행 상황을 점검해야 한다.

4) 진행 상황 모니터링

2단계에서는 주로 전체 교실 또는 학교의 학생을 선별하는 것과 같은 집단 수준의 데이터를 사용하는 데 중점을 두었다. SEL의 초점은 많은 수의 학생(집단, 학급 및 전체 학교 시스템)을 대상으로 교육 프로그램 및 전략을 동원하는 것이므로, 학생 한 명에 대해 개별화된 SEL 개입을 계획, 수행 및 평가하는 방법에 대한 세부 사항은 자세히 다루지 않는다. 개별화된 교육적 개입을 평가하는 방법, 특히 단일 사례 설계를 사용하는 방법에 대해 더 자세히 알고 싶은 독자는 길포드 학교 실천 개입 시리즈(Guilford Practical Intervention in the Schools Series)인 『교육 개입 평가: 개입 반응 측정을 위한 단일 사례 설계(Evaluating Educational Interventions: Single-Case Design for Measuring Response to Intervention)』(Riley-Tillman & Burns, 2011)를 참고하기 바란다. 이 자료는 개인 및 소규모 학생 집단에 대한 개입의 영향을 평가할 때 단일 사례 설계를 위한 훌륭한 자료이다. 이 자료는 단일 사례 그래프를 만들고 관리하기 위해 널리 사용되는 소프트웨어 프로그램을 사용하기 위한 명확한 지침과 컴퓨터 스크린숏을 포함하여 몇 가지 훌륭한 예와 도구를 제공한다.

학업 기술 영역(읽기, 쓰기 및 산수)에서 입증된 것과 동일한 일반적인 유형의 접근 방식을 사용하여 SEL 역량의 성장을 측정할 수 있다. 하습, 하습, 하웰(Hosp, Hosp, & Howell, 2016)에 따르면, 이러한 목적을 위해 고려해야 할 핵심 요소로는, (1) 지속적인 모니터링과 빈번한 측정, (2) 핵심 특성에 대한 적절한 행동 표본, (3) 가능한 한 직접적으로 이러한 핵심 특성 표집, (4) 모니터링 측정 도구를 통해 얻은 데이터를 사용하여 학생이 올바른 방향으로 나아가고 있는지 확인 등이 있다. 사회정서적 영역에서 이러한 지침을 따르는 데 있어 어려운 점 중 하나는 기존의 측정이 역량보다는 문제에 더 초점을 맞추는 경향이 있고, 행동의 직접적인 측정이 아니라 교사와 학생이 행동을 어떻게 인식하는지를 측정하는 경향이 있다는 것이다. 전자의 문제는 '우리가 무언가를 할 수 있는가?'라면, 후자의 문제는 새롭게 출현한 연구 주제라는 것이다.

이 장의 앞부분에서는 SEL 역량을 측정하는 몇 가지 평정 척도를 확인했다. 그러나 이러한 도구는 대부분 10~15분(또는 그 이상)이 소요되므로 이러한 도구를 반복 측정으로 사용하는 것은 불가능하거나 항상 적절한 것은 아니다. 오히려 변화에 민감한 **매우 짧은 탐색**, 즉 전통적으로 교육 과정 기반 학업 능력 측정에 사용되어 온 간단한 구두 읽기 유창성 검사의 사용과 유사하게 학생의 SEL 역량 진행 상황을 모니터링하는 도구가 필요하다. 이 특정 문제를 해결하려면 학생의 전체 초기 선별 또는 평가에 사용되는 도구에서 가져오거나 수정한 소규모 자기 보고 또는 교사 평가 척도 문항들을 묶어서 활용하는 것이 좋다.

이 영역에서 진행 모니터링을 혁신적으로 수행할 수 있는 흥미롭고 실용적인 방법은, 우선 자기 보고 그리고/또는 교사 평정 문항 중에서 역량이 가장 낮은 수준이거나 결핍이 가장 많이 나타나는 문항을 주의 깊게 확인한다. 이 문항을 기반으로 해당 학급 또는 집단이 받게 될 SEL 개입에서 가장 직접적으로 목표가 될 특성을 식별하고, 그중 10~15개 문항을 선정하여 주 1회 진전 모니터링의 기초 자료로 활용하는 것이다.

사전 검사 단계에서 〈표 7-2〉의 자기 보고 척도 중 하나를 사용했고, 50개 이상의 문항으로 구성되어 있다고 가정해 보라. 그런 다음, 우려되는 학생을 대상으로 가장 낮은 수준의 기술/가장 크게 부족한 영역에서 12개 문항을 확인했다고 가정해 보라. 일반적인 척도에서 각 문항에 대한 평정 척도의 선택지와 이후 채점 방법은 '전혀 없음=0, 가끔=1, 자주=2, 매우 자주=3'이 될 수 있다. 따라서 전체 평가에서 중요하다고 생각되는 12개의 항목을 선택하고 각 문항 3인 경우 최댓값이 36인 실험 척도를 갖게 된다. 학급 차원의 SEL 개입이 해당 항목에 반영된 기술을 목표로 삼았다고 가정하면, 이제 대상 학생이 SEL 프로그램(예: 일주일에 한 번) 동안 정기적으로 작성할 수 있는 간단한 자기 보고의 기초가 생겼다. 또한 문항 내용을 적절히 조정했다는 가정하에 학생 자기 보고 진행 상황 모니터링 도구와 동시에 사용할 수 있는 12개 문항의 교사 평가 척도에 대한 근거가 마련된다(예: 교사 보고의 '다른 학생으로부터 놀자고 초대받음'을 학생 보고의 '다른 아이들이 함께 놀자고 초대함'으로 변경). 따라서 '전혀 없음' 또는 '가끔'으로 평가된 자기 보고의 주요 문항을 기반으로 학생의 가장 부족한 영역에 맞는 실험적인 개별화된 12문항의 평가 척도를 구성한 것이다. 학생과 교사가 주당 한 번씩 측정 도구를 완성할 수 있다. 이러한 조사를 완료하는 데는 2분 또는 3분 정도 소요된다. 그런 다음 결과 점수를 주간 단위로 차트에 표시하고 도표화할 수 있다. 이 시나리오에서 학급 차원에서 집중적인 도움이 필요한 학생을 위한 SEL 개입의 효과가 어느 정도로 진행되는지 점검하는 것은 당신이 만든 검사 문항과 직접적으로 연결되고, 당신은 영향력을 측정할 수 있는 간단하지만 다양한 정보원을 위한 측정 도구를 갖게 된다.

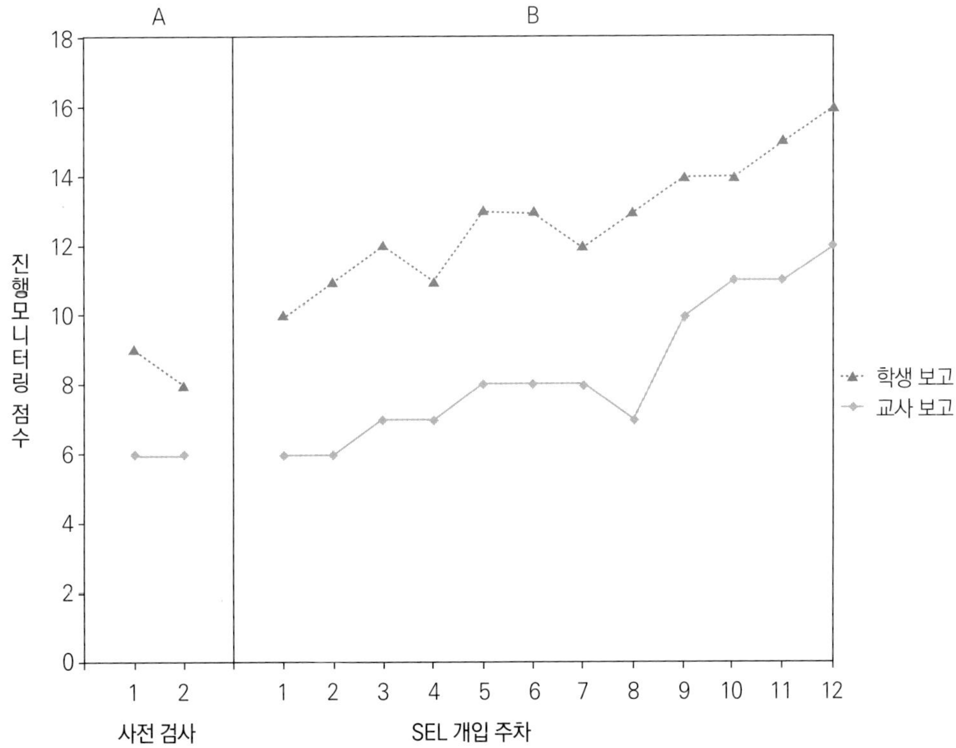

[그림 7-8] 개입 전과 개입 중 SEL 역량에 대하여
학생 및 교사의 약식 평정을 통한 진행 모니터링 그래프 예시

[그림 7-8]은 매우 간단한 A-B 단일 사례 개입 그래프를 사용하여 실험 진행률 모니터링 도구의 데이터가 어떻게 보일 수 있는지에 대한 예를 제공한다. 이러한 데이터는 학생의 사회정서적 자산, 역량 및 회복탄력성의 결핍과 관련된 핵심 기술을 강화하기 위해 설계된 증거 기반 12주 SEL 프로그램 개입을 실행하는 맥락에서 수집된 것으로 가정한다. 진행 모니터링 예시에서 다중 보고자(cross-informant) 측면은 특히 중요할 수 있는데(Whitcomb & Merrell, 2013), 측정 방법의 차이나 측정 오차와 관련한 쟁점(Merrell, 2008)이 있을 수 있고, 자기 인식이 부족한 학생들이 항상 자신의 역량(기술)에 관하여 가장 정확한 보고자가 될 수는 없기 때문이다.

이 절에서 소개한 실험적 측정 방식은 분명 시도해 볼 만한 가치가 있다. 하지만 이와 같은 절차가 완벽하지는 않다는 것을 잘 알고 있다. 그럼에도 불구하고, 우리는 이 제안된 절차를 진행 모니터링 접근 방식 내에서 빈번하고 반복적인 측정을 SEL 역량에 적용하기 위한 출발점으로 제공한다. 관련 문서(Levitt & Merrell, 2009)에서는 이러한 실험적 접근 방식에서 고려해야 할 기술 및 측정 문제에 대해 논의하고, 이 과정에서 대담하게 우리의 제안을 따르는 실무자와 연구자가 측정 문제와 모니터링하는 구인(SEL 역량)에 대한 지식에 근거할 것을 권고한다.

실제 측정

학생 수가 200명인 소규모 대안 고등학교의 교감 겸 교사인 스테폰 오티즈(Stephon Ortiz)는 자신의 학교에서 SEL의 잠재적 이점에 대해 설득할 필요가 없었다. 그는 열렬한 지지자였다. 오티즈는 학교에서 사용하던 SEL 프로그램이 매우 잘 작동하고 학생과 교직원 모두에게 상당한 이점을 제공한다는 것을 알게 되었다. 학생들에게 필요한 것은 의심의 여지가 없었다. 학생 집단은 잠재적인 부정적인 결과를 보였고, 대부분의 학생은 홈 스쿨에서 사용되는 SEL 선별 조치를 통해 지원이 필요하다는 것이 확인되었다. 사실 학생들이 약물남용재활센터, 청소년 구치소 또는 일반 고등학교에서 퇴학당한 후 이 학교로 오는 경우가 드물지 않았다. 학생 중 일부는 노숙자이거나 심각한 가정 문제를 겪고 있었다. 요컨대, 이 학생들은 학교 교직원뿐만 아니라 그들의 경험에 비추어 볼 때 매일 아침 한 시간 동안 받은 SEL 교육이 학교와 삶의 다른 측면에서 성공할 수 있는 탄탄한 토대를 제공했다는 점에서 모든 지원과 도움이 필요했다.

오티즈가 직면한 문제는 회의적인 교육위원회와 중앙 행정부였다. 그들은 상대적으로 높은 학생 교육 비용을 정당화하기 위해 데이터를 요구했다(학교의 학생 대 교수 비율이 낮았기 때문). 성적이나 졸업 데이터, 성공적인 프로그램 수료생에 대한 일화적인 코멘트 외에는 학생들의 성장에 대한 명확한 근거가 없었다. 교육위원회와 중앙 행정부로부터 받은 압력은 SEL에서 보낸 광범위한 시간이 중요한 이득을 가져왔다는 데이터를 제시하거나 더 많은 주 정부 의무 과정을 위한 공간을 만들기 위해 SEL 교육을 줄이도록 압력을 가했다. 그래서 오티즈는 SEL 역량을 측정할 수 있는 실행 가능한 도구를 조사했다. 교육구의 선별 도구, 그들이 초점을 맞추고 있는 성과에 부합하면서도, 적절한 심리측정학적 속성을 가지고 있는 측정 도구를 선정한 후, 오티즈는 측정 계획을 마련하였다. 오티즈의 계획은 기존 데이터 수집 도구(선별 도구, 학교 분위기 조사, 프로그램 충실도 측정)를 기반으로 구축되었고, 기존에 사용되었던 교육구를 위한 데이터 소프트웨어 시스템을 구축했으며, 최소한의 시간과 자원가 필요했다. 교육 첫날, 학생은 자기 보고 평정 척도를 작성했다. 프로그램을 마치고 학생들은 사후 검사로 이 척도를 다시 작성했다. 프로그램의 후기 단계에 있는 학생들도 자기 보고와 교사 평가를 통해 측정되었다. 학년 전체에 걸쳐 6개의 코호트(cohort)가 있었고, 각 코호트에는 약 25명의 학생이 있었다. SEL에 관심이 있는 대학 연구원과 대학원생의 도움을 받아 오티즈는 측정 문항을 채점하고, 점수를 분석하고, 기본 통계 검증을 실행한 다음, 데이터를 도식화했다.

처음 두 코호트의 학생을 대상으로 한 결과, SEL 교육이 의미 있는 차이를 만들어 내고 있다는 것이 분명해졌다. 실제로 결과는 초기 기대치를 뛰어넘었다. 학년이 끝날 무렵, 학생들은 사전 검사에서 사후 검사까지 SEL 역량인 감정 지식과 조절(자기 인식 및 자기 관리), 공감(사회적 인식), 대인관계 문제 해결 능력에서 상당한 향상을 보였을 뿐만 아니라, 이러한 향상은 매우 큰 폭으로 나타났으며, 어떤 경우에는 놀라울 정도였다. 프로그램의 후기 단계에서 측정을 받은 학생들에게도 동일한 결과가 나타났다. 이들은 SEL 역량 향상을 유지했을 뿐만 아니라, 때때로 좌절이 있었음에도 불구하고 학업 전반에 걸쳐 지속적인 향상을 보였다. 첫해의 데이터를 분석한 후 오티즈는 교육감 팀에 데이터를 발표했다. 데이터에 정통한 집단이었던 이 관리자들은 깊은 인상을 받았다. 실제로 그들은 데이터를 어느 정도 검토한 후 결함을 거의 발견할 수 없자, 대안 학교가 매일 SEL 프로그램을 계속할 수 있도록 허용했을 뿐만 아니라 이러한 측정 결과의 발표를 우선순위로 삼고 학교 이사회 회의에서 발표회까지 열었다. 데이터의 배포로 인해 학교 이사회 위원들의 호의적인 의견, 이전에는 의문으로 여겨졌던 프로그램에 대한 재정적 지원을 계속하겠다는 의지, 좋은 홍보 등 긍정적인 결과가 더 많이 나타났다. 오티즈는 측정에 대한 투자 수익에 매우 만족했으며, 학교에서 가장 현명한 결정 중 하나라고 생각했다.

이 모든 것이 사실이라고 하기에는 너무 좋은 이야기처럼 들리는가? 교감/교사의 이름과 몇 가지 다른 세부 사항을 변경했지만, 이 시나리오는 실제 사건을 기반으로 했다. 이 시나리오는 기본 측정 절차를 사용하여 SEL 프로그램 성과를 측정함으로써 얻을 수 있는 긍정적인 이점을 가장 명확하게 보여 준 사례 중 하나였다. SEL 프로그램을 안내하고 측정하기 위해 측정 도구를 사용하는 것은 당신에게 도움이 될 수 있다.

6 맺음말

측정 및 평가 활동은 학교 또는 교육 기관에서 SEL을 홍보하기 위한 노력에서 중요한 역할을 할 수 있으며, 해야 한다. 이 평가 영역은 필요한 만큼의 관심과 자원을 받지 못했지만 낙관할 만한 이유가 있다. 유망한 새로운 강점 기반 사회정서 측정 도구가 몇 가지 있을 뿐만 아니라 SEL 영역에서 큰 잠재력을 가진 훌륭한 새로운 애플리케이션도 있다. 이 장에서 핵심적인 주요 내용은 다음과 같다.

- 학교는 점점 더 측정과 평가 활동에 집중하고 있지만, 대부분의 에너지가 전통적인 학업 영역에 집중되어 있고 SEL 역량 측정에는 상대적으로 거의 집중되지 않고 있다.
- SEL을 생태학적으로 생각하고 SEL에 영향을 미치는 학생(대인관계, 개인내적, 학업), 교실, 학교 및 지역사회 요인을 고려해야 한다.
- SEL 측정 방법에는 일반적으로 설문 조사(요구 측정과 분위기), 관찰(교실 및 학생), SEL 프로그램 측정(SEL 지식 검사), 체크리스트(실행), 면담(학생, 교사, 학부모), 평정 척도(자기 보고, 교사, 학부모) 등 다양한 측정 방법을 제공한다. 평정 척도는 학교에서 가장 널리 사용되는 경향이 있으며, 이러한 척도에 대한 몇 가지 예를 제공했다.
- 측정은 탐색 과정의 필수적인 부분으로 여겨지고 지속적인 개선을 위한 정보를 제공할 때 사용된다. 탐색, 계획, 실행 결정을 위해 측정을 사용하는 다층 모델을 제공했다.
- 다층 모델은 효과적인 예방 및 조기 개입을 맞추어 SEL 측정이 이루어지도록 하는 데 유용한 방법이 될 수 있다. 이 장에서는 보편적 단계(1단계)에서 사용할 수 있는 몇 가지 선별 도구와 진행 상황 모니터링(2단계 및 3단계)을 위한 제안 사항을 권고했다.

워크시트 7-1 성찰

이 장에서는 측정 실행에 관한 상당한 정보와 세부 사항을 제시한다. 일반적으로 특히 SEL과 관련하여 측정을 적용하는 데 있어 편안함에 대해 여러 수준이 있을 것으로 예상한다. 이 장을 살펴보면서 다음 사항을 숙고해 보라.

- 지식과 기술에서 스스로 편안하다고 느끼는 영역
- 지식과 기술에서 불편하다고 느끼는 영역
- 권장된 측정 실행에 참여하는 데 필요할 수 있는 지원과 연수

워크시트 7-2 데이터 인벤토리

계획된 모든 실무 변경과 마찬가지로 기존의 역량과 효과적인 실천을 기반으로 구축하는 것이 중요하다. 따라서 현재 교실, 학교 또는 조직에서 이루어지고 있는 데이터 수집 실천의 목록을 작성하고, 이를 통해 SEL 측정 노력을 이미 진행 중인 작업과 어떻게 연계할 수 있는지 고려하는 것이 좋다. 다음 과정에 참여할 때 제2장에서 작성한 전략적 계획 문서를 참조하는 것이 도움이 될 수 있다.

1. 학교 차원에서 어떤 데이터를 수집하는가(예: 교직원 요구 측정, 학교 분위기 설문, 사회적 · 정서적 · 행동적 선별 검사, 성취도 데이터, 출석, 교내 징계 의뢰와 같은 징계 데이터)?

2. 현재 교실 환경 및 학생과 관련하여 어떤 교실 데이터/정보를 수집하고 있는가(예: 출석, 징계 사건, 교실 분위기, 학생 및 가족 인식 설문 조사, 학부모 의사소통, 관찰)?

3. 현재 SEL 프로그램을 실행 중인 경우, 어떤 유형의 데이터를 수집하고 있는가(예: 프로그램 성과, 실행 충실도, 학생 참여도, 만족도)?

4. 현재 자신의 SEL 및 실천과 관련하여 어떤 데이터를 수집하고 있는가[예: 자신의 사회정서역량 측정(제9장 참조), 학생과의 긍정적인 상호 작용과 부정적인 상호 작용의 비율, 학생-교사 관계 측정]?

워크시트 7-3 측정 및 탐구 과정 단계

이 워크시트는 탐구의 세 단계를 안내하고 성찰하고 계획할 기회를 제공한다. 현재 이러한 측정을 수행할 수 없더라도, 이 활동은 장기적인 계획을 안내하고 학교 리더십 팀에 제안하는 데 도움이 될 수 있다. 여기서 보내는 시간은 결코 헛된 시간이 아님을 확신한다!

■ 1단계: 데이터 수집 및 사용 이유를 명확히 한다.

SEL 목표와 측정의 근거를 확인한다. [워크시트 2-3] 및 [워크시트 7-2]에서 완료한 워크시트를 검토한다. 학교에 기존 SEL 프레임워크(예: SEL 준거)가 있는 경우, 이를 사용하여 계획을 안내한다. 그렇지 않은 경우, 기존 프레임워크(예: CASEL 역량)를 사용하여 이 과정을 구성할 수 있다.

1. 원하는 단기 및 장기 SEL 목표를 나열한다. 가르치거나 장려하고자 하는 기술과 역량은 무엇인가? 어떤 구체적인 문제를 예방하거나 줄이려고 하는가?

2. 측정 노력을 바탕으로 어떤 유형의 의사결정을 내릴 것인지 파악한다. 위험도가 높은지 낮은지도 고려한다. 기술 향상, 문제 감소, 필요와 자원 파악, 실행 모니터링, 학교 및 교실 분위기 측정 등의 영역을 고려해 보라.

3. SEL 측정 목적(예: 요구 측정, 학생의 SEL 역량, 교사 자신의 SEL 역량, 교실 분위기, 실행의 충실도)을 위해 사용할 수 있는 시간, 인력 및 자금을 포함한 자원을 나열한다.

4. 결과/영향을 누구에게 전달할 것인가(예: 학부모, 학교 관리자, 재원 제공자)?

5. SEL 데이터를 수집하고 해석할 때 어떤 장벽에 부딪힐 수 있는가(예: 데이터 분석을 위한 제한된 전문 지식, 데이터 수집을 위한 제한된 시간이나 예산)? 이러한 장벽을 사전에 어떻게 해결할 수 있는가?

1단계에서 기타 궁금한 점: 앞서 제시된 정보를 읽은 후, 학생의 사회정서 측정, 교실 또는 학교 분위기, 학생 및 가족의 우려와 필요, 자신의 사회정서적 실천 또는 사고방식에 관한 다른 질문을 브레인스토밍하여 현재의 '준비된' 마인드셋을 활용해 보라.

■ 2단계: 측정 방법과 도구를 선택하고, 데이터 수집 계획을 수립하고, 데이터를 수집 및 정리한다.

데이터 수집 계획을 개발할 때 데이터 측정 도구 목록과 함께 1단계의 정보를 사용한다. 각 질문에 대해 SEL 측정 시 기술 향상, 문제 감소, 요구 사항 및 자원 파악, 실행 모니터링, 학교 및 교실 분위기 측정 등을 고려한다.

1. 필요한 정보를 가장 잘 제공할 수 있는 측정 방법 및 도구는 무엇인가? 정보를 수집하는 잠재적인 수단(예: 평정 척도, 설문 조사) 중 학생과 교수자의 상황에 가장 적합한 것은 무엇인가?

2. 데이터의 잠재적 출처를 고려해 보라. 부모, 교사, 학생 등 누구로부터 이러한 데이터를 수집하는 것이 가장 논리적이고 합리적인가?

3. 누가 데이터를 수집하는가? 데이터 수집 계획에 소요되는 비용과 시간은 얼마인가? 데이터는 어떻게 저장되고 접근되는가?

■ **3단계: 데이터를 분석하고 SEL 노력을 측정한다.**

각 질문에 대해 SEL 측정의 기술 향상, 문제 감소, 요구 사항 및 자원 파악, 실행 모니터링, 학교와 학급 분위기 측정 등의 영역을 고려하라.

1. 데이터는 무엇을 보여 주는가? 질문에 대한 답변인가, 아니면 더 많은 정보를 수집해야 하는가? 그렇다면 수집할 내용, 수집 방법, 수집 대상 등 수집 계획을 밝힌다.

2. SEL 프로그램 또는 개입을 실행한 경우, 데이터에서 기술 성장과 문제 감소가 입증되었는가?

3. 문제 해결이나 역량 성장에 기여하는 것으로 보이는 요인은 무엇인가? 문제나 우려에 기여하는 것으로 보이는 요인은 무엇인가?

4. 데이터가 목표를 달성한 것으로 보여 준다면, 다음 단계는 무엇인가? 이러한 성장을 어떻게 유지하는가? 이러한 성장을 다른 사람(예: 교육위원회, SEL 계획 팀, 학교, 교사, 학부모)에게 어떻게 전달할 수 있는가?

5. 데이터가 목표에 대한 진전이 부족한 것으로 보여 준다면, 어떤 문제(예: 충실도 부족, 학생과 프로그램 간의 적합성 부족)가 있을 수 있는가? 앞으로 결과를 개선하기 위한 계획은 무엇인가?

제8장

사회정서학습과 정신건강 개입

다층적 · 생태학적 접근 방식

실무자, 연구자 및 정책 입안자는 학생의 성취와 적응을 최적화하기 위해 시스템과 개입 간의 중요한 상호 작용을 인식하고 해결해야 한다(Graczyk et al., 2006, pp. 271–272).

사회정서역량을 향상하는 것은 연속적이며 도움이 필요한 다양한 수준의 모든 학생을 대상으로 해야 한다. SEL은 전략적으로 정신건강 및 기타 행동 접근 방식과 함께 사용하여 학생의 학업 기간 동안 여러 시점에서 사회적 · 정서적 · 행동적 어려움을 예방하고 치료할 수 있다. 의료 및 기타 지역사회 기관도 다양한 수준의 필요성을 가진 학생을 지원하기 위해 노력한다는 점을 감안할 때, 이러한 시스템이 학교 및 SEL 노력과 협력하여 시너지 효과(synergistic effects)를 낼 수 있는 상당한 기회가 있다고 본다(Domitrovich et al., 2010에서 논의 참조).

교실에서의 SEL만으로는 항상 충분하지 않다고 생각한다. 학생들은 더 큰 생태계의 일부이다. 근거리(가까운) 및 원거리(멀리 있는) 생태학적 변인은 학생들에게 위험 요인이자 보호 요인으로 작용한다. 다음 몇 가지 변수, 즉 개인의 유전적 특성, 기질, 신체 건강 상태, 부모의 정신건강, 수면, 영양, 부모, 교사 및 동료와의 관계, 교실의 교육 실천, 사회경제적 장단점 등을 고려해 보라(Wille, Bettge, Ravens-Sieberer, & BELLA Study Group, 2008). 개인과 상황적 요인 사이의 다양한 작용을 통해(Sameroff & Fiese, 2000), 학생의 건강과 웰빙은 웰니스를 유지하는 것에서부터 더 많은 지원이 필요한 상태에 이르기까지 연속선상에서 결과를 만들어 낸다. 양질의 SEL 프로그램을 사용하고 학교-가족-지역사회 협력에 참여하는 등 보호요인을 활용하는 것은 제대로 다루지 않으면 부정적인 결과를 초래할 수 있는 위험 요인을 예방하는 데 중요한 역할을 할 수 있다. 우리는 근거리 자원과 원거리 자원의 조정이 SEL과 정신건강 옹호 및 서비스를 연결하는 다리로서의 역할을 한다고 본다.

MTSS 모델은 자원 조정에 훌륭한 청사진을 제공하지만, 우리는 SEL 측정, 프로그램 선택과 데이터 기반 의사결정에 있어서 지원 체계의 단계 내에서 그리고 단계들 간을 유연하게 이동하는 방법에 대해 아직 이해의 초기 단계에 있다. 우리는 이 장의 마지막 부분에서, (1) 단계별 개입 선택에 대한 고려 사항, (2) 학생들이 유연하고 계층적인 SEL 체계을 통해 이동하는 방법, (3) 하나의 단계 수준에서 SEL 프로그램과 전략의 결합, (4) 여러 생태계 간의 필수적인 협력, (5) 학교 안팎에 있는 더 많은 집중적인 자원의 동원을 강조할 것이다. 이 장을 진행하면서 이와 같은 정보와 더불어 개인적으로 작업하기 위해 [워크시트 8-1]의 성찰 자료를 활용할 것을 권장한다.

1 단계별 접근 방식으로 SEL 세부 조정

이상적으로, 계층화된 시스템에서 증거 기반 개입은 시간과 자원이 있는 숙련된 전문가가 실행한다. 이 시스템은 학생의 요구에 맞게 조정되고 데이터 기반 의사결정 과정을 사용하지만 복잡하다. 심각한 사회정서적 문제를 해결하기 위해 시간이 필요한 작업과, 보편적 프로그램이 이러한 문제들의 확대를 방지할 수 있는 상당한 잠재력을 가지고 있다는 인식 사이에 의견의 차이가 있다(Kelly et al., 2010). 또한 SEL 및 집중적인 정신건강 개입에 대한 다층 모델(multi-tiered model)의 적용은 학문적 · 사회적 행동 대응 모델에 비해 아직 초기 단계에 있다(예: SWPBIS; Kilgus, Sims, von der Embse, & Riley-Tillman, 2015).

1) 유연하고 계층적인 체계를 통해 이동하기

학생들이 필요에 따라 개입의 수준을 다르게 하는 상황에서, 우리는 SEL이 어떻게 유연하게 조정하고 지속성을 촉진할 수 있는지 고려해야 한다. 그러한 이동의 예를 살펴보겠다.

1단계

이상적으로는 대부분의 SEL 실행 노력이 보편적인 단계(1 단계)에 있다. 이 단계에서 학생들은 학교 계획 및 일정 관리의 일반적인 과정의 일부로 SEL 프로그램을 접할 수 있으며, 하루 종일 연습할 기회가 많다. 공식 및 비공식 평가로 보편적 SEL에 적절하게 반응하지 않는 학생들을 선별할 수 있다. 의뢰 절차를 활성화하고 집중 서비스가 시행될 수 있다. 학생들이 개선되고 발전함에 따라, 예를 들어 3단계에서 2단계로, 2단계에서 1단계로 전환된다. 더 높은 수준에서 사용되는 프로그램 및 전략의 요소는 일반적으로 사용할 수 있도록 보장하고 기술의 유지를 위해 더 낮은 단계에 실시할 수 있다. 일단 학생이 3단계 또는 2단계에서 '치료'되면 전략이 더 필요하지 않을 것이라고 믿는 것은 근시안적이다. 학생들은 1단계에서 지속적인 연습을 통해 이점을 얻을 수 있으며, 더 낮은 지원 단계로 전환하려면 보조적인 전략이 필요하다. 이전의 프로그램 및 전략에 대한 검토는 팀이 개입 선택을 숙고하는 데 도움이 될 수 있다.

2단계

2단계 개입이 필요하다고 확인된 학생은 일반적으로 보편적인 예방 노력으로 달라지지 않았으며, 문제에 대한 높은 위험 요소(예: 사회적 고립, 파괴적인 행동)를 보여 준다. 2단계 서비스는 1단계 개입을 넘어 특정 문제를 대상으로 선택되는 경우가 많지만, 일반적으로 3단계에서 요구되는 서비스만큼 집중적이지 않다. 2단계 개입은 소집단 또는 개별적으로 제공될 수 있으며, 정서 또는 행동 장애 발병 예방을 목표로 한다(Kutash, Duchnowski, & Lynn, 2006). 일부 2단계 개입에는 부모 구성 요소가 포함되어 부모가 자녀를 지원할 수 있도록 보완 기술을 가르친다(예: IY).

어떤 경우에는 2단계 프로그램이 기존 일반적인 SEL 프로그램의 실시량, 강도 및 특별한 점을 증가시켜 효과적으로 실행될 수 있다(Domitrovich et al., 2010). 또한 특정 기술을 학습하기 위해 차별화된 교육 방식을 사용할 수 있다(Yong & Cheney, 2013). 예를 들어, 메렐의 강한 아이 프로그램 작업에서 우리는 2단계 응용 프로그램에 여러 가지 전략을 적용했다. 즉, 특정 기술에 대한 연습 증가, 즉각적인 피드백 증가 및 기술 연습에 대한 상화 비율 증가, 일상적 조건에서 기술을 사용하도록 추가 유도, 소규모 집단, 역할극 및 기타 활동적인 학습 형태에 대한 주의 깊은 모니터링, 특별히 학생들의 상황에 맞게 예를 수정하는 것이다.

개입을 선택하는 것은 기존 자원에 가장 적합한 프로그램을 찾는 것, 유사점이 확인되었지만 차이점도 있는 소규모 학생 집단을 찾는 것 등과 같이 모든 수준에서 간단하지 않다.

화킨, 애돌프슨, 맥클레오드, 슈맨(Hawken, Adolphson, Adolphson, Macleod, & Schumann, 2009)과 영과 체니(Yong & Cheney, 2013)는 효과적인 2단계 개입의 특성을 평가하면서 다음의 권장 사항을 제시한다. (1) 학생을 분류하기 위해 효율적이고 정확한 측정 방법을 적용하고, (2) 기능 평가를 사용하여 개입을 조정하고, (3) 보편적 프로그램에 반응하지 않는 학생에게 접근하고, (4) 3단계에서 필요한 것보다 적은 자원을 필요로 하고, (5) 1단계 접근 방식을 포함하고 MTSS 프레임워크 내에서 개입을 학교 차원 프로그램과 일치시키고, (6) 정기적인 진행 상황 모니터링하여 결정을 내리고, (7) 개입에 교직원과 가족을 포함시킨다. 이러한 지침은 2단계 개입을 선택하는 데 적합할 뿐만 아니라 일반적인 SEL 실행에도 논리적으로 이어진다.

구체적인 증거 기반 2단계 프로그램의 측면에서 선택할 수 있는 몇 가지가 있다(Hawken et al., 2009; Yong & Cheney, 2013). 예를 들어, 성공을 향한 첫걸음(First Steps to Success) 프로그램(Walker et al., 1998)은 높은 수준의 문제 행동을 보이는 학령 전과 초등학교 학생들의 행동을 향상시키는 것을 목표로 한다. 이 프로그램에는 일반적인 검사, 교실에서의 개입 및 부모 교육이 포함된다. IY 프로그램은 일반 교육 및 소집단에서 사회정서적 문제가 발생할 위험이 있는 학생들을 위해 적용되었다. 이 프로그램은 교사들이 가르치며, 학부모 교육 요소와 교사 연수를 포함한다(제3장 참조). 마지막으로, 확인과 연결(Check and Connect) 프로그램은 교직원과 학생 간의 긍정적인 관계를 구축하고 맞춤형 개입(예: 학생들에 대한 정기적 확인, 출석 및 수행 확인, 피드백 제공, 문제 해결 모델링, 학생들에게 자신의 문제를 나누게 하여 경청, 가족과의 정기적인 의사소통)을 사용하여 학생 참여를 향상하는 것을 목표로 한다(Sinclair, Christenson, Lehr, & Anderson, 2003). 초등 및 중등학교 학생들에게 사용된 이 방법은 출석률을 높이고 학생들이 졸업할 수 있도록 학업을 유지하는 데 기여했다(Sinclair et al., 2003).

2단계 개입은 종종 소규모 집단에서 사용된다. 이러한 전달 방식의 이점은 추가 지원이 필요한 학생들에게 지원을 제공하고, 교사와 학생들에게 방해가 되는 행동에서 벗어날 수 있는 시간을 부여한다는 점이다(Boxer, Guerra, Huesmann, & Morales, 2005). 역할극과 기술 연습의 기회를 늘리고, 긍정적인 행동에 대한 긍정적 강화와 목표 달성의 기회를 더 제공하고, 건강한 행동이 가치 있는 새로운 사회적 집단 규범을 만들 수 있다(Poulin, Dishion, & Burraston, 2001: Lochman et al., 2015에서 인용). 이 접근 방식을 사용하는 것에 대한 현실적인 우려 사항은 학생들이 친구 모델과 함께 이러한 기술을 연습할 충분한 기회가 있는지, 학생들이 '다르다'거나 '결함이 있다'는 것에 감정을 경험하는지 여부, 그리고 전염 효과를 간과하는 것이다.

또래 전염은 또래의 감정과 행동이 서로에게 영향을 미쳐 발달이 저해되거나 해를 끼치는 경우에 발생할 수 있다(Dishion & Tipsord, 2011). 전염 효과는 주로 공격적이거나 비행 같은 반사회적 행동의 발생을 기준으로 선정되고 집단화된 학생들 집단에서 평가되었다. 이 연구는 집단 개입 활동에 참여한 후 반사회적 행동이 의도치 않게 증가한다는 사실을 발견하게 했다. 반면, 일부 연구에서는 규범적인 또래 행동이 공격성을 완화할 수 있다는 것을 발견했다(Boxer et al., 2005). 어떤 학생들이 전염 효과에 더 민감하거나 덜 민감한지, 그리고 학교가 이러한 위험을 완화할 수 있는 방법을 이해하기 위해서는 더 많은 연구가 필요하다(Dishion & Tipsford, 2011). 그동안 도움이 된 몇 가지 지침이 있다. 개입의 결과를 평가하고, 전체 또는 개별적인 수준에서 개입하고, 학생들이 친사회적 학생을 관찰하고 상호 작용할 충분한 기회를 부여하며, 교직원에게 행동 관리에 대한 교육을 제공하는 것이다(Dodge & Sherrill, 2006: Dishion & Tipsford, 2011에서 인용).

3단계

집중적인 개입이 필요한 학생들은 정신건강 문제에 있어 어려움이 심각하여 즉각적이고 때로는 장기적인 관심이 필요하다. 이러한 학생들은 이전에 설명한 전략에서 도움을 받을 수 있지만, 증상을 줄이고 악화되는 것을 방지하며, 강점을 발휘하고 개인의 웰빙을 최대화하기 위한 개입 계획은 보다 집중적이고, 개별화되고, 포괄적이어야 한다. 여러 전문가가 학생의 치료에 참여할 수 있으며, 학교와 지역 기관 간의 협업은 환경 전반에 걸쳐 학생들에게 이로운 서비스를 적용하는 데 도움이 될 수 있다(Mellin & Weist, 2011).

3단계 개입은 표적 문제를 해결하기 위해 매우 구체적일 수 있다. 개별 프로그램을 그 자체로 자세히 설명하려는 것은 아니지만, 응용 행동 분석, CBT, 부모 교육, 가족 치료와 같은 학문적 연구를 기반으로 하는 아동과 청소년을 위한 다양한 증거 기반 치료법이 있다. 미국심리학회의 한 부서인 아동 · 청소년심리학회(The Society of Child and Adolescent Psychology)는 웹사이트(http://effectivechildtherapy.org/therapies)에 증거 기반 치료법 목록을 게재/관리한다. 일부 사람은 이러한 방식에 대한 교육을 받았고 학교에서 적용할 수 있을 것이다. 일부 사람은 학생에 대해 평가를 추천하여 해당 서비스가 적합한지 확인할 것이다. 그리고 어떤 사람은 행정적 역할을 하거나 교실에서 개입 계획을 지원할 것이다. 이러한 개입의 이점과 한계를 이해하는 것은, 개입 선택과 다른 학교 기반 서비스와의 조정 전략에 대해 정보에 입각한 결정을 내리고 그 잠재적 결과에 대한 현실적인 기대를 가지는 데 중요하다. [워크시트 8-2]는 학생들이 추가 지원이 필요할 수 있는 문제 목록을 제공한다.

2) 외현화 및 내면화 문제 다루기

학교들이 내면화 문제(예: 우울증, 불안, 사회적 위축)를 다루는 것에 비해, 단계적 지원 체계(예: SWPBIS) 내에서 외현화 행동(예: 공격성, 충동성, 과잉행동, 일반적인 사회적 행동)의 예방과 개입에 주로 집중해 왔다는 점은 주목할 만하다(Kilgus et al., 2015). 예방 및 생태학적 프레임워크를 적용하여 내면화 문제를 다루는 것은 논리적이고 필요한 단계로 보인다(예: Herman, Merrell, Reinke, & Tucker, 2004). 하지만 다양한 이유로 아직 초기 단계에 있다. 어려움 중 하나는 내면화 문제를 탐지하고 측정하는 것은 쉽지 않은 문제이고, 내면화 문제가 본질적으로 개인 내적(예: 성격 또는 성격 결함)이며 더 큰 시스템과는 독립적으로 존재한다는 인식이다. 이러한 관점은 일반적으로 문제가 생태계 간의 복잡한 상호 작용의 결과로 발생한다는 사실을 간과할 수 있다. 이렇게 되면 치료는 문제가 학생 내면에만 있다는 잘못된 믿음에 따라 학생에게만 집중될 수 있다.

다행히도 SEL 프레임워크를 염두에 두고 개입 접근 방식을 검토할 때 교실 내 내면화 문제를 해결하는 효과적인 생태학적 기반 수단이 있을 수 있다. 예를 들어, 강한 아이 프로그램은 단계적 개입 프레임워크 내에서 문제를 내면화하는 것을 예방하고 개입하도록 설계된 인지 행동 접근 방식을 제공한다. 이러한 접근법은 SWPBIS와 함께 사용된다(예: Cook et al., 2015; Dart et al., 2015). 당신의 환경에서 단계적 SEL 접근 방식을 계획하고 실행할 때 문헌을 철저히 검토하고, SEL 실행 노력이 내면화 문제를 해결하기 위한 전략을 포함하여 광범위한 사회정서역량을 어떻게 육성할 수 있는지에 대한 실제 사례를 찾아보는 것을 적극 권장한다.

3) 하나의 단계 내에서 여러 프로그램 적용하기

선택한 목표(폭력 예방, 사회적 기술 교육, 약물 남용 예방, 스트레스 감소 등)에 대해 하나 이상의 프로그램을 사용한 경험이 있을 수 있다. 종종 두 개 이상의 프로그램이 한 단계 수준에서 사용하도록 채택된다. 보편적인 수준에서 이러한 접근 방식은 종종 '넓은 그물을 던지고' 다양한 시점에서 발달적으로 관련이 있을 것으로 예상하는 문제를 해결하기 위해 사용된다. 초점이 더욱 집중됨에 따라 주제 영역(예: 소집단 사회적 기술 교육, 학교 회피를 위한 개별 개입)으로 좁혀지는 경향이 있지만, 다양한 전략을 패키지 방식의 일부로 사용할 수 있다(예: 학교 회피의 경우, 심리 교육, 불안 인식 교육, 행동 활성화, 인지적 재구성, 노출 및 반응 예방, 교사와 부모 지원 전략).

한 단계 내에서 두 개 이상의 개입을 결합하는 목표는 시너지 효과를 창출하는 것이다. 시너지 효과는 두 개의 개별 개체가 함께 협력하여 독립적으로 달성하는 것보다 더 유익한 결과를 낳는다는 아이디어이다. 이 접근 방식은 직관적이며 연구에 의해 뒷받침된다. 단독 프로그램은 예방과 개입이 필요한 모든 영역에 대한 만병통치약은 아니다. 프로그램을 결합하면 더 넓은 적용 범위를 제공할 수 있다. 통합된 접근 방식은 종종 여러 단계에 걸쳐 적용되어 다양한 상황과 예방 및 개입 수준 전반에 걸쳐 핵심 개념을 제공할 수 있다(이 논의에 대해서는 Domitrovich et al., 2010; Cook et al., 2015 참소).

전략적으로 여러 개의 개입을 결합할 수도 있지만, 때로는 왜, 언제, 그리고 어떻게 그것이 효과가 있는지에 대해 거의 고민하지 않는 경우도 있다. 문헌에서나 우리의 경험에서 SEL 결합 노력에 대해 여러 차례 알게 된 위험 중 하나는 단계에서 분산되고 비조직적인 방식으로 여러 예방 개입을 시행하는 것이다. 이로 인해 체계적으로 조정하는 데 중점을 두게 되었다(Greenberg et al., 2003). 개입을 결합하는 이러한 실제에도 불구하고, 이를 효과적으로 수행하는 방법을 뒷받침하는 근거는 여전히 나타나고 있다(Cook et al., 2015).

현재 개입을 결합하는 두 가지 접근 방식이 있다. 병렬 접근 방식과 혼합 접근 방식이다(Cook et al., 2015). **병렬**(parallel) 접근 방식은 이론적으로 유사한 점을 고려하지 않거나, 프로그램들이 어떻게 효율성을 위해 수정될 수 있는지, 또는 서로를 어떻게 보완할 수 있는지를 고려하지 않고 단순히 두 가지 증거 기반 프로그램을 실행하는 것을 의미한다. 반면, **혼합**(blended) 접근 방식은 두 가지 접근 방식 간의 유사점과 차이점을 신중하게 검토하고, 서로를 어떻게 보완할 수 있는지, 그리고 하나의 개입으로 만들기 위해 어떻게 수정될 수 있는지를 고려한다. 현재까지의 연구는 후자인 혼합 또는 통합 접근 방식이 잠재력을 가지고 있음을 시사한다[예: SEL 프로그램인 메렐의 강한 아이와 SWPBIS의 통합: Cook et al., 2015; 팍스 좋은 행동 게임(PAX-Good Behavior Game)과 PATHS 교육 과정의 통합: Domitrovich et al., 2010]. 우리는 계획 팀들이 이러한 신중하고 사려 깊은 접근 방식을 고려하고, 문헌, 프로그램 개발자, 그리고 SEL 전문가들의 자문을 필요에 따라 활용할 것을 권장한다. 너무 많은 일을 시도하면서 이미 과중한 시스템에 부담을 주고, 한정된 자원을 놓고 노력하는 데 시간을 낭비하지 않는 것이 바람직하다(Adelman & Taylor, 2012).

요약하자면, 우리는 SEL을 단계적 접근 방식으로 작업하기 위한 다음과 같은 권장 사항을 안내한다.

- SEL을 계층적 모델에 통합하기 위한 정책과 절차를 마련하기 위해 현장을 방문하고,

아이디어를 구상하며, 방향을 설정한다. 이 작업은 각 계층에서 MTSS의 여섯 가지 핵심 요소, 즉 (1) 증거 기반 개입 전략의 사용, (2) 학생의 요구와 강도에 맞춘 지원 제공, (3) 데이터 기반 의사결정 프레임워크 활용 및 설정, (4) 개입에 대한 학생의 반응을 평가하고 이에 따른 지원 조정, (5) 실행 충실도를 측정하기 위한 단계 구체화, (6) 학생 선별을 지속적으로 실시하여 조기 발견할 수 있도록 보장을 바탕으로 수행되어야 한다 (Sugai & Horner, 2009).

- 각 수준에서 학생과 환경에 적합한 증거 기반 프로그램 옵션을 선택한다. 추가 지침은 제3장과 제5장을 검토한다.
- SEL 프로그램이 광범위한 기술 영역과 구체적인 기술 영역을 어느 정도 다루고 있는지를 조사한다.
- 높은 단계(더 집중적)에서 낮은 단계(덜 집중적)로 전이될 때, 필요한 서비스가 지속될 수 있도록 적절한 발판을 제공하는 것이 중요하다. 예를 들어, 2단계 개입에서 1단계로 전환하는 학생의 경우, 교사들은 학생이 기술을 계속 연습할 수 있도록 2단계 전략을 일상에 통합하는 방법에 대한 제안이 필요하다.
- 유사한 계층 수준에서 병행하여 사용할 수 있는 기존 프로그램과 전략들을 개괄한다. 이때, 핵심 구성 요소들이 어느 정도 유지되고 있는지(또는 유지되지 않고 있는지)에 대한 정도도 함께 포함한다.

2 교실, 학교, 가족, 지역사회 시스템: 필수적인 협력

이제 우리는 계층화된 모델에서 SEL을 실행하는 데 매우 중요하고 관련 있는 다른 생태계 시스템을 다룬다. 먼저, 학교와 '비학교' 생태계(가족, 건강 관리, 지역사회 기관) 간의 필수적인 협력과 파트너십을 검토한다. 검토 전반에 걸쳐 현재 실현 여부와 관련 가능성이 있는 협력 기회를 살펴본다.

1) 가족

부모와 양육자는 자녀의 감정과 행동에 반응하고, 행동의 모델이 되며, 전략을 가르치고, 가정에서 행동을 관리함으로써 사회정서적 발달을 촉진하는 데 있어 첫 번째이자 중요한 파트너이다(Denham, 2007; Eisenberg, Cumberland, & Spinrad, 1998). SEL을 통해 학교 생태계도 동일한 역할을 하고, 가족과 학교가 건강한 사회정서적 발달의 공동 촉진자가 될 수 있는 장소를 제공한다. 제4장에서 논의했듯이, 협력적인 파트너십은 필수적이다. 하지만 우리의 경험에 따르면, 부모와 교사 간의 사회정서적 문제에 대한 협력이 가장 빈번한 시점은 학생이 2단계(선택적) 또는 3단계(지정된) 수준의 서비스를 필요로 할 수 있다는 우려가 있을 때이다. 이 시점에서 종종 문제는 더욱 심각해지고, 특수 서비스를 제공하기 위해 부모의 동의가 필요하다. SEL 프레임워크를 활용하여, 가정과 학교 간의 협력 기회를 증가시키고 이러한 연결을 강화하여 학생들이 모든 수준과 다양한 환경에서 기술을 개발할 수 있도록 해야 한다(Albright & Weissberg, 2010).

학교–가족 파트너십은 가족과 학교 간의 상호 작용적이며 평등한 협력 접근 방식을 보여 주는 예이며, SEL 프레임워크 내에서 적용될 수 있다(Garbacz et al., 2015). 이러한 파트너십에서는 부모의 관점과 의견이 존중되고, 의사소통이 양방향으로 효율적으로 이루어지며, 가정은 보완적이고 필수적인 개입의 장소로 간주된다. 두 환경 모두 학생의 사회적·정서적·학업적 안녕을 향상시키기 위한 활동에 참여한다. 갈바즈와 동료들(Garbacz et al., 2015)은 이러한 접근 방식을 보다 전통적인 '가족 참여' 접근 방식과 비교했다. 전통적인 접근에서는 부모가 자녀의 교육에 일부 방식으로 참여할 수는 있지만(예: 회의 참석, 숙제 도움), 학교와 가정 간의 협력(collaboration)은 이 접근 방식의 일부로 간주되지 않으며, 가정은 개입의 장소로 여겨지지 않는다. 다음은 파트너십 기반 접근 방식으로 분류될 수 있는 활동들이다.

- 일부 SEL 지향 프로그램은 모든 단계 수준에서 가족이 프로그램 설계에 포함되도록 하여 기본적으로 가족–학교 파트너십을 촉진하는 메커니즘을 가지고 있다[예: 배려하는 학교 공동체, 가족 체크업(Family Check Up), IY 시리즈]. 이러한 프로그램은 학생과 부모를 체계적으로 지원하도록 설계되어, 분산된 접근 방식을 줄이고 다양한 환경에서 기술을 연습할 수 있는 가능성을 높인다. 프로그램 검토를 위해 갈바즈와 동료들(Garbacz et al., 2015)의 요약을 참고한다.
- 부모는 전문 지식과 가치 있는 관점을 가진 파트너로서 학교 차원 SEL 계획 팀에 참여하도록 초대된다. 학교는 부모가 SEL과 관련되며 가족들이 관심을 가질 만한 주제를 중심으로 교육 회기를 기획하고 조정하는 노력을 적극적으로 지원한다.
- SEL 팀은 부모에게 학생들이 배우고 있는 SEL 개념과 전략에 대한 정보를 제공하고 가정에서 적용할 수 있는 제안들을 하도록 교사들에게 지원한다.

- 부모들은 정기적인 가정-학교 소통 동안 자녀의 사회정서적 발달과 어려움에 대해 교사와 논의하도록 권장되며, 부모와 교사는 SEL 전략이 이러한 문제를 어떻게 해결할 수 있을지 함께 고민한다.
- 부모는 보다 집중적인 서비스가 필요할 때 자녀에 대한 정보 수집 및 계획 수립 과정에서 협력적인 파트너로 참여한다.

2) 건강 관리

가족들은 자녀나 청소년의 사회정서적 발달에 관한 의구심이나 문제가 생길 때 종종 의료 전문가에게 도움을 구한다. 여기서 말하는 **의료 제공자**(health care provider)는 신체적 · 사회정서적 · 행동적 측면을 다루도록 특별히 교육받은 전문가를 의미한다. 대부분의 경우, 청소년들은 정기적인 '건강 검진'이나 가끔씩 생기는 '질병' 시에 1차적인 진료를 받는다. 학교에서 이루어지는 단계별 시스템과 마찬가지로, 의료 시스템도 더 심각한 문제를 예방하기 위해 조기 개입 서비스를 제공하도록 설계되어 있다. 종종 청소년들이 급성, 만성, 또는 복잡한 문제에 대해 더 집중적이고 전문화된 의료 서비스가 필요할 때도 있다.

시간이 흐르면서, 의료 시스템은 다양한 제공자로 구성된 팀을 한 장소에 포함하는 형태로 발전해 왔다. 이러한 팀은 점점 더 정신건강 전문가들도 일부 포함하는 통합된 모델로 구성된다(Kolko & Perrin, 2014). 청소년에 대한 선별 검사와 예상되는 가이드라인을 제공하는 것은 두 가지 중요한 활동으로, 양질의 의료 서비스를 위한 다학제적 접근을 기반으로 한다. 1차 진료에서는 발달 문제(예: 언어 및 말, 운동, 사회정서적 발달, 자폐증 증상)와 정신건강 문제(예: 불안, 우울증)를 감지하기 위해 정기적으로 선별 검사를 실시한다(American Academy of Pediatrics, 2006; Wissow et al., 2013). 예상 가이드라인을 통해 부모에게 전형적인 발달 이정표와 청소년의 안전과 건강을 유지하기 위해 필요한 특정 주제(예: 수면, 부상 예방, 영양, 배변 훈련, 행동 관리)에 관련된 정보를 제공된다(Schuster, Duan, Regalado, & Klein, 2000). 이러한 지침은 제공자와 부모(그리고 청소년) 간에 전형적인 아동기 및 청소년기 문제에 대해 논의할 기회를 제공하기도 한다. 예상 가이드라인은 건강한 발달을 촉진하는 효과적인 기준으로 알려져 있다(Nelson, Wissow, & Cheng, 2003).

의료 제공자와 가족 시스템에서 **관계**는 양질의 의료 서비스를 제공하는 데 필수적인 요소이다(American Academy of Pediatrics, 2002). 제공자와 가족 간의 관계가 좋을수록 부모가 권고사항을 따르는 데 더 편안함을 느낄 가능성이 높다(Nelson et al., 2005). 이상적으로, 이 관계는 자녀나 청소년에 대한 두 전문가, 즉 의료 제공자와 부모 간의 신뢰와 상호 협력을 촉진한다. 즉 의료 시스템 내 목표와 활동은 친숙해지는 것으로 제공자, 가족, 그리고 다른 지역사회 기관 간의 협력과 조정을 개선하여 의료 서비스 제공의 종종 분절된 접근 방식을 최소화하고[자세한 내용은 미국소아과학회(American Academy of Pediatrics) 웹사이트: www.aap.org], 효과적인 방법을 사용하며, 더 집중적인 개입이 필요해지기 전에 문제를 감지 · 예측 · 해결하는 것이다.

이를 위해, 학교와 의료 시스템이 함께 협력하여 SEL을 촉진할 방법이 있다. 예방과 개입의 모든 수준에서 촉진할 기회가 있다고 본다. 다음과 같은 아이디어를 제안한다.

- 교육자는 의료 제공자와 관계를 발전시키도록 가족을 지원하고, 부모들이 선별 검사, 상담 및 예방 지침을 논의하고 이행하는 데 적극적으로 참여하며, 문제가 발생했을 때 지원을 요청할 수 있도록 장려할 수 있다.
- 교육구의 독특한 도전 과제 중 하나는 학생들에게 어느 정도까지 의료 서비스를 제공해야 하는지 결정하는 것이다. 이는 복잡한 문제이며, 학교 정책은 다를 수 있으므로 교육자들은 이러한 주제에 대해 양육자와 논의할 때 최선의 방법(예: 정보가 어떻게 제공되는지, 누가 재정적 책임을 질 것인지)에 대해 행정부서와 상의할 것을 권장한다.
- SEL 계획 팀은 자신들이 속한 지역의 1차 진료에서 정기적으로 실시되는 아동 검진 절차와 예방 지침에 대해 잘 알고 있는 것이 중요하다. 이 정보를 활용하여 팀은 다음과 같은 목표를 달성할 수 있다. (1) 생태학적 접근을 통해 선별 검사를 쉽게 함으로써 학생들이 이미 어떤 검사를 받았고 어떤 부분에서 추가적인 검사가 필요한지 파악할 수 있다. (2) 청소년기 수면 위생과 같은 중요한 주제에 대한 정보를 많이 얻을 수 있다. (3) 기본적인 의료 서비스에서 다루지 않는 학교에서의 주제들, 예를 들어 감정 조절, 공감, 문제 해결 방법 등을 가르칠 수 있다.
- 학교 기반 SEL 팀과 의료 제공자들은 상호 보완적인 SEL 정보를 공유하고 통합하여 연속적인 과정을 촉진하기 위해 협력할 수 있다. 예를 들어, 1단계 수준에서 학교 기반 SEL 프로그램과 1차 진료의 예방 지침 자료를 조정하고 시너지 효과를 발휘하도록 개발함으로써 부모와 학생들이 건강한 발달을 위해 필수적인 다양한 정보를 받을 수 있다(예: 학생들이 학교에서 스트레스를 관리할 수 있도록 지원하는 방법). 2단계와 3단계 수준의 활동에는 매우 구체적인 전략과 전반적인 치료 조정하는 것이 포함될 수 있다. 예를 들어, 다양한 환경에서 기술을 연습하는 방법에 대한 아이디어를 공유하거나 진전 상

황을 모니터링하는 것이 해당할 수 있다.

- 학교와 아동 병원과 같은 다른 보건 기관들이 협력하여 아이디어를 교환하고, 다양한 단계에서 아동의 정신건강을 지원하는 인프라를 구축하며, 연구를 수행하고 있다[예: 보스턴의 종합 행동 건강 모델(Boston's Comprehensive Behavioral Health Model); Pearrow, Amador, & Dennery, 2016 참조]. 교육구는 이러한 관계와 파트너십을 협력적이고 상호 지원적인 방식으로 개발할 수 있다.

3) 지역사회 기관 및 대학교 파트너

학교는 다양한 역할과 여러 수준의 참여를 하는 지역사회 기관과 상호 작용한다. 방과 후 프로그램과 지역 프로그램(예: 보이즈 앤 걸즈 클럽, 스포츠 클럽)을 진행하는 기관, 보육 센터, 보건 및 복지 서비스 부서, 법 집행 기관, 유아 교육 위원회, 재단과 같은 재정 지원 기관 등이 포함될 수 있다. 이들 프로그램 중 다수는 학업 지원뿐만 아니라 사회정서적 발달에 중점을 두기도 한다.

미국의 여러 지역에서는 학교와 지역사회 기관 간의 협력적 파트너십과 활동이 형성되었다(National Commission on Social, Emotional, and Academic Development, 2017). 이러한 노력에는 협력 회의, 공통 의제와 목표 설정, 방과 전후 프로그램과 학교 기반 SEL 프로그램의 조정, 조직의 운영 실제 공유, 데이터 수집 및 분석, 그리고 집중적인 서비스가 필요로 하는 학생들을 위한 포괄적 지원 서비스 등이 포함된다. 이와 같은 프로그램과 활동의 결과는 놀라울 정도로 긍정적이며, 이 책에서 논의한 여러 성과, 예를 들어 출석률 향상, 학업 성취도 개선, 중도 탈락률 감소, 전반적인 사회정서적 기술 향상을 보여 준다. 또한 고등 교육 기관은 종종 SEL 계획, 실행 및 연구를 지원하며, 대학 기반의 상담센터를 통해 정신건강 관리를 제공한다. 모든 조직이 제공하는 서비스와 프로그램에 대한 기본적인 이해를 바탕으로 관계를 발전시키는 것은 교육자들이 학생들을 효과적으로 지원하는 데 큰 도움이 될 것이다. 다음에는 지역사회 기관 및 고등 교육 기관과 협력할 때의 제안 사항이 나와 있다.

- SEL 계획 과정의 하나로, 학생들이 가장 많이 연결되는 지역사회 기관을 파악하고 그들의 지원 내용(예: 방과 후 프로그램, 주택 지원, 아동 보호 및 복지 서비스)을 기술한다.
- 각 기관과 학교 간의 파트너십이 단계별로 학생들에게 어떻게 도움이 될지 기술하고, 이 과정을 시작하기 위한 활동을 브레인스토밍해 본다.

- SEL 프로그램이 지역사회 기반 프로그램과 어떻게 조정될지 고려해 본다. 예를 들어, SEL 콘텐츠를 방과 후 프로그램에 맞게 조정하거나, 지역사회 활동에서 중요한 내용을 학교 기반 프로그램에 통합할 수 있다. 잠재적인 시너지 효과를 고려하고, 과정과 결과를 이해하기 위해 측정 및 데이터 검토 과정을 포함한다.
- SEL에 대한 전문 지식을 갖춘 고등 교육 기관 또는 기타 조직과의 관계가 어떤 방식으로 도움이 될 수 있을지에 대해 아이디어를 구상한다. 또한 다음과 같은 연결 전략을 포함하여 협력 방안을 개략적으로 제시한다(예를 들어, SEL 관련 연구나 활동을 하고 있는 전문가, 프로그램, 기관을 파악하기, 이메일 발송 또는 전화 연락을 시도하기).

3 추가적 자원 동원하기

대부분의 학생은 필연적으로 자신의 능력을 시험할 어려움에 직면하게 되며, 일부 학생들은 그들에게 맞는 특별한 방식으로 지원하는 종합적인 개입 서비스가 필요할 것이다. 학교는 이러한 학생들을 지원하고 교육하며 지지하기에 으뜸가는 위치에 있다. 우리는 교육자들이 학생들에게 추가 서비스를 제공할 수 있는 두 가지 영역을 강조한다. 파악 및 의뢰, 그리고 학교 및 지역사회 기반 3차 서비스에 접근하는 것이다.

1) 학생 파악 및 의뢰

교육자들은 다양한 문제에 대해 의뢰를 한다. 라인케, 스토몬트, 헤르만, 푸리, 그리고 고엘(Reinke, Stormont, Herman, Puri, & Goel, 2011)의 연구에 따르면, 교사들이 학생들에 대해 가장 우려하는 정신건강 관련 문제 다섯 가지는 파괴적이고 공격적인 행동, 과잉행동 및 부주의, 가족 스트레스 요인, 사회적 기술 문제, 그리고 우울증이다. 이 연구에 참여한 교사 중 75%는 지난해에 정신건강 문제를 가진 학생과 만나거나 그런 학생을 의뢰받았다고 보고했지만, 오직 34%의 교사들만이 이러한 학생들을 적절하게 지원할 수 있는 능력이 있다고 느꼈다. 교사들은 아동의 정신건강 문제를 인식하고 이해하며 가족과 효과적으로 일할 수 있도록 추가적인 교육을 원한다. 모든 교육자, 특히 교사들은 학생들을 파악하고 적절한 지원을 위해 의뢰하는 방법을 배울 수 있다.

우리는 어떻게 사전에 정확하게 도움이 필요한 학생들을 파악할 수 있을까? 만약 보편적 선별 절차가 있다면, 이러한 학생들을 찾는 데 도움을 줄 수 있다. 종종 교사들은 학생의 행동이 '정상적인지' 아니면 추가 조사가 필요한지에 대해 의문을 가진다. 때로는 행동이 문제의 신호일 수 있고, 때로는 그렇지 않을 수도 있다. 그럼에도 불구하고, 학교 교직원들이 추가 조사가 필요한 신호가 되는 행동에 대해 경각심을 갖는 것은 필수적이다. 이러한 행동의 예로는 다음과 같은 것들이 포함되지만, 이에 국한되지 않는다.

- 흥분, 강렬한 분노나 격노의 표출
- 눈에 띄는 학업 성적 저하, 사회적 상호 작용 감소, 위생 관리(예: 목욕) 안 됨, 수업 집중 및 참여 능력 저하
- 수업 시간에 잠이 듦
- 너무 적게 먹거나 너무 많이 먹어 체중이 상당히 변함
- 자극에 비해 과도해 보이는 반응(예: 과도한 놀람 반응)
- 한 사건에 대해 지속적으로 이야기함
- 반복적인 악몽에 대해 말함
- 나이 또는 발달 단계에 맞지 않는 성적인 행동
- 학생이 자신이 죽고 싶다고 하거나 다른 사람의 죽음을 바란다는 암시를 포함하는 발언, 죽음에 대한 구체적인 방법을 언급하는 발언, 폭력적인 행위를 칭찬하는 발언
- 다른 사람에게는 들리거나 보이지 않는 자극에 반응하는 경우(예: 목소리나 물체)
- 일상적인 변화(예: 좋은 날도 있고 정말 나쁜 날도 있음) 범위를 벗어나는 교직원 및 학생과의 불규칙한 상호 작용

또한 약물 및 기타 물질 사용(예: 알코올, 메스암페타민, 오피오이드 및 기타 처방약 남용)과 학생과 가족이 살고 있는 스트레스가 많은 상황, 즉 트라우마 증상으로 이어질 수 있는 사건을 인식하는 것도 중요하다. 다음은 자원을 체계적으로 동원하기 위한 일반적인 권장 사항들이다.

- 학교 차원의 정책 및 절차를 개선, 상세화하여 사회정서적 · 행동적 문제를 평가하고 분류하는 과정을 공유한다. 이 과정은 정신건강 전문가와의 비공식 상담부터 집중 서비스 필요 여부를 판단하기 위한 평가까지 포함된다. 조기 개입의 필요성, 의뢰 방법, 의뢰 과정에 가족을 포함하는 것의 중요성, 그리고 교사들이 문제를 진단할 필요가 없다는 메시지를 포함해야 한다.

- 담당자는 동료, 특히 학교 정신건강 전문가와 우려 사항을 논의하여 추가 조사가 필요한지 여부를 확인하는 것이 좋다.
- 학생들의 급성 및 만성 문제에 대해 듣고 개입하는 것은 담당자들에게 스트레스를 유발할 수 있으며 불편한 부작용을 초래할 수 있다. 담당자들의 경험이 인정받고 지원을 받을 수 있는 문화를 조성해야 한다. 담당자들은 학생들의 부정적이고 충격적인 경험을 이해하기 어려울 수 있으며, 그 문제를 해당 학생이나 전체 교실에서 어떻게 다루어야 할지 몰라 어려움을 느낄 수 있다. 또한 자신의 과거 트라우마 경험이 촉발될 수 있으며, 스트레스 증가, 우울증, 불안증, 심지어 트라우마 증상의 발병이나 악화와 같은 문제를 겪을 수 있다(Alisic, 2012). 담당자들의 이러한 불편함을 학교 내 또는 지역사회에서 해결할 수 있는 지원이 필요하다.

다음은 교육 및 전략적 계획 활동에 대한 일반적인 지침이다.

- 자살 및 살인 사고, 학대, 정신질환 및 심각한 외상적 반응과 같은 긴급하고 심각한 문제에 대한 사회적 · 정서적 · 행동적 '경고 신호'를 파악하도록 교직원을 교육한다. 모든 학교 교직원에게 교육을 제공해야 한다. 정신건강 응급 처치는 이 목표를 충족하도록 설계된 프로그램의 한 예이다. 이러한 심각하고 긴급한 학생의 문제를 피하는 것은 금기이며 도움이 되지 않는다.
- 담당자들에게 학생들을 추가 평가 및 개입 선택을 위해 학교 팀에 의뢰하는 학교 기반 절차에 대해 교육한다.
- 법률 및 정책을 검토하여 보호된 정보[예: 학교에서의 「가족 교육 권리 및 개인정보 보호법(FERPA)」 및 「건강보험 양도 및 책임에 관한 법률(HIPAA)」]의 공개에 대한 경계를 명확히 하고, 적절한 사람(예: 법적 보호자, 학생의 성인 보호자)이 허가한 경우에만 정보를 공유하도록 주의한다. 학생과 가족의 비밀과 프라이버시를 최대한 보호하면서 효과적으로 협력할 수 있을 만큼의 정보를 공유해야 한다(Weist et al., 2012). 정보 교환은 시간과 재정적 제약으로 인해 상당한 과제가 될 수 있으므로, SEL 팀은 한꺼번에 하지 말고 작은 작업이나 정보부터 교환하는 점진적이고 단계적인 방식으로 천천히 시작하고 시간이 지남에 따라 추가할 수 있는 아이디어를 브레인스토밍할 수 있다(예: 각 단계에서 정보 교환이 어떻게 이루어질지, 누가 참여할지 결정하고, 지침을 작성한다).
- 정신건강 관리를 위해 학교와 지역사회에서 활동하는 다양한 전문가를 소개하는 교육

자료를 개발하고 공유한다. [알아보기 8-1]을 참조 자료로 활용할 수 있다.

- 사회적 · 정서적 · 행동적 건강을 위한 학교, 지역사회 및 증거 기반 실천의 범위에 대한 일반적인 교육을 제공해야 한다. 모든 담당자가 정신건강 평가와 특정 치료 방법을 실행하는 데 전문가가 될 필요는 없다. 그러나 모든 담당자가 문제를 알아채고, 일반적으로 학생들을 지원하며, 일부 학생들에게 차별화된 지도를 제공하는 중요한 역할을 감안할 때, 학생들이 받을 수 있는 서비스의 종류에 대한 기본적인 지식을 교직원들이 갖춘다면 자신들의 역량에 대해 더 자신감을 가질 수 있을 것이다.
- 교사와 부모의 문제에 대한 인식은 학생들을 문제로 규정하는 여부에 영향을 줄 수 있다(Rickwood, Deane, & Wilson, 2007). 담당자들에게 정신건강에 대한 편견을 되돌아보도록 독려하는 정보를 포함해야 한다. 학생 및 가족들과 대화를 나눌 때, 객관적이고 지지적이며 비판단적인 방식으로 접근할 수 있도록 대화 대본을 활용할 수 있다. 정신건강 치료에 대한 저항, 망설임, 또는 두려움을 나타내는 학생들과 가족들을 공감적인 의사소통 전략을 통해 참여시키고 지원해야 한다. 이 장의 끝부분에 예시를 제공한다.
- 학생들의 정신건강을 지원하는 데 직면하는 일반적인 장애 요소들에 관한 정보를 검토한다. 여기에는 정신건강 문제와 도움을 구하는 것에 대한 낙인, 정신건강 문제에 대한 이해도, 교통 문제, 정신건강 상태와 서비스에 대한 문화적 차이, 그리고 재정 및 보험 보장과 관련된 문제가 포함된다.

알아보기 8-1 지역사회의 정신건강 제공자

■ **공인 임상 사회복지사**(Licensed Clinical Social Workers: LCSW)

석사 또는 박사 수준에서 사회복지학을 전공한 후 면허를 취득한 공인된 전문가들로, 다양한 문제에 대해 아동과 성인을 대상으로 개인, 가족, 집단 심리치료를 평가하고 진단하며 제공할 수 있는 자격을 갖추고 있다. 또한 이들은 그들은 지역사회에서 이용 가능한 서비스를 이해하고 찾을 수 있도록 교육을 받았다.

■ **공인 전문 상담사**(Licensed Professional Counselors: LPC)

다양한 정신건강 문제를 진단하고 치료할 수 있는 자격을 갖춘 전문가들이다. 이들은 종종 팀과 함께 일하며, 지역사회 정신건강 기관, 개인 상담실, 의료 환경 등 다양한 장면에서 활동한다. LPC의 전문 분야는 다양할 수 있으므로, 추가적인 정보를 얻는 것이 매우 유용할 수 있다.

■ **공인 심리학자**(Licensed Psychologists)

박사 학위와 연수를 받은 후 공인을 받은 전문가들로, 심리평가를 수행하고, 복잡한 정신건강 문제를 진단하며, 심리치료를 제공할 자격이 있다. 전문 분야는 다양하며, 미국의 일부 주에서는 정신과 약물을 처방할 수 있는 자격을 취득할 수도 있다.

■ **정신과 의사**

성인이나 소아 정신과에서 의학 학위와 박사 후 연수를 이수한 의사들이다. 정신과 의사들은 공인 심리학자와 유사한 환경에서 활동하고, 심리 문제를 진단하고 치료할 수 있는 자격이 있으며, 약물을 처방할 수 있다. 일부 정신과 의사들은 심리치료도 제공하며, 특정 전문 분야가 있을 수 있다.

2) 학교 및 지역사회 기반 정신건강 서비스 접근 및 조정

많은 학생이 3차 수준의 정신건강 서비스가 필요하다. 이들 중 70~80%는 학교에서 이러한 서비스를 제공받고 있다(Langley, Nadeem, Kataoka, Stein, & Jaycox, 2010; Rones & Hoagwood, 2000). 미국에서 정신건강 서비스에 접근하는 데 있어서 교통 문제, 시간 제약, 정신건강 보험 보장 등의 어려움을 고려할 때, 학교가 서비스 제공 메커니즘으로서 적합하다는 점이 이해된다(Weist, Lindsey, Moore, & Slade, 2006). 이러한 서비스는 대개 단기적인 성격을 가지며(예: 상담, 위기관리), 대부분의 학교에서는 특정 문제에 대한 평가와 더 전문화된 서비스로의 의뢰도 제공한다(Teich et al., 2008). 학교 기반 서비스는 교육구 소속 인력, 계약된 지역사회 기반 제공자, 또는 이 둘의 조합에 의해 시행된다. 학교에서 정신건강 서비스를 제공하는 주요 인력은 대부분 학교 상담사, 학교 심리학자, 학교 사회복지사, 그리고 보건교사이다(Teich et al., 2008). 일부 교육구는 학교 기반 보건센터와 협력하여 정신건강 서비스를 통합적으로 운영하기도 한다.

반면에 어려움이 있는 학생들은 지역사회에서 정신건강 서비스를 받는다. 일부 학생들은 학교 성적에 반드시 영향을 미치지 않지만 치료가 도움이 될 수 있는 지원을 받는 데 어려움이 있다. 학생 자신이나 가족에게 불편을 주고, 해결되지 않을 경우 악화될 위험이 있으며,

치료를 통해 도움받을 수 있는 정서적 어려움을 겪고 있다. 또 어떤 학생들은 긴급하거나 전문적인 치료가 필요한 심각한 문제를 경험하기도 한다. 일부 지역, 특히 시골 지역에서는 특정 요구 사항(예: 트랜스젠더 학생 지원) 또는 특정 서비스 제공 수준(예: 정신과 입원, 정신과 서비스)이 필요한 아동과 청소년을 전문으로 하는 자격을 갖춘 제공자를 찾기 어려울 수 있다. 최근 '원격 의료' 서비스를 통한 정신건강 서비스 접근이 증가하면서 이러한 요구를 충족시키기 시작했지만, 여전히 더 많이 필요하다.

의뢰는 일반적으로 학교 내 지정된 정신건강 전문가를 통해 이루어진다. [워크시트 8-2]와 [워크시트 8-3]은 관련 정보를 체계적으로 정리하는 데 사용될 수 있다. [워크시트 8-4]는 지역사회 정신건강 서비스 제공자에게 관련 정보를 간결하게 전달할 수 있는 서신 양식이다. 때때로 이 양식은 교사와 같은 다른 학교 교직원들이 지역사회 정신건강 서비스 제공자와 정보를 교환하여 평가와 치료 계획을 조정해야 할 때 가치가 있을 수 있다. 이를 위해서는 모든 교직원이 학생의 교육 정보(「FERPA」)와 건강 정보(「HIPAA」)를 보호하기 위해 마련된 법률과 절차에 대해 잘 알고 있어야 한다. 이러한 문제를 이해하는 것은 지역사회 자원에 대한 의뢰가 긴급한 때(예: 학생이 자살 의사를 드러내는 경우), 신속하게 결정을 내려야 할 경우에 중요하다. 대부분은 문제가 심각하고 만성적일 때는 종합적인 치료가 필요하게 된다.

학교 기반 대 지역사회 기반 접근법을 통해 정신건강 서비스를 제공하는 것에 대한 증거는 엇갈린다(Atkins, Hoagwood, Kutash, & Seidman, 2010; Chafouleas, Johnson, Overstreet, & Santos, 2016에서 논의된 다양한 결론을 참조). 앳킨스와 동료들(Atkins et al., 2010)은 학교 기반 정신건강 서비스에 대한 지속적인 어려운 과제를 다음과 같이 설명한다. (1) 학교에서 정신건강 관리를 제공하는 데 있어 일관된 또는 합의된 접근 방식의 부재함, (2) 일부 학교에서는 학생과 주변 환경 문제가 커서 기존 자원을 압도하는 경우가 있음, (3) 학교에서의 평가와 상담 시간이 종종 수업 시간과 겹쳐 학생들의 학습 참여를 감소시킴, (4) 학교 기반 서비스 제공 모델이 클리닉에서 이루어지는 서비스보다 더 효과적이라는 증거가 부족함, (5) 학생의 케어 팀의 일부일 수 있는 지역사회 제공자와 협력하는 데 어려움이 있음, (6) 학교 기반 정신건강 제공자의 시간이 종종 위기 관리와 평가 업무로 소모되어 비위기 서비스 제공이 줄어듦, (7) 누가 정신건강 서비스를 제공할 책임이 있고 누가 이러한 서비스 비용을 부담해야 하는지에 대한 의견 불일치가 있다.

보스턴 공립학교 종합 행동 건강 모델은 학교와 지역사회가 협력하여 정신건강 및 교육 서비스를 더 효율적이고 효과적으로 제공하기 위해 협력한 사례이다. 이 모델에서는 대규모 교육구(보스턴 공립학교), 의료 기관(보스턴 아동 병원), 그리고 고등 교육 기관(매사추세츠 대학교 보스턴)이 함께 ISF를 적용했다(Interconnected Systems Framework: Pearrow et al., 2016). ISF 접근 방식은 MTSS 프레임워크를 결합하고, 데이터 기반 의사결정을 포함한 MTSS에서 사용할 수 있는 도구들을 학교 기반 정신건강 접근법과 함께 활용하여, 특히 복잡하고 심각한 문제들(3단계)의 요구를 파악하고 서비스를 촉진한다(Pearrow, Synder, & Kaye, 2017). ISF 모델은 MTSS 프레임워크와 함께 실행된 SEL 모델과 유사하며, 특히 더 많은 정신건강 서비스가 필요로 하는 학생들을 효율적으로 지원하는 데 중점을 둔다. 이 ISF 모델은 상당한 시간과 자원, 그리고 실행 노력이 필요할 수 있지만(Anello et al., 2017), 보스턴의 종합 행동 건강 모델에서 수집된 평가 데이터에 따르면, 이러한 노력은 학업 및 사회정서적 결과의 개선을 가져왔다(Pearrow et al., 2017). 이러한 접근 방식은 향후 다른 교육구에서도 가능성이 있으며, SEL 프레임워크 내에서 보완적인 접근법으로서 추가적인 연구가 필요하다.

요약하면, 이 분야는 별개로 분리된 건강 관리 접근 방식에서 생태학적이고 협력적인 접근 방식으로 전환하고 있다. 이 혁신적인 접근법은 학생들의 웰빙에 긍정적인 영향을 미치는 근접 자원과 원격 자원을 모두 동원한다. 이를 위해, 우리는 SEL의 필수 요소로 다층적 프로그램과 전략의 통합을 제안한다. 학생들을 지원하고, 다양한 단계와 환경에서 프로그램 및 전략을 조정하기 위한 다음과 같은 권장 사항을 제공한다.

- 학교 및 지역사회 기반 서비스에 대한 당신의 학교의 의뢰 메커니즘을 설명하고 이 정보를 모든 학교 전문가에게 제공한다.
- 서비스가 얼마나 이용되었는지, 그리고 가족, 교실 전략, 다른 개입(예: IEPs)과 서비스를 어떻게 조정할 수 있는지를 확인하기 위한 후속 절차를 설계하고 실행한다. 예를 들어, 가족이 약속을 잡을 수 있었는지, 서비스가 어떤 내용을 포함하는지, 서비스 제공에 대한 장벽이 무엇인지, 학교와 가정에서 개입 요소를 적용할 수 있는 방법에 대해 가족과 협력할 책임이 있는 학교 기반 전문가를 지정한다.
- 학교와 독립적으로 또는 학교와 공유하는 서로 다른 역할과 책임을 명확히 하고 서로 이해한다.
- 학교 환경에서 실행할 수 없는 집중적 개입의 요소와 교실에서 실행하는 데 필요하거나 유용한 요소들을 개략적으로 설명하고 이해한다. 이를 위해 필요한 지원 사항도 개략적으로 설명한다.
- 학교 또는 지역사회 기반 정신건강 서비스에 참여하는 학생들과 관련된 교직원들에게 특정한 교육을 제공해야 한다. 특히 학교에서 문제가 나타나는 경우와 학생이 치료 계

획의 일환으로 교실에서 지원되는 실천을 통해 혜택을 받을 수 있는 경우에 중요하다(Weist et al., 2012). 예를 들어, 일부 학생들은 불안에 대한 인지 행동 개입에 참여할 수 있다(Kendall, Hudson, Gosch, Flannery-Schroeder, & Suveg, 2008). 노출 및 반응 예방(Exposure and Response Prevention: ERP)이 치료의 한 구성 요소일 수 있다. 이는 학생들이 불안을 유발하는 상황(예: 발표하기, 손 들기)에 의도적으로 접근하는 것을 의미한다. 때로는 학생들이 이러한 상황에 직면하면서 동시에 이완 전략을 사용할 수도 있다. ERP를 통해 학생들은 불안을 유발하는 활동에 참여할 수 있으며, 불안한 생각과 감정이 시간이 지남에 따라 사라질 수 있다는 것을 배운다. 목표는 학생들이 회피 행동(예: 대화가 필요한 상황에서 철수하거나, 새로운 것을 시도하는 것을 피함)을 줄이고 일상적인 상황에 더 많이 참여하도록 돕는 것이다. 학교 심리학자, 상담사, 교사들은 교실 기반의 노출 활동(예: 수업 앞에서 말하기, 손 들기)을 시작하고 지원하도록 요청받을 수 있다. ERP에 대한 기본적인 이해는 전략이 효과적이고 신뢰성 있게 사용될 가능성을 높이며, 학생들이 건강한 방식으로 기능할 수 있는 능력에 이바지할 것이다. 또한 퇴행의 징후를 이해하면 학생이 더 빨리 도움을 받을 가능성이 높아지고, 추가적인 보완 활동에 참여할 수 있게 된다.

- 학생들이 집중적인 지역사회 기반 서비스에서 학교 환경으로 전환할 때 필요한 지원과 개입을 결정해야 한다. 예를 들어, 긴급 정신과 평가, 정신과 입원 치료, 또는 집중적인 외래 치료를 받은 학생들이 학교로 돌아와 학업을 재개하게 된다. 많은 경우에 학교는 다양한 개입 단계에서 서비스를 제공해야 할 것으로 기대된다. 첫 번째 단계는 지정된 담당자가 학교와 지역사회 기반 치료 팀 간의 협력 회의를 주재하여 관련 정보를 교환하고, 개입을 이해하며, 학교에서 필요한 지원을 결정하는 것이다. 추가 단계로는 지역사회 기반 제공자, 가족, 학생과 소통할 수 있는 학교 기반 정신건강 전문가를 지정하는 것, 학교 교직원에게 제공될 정보를 결정하는 것, 지원 제공에 대한 학교 교직원의 역할을 결정하는 것, 학업 과제 조정, 학교에서의 약물 복용, 학생이 다른 학생들의 궁금한 질문과 의견에 대응하는 방법, 안전 및 치료 계획 준수를 위한 감독 요구 사항, 진척 상황 모니터링 계획 수립, 그리고 퇴행이 발생했을 때 취할 조치가 해당될 수 있다.

4 협력적 관계: 서비스 통합의 핵심

우리는 지금까지 논의한 협력적 작업의 핵심과 관계가 있다고 믿으며, 많은 연구가 긍정적인 관계가 개인과 건강한 공동체에 이익을 준다는 개념을 지지하고 있다(Garbacz et al., 2015; Siegel, 2015; Winnicott, 1960). SEL 작업에서 우리는 지역사회 파트너와의 관계를 어떻게, 얼마나 잘 구축할 수 있는지 먼저 고려해야 한다. 웨이스트와 동료들(Weist et al., 2012)은 교사, 정신건강 전문가, 의료 전문가와 같은 다양한 환경에서 일하는 전문가들이 서로의 전문성을 이해하고 존중해야 하며, 그렇지 않을 때 발생할 수 있는 불신, 필요할 때 적절히 의뢰하지 못하고, 심지어 냉소적이거나 적대적인 감정과 같은 함정을 피해야 한다고 강조했다. 이러한 관계의 질은 학생들을 위한 서비스에 도움을 줄 수도, 방해가 될 수도 있다(Weist, Lowie, Flaherty, & Pruitt, 2001; Weist et al., 2012). 전문가들은 서로 잘 지내고, 정보에 기반하며 열린, 비판적이지 않은 관점에서 존중하며 협력하는 방법을 배워야 한다. 이를 위해, 웨이스트와 동료들(Weist et al., 2001)은 효과적인 협력을 촉진하기 위해 다루어야 할 이슈들을 요약했다.

- 서로의 역할을 이해하고 정의하기
- 서로의 강점과 한계를 이해하고 수용하기
- 교육과 실무의 차이를 인식하고 존중하기
- 서로 적극적으로 소통하기
- 다양한 분야 간의 전문 교육 촉진하기

과학자이면서 실무자로서의 경험은 이러한 결론을 도출한다. 우리는 전문 개발 활동(예: 자기 학습, 컨설팅, 워크숍, 경험)에 참여하고, 이 우선순위에 대한 의지를 가지고 행동함으로써 유익하고 협력적인 관계를 구축할 수 있다. 다음의 내용을 제안한다.

- 정기적인 SEL 팀 회의에서 팀원의 역할, 전문 지식 및 학제 간 교육에 대한 논의를 포함하여 협력관계를 시작하기 위한 활동에 참여한다. SEL 회의에 참여하도록 지역사회 제공자를 초대하고, 서비스 제공자의 사무실을 방문하고, 합동 연수 회기에 참여하고, 다양한 지역사회 조직의 대표자들을 팀 회의에 초대하고, 지역사회 제공자와 함께 학교 기반 교육을 조직하고(Weist et al., 2012), 서비스에 대한 정보를 수집하기 위해 제공

자와 조직에 전화하고, 자원을 얻기 위해 현지 지역사회 지부에 연락한다. 특히 소규모 지역사회에서 흔히 볼 수 있는 일로 지역사회 행사 중에 동료들과 비공식적으로 소통하는 것도 해당한다.

- 서로의 '언어'에 대한 교육을 제공한다. 효율성과 이해를 촉진하고, 성공을 축하하고, 어려움을 브레인스토밍하며, 의사소통 교환이 위계적이고 배타적이라고 인식될 가능성을 줄이기 위해 사용되는 용어의 정의와 시스템 세부 사항에 대한 정보를 제공한다 (Weist et al., 2012).
- 보조금(주 정부와 지자체) 및 다양한 기관과의 협력을 통해 3차 정신건강 서비스를 지원할 방안을 탐색한다.
- 관계와 협력은 시간이 걸린다. 저항이 적은 출발점을 파악한다. 예를 들어, 학교가 특정 방과 후 프로그램과 교통 및 일정 문제에 대해 정기적으로 협력하고 있다면, SEL 팀이 이 대화를 확장하여 협력적인 SEL 활동으로 이어 갈 수 있을 것이다.

정신건강 관리를 조정하는 학교 상담사의 경험

학교 상담사인 윌리엄스는 새로운 SEL 프로그램을 도입하기 위해 소규모 보조금을 받은 도시의 한 학교에서 일하고 있다. 이 프로그램은 아이들이 타인의 관점을 이해하고, 공감을 키우며, 감정을 배우도록 돕는 것을 목표로 한다. 진행 상황 모니터링 데이터에 따르면, 학생들이 감정을 점점 더 잘 구별하고 있으며, 갈등이 줄어들고 있다. 학생들은 이 프로그램을 즐기고 있다고 보고하였다. 자비에르는 8세 소년으로 윌리엄스의 초등학교에 다니고 있으며, 이 프로그램에 5개월 동안 참여했다. 윌리엄스는 자비에르가 다른 아이들과 어울리기를 꺼려하는 모습을 보았고, 프로그램에 참여하기는 하지만 여전히 비교적 조용히 있는 경우가 많다는 것을 알아챘다.

학교 상담사는 자비에르의 어머니인 후아니타 킹과 연락을 취해, 상담사가 관찰한 내용과 킹의 의견과 생각을 나누었다. 윌리엄스는 최근 공감적 의사소통에 관한 교육을 받았으며, 새로 배운 기술이 킹과 더 잘 소통하고 자비에르에 대한 더 나은 이해를 하는 데 도움이 되기를 바랐다.

윌리엄스 오늘 이렇게 이야기하게 되어 정말 기뻐요. 자비에르에 대해 제가 본 긍정적인 점들을 몇 가지 나누고 싶고, 또한 제가 관찰한 몇 가지 사항도 말씀드리고 싶어요. 자비에르가 어떻게 느끼고 있는지 완전히 이해하지 못한 부분이 있어서, 이에 대해 함께 생각해 보고 싶었어요.

(선생님은 교실에서 가르치고 있는 SEL 프로그램에 대한 정보를 나눈다. 또한 자비에르가 매일 학교에 출석하고, 가끔씩 미소를 짓고, 교실에서 과제를 완료하며, 글씨를 쓸 때 아주 신경을 쓰는 것 같다는 관찰 내용을 나눈다.)

윌리엄스 저는 자비에르가 수업 중에 꽤 말이 없다는 것을 알게 되었어요. 참여할 기회가 많이 있지만, 그는 대부분 혼자 있는 것을 더 좋아하는 것 같아요. 그의 담임 선생님도 자비에르가 수업 중에 잠드는 경우가 있다고 말씀하셨어요.

후아니타 킹 이건 정말 놀랍네요. 저는 아이가 학교에서 잘하고 있다고 생각했어요. 저는 아이에 대해 선생님께 이런 말을 전혀 들어 본 적이 없어요.

윌리엄스 제가 설명드린 내용이 놀라울 수 있다는 점 이해해요. 특히 문제가 있다는 이야기를 들어 보지 못하셨다면, 갑작스러울 수 있겠죠. 자비에르는 이 반에서 중요한 학생이에요. 무슨 일이 일어나고 있다고 생각하세요?

후아니타 킹 아이는 원래 집에서는 활동적이었는데, 지난 몇 달 동안에는 예전보다 혼자 있는 시간이 더 많고 피곤해 보이는 것 같아요. 저는 그저 한때일 거라고 했어요. 하지만 이 주변에서 벌이지는 스트레스가 많은 일 때문에 정말 걱정이 되네요. 저도 집중하기가 힘들어요. 사실 두 달 전에 건강검진을 위해 자비에르를 병원에 데려갔는데, 그때 의사에게 자비에르가 잠을 잘 못 자고 식욕도 줄었다고 이야기했어요.

(그 후 후아니타 킹은 가족이 겪고 있는 지속적인 스트레스 요인들을 털어놓는다. 자비에르는 몇 날 전에 이웃에서 발생한 강도 사건에 대해 들었고, 이로 인해 수면과 식사에 문제가 생겼으며, 아침에 학교에 가는 것도 어려워하고, 엄마와 함께 집에 있는 것을 더 좋아하게 되었다고 말했다.)

윌리엄스 말씀하신 것처럼 자비에르에게는 생각할 일이 정말 많겠네요. 그 강도 사건에 대해 듣고 얼마나 무시웠을지 이해가 되네요. 그리고 자비에르가 잠을 자는 것, 식사하는 것, 그리고 엄마와 떨어지는 것을 힘들어하고 있다는 것도 맞나요?

후아니타 킹 네. 의사는 자비에르에게 병원 상담사와 이야기하라고 제안했어요. 아이는 몇 번 갔고, 그 상담사를 좋아했던 것 같아요. 하지만 제 일정으로는 그를 진료소에 데려가는 것이 어려워요.

윌리엄스 의사와 상담사와의 연결이 도움이 된 것 같아요. 아이는 누구와 이야기하는 것을 좋아하나요?

후아니타 킹 아이는 저와 이모와도 가끔 이야기해요.

윌리엄스 자비에르는 믿을 수 있는 중요한 사람들이 있고, 상담사와도 관계를 맺기 시작한 것 같네요. 자비에르는 학교에도 잘 다니고 있고, 담임 선생님도 자비에르가 반에 있는 것을 정말 좋아해요. 이런 상태들은 정말 좋은 것들이에요. 지금 아이에게 조금 더 추가적으로 지원할 방법을 함께 찾아보면 좋을 것 같아요. 제가 자비에르와 조금 더 이야기를 나누어 보는 것에 대해 어떻게 생각하세요? 또한 외부 상담기관 상담사와 이야기해서 외부 상담기관이나 학교에서 자비에르가 받을 수 있는 지원을 조정해 볼 수도 있어요. 어머니께서는 어떻게 하는 것이 자비에르에게 좋은 방법이라고 생각하세요?

후아니타 킹 자비에르가 얼마나 마음을 열지 확신할 수는 없지만, 시도해 볼 가치는 있을 것 같아요. 아이가 새로운 사람들 앞에서 꽤 조용하고, 어쩌면 긴장할 수도 있어요. 아이가 상담사를 다시 만나는 것도 좋을 것 같지만, 우리 일정과 어떻게 맞출 수 있을지는 잘 모르겠네요.

윌리엄스 이해됩니다. 우리가 만날 때 도움이 될 만한 다른 것이 있나요?

후아니타 킹 그렇지 않습니다. 집에서도 어떻게 도울 수 있는지 알고 싶어요.

윌리엄스 우리 SEL 프로그램에서 나온 몇 가지 전략이 자비에르를 도울 수 있을 것 같아요. 이 정보를 모든 부모님께 전달하려고 하고 있어요. 제가 이 정보를 전달해 드리면 좋겠고, 이 정보에 대해 어떻게 생각하시는지도 듣고 싶어요.

윌리엄스와 후아니타 킹은 자비에르의 선생님이 제공하는 추가 정보가 그들에게 다른 의견을 줄 수 있다는 데 동의했다. 또한 자비에르와 이야기를 나눌 시간을 마련할 예정이다. 후아니타 킹은 지역 기반 클리닉의 상담사와 대화할 수 있도록 동의서에 서명한다. 몇 차례의 음성 메시지를 주고받은 후, 윌리엄스는 지역 기반 상담사는 자비에르의 신체적 · 사회적 · 정서적 문제를 선별할 방법과 가족의 일정에 맞는 개입 옵션에 대해 정보를 교환하고 아이디어를 함께 찾고 나누었다. 윌리엄스는 자비에르가 배우고 있는 SEL 프로그램 개념과 후아니타 킹에게 전달할 수 있는 구체적인 자료들도 제공했다. 그 다음 주에 윌리엄스와 후아티나 킹은 전화로 대화를 나누며 새로운 정보를 검토하고, 자비에르를 지원하기 위한 선택지를 함께 고민하며 계획을 세운다.

5 맺음말

모든 계층의 학생에 대해 사회정서적 요구를 해결하는 것은 복잡한 작업이다. 때때로 교실에서의 SEL만으로는 모든 사람의 요구를 충족하기에 충분하지 않다. SEL에 대한 다층적·생태학적 접근 방식은 학생의 강점을 높이고 위험 요소를 완화하는 것으로 알려진 근거리 및 원거리 지원을 제공하는 사전 예방적 수단이 될 수 있다. 학생들이 직면한 다양한 문제를 관리하는 데 혼자서 모든 것을 감당할 필요는 없다. 당신은 더 큰 학교 시스템과 지역사회의 일원이자, 학생들을 돕기 위해 많은 관심을 가지고 열심히 일하는 공동체의 일원이다.

워크시트 8-1 성찰

의학 기록 양식을 작성할 때는 개인 정보를 공개할지를 신중하게 고려해야 한다. 우리는 우울증, 불안, 학대, 정신과 입원 등 다양한 정신건강 상태와 상황에 대해 질문을 받을 수 있다. 정보의 관리자에 대한 신뢰에 따라 신중하게 정보를 공개하는 것이 현명한 선택일 수 있다. 그러나 어려움에 관해 이야기하는 것은 특히 추가 지원이 필요할 때 매우 도움이 될 수 있다. 정신건강 문제에 대한 인식을 높이려는 노력에도 불구하고, 우리 글로벌 사회는 고통을 겪을 때 타인과 자신에게 공감과 자비를 보여 주는 데 어려움을 겪고 있다. 낙인, 즉 부정적인 개인적 특성으로 간주되는 것은 우리를 침묵하게 만들 수 있다.

정신건강에 대한 우리의 관점과 감정, 특정 문제 및 치료에 관한 생각은 학생들과의 상호 작용에 영향을 미친다. 이러한 시각은 학생들의 행동을 어떻게 이해하고 교실에서 어떤 지원을 제공할지에 영향을 미칠 수 있다. 우리는 문화적 유산, 환경, 그리고 경험을 통해 자연스럽게 우리의 의견을 갖게 된다. 무엇을 말하고 행동해야 도움이 될지 확신이 서지 않을 때, 당신은 혼자가 아니다.

정신건강에 대한 당신의 관점과 문제를 파악하고 지원을 요청할 때의 자기 효능감에 대해 생각해 본다. 다음 질문들에 대해 성찰해 보라.

- 어려운 경험이나 정신건강 문제에 대해 질문을 받을 때 어떤 감정을 느끼는가?
- 나이, 인종, 문화, 사회경제적 지위 등 다양한 요인이 정신건강 문제에 대한 당신의 관점을 어떻게 변화시키는가?
- 이러한 관점이 학생들을 지지하는 데 방해가 되거나, 반대로 도움을 주는 경우가 있는가?
- 자신을 위한 경우는 어떠한가?
- 지원을 받는 것과 관련된 낙인을 고려해 보라. 학생들의 낙인을 줄이기 위해 무엇을 할 수 있는가?
- 자신을 위해서는 어떤 노력을 할 수 있는가? 그리고 어떤 부분에서 성장하고 싶은가?

학생들과 모든 교육자가 정신건강 주제에 대해 더 많이 배우기를 바란다. 이는 사회적 · 정서적 문해력, 학생-교사 관계, 자기 효능감을 향상하고, 학생들을 옹호하는 한 가지 방법이다. 이 여정에서 도움이 될 수 있는 다음의 자료들을 참고하기를 바란다.

- 「죄에서 과학으로: 정신건강의 낙인에 맞서다(From Sin to Science: Fighting the Stigmatization of Mental Illness)」(Arboleda-Florez & Stuart, 2012).
- 『학생 정신건강을 위한 교사 가이드(The Teacher's Guide to Student Mental Health)』(Dikel, 2014).
- 『학교에서의 정신건강 프로그램 실행: 변화 주도자 가이드(Implementation of Mental Health Programs in Schools: A Change Agent's Guide)』(Forman, 2015).

- 『아동과 청소년 자살 행동: 학교 기반 예방, 평가 및 개입(Child and Adolescent Suicidal Behavior: School-Based Prevention, Assessment, and Intervention)』(Miller, 2010).
- UCLA의 학교 정신건강 및 학생 학습 지원 센터(Center for Mental Health in Schools and Student Learning Supports at UCLA), smhp.psych.ucla.edu.
- 우울증 및 양극성장애 지원 연합(Depression and Bipolar Support Alliance), www.dbsalliance.org.
- 정신건강에 대한 국가 연합(National Alliance on Mental Health), www.nami.org.
- 전국학교심리학회(National Association of School Psychologists), nasponline.org.

워크시트 8-2 사회적·정서적 어려움에 대한 설명 및 이해

학생들은 다양한 문제와 이유로 정신건강 서비스를 요청, 요구 그리고(또는) 이용할 수 있다. 몇 가지 예가 나열되어 있다. 이 워크시트를 [워크시트 8-4]와 함께 사용하여 교실과 학교 전반에서 학생을 지원하기 위한 계획을 세운다.

학생들이 서비스 요청, 혜택을 누리거나 접근할 수 있는 문제의 예

- 학대 및 방치
- 입양, 위탁보호
- 자신 또는 타인에 대한 공격성의 유형(언어 · 신체 · 비언어)
- 유전적 · 신경발달적 차이
- 불안(예: 일반, 분리, 사회, 공포증, 공황)
- 주의력결핍/과잉행동장애
- 자폐스펙트럼장애
- 주요 삶의 상황에 대처하기(예: 이혼, 사망, 급성 또는 만성 질환, 임신, 노숙, 이민 및 추방)
- 우울증 및 기타 기분장애
- 발달지연
- 차별, 인종차별
- 섭식장애
- 유전적 · 신경발달적 차이
- 강박장애
- 정신장애
- 감각 처리 문제
- 성적 지향, 성 정체성
- 사회적 의사소통 지연
- 물질 사용 및 남용
- 자살 생각/시도
- 투렛증후군, 틱장애
- 트라우마
- 외상성 뇌 손상

1. 학생의 현재 문제에 대해 이해한 바를 설명한다. 예를 들어, 학생이 문제 영역/생활 환경에 어려움을 겪고 있다고 확인되었거나, 이로 인해 어려움을 겪고 있거나, 치료를 받는 경우이다. 이 문제/사건/프로그램은 관찰된 행동 또는 증상, 도전 과제, 강점 또는 자산과 관련이 있을 수 있다.

2. 이 문제는 학교 기반 활동 및 역량(예: 학습, 출석, 교실에서 행동, 사회적 행동)에 어떤 영향을 미치거나 방해하는가?

3. 보호 요인을 나열한다.

4. 위험 요인을 나열한다.

5. 이 학생을 지원하기 위한 계획을 세우기 위해 추가로 필요한 정보는 무엇인가(예: 부모, 학교 기반 전문가, 지역사회 제공자로부터의 정보, 신뢰할 수 있는 인쇄물 또는 웹 기반 자료 등)?

워크시트 8-3 교실, 학교, 지역사회 기반 정신건강 관리에 접근하고 조정하기

학생의 이름/나이:

부모/양육자 및 연락처 정보:

[워크시트 8-2]의 정보를 사용하여 다음 단계에 따라 서비스를 조정한다.

- 계획 수립, 실행, 및 관리 조정 과정에 관여하는 인력을 파악한다.
- 학생을 학교 및 지역사회 기반 서비스에 의뢰하기 위한 학교 과정 및 절차를 파악하고 따른다.
- 「FERPA」 및 「HIPAA」에 관한 규칙과 규정을 확인한다.
- 학부모와 의견을 나누고 학교 및 지역사회 기관과 협력하도록 동의한다.
- 현재 사용되는 증거 기반 SEL 프로그램과 전략을 파악하고, 학생들에게 미치는 성과를 기술한다.
- 추가 개입 및 서비스의 필요성과 유형을 결정하기 위해 평가를 설명하고 수행한다.
- 학교 및 지역사회 기반 서비스와 정보를 공유할 담당자를 지정한다. 학생의 계획과 결과에 영향을 미치는 데 필요한 정보만을 공유할 것을 명확히 하며, 교환될 정보에 대해 부모의 의견을 구하는 절차를 포함한다.
- 학생이 학교 또는 지역사회 기반 서비스를 받고 있는 경우, 치료를 조율하기 위한 관련 정보를 수집한다.
- 교사, 보조 교사, 전문가, 관리자와 같은 관련 학교 교직원에게 파악된 문제에 대한 관련 정보, 교육 및 서비스를 조정하기 위한 전략을 설명하고 제공한다.
- 학교 기반 서비스, 특히 교실 내 SEL 프로그램을 실행하는 담당자들을 지원하는 데 필요한 자문 및 지원 서비스를 파악하고 수행한다.
- 필요한 경우 학교 그리고(또는) 지역사회 기반 정신건강 지원을 의뢰한다. 고려해야 할 제공자/기관을 목록화한다.
- 이러한 실행 단계를 완료할 때까지 모니터링하기 위한 계획을 기술한다.
- 학생의 행동 악화 또는 긴급 서비스 필요 여부를 모니터링하기 위한 계획을 기술한다.
- 학교 그리고(또는) 지역사회 기반 서비스, 교직원 교육 및 지원, 교실/수업 수정 또는 필요 사항, 그리고 학교 전반의 서비스 조정을 위한 계획을 기술한다. 특히 지역사회 기반의 3단계 환경에서 전환할 때 이 계획이 어떻게 이루어질지 기술한다.

워크시트 8-4 협업을 위한 편지 예시

(편지 머리말)

(날짜)

친애하는 Dr./Mr./Ms. (지역사회 서비스 제공자 이름)께

저는 (학교 이름)의 학생[학생 이름, 생년월일(예: 2010년 3월 10일)]을 대신하여 편지를 쓰고 있습니다. 이 편지에는 정보 공개가 포함되어 있습니다. 지난 (기간) 동안 우리는 (학생 이름)의 행동에 대해 점점 더 우려하게 되었습니다. 당신과 우리 학교의 특정 교직원, (학생 이름)의 부모가 협력하는 것이 도움이 될 것으로 생각합니다. 다음은 현재 학교에서의 상황입니다.

학년: (학년)
특수 교육: (예, 아니요; 서비스를 받는 지역)
학업 성취도: (학점, 학업 이수)
출석: (결석, 인정 및 인정 불가)
징계 정보: (의뢰, 정학, 퇴학)
행동: (예: 주의 산만, 과제에 집중하지 못함, 방해)
사회적: (예: 친구가 적음, 점심시간에 혼자 앉음, 관계 갈등 심함)
감정적: (예: 쉽게 짜증이 남, 슬퍼 보임, 자살 생각)
기타: (예: 보건실에 자주 들름, 주변 스트레스 요인)

(학생 이름)을 돕기 위해 당신과 협력할 수 있기를 기대합니다. 저에게 연락하시려면 (전화번호, 이메일 주소)로 (시간대)에 연락하시면 됩니다.

감사합니다.
(편지 작성자 이름)
(편지 작성자 직함)

첨부 파일

제9장

교육자의 사회정서역량

내가 내린 놀랄 만한 결론은 나는 교실 내 분위기 조성의 결정적 요인이라는 것, 나의 일상적 기분이 때로 교실 분위기를 좌우한다는 것이다.

교사로서 나는 아이들의 삶을 비참하게 만들거나 즐겁게 만들기도 하는 엄청난 힘을 소유한 개인 이상의 중요한 존재이다. 나는 고문의 도구가 되기도 하지만, 영감의 도구가 될 수도 있다. 또한 나는 아이들에게 굴욕감을 주면서 유머를 주고, 상처를 숨과 동시에 치유하는 존재다.

모든 상황에서 위기가 고조될지 완화될지, 아이들이 인간적으로 존중받을지, 비인간적으로 대우받을지를 결정하는 것은 나의 반응에 달려 있다(Ginott, 1972, pp. 15-16).

교사, 관리자, 학교 심리학자는 교실 안팎에서 성별, 종교, 민족, 인종 등과 관련된 괴롭힘과 관련된 상황에 대한 깊은 고민이 있다. 이들은 스스로 스트레스를 받으며 다른 사람들과 이러한 문제를 논의하는 것이 불편하다고까지 말한다. 아마도 어려운 상황을 성공적으로 처리하지 못할까 봐 걱정하기 때문인 듯하다. 나(L. L. F.)의 대학원생 중 한 명인 교사는 자신이 너무 상처받고 혼란스러워서 '학생들을 도울 수 있을 만큼 정신을 차릴 수 있을지' 걱정이 된다고 설명했다. 그녀는 무언가를 하고 싶지만 어떻게 해야 할지, 무엇을 해야 할지, 심지어 자신이 능력이 있는지조차 확신할 수 없는 부조화감을 느끼고 있었다.

SEL을 더 광범위하게 시행하면서, 교육자들로부터 비슷한 두려움을 전해 듣곤 한다. 그들은 비슷한 우려로 인해 SEL을 실행하지 못하고 물러나기도 하는 현실을 말한다. SEL 내용을 가르치는 기술에 대한 확신이 없고 득보다 실이 많을 거라고 생각하기 때문이다. 그런데 이러한 우려는 교사뿐만 아니라 학교 심리학자를 비롯한 다른 역할을 맡은 학교 전문가들로부터도 듣는다. 그들도 현장의 SEL을 지원하는 데 불안감을 느낀다. 요컨대, 이들은 다른 사람의 감정을 돕기 전에 더 많은 지원과 더 많은 지식, 그리고 자신의 감정에 대한 더 나은 이해가 필요하다고 느낀다. 이 장에서는 학생에서 성인으로 초점을 전환하고, 이를 통해 매우 현실적이지만 종종 무시되어 왔던 SEL을 현장에 적용해야 하는 교육자 SEL을 다루어 보고자 한다.

SEL은 학생뿐만 아니라 모든 사람에게 중요하며 교육자에게는 더욱 중요할 수 있다는 것을 알고 있다. 우선, 교육자들 스스로 SEL이 학생의 성공을 위해 필요하다고 믿는 것이 SEL 실행에 중요하다(Buchanan et al., 2009). 전국적으로 Prek~12학년 교사를 대상으로 한 설문조사 결과에 따르면, 교사들은 그렇게 생각한다(Bridgeland et al., 2013). 설문 조사에 참여한 거의 모든 교사(93%)가 SEL이 학생 성공에 중요하다고 답했다. 사실, 대부분(88%)은 SEL이 학교에서 더 우선시되기를 원했다(Bridgeland et al., 2013). 이는 고무적인 시작이지만, 교육자가 그들 자신의 SEL을 중요하다고 인식하고 자신의 웰빙과 학생의 웰빙 사이의 연관성을 이해하는 것도 중요하다. 교육자가 성장하려면 자기 관리를 잘하고 자기 이해, 자기 조절 능력, 타인에 대한 예리한 인식, 강력한 사회적 관계, 책임 있는 의사결정을 내릴 수 있는 능력을 갖추어야 한다.

다른 사람의 SEL을 발달시키는 교육자들이 SEL 개념과 아이디어를 스스로 이해하고, 적절하게 모델링하며, 다른 사람을 가르치는 데 자신감을 가질 때 가장 효과적인 교육이 이루어진다. 교육자가 자신의 감정을 관리할 수 있는 능력에 대해 편안하고 자신감이 있을 때 학생을 효과적으로 지도할 가능성이 더 높기 때문이다(Brackett, Reyes, Rivers, Elbertson, & Salovey, 2012). 사회정서역량이 강한 교육자는 SEL을 더 효과적으로 모델링할 수 있으며, 인식, 주의력, 유연성, 다른 사람의 SEL을 발달시키고자 하는 의도성과 같은 '마음의 습관'을 가지고 있다(Jones, Bouffard, & Weissbourd, 2013; Roeser, Skinner, Beers, & Jennings, 2012). 요컨대, 사회적 · 정서적으로 유능한 교육자는 학생들과 함께 더 강력하고 긍정적인 SEL 성과를 달성할 수 있는 더 나은 위치에 서 있다.

교사가 학교에서 SEL을 실행해야 하는 경우가 많으며, 학교 정신건강 전문가들이 심각하게 부족한 상황에서(Castillo, Curtis, & Tan, 2014) 교사가 SEL을 실행해야 할 필요성이 날로 증가하고 있다. 그러나 이 책을 읽고 있는 사람이 교사가 아니더라도, 학생의 SEL 실행을 지원하거나, 다른 사람의 SEL 실행을 지원하는 교육 리더이거나, 학위과정 중이더라도, 모두 이 장에서 도움을 받을 수 있다. 이 장에서는 다음과 같은 아이디어를 논의한다.

- SEL은 성인, 특히 학교에서 일하는 사람들에게 매우 중요하다.
- 교육자의 사회정서역량은 SEL 실행 및 성과에 영향을 미친다.
- 학교 환경은 근무하는 사람들에게 까다로울 수 있다.
- 교육자의 스트레스는 교육자와 학생 모두에게 피해를 주는 흔한(보편적) 문제이다.
- 교육자 스트레스의 영향은 SEL을 통해 완화할 수 있다.
- 자신의 사회정서역량, 즉 강점과 도전적인 영역 모두를 이해하는 것은 유익하다.
- 성찰과 평가 전략은 우리 자신의 사회정서역량에 대해 더 깊이 자각하고 이해하는 데 사용할 수 있다.
- 교육자의 사회정서역량을 촉진하기 위해 실용적이고 효과적인 전략을 활용할 수 있다.

[알아보기 9-1]에는 주요 용어와 정의가 포함되어 있다.

알아보기 9-1 **주요 용어**

- **사회정서역량:** 자신의 생각 · 감정 · 행동에 대한 인식, 타인의 감정과 관점에 대한 인식, (내적 상태와 충동에 대한) 자기 조절, 건강한 사회적 관계 유지, 책임 있는 의사결정에 대한 강력한 역량이다.
- **자기 효능감:** 작업을 수행할 수 있는 자신의 능력과 기술에 대한 자신감이다.
- **정서적 피로:** 종종 고갈이나 공허함과 관련이 있으며, 만성 스트레스와 정서적 요구의 결과일 수 있다.
- **소진:** 일반적으로 정서적 피로, 비인격화, 낮은 자기 효능감 등을 포함하는 상태로, 소신은 분리감, 무관심, 무기력, 비효율성, 무능감으로 나타날 수 있다.
- **중도 이탈:** 교육자가 질병, 소진, 은퇴 등 다양한 이유로 현장을 떠나는 경우와 같이 숫자가 줄어드는 현상이다.

1 사회정서역량과 SEL 가르치기

> 학생들을 돌보고 지원하기 전에 교사들 스스로가 자신을 돌보아야 한다. 교사의 중요한 업무는 정신적으로 부담이 될 수 있지만, 이러한 스트레스를 해소할 수 있는 도구를 갖추는 것은 학생들이 최고의 교육을 받을 수 있도록 하는 데 매우 중요하다.
>
> —Rep. Tim Ryan[2017년 6월 14일
> 「교사 건강 증진법(Teacher Health and Wellness Act, HR 2544)」 발의]

사회정서역량과 자신의 SEL에 대한 이해 없이는 다른 사람의 SEL을 효과적으로 지원할 수 없을 것이다. 이 연구가 교육자의 사회정서역량의 중요성을 지지하는가? 물론이다. 교육자의 사회정서역량은 관계, 학급 관리, 교실 분위기, SEL 실행에 영향을 미친다. 사회정서역량이 발달된 교육자는 학생들과 더 나은 관계를 맺고, 더 효과적인 교실 관리 방식을 보여 주며, 더 지지적인 분위기의 교실을 만들고, SEL을 더 효과적이고 충실하게 실행한다(예: Collie et al., 2012; Jennings & Greenberg, 2009; Jones & Bouffard, 2012). [그림 9-1]은 교육자의 사회정서역량이 교실 분위기, 관계, 교육자의 웰빙에 미치는 유익한 효과를 보여 주는 결과 중 일부만 강조하고 있다. 이 절에서는 교육자의 사회정서역량이 SEL 프로그램 및 전략에 영향을 미칠 방법을 강조한다.

교육자 SEL은 SEL 실행과 학생 성과에 직간접적으로 영향을 미칠 수 있다. 교육자는 SEL의 최고 모델이다. 밴듀라(Bandura, 1978)의 사회적 학습 이론에 따르면, 인간은 서로를 관찰함으로써 학습한다. 신경과학의 연구 결과가 이 이론을 뒷받침한다. 예를 들어, 대뇌의 거울 뉴런은 관찰된 행동에 대해 마치 우리가 실제로 관찰된 행동을 하는 것처럼 반응할 수 있다. 간단히 말해, 우리는 관찰만으로도 기술을 배우고 관련 신경 경로를 발달시킬 수 있다(Stamenov & Gallese, 2002). 청소년들이 깨어 있는 대부분의 시간을 학교에서 교육자를 관찰하는 데 보내고, 이러한 교육자들은 매일 모델링을 통해 가르친다고 생각해 보라. 따라서 사회적·정서적으로 유능한 교육자는 스트레스와 좌절을 관리하고, 책임 있는 의사결정을 내리고, 연민과 공감, 포용력으로 타인과 관계를 맺는 건강한 방법을 모델링하여 가르친다(Jones et al., 2013).

우리가 학생이 배워야 할 SEL 기술을 모범이 되어 보여 주는 것('실제로 행동으로 보여 주는 것') 외에 그 내용을 정확히 아는 일도 SEL 실행에 매우 중요하다. SEL이 강력한 성과를 이루려면 사회정서역량에 대한 이해와 함께 SEL 교육 방법을 잘 이해하는 교육자를 통해 가

교실 분위기와 학급 경영

교육자의 사회정서역량은 교실 분위기와 행동 관리 방식에 영향을 미친다(Jennings et al., 2013; Marzano, Marzano, & Pickering, 2003). 사회정서역량이 높은 교사들은 교실에서 행동 문제를 덜 겪고(Marzano et al., 2003; Perry, Donahue, & Weinstein, 2007), 학생들의 공격성 수준이 더 낮다고 보고하며(Merritt et al., 2012), 그들의 학생들은 더 긍정적인 상호 작용을 하고 더 뛰어난 행동 자기 조절 능력을 보인다(Merritt et al., 2012).

학생과의 관계

사회정서역량이 높은 교육자는 학생들과 더 나은 관계를 형성한다. 이러한 긍정적인 관계는 학생의 외현화 행동(예: 공격성, 반항 등) 발생률을 낮추고, 높은 학업 성취와 관련이 있다(Mashburn et al., 2008). 또한 이러한 관계는 내면화 행동 문제(예: 불안, 우울 등)를 지닌 학생들에게 보호 요인이 될 수 있으며, 학생이 위험한 경로로 빠지는 것을 방지하는 데 기여할 수 있다(O'Connor et al., 2011).

사회정서역량은 교사의 웰빙, 대인관계, 교실 환경에 긍정적인 영향을 준다.

학부모 및 동료와의 관계

사회정서역량이 높은 교육자는 학부모 및 동료와 더 좋은 관계를 형성하는 경향이 있다. 이들은 타인에 대한 존중을 더 잘 나타내며, 문화적 민감성과 공감 능력이 뛰어나고, 보다 신중한 문제 해결과 의사결정을 실천하며, 의사소통도 더욱 효과적으로 수행한다(예: Karimzadeh et al., 2012; Klusmann et al., 2016).

웰빙과 직무 만족도

사회정서역량이 높은 교육자는 더 큰 회복탄력성을 지니며, 자신의 강한 감정을 보다 효과적으로 조절할 수 있다(Jennings & Greenberg, 2009). 이들은 교수에 대한 자기 효능감이 더 높고(Wu & Hughes, 2015), 직무 만족도가 더 크며 (Quesenberry & Doubet, 2006), 스트레스 수준은 더 낮다고 보고한다(Jennings & Greenberg, 2009).

[그림 9-1] 교육자 SEL의 중요성: 주요 결과

장 효과적으로 달성할 수 있기 때문이다. 일반적으로 교육자가 개념을 정확히 이해하고 직접 시연할 수 있는 능력을 갖추었을 때 비로소 학생에게 잘 가르칠 수 있다. 연구에 따르면, 교사는 정신건강 전문가와 연구자만큼 학생의 SEL 성과를 강력하게 달성하도록 도울 수 있다(Sklad et al., 2012).

내용에 대한 지식과 가르치는 역량을 갖춘 교육자는, 학생의 질문에 능동적으로 반응하고 학생의 필요에 맞게 수업을 차별화하고, 더 다양한 예와 개념에 대한 풍부한 설명을 제공하며, 수업에서 더 많은 주인의식을 가질 수 있다(예: Shulman, 1986). 따라서 SEL 지식을 갖춘 교육자는 SEL 수업에서 발생하는 어려운 대화에 더 많이 참여하고 더 깊이 탐구하여 학생들에게 더 의미 있는 토론을 제공할 수 있다. 또한 SEL에 대해 더 편안함을 느끼고 헌신적으로 가르치고자 하는 교사는 더 큰 성취감을 느끼고 자기 효능감이 더 높은 경향이 있다(Brackett et al., 2012). 자기 효능감이 높은 교육자는 회복탄력성을 발휘하고 낙관적인 결과를 예상하며 SEL 실행하기와 같이 새로운 행동에 참여할 가능성이 더 높다(Bandura & Adams, 1977).

반면에 SEL 개념에 대한 이해와 이를 자신의 삶에 적용할 수 있는 능력이 부족한 교육자는 자기 효능감이 부족하여 SEL 교수 및 학습에 부정적인 영향을 미칠 수 있다(Jennings & Greenberg, 2009). 실제로 자기 효능감이 낮은 교사는 불안에 시달리고, 학생의 행동을 제대로 관리하지 못하며, 동료들과의 관계도 원만하지 않기 때문에 낮은 자기 효능감의 영향은 SEL 교육의 영역을 넘어선다고 할 수 있다(Yu, Wang, Zhai, Dai, & Yang, 2015). 다음 절에서 논의하겠지만, 미국 내외에서 수행된 연구에 따르면 낮은 자기 효능감은 스트레스 및 소진과 관련이 있다(Schwarzer & Hallum, 2008; Yu et al., 2015).

1) 사회적 · 정서적으로 유능한 교육자란

사회정서역량을 갖춘 교육자는 이전 장들에서 설명한 다섯 가지 SEL 역량인 자기 인식, 자기 조절, 사회적 인식, 관계 기술, 책임 있는 의사결정에 대해 잘 이해하고 있다. 정서적 역량이 높은 동료나 멘토를 생각해 보면, 자신과 타인의 감정을 '읽고', 미묘한 기분 변화를 감지하며, 복잡한 감정 상태를 유창하게 표현할 가능성이 높다. 그리고 안정적이고 마음을 잘 다스리며 낙관적인 태도로 삶에 접근하는 것처럼 보일 수도 있다. 건강한 경계선이 있고 자신의 강점과 약점을 정확하게 이해하며 자신과 타인에 대해 동정심을 가질 수도 있다. 자아에 대한 의식이 강하기 때문에 감정에 휘둘리거나 자신의 자아를 다른 자아에 맡길 가능성은 적다. 또한 다른 사람과 협력하고 피드백을 받는 데 더 개방적이다. 사회적 · 정서적으로 유능한 교육자는 학생들과 따뜻하게 소통하고 학생의 필요에 민감하게 반응한다. 이들은 학생들의 노력과 자율성을 장려하고, 학생들의 삶에서 상호 존중을 보여 주며, 포용적인 교실 환경을 조성한다. 비꼬거나, 비판하거나, 통제나 처벌하는 방식을 사용하지 않는다(Hamre et al., 2013; Pianta et al., 2012; Yoder, 2014b). 사회적 · 정서적으로 유능한 교육자는 교사, 컨설턴트, 리더로서 더 효과적이고, 동료로서 더 즐거운 경향이 있다.

이쯤 되면 이러한 설명이 실제 인간이 아닌 슈퍼히어로를 묘사한 것이라고 생각할 수도 있지만, 완벽한 역량을 말하려는 것이 아님을 명심하면 좋겠다. 오히려 이러한 역량은 연속선상으로 존재하며, 사회적 · 정서적 지식과 기술을 습득하는 것은 평생에 걸친 과정이기도 하다. 우리의 사회정서역량은 날마다 달라질 수 있으며, 유전, 환경적 맥락(예: 학교 문화), 신체 상태(예: 피로) 등 많은 변수에 의해 영향을 받을 수 있다. 유전적 소인, 환경, 양육 환경과 관계없이 건강하고 낙관적인 사고방식과 대처 능력을 키우기 위해서는 정신건강을 유지하기 위해 꾸준히 실천해야 한다.

두 마리 늑대의 비유에서, 각자의 내면에 있는 선한 늑대와 악한 늑대가 권력을 차지하기 위해 싸우고 있을 때 권력을 차지하는 늑대는 내가 먹이를 주는 늑대라는 것을 알고 있다. 우리의 이야기에서도 부정적인 것보다 긍정적인 것이 더 많이 필요하다. 그러나 우리는 긍정적인 사건보다 부정적인 사건을 더 잘 기억하고 더 강하게 반응하는 경향이 있기 때문에(Baumeister, Bratslavsky, Finkenauer, & Vohs, 2001), 이 실천은 분명 어려운 일일 수 있다. 긍정적인 상호 작용과 부정적인 상호 작용의 비율이 5:1이면, 주변 사람들과 더 건강한 관계를 형성할 수 있을 뿐만 아니라(Gottman & Notarius, 2000), 더 건강한 교실 환경(예: 파괴적인 행

〈표 9-1〉 사회정서역량과 어려움의 시표

좋은 예 ◀	▶ 잘못된 예
감정 상태를 사전에 인식하고, 섬세한 방식으로 언어로 표현함(예: "나는 좌절감을 느끼지만, 동시에 희망도 있어. 왜냐하면…….")	제한적인 감정 어휘 사용함(예: 화남, 슬픔) 또는 감정과 신체 상태 억제함(예: "지금은 밥 먹을 시간이 아니니까 배고프지 않아")
자신에게 연민을 가짐, 자기 돌봄 시간을 소중히 여김	자기 비판적임, 불완전함을 받아들이지 못함
건강한 경계를 설정함, 필요할 때는 단호하되 유연함을 유지하며, 자기 주장 사용함, 자기 돌봄을 지속적으로 희생하지 않음	경계가 지나치게 경직되었거나 없음, 타인을 기쁘게 하기 위해 자신을 희생함, 자기 주장이 부족함
만족 지연과 충동 억제 능력, 인내심이 있으며, 의도적인 반응을 함양함	참을성이 없고, 반응적이며, 충동적인 소통 방식 사용함(예: 이메일에 즉각적이고 감정적인 반응)
내적 대화를 조절함(예: 어려움을 성장의 기회로 바라봄), 상황에 맞게 긍정적인 면에 집중하려고 노력함	부정적인 내러티브에 사로잡힘(예: 남 탓하기), 부정적인 측면에 집중함, 불편한 사건에 대해 반복적으로 곱씹음
자신을 타인과 동등하게 여김(우월하지도 열등하지도 않음), 공동체 의식과 소속감을 느끼며, 상황을 읽는 능력	자신을 타인보다 낫거나 못하다고 여김, 동료와 경쟁하며, 타인의 감정이나 시각에 무관심함
타인의 관점을 수용하고, 연결감을 느낌, 공감하며, 있는 그대로를 인정하고 강점과 가능성에 집중함	방어적이고, 고립된 존재로 자신을 인식함, 타인을 비판하고, 그들의 행동을 추측함(예: 얼마나 일하는지, 부모 역할 등), 결핍 중심적 시각을 가짐
갈등이 발생했을 때 즉시 해결하려 노력함	갈등을 회피하거나 일부러 만듦, 회의 중 뛰쳐나감, 움츠러들거나 입을 다묾
인지적 유연성 있음, 어떤 상황에서도 다양한 가능성을 모색함	사안을 특정한 방식으로만 보려는 경향, 이분법적(흑백논리) 사고를 함(예: 회의는 반드시 이렇게 되어야 한다는 식)

동 비율 감소, 학업 참여도 증가; Cook et al., 2015)을 만들 수 있다. 사회정서역량(및 그 반대)의 지표가 어떤 모습과 느낌을 주는지 개념화할 수 있도록 간단한 표(〈표 9-1〉)를 만들었다. 두 열 모두에서 자신과 동료의 모습을 발견할 수 있을 것이다.

[워크시트 9-1]의 SEL 역량 자기 평가를 완료하는 데 시간을 할애하는 것이 좋다. 이 성찰 활동을 완료할 때, 우리는 자신을 정직하면서도 자비롭게 관찰하는 것을 거부하는 경향이 있다는 점을 기억해야 한다. 흥미롭게도 사회정서역량을 키울수록 우리는 자신에게 더 솔직해질 수 있고, 자신의 취약점과 불완전함을 직시하고 자신과 타인에 대한 동질감을 찾을 수 있다. 교사인 경우, 공적 조직에서 제공되는 자가 진단을 철저하게 작성해 보기 바란다. 이 도구는 SEL 역량이 학생들과 함께하는 교실에서 자신의 수업 방식과 어떻게 교차하는지 생각해 볼 기회를 제공한다. 사회정서교육 및 역량에 대한 자기 평가(교사를 위한 도구; Yoder, 2014a)를 참조하기를 바란다.

2 교육자가 직면하는 과제

> 우리 모두는 현재 매우 열악한 근무 환경에서 일하고 있다. 교육자와 학생들은 매우 불합리한 요구에 직면해 있으며. 우리의 환경이 개선되지 않는 한 우리는 '생존' 문제를 걱정할 수밖에 없는 지경에 이르렀다.
>
> –어떤 교사(Feuerborn et al., 2016, p. 223에서 인용)

다양한 분야의 교직원이 직면한 어려운 과제를 고려하면 사회정서역량은 더욱 중요해진다. 교사이든 예비 교사이든 교직이 어려운 직업이라는 것은 이미 알고 있을 것이다. 교사의 일반적인 하루는 많은 학생의 다양한 학업, 행동, 정서적 요구에 부응하는 동시에 확인해야 할 행정 업무, 평가 관련 업무, 학부모 민원, 챙겨야 할 행동 계획, 시험 준비, 회의 참석 등 멀티태스킹이 요구되는 하루이다. 대부분 교사는 하루 일과 중에 차 한 잔을 마시거나 휴식 시간을 가질 틈이 없을 정도로 빠듯하다. 때로는 쉬는 시간조차도 학생들을 감독하거나 개인의 정서적 · 신체적 요구는 뒷전으로 미루어 둘 정도로 여유를 잃은 상황이기도 하다.

하지만 멀티태스킹을 요구할 정도로 과도한 스케줄링은 교육자들이 겪는 어려움의 표면적인 부분일 뿐이다. 교육자는 정치인, 연구자나 일반 사람들이 교직에 대해 논의하고 판단한다는 사실을 알고 있다. 많은 사람이 교육자는 어떠해야 하며, 무엇을 해야 한다는 의견을 가지고 있는 것 같다. 특히 미국에서 교육자는 항상 존경받는 직업은 아니다. '미국 교육은 무엇이 문제인가?'에 대해 답을 가지고 있는 외부인들과 대화를 나누어 본 적이 많다. 이해할 만하게, 많은 교육자는 자신들이 평가절하되고, 감시받으며, 무시당한다고 느끼고 있다(Rentner, Kober, Frizzell, & Ferguson, 2016).

수십 년 동안 교직은 높은 수준의 스트레스와 관련된 직업이었으며(예: Abenavoli, Jennings, Greenberg, Harris, & Katz, 2013), 교육자에게 부과되는 요구는 점점 더 증가하고 있다. 교육 실천과 전문적 학습에 대한 기대 및 요구 사항은 점점 더 복잡해지고 있다(Hoglund, Klingle, & Hosan, 2015; Yu et al., 2015). 오늘날의 교사들은 더 큰 업무 부담 가운데 더 도전적으로 행동하거나 더 다양한 학업적 요구를 가진 학생을 담당하고 있으며, 그러함에도 지원은 충분하지 않다. 교육자는 모든 학생이 성취도 기준을 충족해야 하며 학교, 교육구 및 연방 요건을 통해 지속적인 교육 및 인증을 위한 요건을 완료해야 할 책임이 있다. 이러한 요건은 다양한 정치적 바람에 따라 바뀔 수 있다(Rentner et al., 2016). 이렇듯 급변하고 증가하는 책임은 교육자의 실천, 웰빙, 학생 관계에 부정적인 영향을 미칠 수 있다(Valli & Buese, 2007).

1) 스트레스와 트라우마에 대한 집중 조명

경미하고 일시적인 스트레스 경험은 피할 수 없고 일을 성취하도록 동기를 부여하는 데 도움이 될 수 있지만, 지속적인 스트레스는 독이 되어 교육자의 정서적 · 신체적 건강을 해치기도 한다(Roeser et al., 2013). 사회정서적 지지가 완충제 역할을 하지 않은 채 스트레스에 장기간 노출될 경우 우리 몸은 무너지게 된다. 면역력 저하, 심혈관 질환, 고혈압, 두통, 위장 질환 등 건강이 악화되고, 그 결과 면역력이 약해진다. 교사가 보고한 모든 질병의 약 75%는 스트레스와 관련된 것으로 추정된다(Richards, 2012). 심각한 스트레스는 약물 남용과 같은 행동 문제와 불안 및 우울증과 같은 정서적 전조 증상을 유발할 수 있고(Aloe, Shisler, Norris, Nickerson, & Rinker, 2014; Thoits, 2010), 주의력, 기억력, 문제 해결 능력에 지장을 줄 수 있다(Jennings & Greenberg, 2009).

건강에 해로운 스트레스는 높은 교직 이탈률과 연관되어 있어 사회에 큰 비용을 초래한다. 교직을 떠난 교사를 대체하기 위해 매년 20억 달러 이상이 지출되는 것으로 추정되며, 미국 전체 교사의 약 절반이 첫 5년 이내에(Aloe et al., 2014), 20~33%는 첫 3년 이내에 교직을 떠난다(Prilleltensky, Neff, & Bessell, 2016). 전문가들은 교사가 받는 지원이 제한적이고 이와 관련된 고립감으로 인해 교직에 대한 강렬한 정서적 요구에 충분히 대비하지 못하는 경우가 많기 때문이라고 주장한다(Hoglund et al., 2015; Long et al., 2012). [알아보기 9-2]에서는 학생 학습의 효과를 설명하는 몇 가지 관련 연구를 검토한다.

교육자에게 스트레스를 유발하는 요인은 사회적인 요인 외에도 정치적 기대, 불충분한 준비, 줄어드는 지원 등 무수히 많다. 이러한 요인 중 일부는 교육 환경이나 교육자가 재직하고 있는 학교의 학생에 따라 달라진다. 예를 들어, 부유한 지역의 학교에서 근무하는 교육자는 비현실적으로 높은 기대치를 가지고 변호사를 회의에 데려오는 가족들과 함께 일하면서 스트레스를 경험할 수 있고, 도움이 절실한 학교에서 근무하는 교육자는 트라우마의 영향을 받은 학생들과 일하면서 또 다른 스트레스를 경험할 수 있다(Hoglund et al., 2015). 트라우마의 영향을 받은 학생들과 함께 일하면 피로와 소진으로 이어질 수 있다(Koenig, Rodger, & Specht, 2017). 교육자를 포함한 많은 사람이 인생의 어느 시점에 트라우마를 경험하며, 이러한 트라우마는 나중에 많은 영향을 미칠 수 있다. 학생들의 경험에 관한 이야기를 듣는 것만으로도 교육자는 자신의 트라우마 경험에 대한 불편함과 기억을 떠올릴 수 있다. 그렇기에 어렸을 때 괴롭힘을 당한 경험이 있는 교육자는 교실에서 괴롭힘 사례를 다룰 때 또 다른 고통을 경험한다. 안타깝게도 트라우마는 자연재해(예: 화재, 허리케인, 지진 등)나 폭력(예: 테러리스트 공격, 총격 사건 등)과 같이 예기치 못한 강렬하고 통제할 수 없는 사건을 경험하면서 우리 사회에서 점점 더 많이 나타나고 있다. 트라우마를 경험했거나 경험하고 있는 사람(교육자와 학생 모두)은 행동에 어려움을 겪고 집중력, 감정 관리, 업무 수행 능력이 제한될 수 있다. 이러한 트라우마를 조정하고 관리해야 하는 교육자로서 그 일에 투입되는 많은 에너지로 인해 건강에 해로움을 유발하게 된다.

알아보기 9-2 교육자의 정서적 피로와 소진이 학생의 동기와 학습에 미치는 영향

교육자들은 종종 무관심하거나 의욕이 없고 학업 참여도가 낮은 학생들로 인해 어려움을 겪지만, 건강하지 않은 스트레스를 받는 교육자에게는 더 큰 문제가 될 수 있다. 교사의 감정적 피로와 소진이 학생들의 동기와 학습에 미치는 해로운 영향에 대한 과학적 증거를 제공하는 몇 가지 연구 결과만 살펴보면, 다음과 같다.

- 연구에 따르면, 교사의 정서적 피로와 학생의 성취도 사이에는 반비례 관계가 있는 것으로 나타

났다(Arens & Morin, 2016). 즉, 교사가 정서적 피로를 많이 경험할수록 학생의 성취도는 낮아진다고 보았다(Klusmann et al., 2016).

- 한 연구에 따르면, 학생들은 정서적으로 지친 교사가 교실에서 학생의 자율성을 더 소극적으로 지지한다고 인식하는 것으로 나타났다(Shen et al., 2015).
- 교사의 소진은 학생의 동기, 교과목 및 교사에 대한 태도나 감정과 부적으로 관련 있는 것으로 밝혀졌다. 학생들은 소진 수준이 가장 낮은 교사에게 가장 높은 동기와 태도를 보였고, 반대로 소진 수준이 높은 교사에게 낮은 동기와 태도를 보였다(Zhang & Sapp, 2008).

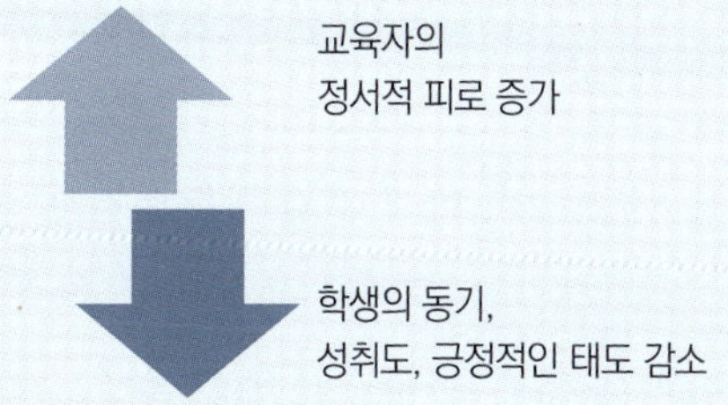

스트레스를 받는 것은 비단 교사뿐만이 아니며, 지원 인력(예: 학교 심리학자, 사회복지사, 행동 중재사, 언어 병리학자 등)과 같이 학교에서 다른 자격으로 일하는 사람들도 모두 업무상 만성적인 스트레스를 경험할 수 있다. 교사, 지원 인력, 보조 전문가 모두를 대상으로 수행한 연구에서 만성적인 스트레스는 계속해서 주요 관심사였다. 다양한 분야의 교직원들은 관리자와 학부모의 지원 부족, 학생 행동 문제, 동료와의 협업 및 동료애 부족, 시간, 사전 교육 및 연수 부족 등의 원인으로 인한 스트레스를 보고했다(Feuerborn et al., 2016, 2018). 상담사, 사회복지사, 학교 정신과 전문의와 같은 학교 지원 인력의 심각한 부족으로 인해 업무를 수행할 개인은 더욱 줄어들고(Bocanegra, Grapin, Nellis, & Rossen, 2017), 더 많은 사례와 덜 만족스러운 역할을 수행하게 된다. 이로 인해 이미 학교에서 일하고 있는 교사들은 스트레스, 소진, 중도 이탈의 위험에 더욱 노출되어 있다. 전국학교심리학회는 스트레스의 위험과 자기 관리에 대한 '윤리적 의무'에 관한 두 부분으로 구성된 논문을 발표했다(Lopez, 2017). 이 글에서 로페즈(Lopez)는 자기 관리를 이기적인 것으로 보는 미국 다수 문화의 경향에 대해 설명한다. 그 결과 자기 관리는 할 일 목록의 맨 마지막에 위치한다. 우리 중 많은 사람이 흩어지고 다른 사람들과 단절된 느낌을 받게 되며, 이는 스트레스 및 소진과도 관련이 있다(O'Brennan, Pas, & Bradshaw, 2017).

스트레스를 잘 관리하지 않으면, 스트레스가 누적되어 문제가 되는 악순환이 생길 수 있다. 우선 만성적인 스트레스는 교사의 교실 관리 능력을 저하시킬 수 있으며, 교사가 제대로 관리하지 못하면 결과적으로 학생들의 더 많은 행동 문제를 유발한다(Oberle & Schonert-Reichl, 2016). 스트레스를 관리하지 않는 교사는 학생의 행동 문제에 더 빠르고 가혹하게, 그리고 덜 효과적으로 대응할 수 있다(Jennings & Greenberg, 2009). 이들은 덜 공감하고 편견에 더 취약하기 때문에 유색인종 학생에 대한 징계 비율이 부분적으로 높아지는 문제를 유발하기까지 한다(Staats, 2016). 교사가 가르치는 시간을 줄이고 학생의 행동 문제를 처리하는 데 더 많은 시간을 할애하면 직무 만족도와 자기 효능감에 대한 인식이 낮아져 이직 가능성이 높아진다(Hoglund et al., 2015; Klusmann, Richter, & Lüdke, 2016; Roeser et al., 2012). 실제로 학생의 문제 행동은 스트레스, 정서적 피로, 소진과 매우 밀접한 관련이 있으며(Aloe et al., 2014), 이직하는 교사의 약 4분의 1이 학생 문제 행동으로 인한 이직을 하는 것으로 나타났다(Hoglund et al., 2015).

따라서 만성적인 스트레스는 학생과 교사의 관계를 손상하고, 생산적인 교수와 학습을 방해하는 교실 분위기를 조성할 수 있으며, 스트레스가 타인에게 전염되기도 한다. 스트레스를 겪는 사람과 함께 시간을 보낸 후 자신도 스트레스를 겪는 경험을 하게 된다. 연구자들은 교육자가 보고한 소진 수준과 신체적 스트레스와 정서적 고통을 나타내는 호르몬인 학생의 코르티솔 수치 사이에 유의미하고 직접적인 연관성이 있다는 사실을 발견했다(Oberle & Schonert-Reichl, 2016). 만성적인 스트레스는 교육자의 건강과 웰니스에 영향을 미칠 뿐

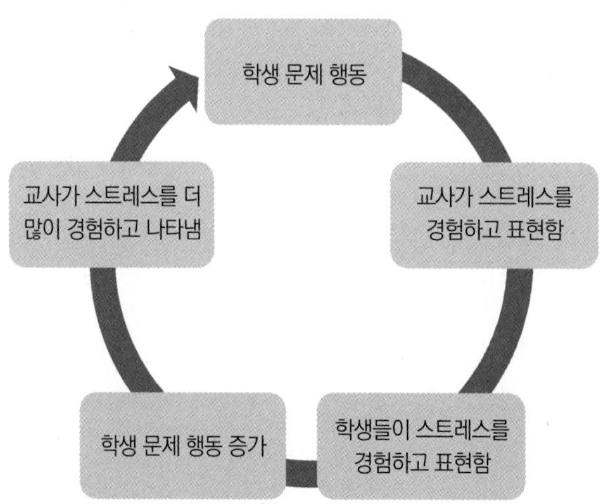

[그림 9-2] 교실에서의 스트레스 전이 현상

만 아니라 학생에게도 영향을 미치는 것이다. 또한 스트레스를 경험하는 학생은 행동 및 도덕적 문제가 증가하여 교육자의 스트레스를 더욱 가중시킬 수도 있다(Oberle & Schonert-Reichl, 2016). [그림 9-2]에 표시된 것과 같은 파괴적인 주기는 잘 문서화되어 '소진의 연쇄 과정(burnout cascade)'이라고 명명되었다(Jennings & Greenberg, 2009).

2) 성찰

때로는 현재 상황을 돌아보는 것이 긍정적인 변화를 촉진하거나 영감을 줄 수 있다. 이를 위해 열 가지 항목으로 구성된 간단한 자가 진단 [워크시트 9-2]를 제공한다. 이를 통해 우리의 신체, 행동, 생각, 감정이 스트레스에 어떻게 반응하는지 스스로 관찰할 수 있다. 예를 들어, 나(L. L. F.)의 경우 건강하지 않은 수준의 스트레스를 경험하고 있을 때 스트레스를 받으면 신체적으로 어깨가 귀밑까지 올라간 것처럼 느껴지고, 혈관에 전기가 동하고 딕에 압박감이 느껴진다. 행동적으로는 급하게 일을 처리하거나 얼어붙고 압도당하는 느낌이 들어 아무리 간단한 일이라도 제대로 처리하지 못한다. 생각은 종종 급박하고 비관적이며(안 돼!), 집중력은 어린아이와 비슷하다. 감정적으로는 긴장감, 좌절감, 불안감을 느끼는 경향이 있다.

이 자가 진단은 진단 과정과는 거리가 멀다. 단순히 체계적인 방식으로 정보를 제공하기 위한 수단일 뿐이다. 스트레스가 압도적이거나 감당할 수 없다고 느껴진다면 추가적인 지원을 받기를 바란다. 성인 스트레스와 관련된 평가 도구에 관심이 있는 경우라면, 온라인에서 여러 가지를 구매할 수 있다[예: 지각된 스트레스 척도(Perceived Stress Scale); Cohen, Kamarck, & Mermelstein, 1983].

3) SEL: 건강하지 않은 스트레스를 치료하는 강력한 해독제

이 절을 읽고 나면 스스로 스트레스를 많이 받고 있다고 느끼고, 만성적이고 관리되지 않는 스트레스 문제를 어떻게 해결할 수 있을지 궁금할 것이다. 우선, 모든 스트레스가 해로운 것은 아니라는 점을 상기하는 것이 도움이 될 것이다. 경미하고 단기적인 형태의 스트레스는 우리에게 영감을 주고 활력을 주며 행동하도록 동기를 부여할 수 있다(Sapolsky, 2004). 스트레스를 경험한다는 것은 스트레스를 어떻게 인식하는가보다 덜 중요할 수 있다(Keller et al., 2012). 같은 상황에 부닥친 두 사람은 매우 다르게 반응할 수 있다. 예를 들어, 나는 최근

대학원생들에게 석사 학위 취득을 위한 최종 프로젝트의 최종 요건에 대해 알려 주었다. 한 학생은 분노를 드러내며 "이 모든 것이 너무 답답해요. 빨리 학위를 마치고 끝내고 싶어요!" 라고 말했다. 반면 다른 학생은 "저는 이 상황이 제 직업과 학생들을 위해 중요하다고 생각하고, 스스로 연구할 기회라고 생각하며, 우리가 알고 있는 것을 보여 줄 기회라고 생각합니다!"라고 대조적으로 반응했다. 같은 상황이었지만 다른 생각과 감정을 경험하고 그에 따라 행동한 것이다. 우리는 "안 돼! 정말 끔찍해."와 같은 절망적인 내면의 이야기로 반응할 수도 있고, "힘들지만 이겨 낼 수 있어."와 같은 희망적인 내면의 이야기로 반응할 수도 있다.

우리의 인식은 우리가 세상을 보고, 생각하고, 느끼고, 행동하는 방식을 강력하게 변화시킨다. 예를 들어, 어떤 교사는 학생이 눈 굴리는 것을 노골적인 무시 표시로 인식하는 반면, 다른 교사는 단지 불안감을 감추기 위한 행동으로 간주할 수 있다(Feuerborn & Chinn, 2012). 이렇게 동일한 행동이더라도 다르게 인식하면 매우 다른 반응이 나올 수 있다. 그런가 하면 어떤 교사는 도움을 요청하는 동료의 이메일을 자신의 시간을 빼앗는 것으로 여기지만, 다른 교사는 도울 기회로 보기도 한다. 상황을 인식하는 방식(예: 부정적인 사건, 도전, 기회)은 정신적 · 정서적 · 육체적 등 전반적인 스트레스 경험과 관련이 있을 수 있다. 연구에 따르면, 스트레스 경험을 동기를 부여하고 도전에 맞설 수 있도록 몸을 준비하는 데 도움이 된다고 생각하면 스트레스에 대한 인식을 바꿀 수 있을 뿐만 아니라 심혈관 문제와 같이 일반적으로 스트레스와 연관된 해로운 신체적 영향을 피할 수 있다고 보았다(Jamieson, Nock, & Mendes, 2012; McGonigal, 2016).

그러나 일부 사건은 반박할 수 없을 정도로 충격적이어서 '투쟁-도피' 반응이 적절하게 필요하다. 해롭거나 안전하지 않은 환경에서 교육자는 만성적인 스트레스의 위험을 관리하기 위해 할 수 있는 일이 많지 않으므로, 스트레스의 원인이 관리될 수 있는지, 아니면 더 큰 삶의 변화가 필요한지를 평가하는 것이 도움이 된다. 대처 기술을 배우고 연습하기 위해 추가적인 노력을 기울이는 것은 긍정적인 변화의 원동력이 될 수 있으며, 사회적 지원, 가치 인정과 자원이 이러한 변화를 가져올 수 있다. 또한 우리는 사회적 규범, 주, 교육구, 학교 리더와 학교 환경 및 교육자 경험을 개선하기 위한 리더들의 역할과 같은 광범위한 생태계를 성찰해야 한다. 교육 리더는 자기 관리를 존중하고 건강한 경계를 세울 수 있도록 업무량을 조정할 뿐 아니라 안전하고 포용적인 학교 분위기를 만들고 육성할 책임이 있다. 이 글을 읽고 있는 교육 리더들은 건강한 사회정서적 기술을 보여 주는 모델이 되고 건강한 조직과 공동체를 만들기 위해 독려하는 것이 매우 중요함을 인식해야 한다.

사회정서역량은 스트레스와 소진을 완화하고(Roeser et al., 2012), 상황과 경험을 재구성하며, 일반적으로 대처하는 데 도움이 될 수 있다. 교육자 SEL은 교육자와 학생의 건강을 위해 그 어느 때보다 필요하지만, 미국에서는 여전히 소홀히 다루어지고 있다. 교육 분야는 오랫동안 모든 교육자가 준비 프로그램에 등록할 때 사회정서역량을 갖추고 있다는 가정하에 기능해 왔으며, 최근 미국의 교사 준비 프로그램 목록에 따르면 교육자에게 자신의 감정 상태를 잘 인식하고, 이를 조절하며, 건강한 방법으로 표현하는 방법을 명시적으로 가르치는 프로그램은 거의 없는 것으로 나타났다(Schonert-Reichl, Kitil, & Hanson-Peterson, 2017). 실제로 많은 대학 예비 교육 프로그램은 학문직 교육학에 초점을 맞추고 교육과 학습의 사회정서적 측면을 완전히 생략하고 있다(Ergur, 2009). 또한 정신건강 역할을 담당하는 모든 직원이 SEL 자체에 대한 충분한 교육을 받지 않은 사실에 일부 독자들은 놀랄 수도 있다. 예를 들어, 많은 학교 심리학자는 행동 학습 이론, 개입 및 평가에 중점을 두는 교육 프로그램에 참석했지만 긍정적인 정신건강에는 더 적게 참석했다.

SEL 교육을 받지 않았거나 충분한 교육을 받지 않은 경우에도 여전히 낙관할 수 있는 이유가 있다. SEL 기술은 유전과 환경에 의해 도움을 받을 수 있지만, 유전과 환경에 의존하지는 않는다. 우리는 행복과 웰니스의 설정 지점의 위치를 움직일 수 있다(Lykken, 1999). 연구에 따르면, 성인을 위한 사회정서역량 교육은 대인관계와 개인 내적 기술을 크게 향상하고 행복지수를 높일 수 있다(예: Karimzadeh, Goodarzi, & Rezaei, 2012).

3 교육자의 SEL을 지원하기 위한 전략

스트레스를 유발하는 많은 요인은 교육자의 통제 범위를 벗어날 수 있지만, 여기서는 주로 변경 가능한 요인, 즉 무언가 할 수 있는 요인에 초점을 맞춘다. 교육자의 사회정서역량과 SEL 내용 전달에 대한 자기 효능감을 높이기 위한 전략을 제공한다. 패키지 프로그램 및 워크숍과 함께 언제, 어디서나, 누구나 실행할 수 있는 전략에 대해 논의한다. 사회정서적 요구가 더 크고 제공하는 전략으로 충족되지 않을 때 상담이나 심리치료를 고려할 것을 진심으로 권장한다. 지역 정신건강 센터, 주치의, 정신건강 전문가를 위한 주 협회는 추가 정보와 지원을 받을 수 있는 유용한 자원이다. 이러한 자원을 통해 지방에 거주하는 사람들을 위한 원격 의료 서비스가 있는지 확인할 수도 있다.

1) 교육자를 위한 SEL 프로그램 및 워크숍

교육자용 SEL은 SEL 프로그램 교재의 구성 요소로 사용할 수 있다. 여기에는 교육자를 위한 독립형 교육 과정, 워크숍, 온라인 세미나, 책, 강의실, 오디오 프로그램, 웹캐스트, 블로그, 스마트폰 애플리케이션 등이 포함된다. 일부 SEL 개입에는 교육자 SEL의 요소가 포함되어 있다. 학생 SEL의 선구자 또는 보완책으로 교육자를 위한 구성 요소와 함께 K−12 학생을 위해 설계된 SEL 개입을 제공하는 이러한 프로그램의 예는 룰러 접근법을 참조하라(Rivers et al., 2013). 강한 아이 프로그램에는 교육자 성찰이 포함되어 있으며, 여기서 사용자는 학생들에게 제공되는 정보와 전략을 반성하고 개인적으로 시도해 보도록 유도한다. 다음에서는 교육자의 웰빙을 보다 폭넓게 다루는 프로그램과 워크숍, 스트레스 관리 및 마음챙김을 목표로 하는 프로그램과 워크숍의 몇 가지 예를 살펴본다. 이 목록 외에도 더 많은 것이 있다.

- 교사와 학생 모두를 위한 SEL 프로그램으로서 FRIENDS 프로그램에 대한 평가(Iizuka, Barrett, Gillies, Cook, & Marinovic, 2014 참조)
- 교육자와 관리자를 위한 전문성 개발과 통합한 학교 기반 프로그램인 마음챙김 학습에 대한 공동체 접근법(Community Approach to Learning Mindfully: CALM)에 대한 평가(Harris, Jennings, Katz, Abenavoli, & Greenberg, 2016 참조)
- 교사를 위한 전문성 개발 프로그램인 교육에서의 인식 및 회복탄력성 함양(Cultivating Awareness and Resilience in Education: CARE)에 대한 자세한 내용(Jennings, Frank, Snowberg, Coccia, & Greenberg, 2013 참조)
- 교육자를 위한 스트레스 관리 및 회복탄력성 교육(Stress Management and Resiliency Training: SMART) 프로그램 평가(Roeser et al., 2013 참조)
- 교육자를 위한 마음챙김 기반 스트레스 감소(Mindfulness-Based Stress Reduction: MBSR)에 대한 평가(Flook, Goldberg, Pinger, Bonus, & Davidson, 2013; Gouda, Luong, Schmidt, & Bauer, 2016 참조)
- 마음챙김 기반 인지 치료 교육 프로그램인 직장 마음챙김 교육(Workplace Mindfulness Training: WMT)에 대한 평가(Crain, Schonert−Reichl, & Roeser, 2016 참조)

2) 성장시킬 SEL 영역

하루 중 불안, 정서적 과민성, 압도감 등의 증상을 경험하는 경우, 언제 어디서나 접근 가능한 전략을 시도하여 어려움에 대처하고 예방 전략과 병행할 것을 권장한다.

당신의 의도 만들기

변화에 대한 의도를 측정과 반성을 통해 얻은 통찰과 연결하여 데이터에 기반한 목표를 세우는 것은 매우 유용할 수 있다. 변경하거나 실행해야 할 몇 가지 작은 것부터 구체적인 조치를 파악하여 간단하게 시작하는 것이 도움이 된다. 많은 사람이 새해 결심과 같이 광범위하고 거창한 목표가 실패한 경험이 있을 것이다. 이러한 경험이 자신에게 해당한다면, 성인과 학생 모두에게 효과적인 목표 달성 전략인 구체적이고(Specific), 측정 가능하며(Measurable), 달성할 수 있고(Attainable), 관련성 있고(Relevant), 시기적절한(Timely)(SMART; Doran, 1981) 목표를 세우는 것과 같은 구조화된 형식을 시도해 볼 수 있다. 당신의 의도와 선택한 전략이 무엇이든, 새로운 습관을 개발하려면 작은 단계와 매일의 연습이 필수적이다. 새로운 습관이 일상화되고 생활의 일부가 되기까지는 시간이 걸릴 수 있으므로 인내심을 가지고 기다려야 한다.

데이터 모으기

무엇을 바꾸어야 할지 잘 모르겠다면, 일주일 동안 하루 종일 자신의 생각, 행동, 감정에 더 주의를 기울이고 알아차리겠다는 의도를 가져 보자. 인식이 향상되면, 세상을 인식하고 대응하는 방식에 강력한 변화를 불러일으킬 수 있다. 비즈니스 리더이자 활동가인 셰릴 샌드버그(Sheryl Sandberg)는 우리가 인식하지 못하는 것은 바꿀 수 없다고 말했으며(Sandberg, 2013), 실제로 자기 인식은 SEL의 핵심 역량 중 하나이고 그만한 이유가 있다. 무언가를 측정하거나 추적하는 것만으로도 종종 변화를 끌어낼 수 있다. 예를 들어, 운전할 때 현재 속도를 표시하는 교통 표지판을 생각해 보라. 이 데이터를 제공하면 경각심이 높아져 종종 속도를 늦출 수 있다. 나의 대학원생들은 하루 동안 학생들과의 긍정적인 상호 작용과 부정적인 상호 작용의 비율을 기록하는데, 이러한 추적 활동을 통해 자신이 누구와 어떻게 상호 작용하는지에 대한 인식이 높아질 뿐만 아니라 격려적이고 포용적이며 긍정적인 상호 작용을 촉진하기 위해 변화하도록 영감을 주는 경우가 많다고 종종 보고한다. 당신도 행동 데이터를 추적하면서 이러한 데이터가 제공하는 피드백 현상을 직접 관찰했을 것이다. 변화가 일어나기 위해 항상 인식이 필요한 것은 아니지만, 일반적으로 인식은 필수적이다. 빠르게 발전하는 기술 덕분에 자신을 점검하고 신체 활동, 습관, 마음챙김, 호흡, 기분 등을 추적하는 데 도움을 주는 애플리케이션이 많이 있다.

3) 웰니스를 촉진하는 활동과 습관

한때 업무 외 시간에 즐기던 건강한 활동이 시간이 지나면서 점점 멀어졌을 수도 있다. 이런 경우라면 업무 외 시간이나 업무 시간에도 이러한 활동을 다시 시작할 방법이 있다. 예를 들어, 미술이나 음악과 같은 창의적인 활동과 취미는 정서적 웰빙과 정신 기능을 향상하고 스트레스의 부작용으로부터 보호하는 데 도움이 될 수 있다(Stuckey & Nobel, 2010). 이러한 활동을 당신의 삶과 수업에 통합할 방법이 있을까? 다음에서는 회복탄력성과 SEL을 증진하는 것으로 알려진 다른 생활 활동에 대해 간략하게 설명한다.

자연과의 상호 작용

우리가 자연과 상호 작용을 할 때, 스트레스로부터 보호되고 회복할 수 있다(예: Van den Berg, Hartig, & Staats, 2007; Wells & Evans, 2003). 초등학교 교사이자 바쁜 싱글맘인 한 대학원생은 최근 원예 치료와 '에코테라피' 분야에서 영감을 받았다(예: Chalquist, 2009). 그녀는 정원 가꾸기를 좋아했지만, 아파트에서는 정원을 가꿀 수 없었기 때문에 학교 캠퍼스의 동료 및 학생들과 함께 꽃과 채소를 키우는 정원을 만들었다. 이 정원은 어느덧 교사와 학생들, 그리고 지역사회 구성원 모두에게 재배의 즐거움과 수확의 기쁨을 누리게 했다. 그녀는 자신의 SEL은 물론 학생들의 SEL도 눈에 띄게 향상되었다고 보고한다. 그런가 하면, 나는 등산 애호가이며 조류 관찰자인데, 이러한 활동을 통해 마음의 안정을 찾아 가고 있다. 함께 자연 가운데 있는 것만으로도 삶의 문제를 바라보는 확장된 시각을 갖게 되는 경우가 대부분이다.

노인, 재향 군인, 환자, 장애 유무와 관계없이 학생들 사이에서 치료 목적으로 동물(예: 개, 말, 새, 돌고래)을 활용하는 것에 대한 문헌 기반이 증가하고 있다. 이러한 증거 기반은 아직 미흡하지만, 이 접근법은 집단의 증상들을 완화하고 웰빙을 증진할 가능성을 보여 준다. 심지어 교실에서 동물을 교육 보조 도구로 활용하는 것을 뒷받침하는 증거도 있다(Levinson, Vogt, Barker, Jalongo, & Van Zandt, 2017).

운동

운동은 명백한 신체적 결과 외에도 스트레스에 대한 회복탄력성, 우울증과 불안 감소(예: Salmon, 2001), 학습 및 정신 능력 향상(예: Cotman & Berchtold, 2002) 등의 이점을 준다는 강력한 증거가 있다. 아직 규칙적으로 운동하지 않는다면, 어떻게 하면 생활에 더 많은 움직임을 가져올 수 있을지 생각해 보라. 하이킹, 요가, 수영, 무술, 자전거 타기, 카약 타기, 댄스 등 창의적이고 재미있는 활동을 고려해 보라. 이러한 활동은 신체적 건강뿐만 아니라 정신적 · 영적 건강에도 도움이 될 수 있다. 예를 들어, 나(L. L. F.)는 일주일에 몇 번씩 아침 등교 전에 만나 학교 운동장을 함께 활기차게 걷는 교육자들을 알고 있다. 이는 운동의 이점을 제공할 뿐만 아니라 사회적 유대감의 강화에도 도움이 된다.

수면

잠자리에 들기 전 수면 패턴과 일상에 유의하라. 수면 부족은 체중 관리, 정신긴장, 감정 조절에 문제를 일으킬 수 있으며, 심지어 스트레스에 취약할 수 있다. 실제로 장기간의 수면 장애 또는 수면 제한은 트라우마 및 스트레스 관련 장애와 유사한 방식으로 뇌의 시스템을 변화시킬 수 있다(Meerlo, Sgoifo, & Suchecki, 2008). 의료 서비스 제공자는 중단 없이 충분히 자고 있는지 판단하는 데 도움을 줄 수 있다. 카페인 및 늦은 시간대 스크린 사용 제한 등 좋은 수면 위생을 위한 팁을 제공하는 신뢰할 수 있는 자료가 온라인에 많이 있다.

식단

건강한 식단은 우리에게 에너지를 공급하고 최적의 기능을 유지하도록 한다. 하지만 수면이 부족하고 스트레스를 받으면 가공식품과 당분이 많은 음식을 찾게 되므로 건강한 식단을 유지하기가 어려울 수 있다(Adam & Epel, 2007). 건강한 식재료를 구하기 어려운 지역에 거주하고 있는 경우라면, 다른 사람들과 이 문제에 대해 협의하여 도시 텃밭과 같은 해법을 찾는 노력이 필요하다. 또한 현재 식습관을 분석하고 무엇을 먹는지뿐만 아니라 어떻게 먹는지도 살펴볼 필요가 있다. 건강에 도움이 되는 통식품을 주로 섭취하는지, 아니면 칼로리가 높으며 영양은 부족한 음식을 이동 중에 섭취하는지, 식사할 때 음식에 집중하고 음미하려고 노력하지 않고 산만한 가운데 급히 섭취하는지 등이다.

건강한 대인관계

인간은 타인의 도움 없이는 생존할 수 없는데, 특히 역경의 시기에는 더욱 그러하다. 타인과의 건강한 관계는 스트레스와 외로움으로부터 우리를 보호하고, 만성적인 신체적 건강 문제를 예방할 수도 있다(Fagundes, Bennett, Derry, & Kiecolt-Glaser, 2011). 타인과의 유대감은 직장, 특히 학교와 같이 스트레스가 많은 업무 환경에서 더욱 필요하다. 교육자들은 마치 다른 성인들과 분리된 칸막이 내에서 일하는 것처럼 고립감을 느낄 수 있다. 나(L. L. F.)는 최근 보조 교사를 대상으로 한 행동 관리 기반 교육을 마쳤는데, 연말에 많은 참가자들이 동료들과 함께 일할 기회가 주어져 감사하다고 말했다. 실제로 우리는 여러 분야의 학교 교직원들 간에 더 많은 협력이 필요하다는 것을 자주 관찰해 왔다(Feuerborn et al., 2016, 2018).

타인과의 유대감을 구축하고 유지하는 것은 SEL을 강화하지만, 어느 정도의 SEL(예: 사회적 인식 및 관계 기술)도 필요하다. 교육자는 이념이나 신념 체계가 크게 다른 동료들과 갈등을 겪을 수 있으므로, 다른 사람의 관점을 받아들이고 갈등을 능숙하게 다루는 능력은 건강한 인간관계 유대와 고립이라는 차이를 만들 수 있다. 사회적 연결성을 강화하기 위한 간단한 전략은 매일 의도적으로 다른 사람, 즉 평소에는 교류하지 않던 사람과 관계를 맺는 것이다. 칭찬하고, 함께 웃고, 가능하다면 응원의 말을 건네는 것도 좋은 방법이다. 현재 강력한 사회적 지원 네트워크가 없다면 자기 돌봄을 장려하는 사교 모임에 가입하거나 시작할 수도 있다. 나(L. L. F.)가 아는 교육자 집단은 매주 월요일에 서로를 지지하고 자기 돌봄과 현재에 집중하는 삶을 실천하는 '마음챙김 월요일(mindful monday)' 모임을 갖는다. 고립된 지역에 있는 경우, 온라인 소셜 네트워킹, 블로그, 게시판이 다른 교육자들과 소통하는 데 도움이 될 수 있다. 현재 사회적 지원 체계에 대한 보다 심층적인 평가에 관심이 있다면 대인관계 스트레스 평가 목록(Interpersonal Support Evaluation List: ISEL; Cohen, Mermelsein, Kamarck, & Hoberman, 1985)과 같은 자기 평가를 실시하는 것이 좋다. 온라인에서 사용할 수 있는 여러 가지 평가 도구를 통해 자신의 사회적 지원 네트워크에 대해 더 깊이 성찰하고 더 많은 통찰을 얻을 수 있다.

4) 성찰 활동

일상을 성찰하면, 일상의 상황에 대한 우리의 반응을 더 잘 이해하는 데 도움이 될 수 있다(Jones et al., 2013). 의도적으로 하루 일과에 성찰을 포함시키면 모든 SEL 역량을 강화할 수 있다. 하루의 시작과 끝의 단 몇 분의 시간[이를 북엔딩(bookending)이라고 부른다]이 도움이 될 수 있다.

초·중·고등학생과 성인 모두에게 감사 일기와 같은 의도적으로 성찰하는 활동을 권장한다(Bono & Froh, 2009; Emmons & Stern, 2013). 나(L. L. F.)는 5년 전 대학원에서 감사일기를 처음 접한 이후 줄곧 작성했다. 거기서 나는 다음과 같이 세 가지의 좋은 점을 기록한다. 첫째, 매일 감사를 실천하는 것이다. 감사는 매우 간단하고, 시간과 에너지 투자도 적다. 이 과정을 통해 감사하는 태도를 기르고 삶에 기쁨과 성취감을 가져다주는 것을 경험한다. 둘째, 저널링 전략인 페네베이커(Pennebaker) 기법(Pennebaker, 1997)이다. 이것은 감정이 격해지는 상황에 대해 개방적이고 객관적인 관점을 얻도록 한다. 이 저널링 기법은 일반적으로 스트레스나 충격적인 사건에 대해 한 번에 15~20분씩 3~4일 연속으로 글을 쓰는 것이다. 이 과정을 통해 더 큰 통찰력과 의미를 얻을 수 있고, 다른 사람의 관점을 받아들이는 데 도움이 되며(검토는 Lepore & Smith, 2002 참조), 반추하며 우울해하는 증상을 줄일 수 있다(Gortner, Rude, & Pennebaker, 2006).

셋째, 자기 인식을 강화하기 위해 자신의 강점과 약점에 대해 생각해 보는 것이다. 어떤 사람들은 특히 자신의 강점을 파악하는 데 도움이 필요한 경우가 있다. 자신에게 해당되는 경우, 강점 목록을 작성하고 신뢰할 수 있는 사람에게 강점에 대한 피드백을 구하는 것도 좋다. 그런 다음, 강점을 보다 의도적이고 전략적으로 구축할 방법을 생각해 보도록 한다. 예를 들어, 자신의 강점이자 성취감의 원천이 창의성과 관련된 프로젝트에 있다면, 일상에 창의성을 더 불어넣을 방법을 생각해 보도록 한다. 또한 자신에게 어려운 일이나 성장이 필요한 분야도 반성적으로 생각해 보게 한다. 정직과 투명성의 정신에 입각하여 스스로에 대한 공감대를 형성하는 것이 중요하다. 특히 스트레스와 소진과 관련된 영역에서 자신의 한계를 해결하는 것이 적절한지 생각해 본다. 예를 들어, 학생 행동 문제로 자주 어려움을 겪는다면, 행동 지원 또는 학급 관리 분야에서 더 전문적인 개발을 받을 방법을 고려할 수 있다. 많은 교육구에서 매년 교직원에게 행동 관리 교육을 제공한다. 소속 기관에서 제공하지 않거나 필요에 비해 부족하다면, 신뢰할 수 있는 동료나 대학교수에게 도움을 요청하거나, 증거 기반 웨비나에 참여하거나, 신뢰할 수 있는 출처(예: PBIS, www.pbis.org)에서 직접 효과적인 사례를 조사해 볼 수 있다.

5) 호흡 및 이완 전략

호흡 전략은 우리의 인지적 · 사회적 · 정서적 능력을 방해하는 스트레스를 관리하고 불안을 줄이기 위한 개입이자 사전 예방적 기술로서 매우 유용하다(Varvogli & Darrviri, 2011). 이 전략의 장점은 하루 중 언제든 할 수 있고 소품이 필요하지 않다는 점이다. 몇 가지 호흡 전략은 우리의 투쟁-도피 반응을 빠르게 비활성화하고 부교감 신경계를 활성화하여 평온함을 촉진할 수 있다. 과학자들은 수십 년 동안 심호흡만으로도 스트레스 반응을 진정시키고 혈압과 심장, 뇌, 면역 체계의 기능에 긍정적인 영향을 줄 수 있다는 사실을 확인했다(예: Benson, Greenwood, & Klemchuk, 1975). 복식호흡은 성인과 학생 모두에게 효과적이라는 증거가 있다(예: Eckberg, 2003; Larson, El Ramahi, Conn, Estes, & Ghibellini, 2010). 나는 강한 아이 프로그램에서 수업이 끝날 때 이 기법을 사용하여 이완, 성찰, 수업 내용의 동화를 촉진한다. 우리가 사용하는 대본의 예는 다음과 같다.

> …… 천천히 심호흡을 합니다. 공기를 폐로 들이마십니다. 가슴을 느끼고 위가 풍선처럼 팽창합니다. (일시 정지) 이제 4까지 세면서 숨을 내쉽니다. 모든 공기가 몸 밖으로 빠져나가면서 가슴과 위가 납작해지는 것을 느끼세요. (잠시 멈춤) 다시 폐 깊숙이 숨을 들이마셔 위가 확장되도록 합니다(Carrizales-Engelmann et al., 2016b, p. 53).

호흡은 독립적인 전략이 될 수도 있고, 요가, 점진적 근육 이완, 태극권, 명상과 같은 연습과 더불어 보완할 수도 있다.

이완과 웰니스를 증진할 수 있는 다양한 전략(예: 마사지)이 있으며, 자신에게 맞지 않는 전략이 있다면 다른 전략을 시도해 보고 자신에게 더 잘 맞는지 알아볼 수 있다. 간단하고 효과적인(그리고 저렴한) 이완 전략 중 하나는 점진적 근육 이완이다. 이 방법은 강한 아이 프로그램의 '스트레스 풀기(Letting Go of Stress)' 수업에도 포함되어 있다. 이 활동에서 학생들은 신체 부위에 집중하여 해당 부위의 근육을 수축하거나 긴장시킨 다음 이완한다. 일반적으로 이 운동은 발에서 시작해 종아리, 허벅지, 엉덩이, 배, 가슴, 등, 팔, 목, 어깨, 얼굴로 이동한다. 다음은 예시이다.

> …… 당신의 오른발에 주의를 집중하세요. 잠시 시간을 내어 그 느낌에 집중하세요. 오른발 근육을 천천히 긴장시키면서 최대한 꽉 쥡니다. 10을 셀 때까지 기다립니다. 이제 오른발의 긴장을 풉니다. 긴장이 풀리고 발이 절뚝거리며 느슨해지는 느낌에 집중하세요. 이제 왼발로 주의를 옮깁니다(Carizzales-Engelmann et al., 2016a, p. 184).

이 활동은 성인과 청소년 모두에게 적용할 수 있다. 시간이 많이 소요되지 않으며, 학생들은 자신의 신체 변화에 어떤 영향을 미칠 수 있는지 관찰할 수 있다.

6) 마음챙김 활동

모든 SEL 역량을 향상시킬 수 있는 또 다른 전략으로 마음챙김 활동(Mindfulness-Based Practices: MBPs)이 있다. 마음챙김은 자신과 타인에 대한 수용과 연민, 그리고 판단 없이 현재 순간에 주의를 기울이는 것으로 정의할 수 있다(Kabat-Zinn, 2003). 마음챙김 활동은 공식적 또는 비공식적일 수도 있다. 공식적인 수행은 일반적으로 앉아서 하는 명상과 요가를 포함하지만, 비공식적인 수행은 식사, 걷기, 청소와 같은 일상 활동에 마음챙김을 불어넣는 것이다. 지난 수십 년 동안 교육자와 학생을 대상으로 한 마음챙김 명상의 활용에 관한 문헌은 상당히 많이 증가했다(예: Meiklejohn et al., 2012). 업무에서도 마음챙김 연습은 정서적 피로 감소, 직업 만족도 증가(Hülsheger, Alberts, Feinholdt, & Lang, 2013), 지속적인 주의 집중(Lazar et al., 2005) 등 많은 이점을 가져올 수 있다. MBP는 교육자의 웰빙과 자기 효능감, 교실 관리 실천, 학생과의 관계를 개선할 수 있다(Meiklejohn et al., 2012). 사랑 친절 명상(Loving-Kindness Meditations: LKM)과 같은 MBP는 우울증 및 트라우마와 관련된 정서적 증상을 줄이고(Kearney et al., 2013), 암묵적 편견을 줄이며(Kang, Gray, & Dovidio, 2014), 긍정적 정서를 증가시키고(Fredrickson et al., 2008), 공감(Klimecki, Leiberg, Ricard, & Singer, 2013) 및 사회적 유대(Kok et al., 2013)를 증가시킬 수 있다. LKM은 먼저 자기 자신에 대한 호의, 친절, 따뜻함의 감정을 개발하는 데 중점을 두고, 그다음에는 사랑하는 사람, 중립적인 사람, 마지막으로 갈등이 있는 사람에 대한 감정을 개발하는 방식으로 진행된다. 앞서 소개된 많은 프로그램과 워크숍에는 마음챙김 연습이 포함되어 있다. 앞서 언급한 프로그램 중 하나인 교육자를 위한 마음챙김 기반 스트레스 감소(MBSR) 프로그램(Kabat-Zinn, 2013)은 이름에서 알 수 있듯이 스트레스 감소에 중점을 두고 있으며, 이 접근 방식은 교육자를 위해 특별히 채택되었다. 교육자에게 적용되는 마음챙김에 대해 자세히 알아보고자 한다면, 『교사를 위한 마음챙김(Mindfulness for Teachers)』(Jennings, 2015)이라는 책을 추천한다. 또한 개리슨연구소(Garrison Institute), 매사추세츠 의과대학의 마음챙김 센터, 교육에서의 마음챙김 네트워크(Mindfulness in Education Network)와 같은 신뢰할 수 있는 마음챙김 집단 및 연구 센터의 웹사이트를 살펴볼 것을 권장한다.

7) 독서

독서 치료는 우리 자신의 사회적 · 정서적 교감의 여정에서 유용한 가이드가 될 수 있다.

도움이 될 만한 몇 가지 책을 소개하고자 한다. 일부는 교육자에게 특화된 책이지만, 다른 책들은 인간의 경험에 더 광범위하게 적용된다. 읽을 시간이 부족하다면, 오디오북도 고려해 보라. 나는 오디오북이 출퇴근 시간을 변화시키는 경험을 했다.

- 『선물의 불완전성(The Gifts of Imperfection)』(Brown, 2010).
- 『정서 지능으로 작업하기(Working with Emotional Intelligence)』(Goleman, 1998).
- 『스트레스 방지 두뇌: 마음챙김을 사용하여 스트레스에 대한 감정 반응 다스리기(The Stress–Proof Brain: Master Your Emotional Response to Stress Using Mindfulness and Neuroplasticity)』(Greenberg, 2017).
- 『회복탄력성: 차분함, 강점, 행복의 흔들리지 않는 핵심(Resilient: How to Grow an Unshakable Core of Calm, Strength, and Happiness)』(Hanson & Hanson, 2018).
- 『교사를 위한 스트레스 관리: 선제적 안내 지침(Stress Management for Teachers: A Proactive Guide)』(Herman & Reinke, 2015).
- 『초보자를 위한 마음챙김: 현재의 순간과 당신의 삶을 되찾다(Mindfulness for Beginners: Reclaiming the Present Moment and Your Life)』(Kabat–Zinn, 2016).
- 『트라우마 돌봄: 타인을 돌보며 나 자신을 지키는 일상적 안내서(Trauma Stewardship: An Everyday Guide to Caring for Self While Caring for Others)』(Lipsky & Burk, 2009).
- 『스트레스의 긍정적 힘: 스트레스는 왜 우리에게 좋은가, 스트레스 잘 다루는 법(The Upside of Stress: Why Stress Is Good for You, and How to Get Good at It)』(McGonigal, 2016)
- 『마음챙김 자기 연민 워크북: 자신을 수용하고 내면의 강점을 키우고 번성하는 검증된 방법(The Mindful Self-Compassion Workbook: A Proven Way to Accept Yourself, BuildInner Strength, and Thrive)』(Neff & Germer, 2018).
- 『글로 풀어내기: 표현적 글쓰기를 통해 건강을 증진하고 감정의 고통을 완화하는 방법(Opening Up by Writing It Down: How Expressive Writing Improves Health and Eases Emotional Pain)』(Pennebaker & Smyth, 2016)

아침을 바라보는 두 가지 관점

샤리(Shari)는 7년 차 교사이다. 그녀는 지난 3년 동안 많은 스트레스와 좌절을 느꼈지만, 바쁘게 지내다 보면 언젠가는 저절로 해결될 것이라 믿고 덮어 두었다. 샤리는 감정에 관해 이야기하는 것은 비실용적이고 시간 낭비이고 이기적이라는 메시지를 들으며 자랐기 때문이다. 안타깝게도 건강한 습관이나 자신의 웰빙을 위한 시간을 포기하면서 친구, 학생, 가족과의 관계도 고통스럽기 시작했다.

어느 날 아침, 그녀는 시계를 보기 위해 침대에 몸을 돌렸다. 그녀는 너무 많이 잤다는 것을 깨닫자마자 아드레날린이 넘쳤다. 지금은 오전 6시이고, 7시에 학생에 대해 논의할 회의가 있다. "내가 어떻게 이렇게 멍청할 수 있지?!" 그녀는 늦잠을 잔 자신을 자책하고, 침대에서 뛰쳐나와 그녀의 딸에게 "옷 입어." "우리 늦었어."라고 소리를 질렀다. 샤리는 아침을 먹거나 도시락을 쌀 시간이 없어서 패스트푸드를 사 먹을 현금을 챙기라고 마음속으로 메모를 한다. 딸을 학교에 데려다주고 회의장으로 달려가던 중 복도에서 특수 교육 교사 중 한 명인 필(Phil)을 만난다. "좋은 아침이에요, 샤리. 제 이메일 받았어요?" "안녕하세요, 필?" 그녀는 '어떻게 지금 나에게 이런 질문을 할 수 있지?'라고 생각하며 한숨을 내쉬었다. '사람들이 그냥 나를 혼자 두고 떠났으면 좋겠다!' 필은 "신경 쓰지 마세요."라고 말하는 듯 고개를 저었고, 그녀는 흐트러진 모습으로 여전히 흥분한 상태로 회의실에 들어선다. 그녀는 테이블에 앉으면서 '이 학생은 큰 문제아라서 다른 교실에 있어야 하는데, 학교 심리학자는 내가 뭔가 잘못하고 있다고 말하겠지.'라고 혼자 생각한다. '내 생각은 전혀 고려하지 않고 결과를 결정할 텐데 내가 왜 이 회의에 참석해야 하는지 모르겠어.' 그녀는 눈을 내리깔고 팀원들에게 사과를 중얼거리며 회의가 시작되자 의자에 앉았다.

1년 후, 샤리의 학교는 모든 교직원의 웰빙을 지원하기 위해 새로운 자기 관리(SELf Care) 프로그램을 시작했다. 샤리의 교장은 교육자들이 일주일에 두 번씩 만나, 월요일에는 한 주 동안의 마음챙김 의도를 설정하고 금요일에는 마음챙김 성찰에 참여할 수 있는 시간을 마련했다. 이 모임에서 교육자들은 사회정서적으로 서로를 지원하며 자원을 교환하고, 도전과 성공을 공유하며, 좋은 수면, 식단, 규칙적인 운동과 같은 건강한 습관을 유지할 수 있도록 서로의 경계와 균형을 설정하도록 돕는다. 또한 이들은 대부분 방과 후인 수요일에 만나 함께 걷고 이야기를 나눈다.

3년 후, 샤리는 교직 경력이 10년 차가 되었다. 그녀는 프로그램을 시작한 이후 훨씬 더 건강하고 행복해졌다. 그녀는 점심 식사 전 최소 5~10분 동안 깊은 호흡과 중심 잡기 활동을 하고, 매일 저녁 '세 가지 좋은 것'에 대한 감사일기를 일기장에 쓴다. 대부분의 일요일에는 아침에 바로 먹을 수 있도록 건강한 아침 식사를 만들어 냉동 보관한다. 또한 대부분의 아침에는 딸과 함께 10분간 요가를 하며 하루를 시작한다. 하지만 어느 날 아침, 그녀는 침대에 누워 시계를 확인한다. 그녀는 오전 6시에 학생 한 명에 대해 논의하기 위해 오전 7시에 회의가 있다는 사실을 깨닫는다. "어머나!" 그녀는 생각한다. '이거 정말 힘들겠구나.' 그녀는 딸의 방으로 간다. "일어나, 얘야. 엄마가 늦잠을 잤으니 오늘 아침에는 초고속 슈퍼히어로가 돼야 해. 제시간에 학교에 도착하는 것이 우리의 슈퍼히어로 미션이야. 알았지?" "알았어요, 엄마." 딸이 눈에서 졸린 눈을 비비며 대답한다. 샤리는 미리 준비한 아침 식사를 챙겨 딸을 안아 주며 배웅한 후 심호흡을 하며 건물 안으로 들어간다. 그 길에서 그녀는 동료인 필을 만난다. "안녕하세요, 필." 필은 "안녕하세요, 샤리. 이메일 확인하셨어요?" "아니요. 늦잠을 잤고 회의에 늦었어요. 제가 알아야 할 게 있나요?" 필은 "아니요. 그냥 아뎀(Adem)의 조부모님이 보내 주신 이메일을 보고 싶으실 것 같아서요. 하루를 시작하기에 좋은 이메일이네요!" "고마워요, 필!" 샤리는 환하게 웃으며 "회의가 끝나면 꼭 읽어 보겠습니다. 좋은 하루 보내세요. 산책할 때 뵙겠습니다."라고 말했다. 샤리는 무슨 일이 일어날지 확신하지 못한 채 회의실에 들어선다. 그녀는 한 학생과 어려움을 겪고 있는데, 도움이 필요할 것 같다. '학교 심리학자가 좋은 아이디어를 가지고 있을지도 모르지.' 그녀는 생각한다. 그녀는 미소를 지으며 팀원들에게 지각한 것에 대해 사과하고 회의가 시작된다.

두 아침 시나리오의 상황은 비슷하지만, 그녀의 반응은 현저하게 다르다. 이 두 시나리오는 한 사람의 실제 경험을 바탕으로 한다. 샤리는 이제 자신, 딸, 학생, 동료와의 상호 작용이 더 긍정적이고 따뜻하며 개방적이다. 요약하자면, 자기 관리를 실천하는 것은 결코 이기적인 것이 아니며, 자신의 사회적 · 정서적 건강을 돌보고 자신만의 SEL을 구축하는 것은 자신뿐만 아니라 주변 사람들에게도 도움이 된다는 메시지이다.

4 맺음말

오늘날 교육자들이 직면한 문제를 고려할 때, 우리는 교육자와 학생들이 공통적으로 경험하고 있다는 사실에 놀라움을 금할 수 없다. 제1장에서는 학생들이 직면하는 다양한 어려움, 정신건강 문제 발생의 위험, 양질의 정신건강 치료를 받기 어려운 상황, 삶의 질 저하라는 현실적인 문제에 대해 살펴보았다. 이 장에서 교육자들이 직면하는 몇 가지 어려움을 살펴본 결과, 학생과 교육자가 인생의 기복을 동시에 경험하고 있다는 것을 알 수 있었다. 이에 대한 해결책을 논의했다.

- 학교 환경은 도전적인 환경이 될 수 있으며, 관리되지 않는 건강하지 않은 스트레스는 교육자의 웰빙, 교실 분위기, 학생 · 동료 · 가족과의 관계에 악영향을 미칠 수 있다.
- 스트레스와 소진은 학생의 학습에 부정적인 영향을 미칠 수 있다.
- SEL은 스트레스의 영향을 완화하고, 교육 및 학습을 개선하며, 학생, 가족과 교육자 간의 관계를 개선하는 데 도움을 줄 수 있다.
- 사회정서역량을 갖춘 교육자는 SEL 교육을 더 쉽게 이해하고, SEL 교육에 대한 자신감 또는 자기 효능감을 높이고, SEL을 높은 수준으로 실행할 수 있으며, 최적의 학생 성과를 달성할 수 있다.
- 교육자는 일상생활에 실용적인 전략과 건강한 습관(예: 규칙적인 운동, 수면, 자연과의 교류, 성찰적 명상, 마음챙김 기반 활동, 의도적인 사회적 관계)을 도입하여 더 깊은 자기 이해, 더 강력한 스트레스 관리 기술, 사회정서역량과 회복탄력성을 개발하는 데 도움을 줄 수 있다.

이 토론이 당신에게 검증과 유용한 전략을 제공하고, 우리가 공유하는 인간성을 강조하고, 사회정서적 성장에 대한 헌신을 촉진하는 계기가 되었기를 바란다. 우리 자신의 중요성에 대한 인식에서 SEL 역량을 학생들과 함께 적용하는 것으로 초점을 전환함에 따라 교육사와 학생의 SEL 간의 연계에 대한 폭넓은 관점을 유지하기를 바란다.

워크시트 9-1 성찰

먼저, 다섯 가지 SEL 역량과 이 역량들이 당신과 어떻게 연관되어 있는지 생각해 보라. 그런 다음, 1~10점 척도를 사용하여 현재 자신의 능력을 평가해 보라. 현재의 자신을 있는 그대로 솔직하게 평가해 보라.

1 = 나는 어려움을 겪는 편이다. 나는 이 분야에 별로 능숙하지 못하다고 느낀다.
5 = 나는 지금 상태는 괜찮지만 확실히 더 성장할 수 있을 것 같다.
10 = 나는 이 분야에서 매우 유능하다고 느끼고 있다.

■ **자기 인식**

현재 자신의 감정, 신체, 정신 상태를 인식하고 말로 표현하는 능력을 어떻게 평가하는가?

1	2	3	4	5	6	7	8	9	10

자신의 성향(예: 감정을 유발하는 요인), 흥미, 강점, 한계에 대해 어느 정도 이해하고 있다고 평가하는가?

1	2	3	4	5	6	7	8	9	10

자기 인식 합계: ....

■ **자기 관리**

자신의 생각, 행동, 감정을 조절하는 능력(예: 주의력 유지, 충동 억제, 건강한 낙관주의 유지)을 어떻게 평가하는가?

1	2	3	4	5	6	7	8	9	10

일상적인 스트레스 요인과 강렬한 감정에 효과적으로 대처하는 능력(예: 감정을 조절하고 표현하되 억누르지 않는 능력)을 어떻게 평가하는가?

1	2	3	4	5	6	7	8	9	10

자기 관리 합계: ....

■ 사회적 인식

다른 사람을 공감하고 측은지심을 느끼는 능력을 평가해 보라.

1	2	3	4	5	6	7	8	9	10

다른 사람의 관점을 받아들이는 능력과 신념, 가치관, 문화나 생활 방식이 다른 사람을 존중하는 능력을 평가해 보라.

1	2	3	4	5	6	7	8	9	10

사회적 인식 합계: ....

■ 관계 기술

효과적으로 협업하고, 명확하게 의사소통하며, 대인관계 갈등을 생산적인 방식으로(예: 도망치거나 싸우지 않음) 해결하는 능력을 평가해 보라.

1	2	3	4	5	6	7	8	9	10

현재 사회적 지원 체계를 평가해 보라. 필요할 때 함께 시간을 보내거나 도움을 줄 수 있는 사람을 쉽게 찾을 수 있는가? 최소한 몇 명의 좋은 관계를 맺고 있는가?

1	2	3	4	5	6	7	8	9	10

관계 기술 합계: ....

■ 책임 있는 의사결정

결정을 내릴 때 여러 가지 요소(예: 윤리, 기준, 존중, 미래의 결과)를 고려하는 자신의 능력을 어떻게 평가하는가?

1	2	3	4	5	6	7	8	9	10

문제를 사전에 파악하고 이러한 문제에 대한 적절하고 효과적인 해결책을 개발하는 자신의 능력을 어떻게 평가하는가?

1	2	3	4	5	6	7	8	9	10

의사결정 합계: ....

이제 5개의 영역에 대한 순위를 살펴보라.

가장 순위가 높은 영역은 무엇인가? ....

가장 순위가 낮은 영역은 무엇인가? ....

이 활동에 대한 당신의 반응은 어땠는가? 어떤 생각과 감정을 느꼈는가? 자부심과 성취감을 느꼈는가, 아니면 반대로 좌절감이나 불편함을 느꼈는가?

....

....

일상생활에서 자신의 강점을 살리기 위해 할 수 있는 일에는 어떤 것이 있는가?

....

....

성장을 촉진하기 위해 할 수 있는 일에는 어떤 것이 있는가?

....

....

워크시트 9-2 스트레스 자기 성찰

잠시 시간을 내어 다음의 열 가지 질문에 대해 생각해 보고 답해 본다.

1. 건강하지 않은 스트레스를 유발하거나 경험하게 하는 요인은 무엇인가?

2. 당신은 얼마나 빈번하게 스트레스를 경험하는가? 대부분의 날에 당신의 스트레스 강도는 어떤가?

3. 몸의 어느 부위에서 어떻게 스트레스를 느끼는가(예: 어깨의 긴장)?

4. 스트레스는 행동에 어떤 영향을 미치는가(예: 서두르거나 급하게 하는 활동, 설탕 섭취, 회피, 미루기)?

5. 스트레스는 생각(예: 산만하고 비관적인 생각)과 감정(예: 분노, 불안, 짜증)에 어떤 영향을 미치는가?

6. 스트레스가 학생이나 동료와의 관계에 어떤 영향을 미치는가? 인내심과 공감 능력에 영향을 미치는가?

7. 스트레스는 기억력, 문제 해결력, 주의력 유지 능력과 같은 인지 능력에 어떤 영향을 미치는가? 스트레스를 받으면 학생, 동료나 학부모에게 관심을 기울이는 능력에 어떤 변화가 생기는가?

8. 스트레스가 다른 사람들과 함께 일하려는 의지와 능력에 어떤 영향을 미치는가? 다른 사람에게서 물러나려고 하는가, 아니면 다른 사람에게 도움을 요청하는 편인가?

9. 건강에 해로운 스트레스의 원인을 줄이기 위해 무엇을 할 수 있는가?

10. 생활 속 스트레스를 더 잘 관리하기 위해 무엇을 할 수 있는가?

참고문헌

Abenavoli, R. M., Jennings, P. A., Greenberg, M. T., Harris, A. R., & Katz, D. A. (2013). The protective effects of mindfulness against burnout among educators. *Psychology of Education Review, 37*(2), 57–69.

Achenbach, T. M., & Rescorla, L. A. (2001). *Manual for the ASEBA School-Age Forms and Profiles*. Burlington: Research Center for Children, Youth and Families, University of Vermont.

Adam, T. C., & Epel, E. S. (2007). Stress, eating and the reward system. *Physiology and Behavior, 91*(4), 449–458.

Adelman, H. S., & Taylor, L. (1997). Toward a scale-up model for replicating new approaches to schooling. *Journal of Educational and Psychological Consultation, 8*, 197–230.

Adelman, H. S., & Taylor, L. (2012). Mental health in schools: Moving in new directions. *Contemporary School Psychology, 16*, 9–18.

Albright, M. I., & Weissberg, R. P. (2010). School-family partnerships to promote social and emotional learning. In S. L. Christenson & A. L. Reschly (Eds.), *Handbook of school-family partnerships* (pp. 246–265). New York: Taylor & Francis/Routledge.

Alisic, E. (2012). Teachers' perspectives on providing support to children after trauma: A qualitative study. *School Psychology Quarterly, 27*(1), 51–59.

Aloe, A. M., Shisler, S. M., Norris, B. D., Nickerson, A. B., & Rinker, T. W. (2014). A multivariate meta-analysis of student misbehavior and teacher burnout. *Educational Research Review, 12*, 30–44.

American Academy of Pediatrics. (2006). Council on children with disabilities, section on developmental behavioral pediatrics, Bright Futures Steering Committee, Medical Home Initiatives for Children With Special Needs Project Advisory Committee: Identifying infants and young children with developmental disorders in the medical home: An algorithm for developmental surveillance and screening. *Pediatrics, 118*(1), 405–420.

American Academy of Pediatrics, Medical Home Initiatives for Children with Special Needs Project Advisory Committee. (2002). The medical home. *Pediatrics, 110*, 184–186.

American Psychological Association Zero Tolerance Task Force. (2008). APA Zero Tolerance Task Force Report. Retrieved from www.apa.org/ed/cpse/zttfreport.pdf.

Anello, V., Weist, M., Eber, L., Barrett, S., Cashman, J., Rosser, M., et al. (2017). Readiness for positive behavioral interventions and supports and school mental health interconnection: Preliminary development of a stakeholder survey. *Journal of Emotional and Behavioral Disorders, 25*(2), 82–95.

Angold, A., Costello, E. J., Burns, B. J., Erkanli,

A., & Farmer, E. M. (2000). Effectiveness of nonresidential specialty mental health services for children and adolescents in the "real world." *Journal of the American Academy of Child and Adolescent Psychiatry, 39*(2), 154–160.

Arboleda-Florez, J., & Stuart, H. (2012). From sin to science: Fighting the stigmatization of mental illness. *Canadian Journal of Psychiatry, 57*(8), 457–463.

Arens, A. K., & Morin, A. J. (2016). Relations between teachers' emotional exhaustion and students' educational outcomes. *Journal of Educational Psychology, 108*(6), 800–813.

Armenakis, A. A., Bernerth, J. B., Pitts, J. P., & Walker, H. H. (2007). Organizational Change Recipients' Beliefs Scale: Development of an assessment instrument. *Journal of Applied Behavioral Science, 43*, 481–505.

Armenakis, A. A., Harris, S. G., & Mossholder, K. W. (1993). Creating readiness for organizational change. *Human Relations, 46*(6), 681–703.

Aspen Institute National Commission on Social, Emotional, and Academic Development. (2019). From a nation at risk to a nation at hope. Retrieved from www.aspeninstitute.org/programs/national-commission-on-social-emotional-and-academic-development.

Aston, C., & Graves, S. J. (2016). Challenges and barriers to implementing a school-based Afrocentric intervention in urban schools: A pilot study of the Sisters of Nia Cultural Program. *School Psychology Forum, 10*(2), 165–176.

Aston, C., Graves, S. L., McGoey, K., Lovelace, T., & Townsend, T. (2018). Promoting sisterhood: The impact of a culturally focused program to address verbally aggressive behaviors in Black girls. *Psychology in the Schools, 55*(1), 50–62.

Atkins, M. S., Hoagwood, K. E., Kutash, K., & Seidman, E. (2010). Toward the integration of education and mental health in schools. *Administration and Policy in Mental Health and Mental Health Services Research, 37*(1–2), 40–47.

Azevedo, A. F., Seabra-Santos, M. J., Gaspar, M. F., & Homem, T. C. (2013). The Incredible Years basic parent training for Portuguese preschoolers with AD/HD behaviors: Does it make a difference? *Child and Youth Care Forum, 42*(5), 403–424.

Balcazar, F., Hopkins, B. L., & Suarez, Y. (1985). A critical, objective review of performance feedback. *Journal of Organizational Behavior Management, 7*(3–4), 65–89.

Bandura, A. (1978). Social learning theory of aggression. *Journal of Communication, 28*(3), 12–29.

Bandura, A., & Adams, N. E. (1977). Analysis of self-efficacy theory of behavioral change. *Cognitive Therapy and Research, 1*(4), 287–310.

Barnard, W. M. (2004). Parent involvement in elementary school and educational attainment. *Children and Youth Services Review, 26*(1), 39–62.

Battistich, V. A. (2008). The child development project: Creating caring school communities. In L. P. Nucci & D. Narvaez (Eds.), *Handbook of moral and character education* (pp. 328–351). New York: Routledge.

Battistich, V., Schaps, E., & Wilson, N. (2004). Effects of an elementary school intervention on students' "connectedness" to school and social adjustment during middle school. *Journal of*

Primary Prevention, 24(3), 243–262.

Battistich, V., Solomon, D., Watson, M., & Schaps, E. (1994, April). *Students and teachers in the caring classroom and school communities.* Paper presented at the annual meeting of the American Educational Research Association, New Orleans, LA. Retrieved from www.collaborativeclassroom.org/sites/default/files/media/pdfs/about/articles/AERA94.pdf.

Baumeister, R. F., Bratslavsky, E., Finkenauer, C., & Vohs, K. D. (2001). Bad is stronger than good. *Review of General Psychology, 5*(4), 323.

Bauminger, N., Schorr Edelsztein, H., & Morash, J. (2005). Social information processing and emotional understanding in children with LD. *Journal of Learning Disabilities, 38*(1), 45–61.

Bear, G. G., Whitcomb, S., Elias, M., & Blank, J. (2015). SEL and schoolwide positive behavioral interventions and supports. In J. A. Durlak, C. E. Domitrovich, R. P. Weissberg, & T. P. Gullotta (Eds.), *Handbook of social and emotional learning: Research and practice* (pp. 453–467). New York: Guilford Press.

Beauchemin, J., Hutchins, T. L., & Patterson, F. (2008). Mindfulness meditation may lessen anxiety, promote social skills, and improve academic performance among adolescents with learning disabilities. *Complementary Health Practice Review, 13*, 34–45.

Becker, K. D., & Domitrovich, C. E. (2011). The conceptualization, integration, and support of evidence-based interventions in the schools. *School Psychology Review, 40*(4), 582.

Beets, M. W., Flay, B. R., Vuchinich, S., Acock, A. C., Li, K. K., & Allred, C. (2008). School climate and teachers' beliefs and attitudes associated with implementation of the Positive Action Program: Diffusion of innovations model. *Prevention Science, 9*, 264–275.

Belfield, C., Bowden, A. B., Klapp, A., Levin, H., Shand, R., & Zander, S. (2015). The economic value of social and emotional learning. *Journal of Benefit-Cost Analysis, 6*(3), 508–544.

Benish, S. G., Quintana, S., & Wampold, B. E. (2011). Culturally adapted psychotherapy and the legitimacy of myth: A direct-comparison meta-analysis. *Journal of Counseling Psychology, 58*(3), 279.

Benson, H., Greenwood, M. M., & Klemchuk, H. (1975). The Relaxation Response: Psychophysiologic aspects and clinical applications. *International Journal of Psychiatry in Medicine, 6*(1–2), 87–98.

Berg, J., Osher, D., Same, M., Nolan, E., Benson, D., & Jacobs, N. (2017). *Identifying, defining, and measuring social and emotional competencies.* Washington, DC: American Institutes for Research. Retrieved from www.air.org/sites/default/files/downloads/report/Identifying-Defining-and-Measuring-Social-and Emotional-Competencies-December-2017-rev.pdf.

Bergin, C., & Bergin, D. (2009). Attachment in the classroom. *Educational Psychology Review, 21*(2), 141–170.

Bernal, G., Bonilla, J., & Bellido, C. (1995). Ecological validity and cultural sensitivity for outcome research: Issues for the cultural adaptation and development of psychosocial treatments with Latinos. *Journal of Abnormal Child Psychology, 23*(1), 67–82.

Bernal, G., & Domenech Rodríguez, M. M. (2012). *Cultural adaptations: Tools for evidence-based practice with diverse populations.* Washington,

DC: American Psychological Association.

Best, J. R., Miller, P. H., & Naglieri, J. A. (2011). Relations between executive function and academic achievement from ages 5 to 17 in a large, representative national sample. *Learning and Individual Differences, 21*(4), 327–336.

Bierman, K. L., Coie, J. D., Dodge, K. A., Greenberg, M. T., Lochman, J. E., McMahon, R. J., et al. (2010). The effects of a multiyear universal social-emotional learning program: The role of student and school characteristics. *Journal of Consulting and Clinical Psychology, 78*(2), 156.

Blair, C. (2002). School readiness: Integrating cognition and emotion in a neurobiological conceptualization of children's functioning at school entry. *American Psychologist, 57*(2), 111–127.

Blair, C., & Razza, R. P. (2007). Relating effortful control, executive function, and false belief understanding to emerging math and literacy ability in kindergarten. *Child Development, 78*(2), 647–663.

Blyth, D. A., Jones, S., & Borowski, T. (2018). SEL frameworks: What are they and why are they important. Retrieved from https://measuringsel.casel.org/wp-content/uploads/2018/09/Frameworks-A.1.pdf.

Bocanegra, J. O., Grapin, S. L., Nellis, L. M., & Rossen, E. (2017). A resource guide to remediating the school psychology shortages crisis. *Communiqué, 45*(6), 16–18.

Bond, G. R. (1991). Variations in an assertive outreach model. *New Directions for Mental Health Services, 52,* 65–80.

Bonell, C., Hinds, K., Dickson, K., Thomas, J., Fletcher, A., Murphy, S., et al. (2015). What is positive youth development and how might it reduce substance use and violence?: A systematic review and synthesis of theoretical literature. *BMC Public Health, 16*(1), 135.

Bono, G., & Froh, J. J. (2009). Gratitude in school: Benefits to students and schools. In R. Gilman, E. S. Huebner, & M. Furlong (Eds.), *Handbook of positive psychology in the schools: Promoting wellness in children and youth* (pp. 77–88). New York: Routledge.

Bouffard, S., Parkinson, J., Jacob, R., & Jones, S. M. (2009). *Designing SECURe: A summary of literature and SEL programs reviewed in preparation for the development of SECURe.* Cambridge, MA: Harvard Graduate School of Education, Harvard University.

Bowlby, J. (2005). *A secure base: Clinical applications of attachment theory*. New York: Routledge.

Boxer, P., Guerra, N. G., Huesmann, L. R., & Morales, J. (2005). Proximal peer-level effects of a small-group selected prevention on aggression in elementary school children: An investigation of the peer contagion hypothesis. *Journal of Abnormal Child Psychology, 33*(3), 325–338.

Brackett, M. A., Elbertson, N. A., & Rivers, S. E. (2015). Applying theory to the development of approaches to SEL. In J. A. Durlak, C. E. Domitrovich, R. P. Weissberg, & T. P. Gullotta (Eds.), *Handbook of social and emotional learning: Research and practice* (pp. 20–31). New York: Guilford Press.

Brackett, M. A., Reyes, M. R., Rivers, S. E., Elbertson, N. A., & Salovey, P. (2012). Assessing teachers' beliefs about social and emotional learning. *Journal of Psychoeducational Assessment, 30*(3), 219–236.

Brackett, M. A., Rivers, S. E., Reyes, M. R., & Salovey, P. (2012). Enhancing academic performance and social and emotional competence with the RULER feeling words curriculum. *Learning and Individual Differences, 22*, 218–224.

Brandt, R. S. (1999). Successful implementation of SEL programs: Lessons from the thinking skills movement. In J. Cohen (Ed.), *Educating hearts and minds: Social emotional learning and the passage into adolescence* (pp. 173–183). New York: Teachers College Press.

Bretherton, I. (1992). The origins of attachment theory: John Bowlby and Mary Ainsworth. *Developmental Psychology, 28*(5), 759–775.

Bridge, J. A., Horowitz, L. M., Fontanella, C. A., Sheftall, A. H., Greenhouse, J., Kelleher, K. J., et al. (2018). Age-related racial disparity in suicide rates among US youths from 2001 through 2015. *JAMA Pediatrics, 172*(7), 697–699.

Bridgeland, J., Bruce, M., & Hariharan, A. (2013). *The missing piece: A national teacher survey on how social and emotional learning can empower children and transform schools*. Chicago: Collaborative for Academic, Social, and Emotional Learning. Retrieved from www.casel.org.

Bridges, A. J., de Arellano, M. A., Rheingold, A. A., Danielson, C. K., & Silcott, L. (2010). Trauma exposure, mental health, and service utilization rates among immigrant and United States-born Hispanic youth: Result from the Hispanic family study. *Psychological Trauma, Theory, Research, Practice, and Policy, 2*(1), 40–48.

Bridgett, D. J., Burt, N. M., Edwards, E. S., & Deater-Deckard, K. (2015). Intergenerational transmission of self-regulation: A multidisciplinary review and integrative conceptual framework. *Psychological Bulletin, 141*(3), 602–654.

Brock, L. L., Nishida, T. K., Chiong, C., Grimm, K. J., & Rimm-Kaufman, S. E. (2008). Children's perceptions of the classroom environment and social and academic performance: A longitudinal analysis of the contribution of the Responsive Classroom approach. *Journal of School Psychology, 46*(2), 129–149.

Bronfenbrenner, U. (1977). Toward an experimental ecology of human development. *American Psychologist, 32*, 513–531.

Bronfenbrenner, U. (1989). Ecological systems theory. *Annuals of Child Development, 6*, 187–249.

Bronfenbrenner, U., & Morris, P. A. (2006). The bioecological model of human development. In W. Damon & R. M. Lerner (Eds.), *Handbook of child psychology: Vol 1. Theoretical models of human development* (6th ed., pp. 793–828). Hoboken, NJ: Wiley.

Brown, B. (2010). *The gifts of imperfection*. Center City, MN: Hazelden.

Brown, C., Maggin, D. M., & Buren, M. (2018). Systematic review of cultural adaptations of school-based social, emotional, and behavioral interventions for students of color. *Education and Treatment of Children, 41*(4), 431–456.

Brown, E. C., Low, S., Smith, B. H., & Haggerty, K. P. (2011). Outcomes from a school-randomized controlled trial of steps to respect: A bullying prevention program. *School Psychology Review, 40*(3), 423–443.

Bryson, J. M. (2018). *Strategic planning for public and nonprofit organizations: A guide to strengthening and sustaining organizational achievement*. Hoboken, NJ: Wiley.

Buchanan, R., Gueldner, B. A., Tran, O. K., & Merrell, K. W. (2009). Social and emotional learning in classrooms: A survey of teachers' knowledge, perceptions, and practices. *Journal of Applied School Psychology, 25*, 1–17.

Buerkle, K., Whitehouse, E. M., & Christenson, S. L. (2009). Partnering with families for educational success. In T. Gutkin & C. Reynolds (Eds.), *The handbook of school psychology* (pp. 655–680). Hoboken, NJ: Wiley.

Buyse, E., Verschueren, K., Doumen, S., Van Damme, J., & Maes, F. (2008). Classroom problem behavior and teacher-child relationships in kindergarten: The moderating role of classroom climate. *Journal of School Psychology, 46*(4), 367–391.

Cândido, C. J., & Santos, S. P. (2015). Strategy implementation: What is the failure rate? *Journal of Management and Organization, 21*(2), 237–262.

Cappella, E., Frazier, S. L., Atkins, M. S., Schoenwald, S. K., & Glisson, C. (2008). Enhancing schools' capacity to support children in poverty: An ecological model of school-based mental health services. *Administration and Policy in Mental Health and Mental Health Services Research, 35*(5), 395–409.

Caprara, G. V., Barbaranelli, C., Pastorelli, C., Bandura, A., & Zimbardo, P. G. (2000). Prosocial foundations of children's academic achievement. *Psychological Science, 11*(4), 302–306.

Carlile, A. (2012). "Critical bureaucracy" in action: Embedding student voice into school governance. *Pedagogy, Culture and Society, 20*(3), 393–412.

Carrizales-Engelmann, D., Feuerborn, L., Gueldner, B. A., & Tran, O. (2016a). *Merrell's Strong Kids: Grades 3–5: A social and emotional learning curriculum* (2nd ed.). Baltimore: Brookes.

Carrizales-Engelmann, D., Feuerborn, L., Gueldner, B. A., & Tran, O. (2016b). *Merrell's Strong Kids: Grades 6–8: A social and emotional learning curriculum* (2nd ed.). Baltimore: Brookes.

Carrizales-Engelmann, D., Feuerborn, L., Gueldner, B. A., & Tran, O. (2016c). *Merrell's Strong Teens: Grades 9–12: A social and emotional learning curriculum* (2nd ed.). Baltimore: Brookes.

Cassidy, J. (2016). The nature of the child's ties. In J. Cassidy & P. R. Shaver (Eds.), *Handbook of attachment: Theory, research, and clinical applications* (3rd ed., pp. 3–24). New York: Guilford Press.

Castillo, J. M., Curtis, M. J., & Tan, S. Y. (2014). Personnel needs in school psychology: A 10-year follow-up study on predicted personnel shortages. *Psychology in the Schools, 51*(8), 832–849.

Castro, F. G., Barrera, M., & Martinez, C. R. (2004). The cultural adaptation of prevention interventions: Resolving tensions between fidelity and fit. *Prevention Science, 5*(1), 41–45.

Castro, V. L., Halberstadt, A. G., Lozada, F. T., & Craig, A. B. (2016). Parents' emotion-related beliefs, behaviors, and skills predict children's recognition of emotion. *Infant and Child Development, 24*(1), 1–22.

Castro-Olivo, S. M. (2014). Promoting social-emotional learning in adolescent Latino ELLs: A study of the culturally adapted Strong Teens program. *School Psychology Quarterly, 29*, 567–577.

Castro-Olivo, S. M., & Merrell, K. W. (2012). Validating cultural adaptations of a school-based social-emotional learning programme for use with Latino immigrant adolescents. *Advances in School Mental Health Promotion,* 5(2), 78–92.

Catalano, R., Berglund, M. L., Ryan, J. A. M., Lonczak, H. S., & Hawkins, J. D. (2002). Positive youth development in the United States: Research findings on evaluations of positive youth development programs. *Prevention and Treatment, 591*, 98–124.

Chafouleas, S. M., Johnson, A. H., Overstreet, S., & Santos, N. M. (2016). Toward a blueprint for trauma-informed service delivery in schools. *School Mental Health, 8*(1), 144–162.

Chalquist, C. (2009). A look at the ecotherapy research evidence. *Ecopsychology, 1*(2), 64–74.

Chen, J., & Vargas-Bustamante, A. (2011). Estimating the effects of immigration status on mental health care utilizations in the United States. *Journal of Immigrant and Minority Health, 13*, 671–680.

Cipriano, C., & Brackett, M. (2020, March, 18). Teacher, interrupted: Leaning into social-emotional learning amid the COVID 19 crisis. Retrieved from www.edsurge.com/news/2020-03 18-teacher-interrupted-leaning-into-social-emotional-learning-amid-the-covid-19-crisis.

Cohen, J., McCabe, L., Michelli, N. M., & Pickeral, T. (2009). School climate: Research, policy, practice, and teacher education. *Teachers College Record, 111*(1), 180–213.

Cohen, S., Kamarck, T., & Mermelstein, R. (1983). A global measure of perceived stress. *Journal of Health and Social Behavior, 24*(4), 385–396.

Cohen, S., Mermelstein, R., Kamarck, T., & Hoberman, H. M. (1985). Measuring the functional components of social support. In I. G. Sarason & B. R. Sarason (Eds.), *Social support: Theory, research and applications* (pp. 73–94). Dordrecht, the Netherlands: Springer.

Coie, J. D., & Koeppl, G. K. (1990). Adapting intervention to the problems of aggressive and disruptive rejected children. In S. R. Asher & J. D. Coie (Eds.), *Peer rejection in childhood* (pp. 309–337). Cambridge, UK: Cambridge University Press.

Coie, J. D., Miller-Johnson, S., & Bagwell, C. (2000). Prevention science. In A. J. Sameroff, M. Lewis, & S. M. Miller (Eds.), *Handbook of developmental psychopathology* (pp. 93–108). New York: Kluwer Academic/Plenum.

Collaborative for Academic, Social, and Emotional Learning. (2013). CASEL guide: Effective social and emotional learning programs: Preschool and elementary school edition. Retrieved from www.casel.org.

Collaborative for Academic, Social, and Emotional Learning. (2015). CASEL guide: Effective social and emotional learning programs: Middle and high school edition. Retrieved from www.casel.org.

Collaborative for Academic, Social, and Emotional Learning. (2017a). Federal policy. Retrieved from www.casel.org/federal-policy-and-legislation.

Collaborative for Academic, Social, and Emotional Learning. (2017b). Key insights from the collaborating districts initiative. Retrieved from www.casel.org/wp-content/uploads/2017/03/Final-CDI-Report-3-17-17.pdf.

Collie, R. J., Shapka, J. D., & Perry, N. E. (2012). School climate and social-emotional learning: Predicting teacher stress, job satisfaction, and teaching efficacy. *Journal of Educational Psychology, 104*(4), 1189–1204.

Committee for Children. (2011). *Second Step Early Learning*. Seattle, WA: Author.

Committee for Children. (2019). *Funding social-emotional learning at the state level: Findings and recommendations to create stable, robust and diverse funding streams for SEL*. Retrieved from https://www.cfchildren.org/wp-content/uploads/policy-advocacy/funding-social-emotionallearning-at-the-state-level.pdf.

Compton, S. N., March, J. S., Brent, D., Albano, A. M., Weersing, V. R., & Curry, J. (2004). Cognitive-behavioral psychotherapy for anxiety and depressive disorders in children and adolescents: An evidence-based medicine review. *Journal of the American Academy of Child and Adolescent Psychiatry, 43*(8), 930–959.

Conduct Problems Prevention Research Group. (1992). A developmental and clinical model for the prevention of conduct disorders: The FAST Track Program. *Development and Psychopathology, 4*, 509–527.

Cook, C. R., Frye, M., Slemrod, T., Lyon, A. R., Renshaw, T. L., & Zhang, Y. (2015). An integrated approach to universal prevention: Independent and combined effects of PBIS and SEL on youths' mental health. *School Psychology Quarterly, 30*(2), 166–183.

Copland, M. A. (2003). Leadership of inquiry: Building and sustaining capacity for school improvement. *Educational Evaluation and Policy Analysis, 25*(4), 375–395.

Cotman, C. W., & Berchtold, N. C. (2002). Exercise: A behavioral intervention to enhance brain health and plasticity. *Trends in Neurosciences, 25*(6), 295–301.

Cowen, E. L. (1994). The enhancement of psychological wellness: Challenges and opportunities. *American Journal of Community Psychology, 22*, 149–179.

Crain, T. L., Schonert-Reichl, K. A., & Roeser, R. W. (2017). Cultivating teacher mindfulness: Effects of a randomized controlled trial on work, home, and sleep outcomes. *Journal of Occupational Health Psychology, 22*(2), 138.

Cramer, K. M., & Castro-Olivo, S. (2015). Effects of a culturally adapted social-emotional learning intervention program on students' mental health. *Contemporary School Psychology, 20*(2), 118–129.

Crone, D. A., Hawken, L. S., & Horner, R. H. (2004). *Responding to problem behavior in schools: The behavior education program*. New York: Guilford Press.

Crotts, J. C., & Ford, R. C. (2008). Achieving service excellence by design: The organizational alignment audit. *Business Communication Quarterly, 71*(2), 233–245.

Cummings, J. R., Wen, H., & Druss, B. G. (2013). Improving access to mental health services for youth in the United States. *Journal of the American Medical Association, 309*(6), 553–554.

Dart, E. H., Furlow, C. M., Collins, T. A., Brewer, E., Gresham, F. M., & Chenier, K. H. (2015). Peermediated check-in/check-out for students at-risk for internalizing disorders. *School Psychology Quarterly, 30*(2), 229–243.

Decker, P., Durand, R., Mayfield, C. O., McCormack, C., Skinner, D., & Perdue, G. (2012). Predicting implementation failure in organization change. *Journal of Organizational Culture, Communications and Conflict, 16*(2), 29.

Denham, S. A. (2007). Dealing with feelings: How children negotiate the worlds of emotions and social relationships. *Cognition, Brain, Behavior, 11*(1), 1–48.

Denham, S. A. (2015). Assessment of SEL in educational contexts. In J. A. Durlak, C. E. Domitrovich, R. P. Weissberg, & T. P. Gullotta (Eds.), *Handbook of social and emotional learning: Research and practice* (pp. 285–300). New York: Guilford Press.

Denham, S. A., Bassett, H. H., & Zinsser, K. (2012). Early childhood teachers as socializers of young children's emotional competence. *Early Childhood Education Journal, 40*(3), 137–143.

DePaoli, J. L., Atwell, M. N., & Bridgeland, J. (2017). *Ready to Lead: A national principal survey on how social and emotional learning can prepare children and transform schools.* Washington, DC: Civic Enterprises.

Digby, R., West, E., Temple, S., McGuire-Snieckus, R., Vatmanides, O., Davey, A., et al. (2017). Somerset Emotion Coaching Project evaluation report: Phase Two. Retrieved from http://researchspace.bathspa.ac.uk/10730/1/10730.pdf.

Dikel, W. (2014). *The teacher's guide to student mental health*. New York: Norton.

Dishion, T. J., & Tipsord, J. M. (2011). Peer contagion in child and adolescent social and emotional development. *Annual Review of Psychology, 62*, 189–214.

Dodge, K. A., & Sherrill, M. (2006). Deviant peer-group effects in youth mental health interventions. In K. Dodge, T. Dishion, & J. Lansford (Eds.), *Deviant by design: Interventions that aggregate youth* (pp. 97–121). New York: Guilford Press.

Doll, B., Brehm, K., & Zucker, S. (2014). *Resilient classrooms: Creating healthy environments for learning* (2nd ed.). New York: Guilford Press.

Doll, B., Spies, R. A., LeClair, C. M., Kurien, S. A., & Foley, B. P. (2010). Student perceptions of classroom learning environments: Development of the ClassMaps Survey. *School Psychology Review, 39*(2), 203–218.

Domenech Rodríguez, M. M., Baumann, A. A., & Schwartz, A. L. (2011). Cultural adaptation of an evidence based intervention: From theory to practice in a Latino/a community context. *American Journal of Community Psychology, 47*(1-2), 170–186.

Domenech Rodríguez, M. M., & Wieling, E. (2004). Developing culturally appropriate, evidence-based treatments for interventions with ethnic minority populations. In M. Rastori & E. Wieling (Eds.), *Voices of color: First-person accounts of ethnic minority therapists* (pp. 313–333.) Thousand Oaks, CA: SAGE.

Domitrovich, C. E., Bradshaw, C. P., Greenberg, M. T., Embry, D., Poduska, J. M., & Ialongo, N. S. (2010). Integrated models of schoolbased prevention: Logic and theory. *Psychology in the Schools, 47*(1), 71–88.

Domitrovich, C. E., Cortes, R. C., & Greenberg, M. T.

(2007). Improving young children's social and emotional competence: A randomized trial of the preschool "PATHS" curriculum. *Journal of Primary Prevention, 28*(2), 67–91.

Domitrovich, C. E., & Greenberg, M. T. (2000). The study of implementation: Current findings from effective programs that prevent mental disorders in school-aged children. *Journal of Educational and Psychological Consultation, 11*(2), 193–221.

Domitrovich, C. E., Syvertsen, A. K., & Calin, S. S. (2017). *Promoting social and emotional learning in the middle and high school years*. Edna Bennett Pierce Prevention Research Center, Pennsylvania State University. Retrieved from www.rwjf.org/content/dam/farm/reports/issue_briefs/2017/rwjf441241.

Doran, G. T. (1981). There's a SMART way to write management's goals and objectives. *Management Review, 70*(11), 35–36.

Downer, J. T., Booren, L., Lima, O., Luckner, A. E., & Pianta, R. (2010). The Individualized Classroom Assessment Scoring System (inCLASS): Preliminary reliability and validity of a system for observing preschoolers' competence in classroom interactions. *Early Childhood, 25*(1), 1–16.

Doyle, B. G., & Bramwell, W. (2006). Promoting emergent literacy and social-emotional learning through dialogic reading. *The Reading Teacher, 59*(6), 554–564.

Duarté-Vélez, Y., Bernal, G., & Bonilla, K. (2010). Culturally adapted cognitive-behavior therapy: Integrating sexual, spiritual, and family identities in an evidence-based treatment of a depressed Latino adolescent. *Journal of Clinical Psychology, 66*(8), 895–906.

Dube, S. R., Anda, R. F., Felitti, V. J., Chapman, D. P., Williamson, D. F., & Giles, W. H. (2001). Childhood abuse, household dysfunction, and the risk of attempted suicide throughout the life span: Findings from the Adverse Childhood Experiences Study. *Journal of the American Medical Association, 286*(24), 3089–3096.

Duncombe, M. E., Havighurst, S. S., Kehoe, C. E., Holland, K. A., Frankling, E. J., & Stargatt, R. (2016). Comparing an emotion and a behavior-focused parenting program as part of a multisystemic intervention for child conduct problems. *Journal of Clinical Child and Adolescent Psychology, 45*(3), 320–334.

Durlak, J. A. (2015). What everyone should know about implementation. In J. A. Durlak, C. E. Domitrovich, R. P. Weissberg, & T. P. Gullotta (Eds.), *Handbook of social and emotional learning: Research and practice* (pp. 395–405). New York: Guilford Press.

Durlak, J. A., Domitrovich, C. E., Weissberg, R. P., & Gullotta, T. P. (Eds.). (2015). *Handbook of social and emotional learning: Research and practice*. New York: Guilford Press.

Durlak, J. A., & DuPre, E. P. (2008). Implementation matters: A review of research on the influence of implementation on program outcomes and the factors affecting implementation. *American Journal of Community Psychology, 41*(3–4), 327–350.

Durlak, J. A., & Weissberg, R. P. (2007). The impact of after-school programs that promote personal and social skills. Retrieved from https://casel.org/wp-content/uploads/2016/08/PDF-1-the-impact-of-after-school-programsthat-promote-personal-and-social-skills-executive-summary.pdf.

Durlak, J. A., Weissberg, R. P., Dymnicki, A. B., Taylor, R. D., & Schellinger, K. B. (2011). The impact of enhancing students' social and emotional learning: A meta-analysis of school-based universal interventions. *Child Development, 82*(1), 405–432.

Dusenbury, L., Dermody, C., & Weissberg, R. P. (2018). 2018 state scorecard scan: More states are supporting social and emotional learning. Retrieved from https://casel.org/wp-content/uploads/2018/02/2018-State-Scan-FINAL.pdf.

Dusenbury, L., Newman, J. Z., Weissberg, R. P., Goren, P., Domitrovich, C. E., & Mart, A. K. (2015). The case for preschool through high school state learning standards for SEL. In J. A. Durlak, C. E. Domitrovich, R. P. Weissberg, & T. P. Gullotta (Eds.), *Handbook of social and emotional learning: Research and practice* (pp. 532–548). New York: Guilford Press.

Dusenbury, L., Weissberg, R. P., Goren, P., & Domitrovich, C. (2014). State standards to advance social and emotional learning: Findings from CASEL's State scan of social and emotional learning standards, preschool through high school, 2014. Retrieved from www.casel.org.

Dweck, C. S. (2006). *Mindset: The new psychology of success*. New York: Random House. D'Zurilla, T. J., & Sheedy, C. F. (1992). The relation between social problem-solving ability and subsequent level of academic competence in college students. *Cognitive Therapy and Research, 16*(5), 589–599.

Earl, L. M. (2013). *Assessment as learning: Using classroom assessment to maximize student learning* (2nd ed.). Thousand Oaks, CA: Corwin.

Eckberg, D. L. (2003). Topical Review: The human respiratory gate. *Journal of Physiology, 548*(2), 339–352.

Eisenberg, N., Cumberland, A., & Spinrad, T. L. (1998). Parental socialization of emotion. *Psychological Inquiry, 9*(4), 241–273.

Eisenberg, N., Sadovsky, A., & Spinrad, T. (2005). Associations of emotion-related regulation with language skills, emotion knowledge, and academic outcomes. *New Directions for Child and Adolescent Development, 109*, 109–118.

Eisenberg, N., Valiente, C., & Eggum, N. D. (2010). Self-regulation and school readiness. *Early Education and Development, 21*(5), 681–698.

Eklund, K., Rossen, E., Koriakin, T., Chafouleas, S. M., & Resnick, C. (2018). A systemic review of trauma screening measures for children and adolescents. *School Psychology Quarterly, 33*, 30–43.

Elias, M. J. (2004). Strategies to infuse social and emotional learning into academics. In J. E. Zins, R. P. Weissberg, M. C. Wang, & H. J. Walberg (Eds.), *Building academic success on social and emotional learning* (pp. 113–134). New York: Teachers College Press.

Elias, M. J., & Clabby, J. F. (1992). *Building social problem-solving skills: Guidelines from a school-based program*. San Francisco: Jossey-Bass.

Elias, M. J., & Haynes, N. M. (2008). Social competence, social support, and academic achievement in minority, low-income, urban elementary school children. *School Psychology Quarterly, 23*(4), 474.

Elias, M. J., Leverett, L., Duffell, J. C., Humphrey, N., Stepney, C., & Ferrito, J. (2015). Integrating SEL with related prevention and youth development approaches. In J. A. Durlak, C. E. Domitrovich, R. P. Weissberg, & T. P. Gullotta (Eds.), *Handbook of social and emotional learning: Research and practice* (pp. 3–49). New York: Guilford Press.

Elias, M. J., Zins, J. E., Graczyk, P. A., & Weissberg, R. P. (2003). Implementation, sustainability, and scaling up of social-emotional and academic innovations in public schools. *School Psychology Review, 32*(3), 303–319.

Elksnin, L. K., & Elksnin, N. (2004). The social-emotional side of learning disabilities. *Learning Disability Quarterly, 27*(1), 3–8.

Elliott, S. (1995). *The responsive classroom approach: Its effectiveness and acceptability*. Washington, DC: Center for Systemic Educational Change, District of Columbia Public Schools. Retrieved from www.responsiveclassroom.org/pdf_files/rc_evaluation_project.pdf.

Embry, D. D., & Biglan, A. (2008). Evidence-based kernels: Fundamental units of behavioral influence. *Clinical Child and Family Psychology Review, 11*(3), 75–113.

Emmons, R. A., & Stern, R. (2013). Gratitude as a psychotherapeutic intervention. *Journal of Clinical Psychology, 69*(8), 846–855.

Ergur, D. O. (2009). How can education professionals become emotionally intelligent? *Procedia: Social and Behavioral Sciences, 1*(1), 1023–1028.

Espelage, D. L., Rose, C. A., & Polanin, J. R. (2015). Social-emotional learning program to reduce bullying, fighting, and victimization among middle school students with disabilities. *Remedial and Special Education, 36*(5), 299–311.

Fagan, A. A., Hanson, K., Hawkins, J. D., & Arthur, M. W. (2008). Bridging science to practice: Achieving prevention program implementation fidelity in the Community Youth Development Study. *American Journal of Community Psychology, 41*(3–4), 235.

Fagundes, C. P., Bennett, J. M., Derry, H. M., & Kiecolt-Glaser, J. K. (2011). Relationships and inflammation across the lifespan: Social developmental pathways to disease. *Social and Personality Psychology Compass, 5*(11), 891–903.

Felitti, V. J., Anda, R. F., Nordenberg, D., Williamson, D. F., Spitz, A. M., Edwards, V., et al. (1998). Relationship of childhood abuse and household dysfunction to many of the leading causes of death in adults: The Adverse Childhood Experiences (ACE) study. *American Journal of Preventive Medicine, 14*(4), 245–258.

Feuerborn, L. L., & Chinn, D. (2012). Teacher perceptions of student needs and implications for positive behavior supports. *Behavioral Disorders, 37*(4), 219–231.

Feuerborn, L. L., & Gueldner, B. A. (2019). Mindfulness and social-emotional competencies: Proposing connections through a review of research. *Mindfulness, 10,* 1707–1720.

Feuerborn, L. L., & Tyre, A. (2009). Practical social-emotional learning tools for students with specific learning disabilities in the United States of America. *Journal of the International Association of Special Education, 10*(1), 21–25.

Feuerborn, L. L., Tyre, A. D., & Beaudoin, K. (2018). Classified staff perceptions of behavior and discipline: Implications for Schoolwide Positive Behavior Supports. *Journal of Positive Behavior Interventions, 20*(2), 101–112.

Feuerborn, L. L., Tyre, A. D., & King, J. P. (2015). The staff perceptions of behavior and discipline survey: A tool to help achieve systemic change through schoolwide positive behavior support. *Journal of Positive Behavior Interventions, 17*(2), 116–126.

Feuerborn, L. L., Wallace, C., & Tyre, A. (2016). A qualitative analysis of middle and high school teacher perceptions of schoolwide positive behavior supports. *Journal of Positive Behavior Interventions, 18*, 219–229.

Finn, C. E., Jr., Julian, L., & Petrilli, M. J. (2006). *The state of state standards 2006*. Washington, DC: Thomas Fordham Institute.

Fixsen, D. L., Naoom, S. F., Blase, K. A., Friedman, R. M., & Wallace, F. (2005). *Implementation research: A synthesis of the literature*. Tampa: University of South Florida, Louis de la Parte Florida Mental Health Institute, National Implementation Research Network (FMHI Publication #231). Retrieved from https://fpg.unc.edu.

Flook, L., Goldberg, S. B., Pinger, L., Bonus, K., & Davidson, R. J. (2013). Mindfulness for teachers: A pilot study to assess effects on stress, burnout, and teaching efficacy. *Mind, Brain, and Education, 7*, 182–195.

Forman, S. G. (2015). *Implementation of mental health programs in schools: A change agent's guide*. Washington, DC: American Psychological Association.

Fortuna, L. R., Porche, M. V., & Alegria, M. (2008). Political violence, psychosocial trauma, and the context of mental health services use among immigrant Latinos in the United States. *Ethnic Health, 13*, 435–463.

Fredrickson, B. L., Cohn, M. A., Coffey, K. A., Pek, J., & Finkel, S. M. (2008). Open hearts build lives: Positive emotions, induced through loving-kindness meditation, build consequential personal resources. *Journal of Personality and Social Psychology, 95*(5), 1045–1062.

Frey, K. S., Hirschstein, M. K., Edstrom, L. V., & Snell, J. L. (2009). Observed reductions in school bullying, nonbullying aggression, and destructive bystander behavior: A longitudinal evaluation. *Journal of Educational Psychology, 101*(2), 466–481.

Frey, K. S., Hirschstein, M. K., Snell, J. L., Edstrom, L. V. S., MacKenzie, E. P., & Broderick, C. J. (2005). Reducing playground bullying and supporting beliefs: An experimental trial of the Steps to Respect Program. *Developmental Psychology, 41*, 479–491.

Fry, R. (2005) *The higher drop-out rate of foreign-born teens: The role of schooling abroad*. Washington, DC: Pew Hispanic Center.

Fullan, M. (2002). The change. *Educational Leadership, 59*(8), 16–20.

Fuller, E. J., Young, M. D., Richardson, M. S., Pendola, A., & Winn, K. M. (2018). The PreK-8 leader in 2018. Retrieved from www.naesp.org.

Garbacz, S. A., McIntosh, K., Vatland, C. H., Minch, D. R., & Eagle, J. W. (2018). Identifying and examining school approaches to family engagement within schoolwide positive behavioral interventions and supports. *Journal of Positive Behavior Interventions, 20*(3).

Garbacz, S. A., Swanger-Gagné, M. S., & Sheridan, S.

M. (2015). The role of school-family partnership programs for promoting student social and emotional learning. In J. A. Durlak, C. E. Domitrovich, R. P. Weissberg, & T. P. Gullotta (Eds.), *Handbook of social and emotional learning: Research and practice* (pp. 244–259). New York: Guilford Press.

Gardner, H. (1993). *Multiple intelligences: The theory in practice*. New York: Basic Books.

Garibaldi, M., Ruddy, S., Kendziora, K., & Osher, D. (2015). Assessment of climate and conditions for learning. In J. A. Durlak, C. E. Domitrovich, R. P. Weissberg, & T. P. Gullotta (Eds.), *Handbook of social and emotional learning: Research and practice* (pp. 348–359). New York: Guilford Press.

Garner, P. W., Mahatmya, D., Brown, E. L., & Vesely, C. K. (2014). Promoting desirable outcomes among culturally and ethnically diverse children in social emotional learning programs: A multilevel heuristic model. *Educational Psychology Review, 26*, 165–189.

Garner, P. W., & Waajid, B. (2008). The associations of emotion knowledge and teacher-child relationships to preschool children's school-related developmental competence. *Journal of Applied Developmental Psychology, 29*, 89–100.

Gayl, C. L. (2017). How state planning for the Every Student Succeeds Act (ESSA) can promote student academic, social, and emotional learning: An examination of five key strategies: A Brief from the Collaborative for Academic, Social, and Emotional Learning (CASEL). Retrieved from www.casel.org/wp-content/uploads/2017/04/ESSA-and-SEL-Five-Strategies-April-2017-041717.pdf.

Gaynor, P. (2011). New puzzles, next moves: Assessing and using students' voices to improve your curriculum. *Voices from the Middle, 18*(3), 57–60.

Ginott, H. G. (1972). *Teacher and child: A book for parents and teachers*. New York: Macmillan.

Glover, T. A., & Albers, C. A. (2007). Considerations for evaluating universal screening assessments. *Journal of School Psychology, 45*(2), 117–135.

Goleman, D. (1995). *Emotional intelligence: Why it can matter more than IQ*. New York: Bantam Books.

Goleman, D. (1998). *Working with emotional intelligence*. New York: Bantam Books.

Gonzales, S., & Gabel, S. (2017). Exploring involvement expectations for culturally and linguistically diverse parents: What we need to know in teacher education. *International Journal of Multicultural Education, 19*(2), 61–81.

Gortner, E. M., Rude, S. S., & Pennebaker, J. W. (2006). Benefits of expressive writing in lowering rumination and depressive symptoms. *Behavior Therapy, 37*(3), 292–303.

Gottman, J. M., Katz, L. F., & Hooven, C. (1996). Parental meta-emotion philosophy and the emotional life of families: Theoretical models and preliminary data. *Journal of Family Psychology, 10*(3), 243–268.

Gottman, J. M., & Notarius, C. I. (2000). Decade review: Observing marital interaction. *Journal of Marriage and Family, 62*(4), 927–947.

Gouda, S., Luong, M. T., Schmidt, S., & Bauer, J. (2016). Students and teachers benefit from mindfulness-based stress reduction in a school-embedded pilot study. *Frontiers in Psychology,*

7, 590.

Graczyk, P. A., Domitrovich, C. E., Small, M., & Zins, J. E. (2006). Serving all children: An implementation model framework. *School Psychology Review, 35*(2), 266–274.

Graves, S. L., & Aston, C. (2018). A mixed-methods study of a social emotional curriculum for Black male success: A school-based pilot study of the Brothers of Ujima. *Psychology in the Schools, 55*(1), 76–84.

Graves, S. L., Jr., Herndon-Sobalvarro, A., Nichols, K., Aston, C., Ryan, A., Blefari, A., et al. (2017). Examining the effectiveness of a culturally adapted social-emotional intervention for African American males in an urban setting. *School Psychology Quarterly, 32*(1), 62.

Graziano, P. A., Reavis, R. D., Keane, S. P., & Calkins, S. D. (2007). The role of emotion regulation in children's early academic success. *Journal of School Psychology, 45*(1), 3–19.

Greenberg, M. T. (2006). Preventive interventions and their interface with neuroscience. *Annals of the New York Academy of Science, 1094*, 139–150.

Greenberg, M. T. (2017). *The stress-proof brain: Master your emotional response to stress using mindfulness and neuroplasticity*. Oakland, CA: New Harbinger.

Greenberg, M. T., Domitrovich, C. E., Weissberg, R. P., & Durlak, J. A. (2017). Social and emotional learning as a public health approach to education. *Future of Children, 27*(1), 13–32.

Greenberg, M. T., & Kusché, C. A. (1998). Preventive interventions for school-age deaf children: The PATHS curriculum. *Journal of Deaf Studies and Deaf Education, 3*, 49–63.

Greenberg, M. T., Kusché, C. A., Cook, E. T., & Quamma, J. P. (1995). Promoting emotional competence in school-aged children: The effects of the PATHS curriculum. *Special Emotions in Developmental Psychopathology, 7*, 117–136.

Greenberg, M. T., Weissberg, R. P., O'Brien, M. U., Zins, J. E., Fredericks, L., Resnik, H., et al. (2003). Enhancing school-based prevention and youth development through coordinated social and emotional learning. *American Psychologist, 58*, 466–474.

Gresham, F. M. (2002). Teaching social skills to high-risk children and youth: Preventive and remedial strategies. In M. R. Shinn, H. M. Walker, & G. Stoner (Eds.), *Interventions for academic and behavior problems: II. Preventive and remedial approaches* (pp. 403–432). Bethesda, MD: National Association of School Psychologists.

Gresham, F. M. (2018). *Effective interventions for social-emotional learning*. New York: Guilford Press.

Gresham, F. M., & Elliott, S. N. (2017). SSIS SEL. In F. R. Volkman (Ed.), *Encyclopedia of autism spectrum disorders* (pp. 1–3). Cham, Switzerland: Springer.

Gresham, F. M., Elliott, S. N., Vance, M. J., & Cook, C. R. (2011). Comparability of the Social Skills Rating System to the Social Skills Improvement System: Content and psychometric comparisons across elementary and secondary age levels. *School Psychology Quarterly, 26*(1), 27–44.

Griggs, M. S., Rimm-Kaufman, S. E., Merritt, E. G., & Patton, C. L. (2013). The Responsive Classroom approach and fifth grade students' math and science anxiety and self-efficacy. *School*

Psychology Quarterly, 28(4), 360–373.

Gueldner, B. A., & Merrell, K. W. (2011). The effectiveness of a social and emotional learning pro-gram with middle school students in the general education setting and the effect of consultation on student outcomes. *Journal of Educational and Psychological Consultation, 21*, 1–27.

Gunter, L., Caldarella, P., Korth, B. B., & Young, K. R. (2012). Promoting social and emotional learning in preschool students: A study of Strong Start Pre-K. *Early Childhood Education, 40*, 151–159.

Gus, L., Rose, J., & Gilbert, L. (2015). Emotion Coaching: A universal strategy for supporting and promoting sustainable emotional and behavioural well-being. *Educational and Child Psychology, 32*(1), 31–41.

Gus, L., Rose, J., Gilbert, L., & Kilby, R. (2017). The introduction of Emotion Coaching as a whole school approach in a primary specialist social emotional and mental health setting: Positive Outcomes for All. *Open Family Studies Journal, 9*(1), 95–110.

Hagelskamp, C., Brackett, M. A., Rivers, S. E., & Salovey, P. (2013). Improving classroom quality with the RULER approach to social and emotional learning: Proximal and distal outcomes. *American Journal of Community Psychology, 51*(3–4), 530–543.

Hall, G. C. N., Ibaraki, A. Y., Huang, E. R., Marti, C. N., & Stice, E. (2016). A meta-analysis of cultural adaptations of psychological interventions. *Behavior Therapy, 47*(6), 993–1014.

Hall, G. E., & Hord, S. M. (2010). *Implementing change: Patterns, principles, and potholes*. Needham Heights, MA: Allyn & Bacon.

Hamre, B. K., & Pianta, R. C. (2001). Early teacher-child relationships and the trajectory of children's school outcomes through eighth grade. *Child Development, 72*, 625–638.

Hamre, B. K., Pianta, R. C., Downer, J. T., DeCoster, J., Mashburn, A. J., Jones, S. M., et al. (2013). Teaching through interactions: Testing a developmental framework of teacher effectiveness in over 4,000 classrooms. *Elementary School Journal, 113*(4), 461–487.

Hanson, R., & Hanson, F. (2018). *Resilient: How to grow an unshakable core of calm, strength, and happiness*. New York: Harmony Books.

Harlacher, J. E., & Merrell, K. W. (2010). Social and emotional learning as a universal level of student support: Evaluating the follow-up effect of strong kids on social and emotional outcomes. *Journal of Applied School Psychology, 26*(3), 212–229.

Harris, A. R., Jennings, P. A., Katz, D. A., Abenavoli, R. M., & Greenberg, M. T. (2016). Promoting stress management and wellbeing in educators: Feasibility and efficacy of a school-based yoga and mindfulness intervention. *Mindfulness, 7*(1), 143–154.

Hawken, L. S., Adolphson, S. L., Macleod, K. S., & Schumann, J. (2009). Secondary-tier interventions and supports. In W. Sailor, G. Dunlap, G. Sugai, & R. Horner (Eds.), *Handbook of positive behavior support* (pp. 395–420). New York: Springer.

He, Y., & Cooper, J. E. (2009). The ABCs for pre-service teacher cultural competency development. *Teaching Education, 20*(3), 305–322.

Hecht, M. L., & Shin, Y. (2015). Culture and social and emotional competencies. In J. A. Durlak, C. E. Domitrovich, R. P. Weissberg, & T. P. Gullotta (Eds.), *Handbook of social and emotional learning: Research and practice* (pp. 50–64). New York: Guilford Press.

Heffron, M. C., & Murch, T. (2010). *Reflective supervision and leadership in early childhood and early childhood programs*. Washington, DC: ZERO TO THREE.

Hemmelgarn, A. L., Glisson, C., & James, L. R. (2006). Organizational culture and climate: Implications for services and interventions research. *Clinical Psychology: Science and Practice, 13*(1), 73–89.

Herman, K. C., Merrell, K. W., Reinke, W. M., & Tucker, C. M. (2004). The role of school psychology in preventing depression. *Psychology in the Schools, 41*(7), 763–775.

Herman, K. C., & Reinke, W. M. (2015). *Stress management for teachers: A proactive guide*. New York: Guilford Press.

Herman, K., Reinke, W., Frey, A. J., & Shepard, S. (2014). *Motivational interviewing in schools: Strategies to engage parents, teachers, and students*. New York: Springer.

Hoffman, K., Cooper, G., & Powell, B. (2017). *Raising a secure child: How circle of security parenting can help you nurture your child's attachment, emotional resilience, and freedom to explore*. New York: Guilford Press.

Hoglund, W. L., Klingle, K. E., & Hosan, N. E. (2015). Classroom risks and resources: Teacher burnout, classroom quality and children's adjustment in high needs elementary schools. *Journal of School Psychology, 53*(5), 337–357.

Holt, D. T., Armenakis, A. A., Field, H. S., & Harris, S. G. (2007). Readiness for organizational change: The systematic development of a scale. *Journal of Applied Behavioral Science, 43*(2), 232–255.

Hornby, G., & Lafaele, R. (2011). Barriers to parental involvement in education: An explanatory model. *Educational Review, 63*, 37–52.

Hosp, M. K., Hosp, J. L., & Howell, K. W. (2016). *The ABCs of CBM: A practical guide to curriculum-based measurement*. New York: Guilford Press.

Howse, R. B., Calkins, S. D., Anastopoulos, A. D., Keane, S. P., & Shelton, T. L. (2003). Regulatory contributors to children's kindergarten achievement. *Early Education and Development, 14*(1), 101–120.

Huang, K. Y., Calzada, E., Cheng, S., & Brotman, L. M. (2012). Physical and mental health disparities among young children of Asian immigrants. *Journal of Pediatrics, 160*(2), 331–336.

Hülsheger, U. R., Alberts, H. J., Feinholdt, A., & Lang, J. W. (2013). Benefits of mindfulness at work: The role of mindfulness in emotion regulation, emotional exhaustion, and job satisfaction. *Journal of Applied Psychology, 98*(2), 310.

Humphrey, N. (2013). *Social and emotional learning: A critical appraisal*. Washington, DC: SAGE.

Hurrell, K. E., Houwing, F. L., & Hudson, J. L. (2017). Parental meta-emotion philosophy and emotion coaching in families of children and adolescents with an anxiety disorder. *Journal of Abnormal Child Psychology, 45*, 569–582.

Husu, J., Toom, A., & Patrikainen, S. (2008). Guided reflection as a means to demonstrate and develop student teachers' reflective competencies. *Reflective Practice, 9*(1), 37–51.

Hwang, W. (2006). The psychotherapy adaptation and modification framework: Application to Asian Americans. *American Psychologist, 6*, 702–715.

Hwang, W. (2009). The Formative Method for Adapting Psychotherapy (FMAP): A community-based developmental approach to culturally adapting therapy. *Professional Psychology: Research and Practice, 40*, 369-377.

Iizuka, C. A., Barrett, P. M., Gillies, R., Cook, C. R., & Marinovic, W. (2014). A combined intervention targeting both teachers' and students' social-emotional skills: Preliminary evaluation of students' outcomes. *Journal of Psychologists and Counsellors in Schools, 24*(2), 152-166.

Institute of Education Science National Center for Education Statistics. (2015). The condition of education: 2015. Retrieved from https://nces.ed.gov/pubs2015/2015144.pdf.

Ivcevic, Z., & Brackett, M. (2014). Predicting school success: Comparing conscientiousness, grit, and emotion regulation ability. *Journal of Research in Personality, 52*, 29-36.

Izard, C., Fine, S., Schultz, D., Mostow, A., Ackerman, B., & Youngstrom, E. (2001). Emotion knowledge as a predictor of social behavior and academic competence in children at risk. *Psychological Science, 12*(1), 18-23.

Jamieson, J. P., Nock, M. K., & Mendes, W. B. (2012). Mind over matter: Reappraising arousal improves cardiovascular and cognitive responses to stress. *Journal of Experimental Psychology: General, 141*(3), 417.

Jennings, P. A. (2015). *Mindfulness for teachers: Simple skills for peace and productivity in the classroom*. New York: Norton.

Jennings, P. A., Frank, J. L., Snowberg, K. E., Coccia, M. A., & Greenberg, M. T. (2013). Improving classroom learning environments by Cultivating Awareness and Resilience in Education (CARE): Results of a randomized controlled trial. *School Psychology Quarterly, 28*(4), 374.

Jennings, P. A., & Greenberg, M. T. (2009). The prosocial classroom: Teacher social and emotional competence in relation to student and classroom outcomes. *Review of Educational Research, 79*(1), 491-525.

Jones, D. E., Greenberg, M., & Crowley, M. (2015). Early social-emotional functioning and public health: The relationship between kindergarten social competence and future wellness. *American Journal of Public Health, 105*(11), 2283-2290.

Jones, S. M., Barnes, S. P., Bailey, R., & Doolittle, E. J. (2017). Promoting social and emotional competencies in elementary school. *Future of Children, 27*(1), 49-72.

Jones, S. M., & Bouffard, S. M. (2012). Social and emotional learning in schools: From programs to strategies: Social Policy Report. *Society for Research in Child Development, 26*(4), 2-26.

Jones, S. M., Bouffard, S. M., & Weissbourd, R. (2013). Educators' social and emotional skills vital to learning. *Phi Delta Kappan, 94*(8), 62-65.

Jones, S. M., Brown, J. L., & Aber, L. J. (2011). Two-year impacts of a universal school-based social-emotional and literacy intervention: An experiment in translational developmental research. *Child Development, 82*(2), 533-554.

Jones, S., Brush, K., Bailey, R., Brion-Meisels, G., McIntyre, J., Kahn, J., et al. (2017). *Navigating social and emotional learning from the inside out: Looking inside and across 25 leading SEL programs: A practical resource for schools and OST providers (elementary school focus)*. Cambridge, MA: Harvard Graduate School of Education, Harvard University. Retrieved from www.wallacefoundation.org/knowledge-center/pages/navigating-social-and-emotional-learning-from-the-inside-out.aspx.

Jones, S. M., & Doolittle, E. J. (2017). Social and emotional learning: Introducing the issue. *Future of Children, 27*(1), 3–11.

Jones, S. M., & Kahn, J. (2017). *The evidence base for how we learn: Supporting students' social, emotional, and academic development*. Washington, DC: Aspen Institute.

Joseph, G. E., & Strain, P. S. (2003). Comprehensive evidence-based social-emotional curricula for young children: An analysis of efficacious adoption potential. *Topics in Early Childhood Special Education, 23*(2), 65–76.

Kabat-Zinn, J. (2003). Mindfulness-based interventions in context: Past, present, and future. *Clinical Psychology: Science and Practice, 10*(2), 144–156.

Kabat-Zinn, J. (2013). *Full catastrophe living, revised edition: How to cope with stress, pain and illness using mindfulness meditation*. London: Hachette UK.

Kabat-Zinn, J. (2016). *Mindfulness for beginners: Reclaiming the present moment and your life*. Boulder, CO: Sounds True.

Kam, C., Greenberg, M. T., & Kusché, C. A. (2004). Sustained effects of the PATHS curriculum on the social and psychological adjustment of children in special education. *Journal of Emotional and Behavioral Disorders, 12*, 66–78.

Kame'enui, E. J., & Simmons, D. C. (1990). *Designing instructional strategies: The prevention of academic learning problems*. Hightstown, NJ: Macmillan.

Kamphaus, R. W., Reynolds, C. R., Hatcher, N. M., & Kim, S. (2010). Treatment planning and evaluation with the Behavior Assessment System for Children (BASC). In M. E. Maruish (Ed.), *The use of psychological testing for treatment planning and outcomes assessment: Vol. 2. Instruments for children and adolescents* (pp. 331–354). Mahwah, NJ: Erlbaum.

Kang, Y., Gray, J. R., & Dovidio, J. F. (2014). The nondiscriminating heart: Lovingkindness meditation training decreases implicit intergroup bias. *Journal of Experimental Psychology: General, 143*(3), 1306–1313.

Kann, L., Kindchen, S., Shanklin, S. L., Flint, K. H., Hawkins, J., Harris, W. A., & McManus, T. (2014). Youth Risk Behavior Surveillance–United States 2013. *MMWR Surveillance Summaries, 63*, 1–168.

Karimzadeh, M., Goodarzi, A., & Rezaei, S. (2012). The effect of social emotional skills training to enhance general health and emotional intelligence in the primary teachers. *Procedia: Social and Behavioral Sciences, 46*, 57–64.

Karp, T., & Helgo, T. (2008). From change management to change leadership: Embracing chaotic change in public service organizations. *Journal of Change Management, 8*(1), 85–96.

Kavale, K. A., & Mostert, M. P. (2004). Social skills interventions for individuals with learning disabilities. *Learning Disability Quarterly, 27*(1), 31–43.

Kazdin, A. E. (2008). Evidence-based treatment and practice: New opportunities to bridge clinical research and practice, enhance the knowledge base, and improve patient care. *American Psychologist, 63*(3), 146–159.

Kearney, D. J., Malte, C. A., McManus, C., Martinez, M. E., Felleman, B., & Simpson, T. L. (2013). Loving-kindness meditation for posttraumatic stress disorder: A pilot study. *Journal of Traumatic Stress, 26*(4), 426–434.

Keller, A., Litzelman, K., Wisk, L. E., Maddox, T., Cheng, E. R., Creswell, P. D., et al. (2012). Does the perception that stress affects health matter?: The association with health and mortality. *Health Psychology, 31*(5), 677.

Kelly, M. S., Frey, A. J., Alvarez, M., Berzin, S. C., Shaffer, G., & O'Brien, K. (2010). School social work practice and response to intervention. *Children and Schools, 32*(4), 201–209.

Kena, G., Musu-Gillette, L., Robinson, J., Wang, X., Rathbun, A., Zhang, J., et al. (2015). *The condition of education 2015* (NCES 2015-144). Washington, DC: U.S. Department of Education, National Center for Education Statistics. Retrieved from http://nces.ed.gov/pubsearch.

Kendall, P. C., Hudson, J. L., Gosch, E., Flannery-Schroeder, E., & Suveg, C. (2008). Cognitive-behavioral therapy for anxiety disordered youth: A randomized clinical trial evaluating child and family modalities. *Journal of Consulting and Clinical Psychology, 76*(2), 282.

Kessler, R. C., Berglund, P., Demler, O., Jin, R., Merikangas, K. R., & Walters, E. E. (2005). Lifetime prevalence and age-of-onset distributions of DSM-IV disorders in the national comorbidity survey replication. *Archives of General Psychiatry, 62*(6), 593–602.

Kilgus, S. P., Sims, W. A., von der Embse, N. P., & Riley-Tillman, T. C. (2015). Confirmation of models for interpretation and use of the Social and Academic Behavior Risk Screener (SABRS). *School Psychology Quarterly, 30*(3), 335–352.

King, E., & Butler, R. (2015). Who cares about diversity?: A preliminary investigation of diversity exposure in teacher preparation programs. *Multicultural Perspectives, 17*(1), 46–52.

Klimecki, O. M., Leiberg, S., Ricard, M., & Singer, T. (2013). Differential pattern of functional brain plasticity after compassion and empathy training. *Social Cognitive and Affective Neuroscience, 9*(6), 873–879.

Klusmann, U., Richter, D., & Lüdtke, O. (2016). Teachers' emotional exhaustion is negatively related to students' achievement: Evidence from a large-scale assessment study. *Journal of Educational Psychology, 108*(8), 1193.

Knight, V., Browder, D., Agnello, B., & Lee, A. (2010). Academic instruction for students with severe disabilities. *Focus on Exceptional Children, 42*(7), 1–14.

Koenig, A., Rodger, S., & Specht, J. (2017). Educator burnout and compassion fatigue: A pilot study. *Canadian Journal of School Psychology, 33*(4), 259–278.

Kok, B. E., Coffey, K. A., Cohn, M. A., Catalino, L. I., Vacharkulksemsuk, T., Algoe, S. B., et al. (2013). How positive emotions build physical health: Perceived positive social connections account for the upward spiral between positive emotions and vagal tone. *Psychological Science, 24*(7), 1123–1132.

Kolko, D. J., & Perrin, E. (2014). The integration of behavioral health interventions in children's health care: Services, science, and suggestions. *Journal of Clinical Child and Adolescent Psychology, 43*(2), 216–228.

Kramer, T. J., Caldarella, P., Christensen, L., & Shatzer, R. H. (2010). Social and emotional learning in the kindergarten classroom: Evaluation of the Strong Start curriculum. *Early Childhood Education Journal, 37*, 303–309.

Kramer, T. J., Caldarella, P., Young, R., Fischer, L., & Warren, J. S. (2014). Implementing Strong Kids school-wide to reduce internalizing behaviors and increase prosocial behaviors. *Education and Treatment of Children, 37*, 659–680.

Kuhl, J., & Kraska, K. (1989). Self-regulation and metamotivation: Computational mechanisms, development, and assessment. In R. Kanfer, P. L. Ackerman, & R. Cudeck (Eds.), *Abilities, motivation and methodology: The Minnesota Symposium on Learning and Individual Differences* (pp. 343–374). New York: Psychology Press.

Kusché, C. A., & Greenberg, M. T. (1994). *The PATHS (Promoting Alternative Thinking Strategies) curriculum.* South Deerfield, MA: Channing-Bete.

Kutash, K., Duchnowski, A. J., & Lynn, N. (2006). School-based mental health: An empirical guide for decision-makers. Retrieved from http://rtckids.fmhi.usf.edu/rtcpubs/study04/default.cfm.

Langley, A. K., Nadeem, E., Kataoka, S. H., Stein, B. D., & Jaycox, L. H. (2010). Evidence-based mental health programs in schools: Barriers and facilitators of successful implementation. *School Mental Health, 2*(3), 105–113.

Larson, H. A., El Ramahi, M. K., Conn, S. R., Estes, L. A., & Ghibellini, A. B. (2010). Reducing Test Anxiety among third grade students through the implementation of relaxation techniques. *Journal of School Counseling, 8*(19), 19.

Lazar, S. W., Kerr, C. E., Wasserman, R. H., Gray, J. R., Greve, D. N., Treadway, M. T., et al. (2005). Meditation experience is associated with increased cortical thickness. *NeuroReport, 16*(17), 1893–1897.

Lazarín, M. (2014). *Testing overload in America's schools.* Washington, DC: Center for American Progress.

Lepore, S. J., & Smyth, J. M. (Eds.). (2002). *The writing cure: How expressive writing promotes health and emotional well-being.* Washington, DC: American Psychological Association.

Levinson, E. M., Vogt, M., Barker, W. F., Jalongo, M. R., & Van Zandt, P. (2017). Effects of reading with adult tutor/therapy dog teams on elementary students' reading achievement and attitudes. *Society and Animals, 25*(1), 38–56.

Levitt, V. H., & Merrell, K. W. (2009). Linking assessment to intervention for internalizing problems of children and adolescents. *School Psychology Forum, 3*(1), 13–26.

Liew, J. (2011). Effortful control, executive functions, and education: Bringing self-regulatory and social-emotional competencies to the table. *Child Development Perspectives, 6*(2), 1–7.

Lipsky, L. V. D., & Burk, C. (2009). *Trauma stewardship: An everyday guide to caring for self while caring for others.* San Francisco: Berrett-Koehler.

Lochman, J. E., Dishion, T. J., Powell, N. P., Boxmeyer, C. L., Qu, L., & Sallee, M. (2015). Evidence-based preventive intervention for preadolescent aggressive children: One-year outcomes following randomization to group versus individual delivery. *Journal of Consulting and Clinical Psychology, 83*(4), 728–735.

Long, J. S., McKenzie-Robblee, S., Schaefer, L., Steeves, P., Wnuk, S., Pinnegar, E., et al. (2012). Literature review on induction and mentoring related to early career teacher attrition and retention. *Mentoring and Tutoring: Partnership in Learning, 20*(1), 7–26.

Lopes, P. N., Mestre, J. M., Guil, R., Kremenitzer, J. P., & Salovey, P. (2012). The role of knowledge and skills for managing emotions in adaptation to school: Social behavior and misconduct in the classroom. *American Educational Research Journal, 49*(4), 710–742.

Lopez, P. (2017). Self care: The missing link in best practice: Part I. *Communiqué, 45*(4), 1–24.

Lopez, S. J., Edwards, L. M., Teramoto Pedrotti, J., Ito, A., & Rasmussen, H. N. (2002). Culture counts: Examinations of recent applications of the Penn Resiliency Program or, toward a rubric for examining cultural appropriateness of prevention programming. Retrieved from *https://epublications.marquette.edu/edu_fac/77.*

Lorion, R. P. (2000). Theoretical and evaluation issues in the promotion of wellness and the protection of "well enough." In D. Cicchetti, J. Rappaport, I. Sandler, & R. P. Weissberg (Eds.), *The promotion of wellness in children and adolescents* (pp. 1–27). Washington, DC: Child Welfare League of America.

Low, S., Cook, C. R., Smolkowski, K., & Buntain-Ricklefs, J. (2015). Promoting social-emotional competence: An evaluation of the elementary version of Second Step. *Journal of School Psychology, 53*, 463–477.

Lykken, D. (1999). *Happiness: What studies on twins show us about nature, nurture, and the happiness set-point*. New York: Golden Books.

Mahoney, J. L., Durlak, J. A., & Weissberg, R. P. (2018). An update on social and emotional learning outcome research. *Phi Delta Kappan, 100*(4), 18–23.

Malecki, C. K., & Elliot, S. N. (2002). Children's social behaviors as predictors of academic achievement: A longitudinal analysis. *School Psychology Quarterly, 17*(1), 1–23.

Maloney, J. E., Lawlor, M. S., Schonert-Reichl, K. A., & Whitehead, J. (2016). A mindfulness-based social and emotional learning curriculum for school-aged children: The MindUP program. In K. A. Schonert-Reichl & R. W. Roeser (Eds.), *Handbook of mindfulness in education* (pp. 313–334). New York: Springer.

Maloney, J. E., Whitehead, J. K., Lawlor, M. S., & Schonert-Reichl, K. A. (2014, October). *Children's perceptions of the MindUP program*. Poster presented at the International Symposium for Contemplative Studies, Boston, MA.

Mart, A. K., Weissberg, R. P., & Kendziora, K. (2015). Systemic support for social and emotional learning in school districts. In J. A. Durlak, C. E. Domitrovich, R. P. Weissberg, & T. P. Gullotta (Eds.), *Handbook of social and emotional learning: Research and practice* (pp. 482–499). New York: Guilford Press.

Matsumura, L. C., Slater, S. C., & Crosson, A. (2008). Classroom climate, rigorous instruction and curriculum, and students' interactions in urban middle schools. *Elementary School Journal,*

108(4), 293–312.

McCombs, B. L. (2004). The learner-center psychological principles: A framework for balancing academic achievement and social-emotional learning outcomes. In J. E. Zins, R. P. Weissberg, M. C. Wang, & H. J. Walberg (Eds.), *Building academic success on social and emotional learning: What does the research say?* (pp. 23–39). New York: Teachers College Press.

McCormick, M. P., O'Connor, E. E., Cappella, E., & McClowry, S. G. (2013). Teacher-child relationships and academic achievement: A multilevel propensity score model approach. *Journal of School Psychology, 51*, 611–624.

McGonigal, K. (2016). *The upside of stress: Why stress is good for you, and how to get good at it.* New York: Penguin.

McKown, C. (2017). Social-emotional assessment, performance, and standards. *Future of Children*, 157–178.

Measelle, J. R., Ablow, J. C., Cowan, P. A., & Cowan, C. P. (1998). Assessing young children's views of their academic, social, and emotional lives: An evaluation of the self-perception scales of the Berkeley Puppet Interview. *Child Development, 69*(6), 1556–1576.

Meerlo, P., Sgoifo, A., & Suchecki, D. (2008). Restricted and disrupted sleep: Effects on autonomic function, neuroendocrine stress systems and stress responsivity. *Sleep Medicine Reviews, 12*(3), 197–210.

Meiklejohn, J., Phillips, C., Freedman, M. L., Griffin, M. L., Biegel, G., Roach, A., et al. (2012). Integrating mindfulness training into K–12 education: Fostering the resilience of teachers and students. *Mindfulness, 3*(4), 291–307.

Mellin, E. A., & Weist, M. D. (2011). Exploring school mental health collaboration in an urban community: A social capital perspective. *School Mental Health, 3*(2), 81–92.

Melnick, H., Cook-Harvey, C. M., & Darling-Hammond, L. (2017). *Encouraging social and emotional learning in the context of new accountability.* Palo Alto, CA: Learning Policy Institute.

Mendez, J. L. (2010). How can parents get involved in preschool?: Barriers and engagement in education by ethnic minority parents of children attending Head Start. *Cultural Diversity and Ethnic Minority Psychology, 16*, 26–36.

Merrell, K. W. (2002). *School Social Behavior Scales* (2nd ed.). Baltimore: Brookes.

Merrell, K. W. (2008). *Behavioral, social, and emotional assessment of children and adolescents* (3rd ed.). New York: Taylor & Francis/Routledge.

Merrell, K. W., & Buchanan, R. (2006). Intervention selection in school-based practice: Using public health models to enhance systems capacity of schools. *School Psychology Review, 35*, 167–180.

Merrell, K. M., Carrizales, D., Feuerborn, L., Gueldner, B. A., & Tran, O. (2007). *Strong teens: A social and emotional learning curriculum for students in grades 9-12.* Baltimore: Brookes.

Merrell, K. W., & Gueldner, B. A. (2010). *Social and emotional learning in the classroom: Promoting mental health and academic success.* New York: Guilford Press.

Merrell, K. W., Juskelis, M. P., Tran, O. K., & Buchanan, R. (2008). Social and emotional learning in the classroom: Evaluation of Strong

Kids and Strong Teens on students social-emotional knowledge and symptoms. *Journal of Applied School Psychology, 24*(2), 209–224.

Meyers, D. C., Durlak, J. A., & Wandersman, A. (2012). The quality implementation framework: A synthesis of critical steps in the implementation process. *American Journal of Community Psychology, 50*(3–4), 462–480.

Meyers, D. C., Gil, L., Cross, R., Keister, S., Domitrovich, C. E., & Weissberg, R. P. (2015). *CASEL guide for schoolwide social and emotional learning*. Chicago: Collaborative for Academic, Social, and Emotional Learning.

Michael, K. D., & Crowley, S. L. (2002). How effective are treatments for child and adolescent depression?: A meta-analytic review. *Clinical Psychology Review, 22*, 247–269.

Miller, D. N. (2010). *Child and adolescent suicidal behavior: School-based prevention, assessment, and intervention*. New York: Guilford Press.

Mischel, W., & Ebbesen, E. B. (1970). Attention in delay of gratification. *Journal of Personality and Social Psychology, 16*(2), 329–337.

Mischel, W., Shoda, Y., & Peake, P. K. (1988). The nature of adolescent competencies predicted by preschool delay of gratification. *Journal of Personality and Social Psychology, 54*(4), 687–696.

Mitra, D. L., & Serriere, S. C. (2012). Student voice in elementary school reform: Examining youth development in fifth graders. *American Educational Research Journal, 49*(4), 743–774.

Montague, M. (1997). Cognitive strategy instruction in mathematics for students with learning disabilities. *Journal of Learning Disabilities, 30*(2), 164–177.

Mortenson, B. P., & Witt, J. C. (1998). The use of weekly performance feedback to increase teacher implementation of a prereferral academic intervention. *School Psychology Review, 27*, 613–627.

Moy, G. E., & Hazen, A. (2018). A systematic review of the Second Step program. *Journal of School Psychology, 71*, 18–41.

Murray, C., & Pianta, R. C. (2007). The importance of teacher-student relationships for adolescents with high incidence disabilities. *Theory Into Practice, 46*(2), 105–112.

Nadeem, E., Lange, J. M., Edge, D., Fongwa, M., Belin, T., & Miranda, J. (2007). Does stigma keep poor young immigrant and US-born black and Latina women from seeking mental health care? *Psychiatric Services, 58*(12), 1547–1554.

Nakayama, N. J. (2008). *An investigation of the impact of the Strong Kids curriculum on social-emotional knowledge and symptoms of elementary aged students in a self-contained special education setting*. Unpublished doctoral dissertation, University of Oregon.

National Commission on Social, Emotional, and Academic Development. (2017). School-community partnerships. Retrieved from www.aspeninstitute.org/publications/school-community-partnerships.

National Conference of State Legislatures. (2017, March 3). What is social and emotional learning? Retrieved from www.ncsl.org/research/education/social-emotional-learning.aspx.

National Governors Association Center for Best Practices & Council of Chief State School Officers. (2010). *Common Core Standards for*

English language arts and literacy in history/social studies, science, and technical subjects. Washington, DC: Authors.

National Research Council. (2009). *Preventing mental, emotional, and behavioral disorders among young people: Progress and possibilities.* Washington, DC: National Academies Press.

National Research Council. (2012). *Education for life and work: Developing transferable knowledge and skills in the 21st century.* Washington, DC: National Academies Press.

Neff, K. (2003). Self-compassion: An alternative conceptualization of a healthy attitude toward oneself. *Self and Identity, 2*(2), 85–101.

Neff, K., & Germer, C. (2018). *The mindful self-compassion workbook: A proven way to accept yourself, build inner strength, and thrive.* New York: Guilford Press.

Nelson, B., Martin, R. P., Hodge, S., Havill, V., & Kamphaus, R. (1999). Modeling the prediction of elementary school adjustment from preschool temperament. *Personality and Individual Differences, 26*(4), 687–700.

Nelson, C. S., Higman, S. M., Sia, C., McFarlane, E., Fuddy, L., & Duggan, A. K. (2005). Medical homes for at-risk children: Parental reports of clinician-parent relationships, anticipatory guidance, and behavior changes. *Pediatrics, 115*(1), 48–56.

Nelson, C. S., Wissow, L. S., & Cheng, T. L. (2003). Effectiveness of anticipatory guidance: Recent developments. *Current Opinion in Pediatrics, 15*(6), 630–635.

Nelson, J. R., Benner, G., & Rogers-Adkinson, D. (2003). An investigation of the characteristics of K-12 students with comorbid emotional disturbance and significant language deficits served in public school settings. *Behavioral Disorders, 29*(1), 25–33.

New York State Office of Mental Health. (2008). The children's plan: Improving the social and emotional well being of New York's children and their families. Retrieved from www.ccf.ny.gov/files/5013/7962/7099/childrens_plan.pdf.

Newton, S. J., Horner, R. H., Algozzine, R. F., Todd, A. W., & Algozzine, K. M. (2009). Using a problem-solving model to enhance data-based decision making in schools. In W. Sailor, G. Dunlap, G. Sugai, & R. Horner (Eds.), *Handbook of positive behavior support* (pp. 551–580). Boston: Springer.

Nickolite, A., & Doll, B. (2008). Resilience applied in school: Strengthening classroom environments for learning. *Canadian Journal of School Psychology, 23*(1), 94–113.

Noell, G. H., Witt, J. C., Slider, N. J., Connell, J. E., Gatti, S. L., Williams, K. L., et al. (2005). Treatment implementation following behavioral consultation in schools: A comparison of three follow-up strategies. *School Psychology Review, 34*, 87–106.

Oberle, E., Domitrovich, C. E., Meyers, D. C., & Weissberg, R. P. (2016). Establishing systemic social and emotional learning approaches in schools: A framework for schoolwide implementation, *Cambridge Journal of Education, 46*(3), 277–297.

Oberle, E., & Schonert-Reichl, K. A. (2016). Stress contagion in the classroom?: The link between classroom teacher burnout and morning cortisol in elementary school students. *Social Science and Medicine, 159*, 30–37.

Oberle, E., Schonert-Reichl, K. A., Hertzman, C., & Zumbo, B. D. (2014). Social-emotional competencies make the grade: Predicting academic success in early adolescence. *Journal of Applied Developmental Psychology, 35*, 138–147.

O'Brennan, L., Pas, E., & Bradshaw, C. (2017). Multilevel examination of burnout among high school staff: Importance of staff and school factors. *School Psychology Review, 46*(2), 165–176.

O'Conner, R., De Feyter, J., Carr, A., Luo, J. L., & Romm, H. (2017). *A review of the literature on social and emotional learning for students ages 3-8: Characteristics of effective social and emotional learning programs (Part 1 of 4)* (REL 2017–245). Washington, DC: U.S. Department of Education, Institute of Education Sciences, National Center for Education Evaluation and Regional Assistance, Regional Educational Laboratory Mid-Atlantic.

Oetting, E. R., Donnermeyer, J. F., Plested, B. A., Edwards, R. W., Kelly, K., & Beauvais, F. (1995). Assessing community readiness for prevention. *International Journal of the Addictions, 30*(6), 659–683.

Okamoto, S. K., Kulis, S., Marsiglia, F. F., Holleran Steiker, L. K., & Dustman, P. A. (2014). A continuum of approaches toward developing culturally focused prevention interventions: From adaptation to grounding. *Journal of Primary Prevention, 35*, 103–112.

OSEP Technical Assistance Center on Positive Behavioral Interventions and Supports. (2008). What is schoolwide PBS? Retrieved from www.pbis.org/schoolwide.htm.

Ohio Department of Education. (2019). Ohio's K-12 social and emotional learning standards. Retrieved from http://education.ohio.gov/getattachment/Topics/Learning-in-Ohio/Social-and-Emotional-Learning/Social-and-Emotional-Learning-Standards/K-12-SEL-Standards-Full-Final.pdf.aspx?lang=en-US.

Osher, D., Kidron, Y., Brackett, M., Dymnicki, A., Jones, S., & Weissberg, R. (2016). Advancing the science and practice of social and emotional learning: Looking back and moving forward. *Review of Research in Education, 40*(1), 644–681.

Ottmar, E. R., Rimm-Kaufman, S. E., Berry, R. Q., & Larsen, R. A. (2013). Does the responsive classroom approach affect the use of standards-based mathematics teaching practices?: Results from a randomized controlled trial. *The Elementary School Journal, 113*(3), 434–457.

Ottmar, E. R., Rimm-Kaufman, S. E., Larsen, R. A., & Berry, R. Q. (2015). Mathematical knowledge for teaching, standards-based mathematics teaching practices, and student achievement in the context of the responsive classroom approach. *American Educational Research Journal, 52*(4), 787–821.

Patel, V., Flisher, A. J., Hetrick, S., & McGorry, P. (2007). Mental health of young people: A global challenge. *Lancet, 369*, 1302–1313.

Patrikakou, E. N., & Weissberg, R. P. (2007). School-family partnerships to enhance children's social, emotional and academic learning. In R. Bar-On, J. G. Maree, & M. J. Elias (Eds.), *Educating people to be emotionally intelligent* (pp. 4; 9–61). Westport, CT: Greenwood.

Patterson, K. (2002). *Crucial conversations: Tools for talking when stakes are high*. New York: McGraw-Hill.

Patterson, K., Grenny, J., Maxfield, D., McMillan, R., & Switzler, A. (2013). *Crucial accountability: Tools for resolving violated expectaions, broken commitments, and bad behavior*. New York: McGraw-Hill.

Patti, J., Senge, P., Madrazo, C., & Stern, R. (2015). Developing socially, emotionally, and cognitively competent school leaders and learning communities. In J. A. Durlak, C. E. Domitrovich, R. P. Weissberg, & T. P. Gullotta (Eds.), *Handbook of social and emotional learning: Research and practice* (pp. 438–452). New York: Guilford Press.

Pawlo, E., Lorenzo, A., Eichert, B., & Elias, M. (2019). All SEL should be trauma-informed. *Phi Delta Kappan, 101*(3), 37–41.

Payton, J. W., Weissberg, R. P., Durlak, J. A., Dymnicki, A. B., Taylor, R. D., Schellinger, K. B , et al. (2008). *Positive impact of social and emotional learning for kindergarten to eighth grade students: Findings from three scientific reviews (Executive Summary)*. Chicago: Collaborative for Academic, Social, and Emotional Learning.

Pearrow, M. M., Amador, A., & Dennery, S. (2016). Boston public schools' comprehensive behavioral health model. *Communiqué, 45*(3), 1, 20–22.

Pearrow, M. M., Snyder, J., & Kaye, A. (2017). Boston's comprehensive behavioral health model: Research and evaluation. *Communiqué. 45*(6), 10, 12.

Pennebaker, J. W. (1997). Writing about emotional experiences as a therapeutic process. *Psychological Science, 8*(3), 162–166.

Pennebaker, J. W., & Smyth, J. M. (2016). *Opening up by writing it down: How expressive writing improves health and eases emotional pain* (3rd ed.). New York: Guilford Press.

Peterson, L. S., Villarreal, V., & Castro, M. J. (2017). Models and frameworks for culturally responsive adaptations of interventions. *Contemporary School Psychology, 21*(3), 181–190.

Pianta, R. C., & Hamre, B. (2001). *Students, teachers, and relationship support (STARS)*. Lutz, FL: Psychological Assessment Resources.

Pianta, R. C., Hamre, B. K., & Allen, J. P. (2012). Teacher-student relationships and engagement: Conceptualizing, measuring, and improving the capacity of classroom interactions. In S. L. Christenson, A. L. Reschly, & C. Wylie (Eds.), *Handbook of research on student engagement* (pp. 365–386). Boston: Springer.

Pianta, R. C., La Paro, K. M., & Hamre, B. K. (2008). *Classroom Assessment Scoring System: Manual K-3*. Baltimore: Brookes.

Pianta, R. C., & Stuhlman, M. W. (2004). Teacher-child relationships and children's success in the first years of school. *School Psychology Review, 33*(3), 444–458.

Postolache, T., Mortensen, P., Tonelli, L., Jiao, X., Frangakis, C., Soriano, J., & Qin, P. (2010). Seasonal spring peaks of suicide in victims with and without prior history of hospitalization for mood disorders. *Journal of Affective Disorders, 121*(1–2), 88–93.

Potochnick, S. (2018). The academic adaptation of immigrant students with interrupted schooling. *American Educational Research Journal, 55*(4),

859–892.

Poulin, F., Dishion T. J., & Burraston, B. (2001). 3-year iatrogenic effects associated with aggregating high-risk adolescents in cognitive-behavioral interventions. *Applied Developmental Science, 5*, 214–224.

Price, O. A. (2015). Financing and funding for SEL initiatives. In J. A. Durlak, C. E. Domitrovich, R. P. Weissberg, & T. P. Gullotta (Eds.), *Handbook of social and emotional learning: Research and practice* (pp. 114–134). New York: Guilford Press.

Prilleltensky, I., Neff, M., & Bessell, A. (2016). Teacher stress: What it is, why it's important, how it can be alleviated. *Theory Into Practice, 55*(2), 104–111.

Prochaska, J. O., DiClemente, C. C., & Norcross, J. C. (1992). In search of how people change: Applications to addictive behaviors. *American Psychologist, 47*(9), 1102–1114.

Ransford, C. R., Greenberg, M. T., Domitrovich, C. E., Small, M., & Jacobson, L. (2009). The role of teachers' psychological experiences and perceptions of curriculum supports on the implementation of a social and emotional learning curriculum. *School Psychology Review, 38*(4), 510–532.

Rathod, S., Gega, L., Degnan, A., Pikard, J., Khan, T., Husain, N., et al. (2018). The current status of culturally adapted mental health interventions: A practice-focused review of meta-analyses. *Neuropsychiatric Disease and Treatment, 14*, 165.

Raver, C. C., Blair, C., & Li-Grining, C. P. (2012). Extending models of emotion self-regulation to classroom settings: Implications for professional development. In C. Howes, B. K. Hamre, & R. C. Pianta (Eds.), *Effective early childhood professional development: Improving teacher practice and child outcomes* (pp. 113–130). Baltimore: Brookes.

Redding, S., & Walberg, H. J. (2015). Indicators of effective SEL practice. In J. A. Durlak, C. E. Domitrovich, R. P. Weissberg, & T. P. Gullotta (Eds.), *Handbook of social and emotional learning: Research and practice* (pp. 377–390). New York: Guilford Press.

Reinke, W. M., Stormont, M., Herman, K. C., Puri, R., & Goel, N. (2011). Supporting children's mental health in schools: Teacher perceptions of needs, roles, and barriers. *School Psychology Quarterly, 26*(1), 1–13.

Rentner, D. S., Kober, N., Frizzell, M., & Ferguson, M. (2016). Listen to us: Teacher views and voices. Retrieved from https://files.eric.ed.gov/fulltext/ED568172.pdf.

Reyes, M. R., Brackett, M. A., Rivers, S. E., Elbertson, N. A., & Salovey, P. (2012). The interaction effects of program training, dosage, and implementation quality on targeted student outcomes for the RULER approach to social and emotional learning. *School Psychology Review, 41*(1), 82–99.

Reynolds, C. R., & Kamphaus, R. W. (2015). *Behavior assessment for children* (3rd ed.) (BASC-3). Bloomington, MN: Pearson.

Richards, J. (2012). Teacher stress and coping strategies: A national snapshot. *Educational Forum, 76*(3), 299–316.

Rickwood, D. J., Deane, F. P., & Wilson, C. J. (2007). When and how do young people seek professional help for mental health problems?

Medical Journal of Australia, 187(7), S35–S39.

Riggs, N. R., Greenberg, M. T., Kusché, C. A., & Pentz, M. A. (2006). The mediational role of neurocognition in the behavioral outcomes of a social-emotional prevention program in elementary school students: Effects of the PATHS curriculum. *Prevention Science, 7*(1), 91–102.

Riley-Tillman, T. C., & Burns, M. K. (2011). *Evaluating educational interventions: Single-case design for measuring response to intervention*. New York: Guilford Press.

Rimm-Kaufman, S. E., Fan, X., Chiu, Y. J., & You, W. (2007). The contribution of the Responsive Classroom Approach on children's academic achievement: Results from a three year longitudinal study. *Journal of School Psychology, 45*(4), 401–421.

Rimm-Kaufman, S. E., & Hulleman, C. S. (2015). Social and emotional learning in elementary school settings: Identifying mechanisms that matter. In *Handbook of social and emotional learning: Research and practice* (pp. 151–166). New York: Guilford Press.

Rivers, S. E., Brackett, M. A., Reyes, M. R., Elbertson, N. A., & Salovey, P. (2013). Improving the social and emotional climate of classrooms: A clustered randomized controlled trial testing the RULER approach. *Prevention Science, 14*(1), 77–87.

Rocque, M. (2012). Exploring school rampage shootings: Research, theory, and policy. *Social Science Journal, 49*(3), 304–313.

Rodgers, C. R. (2006). Attending to student voice: The impact of descriptive feedback on learning and teaching. *Curriculum Inquiry, 36*(2), 209–237.

Rodríguez-Fornells, A., & Maydeu-Olivares, A. (2000). Impulsive/careless problem solving style as predictor of subsequent academic achievement. *Personality and Individual Differences, 28*(4), 639–645.

Roeser, R. W., Schonert-Reichl, K. A., Jha, A., Cullen, M., Wallace, L., Wilensky, R., et al. (2013). Mindfulness training and reductions in teacher stress and burnout: Results from two randomized, waitlist-control field trials. *Journal of Educational Psychology, 105*(3), 787–804.

Roeser, R. W., Skinner, E., Beers, J., & Jennings, P. A. (2012). Mindfulness training and teachers' professional development: An emerging area of research and practice. *Child Development Perspectives, 6*(2), 167–173.

Rogers, E. M. (2003). *Diffusion of innovations* (5th ed.). New York: Free Press.

Rones, M., & Hoagwood, K. (2000). School-based mental health services: A research review. *Clinical Child and Family Psychology Review, 3*(4), 223–241.

Rosenshine, B. (2010). Principles of instruction. *Educational Practices Series–21*. UNESCO International Bureau of Education.

Rudasill, K. M., Reio, T. G., Stipanovic, N., & Taylor, J. E. (2010). A longitudinal study of student-teacher relationship quality, difficult temperament, and risky behavior from childhood to early adolescence. *Journal of School Psychology, 48*(5), 389–412.

Rummler, G. A., & Brache, A. P. (1995). *Improving performance: How to manage the white space on the organization chart* (2nd ed.). San Francisco: Jossey-Bass.

Ryan, A., Graves, S., Jr., Sobalvarro, A., Nichols, K.,

Schutte, K., Aston, C., et al. (2016, June). An evaluation of Strong Kids in an urban African American female sample: The need for gender specific and culturally focused interventions. *School Psychology Forum, 10*(2), 157–164.

Salmon, P. (2001). Effects of physical exercise on anxiety, depression, and sensitivity to stress: A unifying theory. *Clinical Psychology Review, 21*(1), 33–61.

Salovey, P., & Mayer, J. D. (1990). Emotional intelligence. *Imagination, Cognition and Personality, 9*(3), 185–211.

Sameroff, A. J., & Fiese, B. H. (2000). Transactional regulation: The developmental ecology of early intervention. *Handbook of Early Childhood Intervention, 2*, 135–159.

Sandberg, S. (2013). *Lean in: Women, work, and the will to lead*. New York: Random House.

Sanetti, L. M. H., & Kratochwill, T. R. (2009). Toward developing a science of treatment integrity: Introduction to the special series. *School Psychology Review, 38*(4), 445–459.

Sapolsky, R. M. (2004). *Why zebras don't get ulcers: The acclaimed guide to stress, stress-related diseases, and coping-now revised and updated*. New York: Holt.

Sarche, M., & Spicer, P. (2008). Poverty and health disparities for American Indian and Alaska Native children: Current knowledge and future prospects. *Annals of the New York Academy of Sciences, 1136*, 126.

Schlebusch, G., & Mokhatle, M. (2016). Strategic planning as a management tool for school principals in rural schools in the Motheo District. *International Journal of Educational Sciences, 13*(3), 342–348.

Schonert-Reichl, K. A. (2017). Social and emotional learning and teachers. *Future of Children, 27*(1), 137–155.

Schonert-Reichl, K. A., Kitil, M. J., & Hanson-Peterson, J. (2017). *To reach the students, teach the teachers: A national scan of teacher preparation and social and emotional learning*. Chicago: Collaborative for Academic, Social, and Emotional Learning.

Schonert-Reichl, K. A., & Lawlor, M. S. (2010). The effects of a mindfulness-based education program on pre and early adolescents' well-being and social and emotional competence. *Mindfulness, 1*(3), 137–151.

Schonert-Reichl, K. A., Oberle, E., Lawlor, M. S., Abbott, D., Thomson, K., Oberlander, T. F., et al. (2015). Enhancing cognitive and social-emotional development through a simple-to-administer mindfulness-based school program for elementary school children: A randomized controlled trial. *Developmental Psychology, 51*(1), 52–66.

Schuster, M. A., Duan, N., Regalado, M., & Klein, D. J. (2000). Anticipatory guidance: What information do parents receive?: What information do they want? *Archives of Pediatrics and Adolescent Medicine, 154*(12), 1191–1198.

Schwarzer, R., & Hallum, S. (2008). Perceived teacher self-efficacy as a predictor of job stress and burnout: Mediation analyses. *Applied Psychology, 57*, 152–171.

Seeberg, V., & Minick, T. (2012). Enhancing cross-cultural competence in multicultural teacher education: Transformation in global learning. *International Journal of Multicultural Education, 14*(3), 1–3.

Senge, P. (1990). *The fifth discipline: The art and science of the learning organization*. New York: Doubleday Currency.

Shapiro, E. S., & Heick, P. F. (2004). School psychologist assessment practices in the evaluation of students referred for social/behavioral/emotional problems. *Psychology in the Schools, 41*(5), 551-561.

Shen, B., McCaughtry, N., Martin, J., Garn, A., Kulik, N., & Fahlman, M. (2015). The relationship between teacher burnout and student motivation. *British Journal of Educational Psychology, 85*(4), 519-532.

Sheridan, S. M., Bovaird, J. A., Glover, T. A., Garbacz, S. A., & Witte, A. (2012). A randomized trial examining the effects of conjoint behavioral consultation and the mediating role of the parent-teacher relationship. *School Psychology Review, 41*, 23.

Shields, A., Dickstein, S., Seifer, R., Giusti, L., Magee, K. D., & Spritz, B. (2001). Emotion competence and early school adjustment: A study of preschoolers at risk. *Early Education and Development, 12*, 73-96.

Shulman, L. S. (1986). Those who understand: Knowledge growth in teaching. *Educational Researcher, 15*(2), 4-14.

Sickmund, M., & Puzzanchera, C. (Eds.). (2014). *Juvenile offenders and victims: 2014 national report*. Pittsburgh, PA: National Center for Juvenile Justice. Retrieved from www.ojjdp.gov/ojstatbb/nr2014/downloads/NR2014.pdf.

Siegel, D. J. (2015). *The developing mind: How relationships and the brain interact to shape who we are*. New York: Guilford Press.

Simonsen, B., Fairbanks, S., Briesch, A., Myers, D., & Sugai, G. (2008). Evidence-based practices in classroom management: Considerations for research to practice. *Education and Treatment of Children, 31*(3), 351-380.

Sinclair, M. F., Christenson, S. L., Lehr, C. A., & Anderson, A. R. (2003). Facilitating student engagement: Lessons learned from Check & Connect longitudinal studies. *California School Psychologist, 8*(1), 29-41.

Skiba, R. J., Arredondo, M. I., & Williams, N. T. (2014). More than a metaphor: The contribution of exclusionary discipline to a school-to-prison pipeline. *Equity and Excellence in Education, 47*(4), 546-564.

Sklad, M., Diekstra, R., Ritter, M. D., Ben, J., & Gravesteijn, C. (2012). Effectiveness of school-based universal social, emotional, and behavioral programs: Do they enhance students' development in the area of skill, behavior, and adjustment? *Psychology in the Schools, 49*(9), 892-909.

Smith, T., Rodríguez, M., & Bernal, G. (2011). Culture. *Journal of Clinical Psychology, 67*(2), 166-175.

Solomon, D., Battistich, V., Watson, M., Schaps, E., & Lewis, C. (2000). A six-district study of educational change: Direct and mediated effects of the Child Development Project. *Social Psychology of Education, 4*, 3-51.

Staats, C. (2016). Understanding implicit bias: What educators should know. *American Educator, 39*(4), 29.

Stamenov, M., & Gallese, V. (Eds.). (2002). *Mirror neurons and the evolution of brain and language* (Vol. 42). Amsterdam, the Netherlands: Benjamins.

Starr, J. P. (2020, March, 23). Responding to

COVID-19: Short-and long-term challenges. *Phi Delta Kappan*. Retrieved from https://kappanonline.org/covid-19-leadership-short-long-term-challenges-starr.

Stewart-Brown, S., & Edmunds, L. (2003). Assessing emotional and social competence in preschool and primary school settings: A review of instruments. *Perspectives in Education, 21*(4), 17-40.

Stuckey, H. L., & Nobel, J. (2010). The connection between art, healing, and public health: A review of current literature. *American Journal of Public Health, 100*(2), 254-263.

Sue, D. W., Arredondo, P., & McDavis, R. J. (1992). Multicultural counseling competencies and standard: A call to the profession. *Journal of Counseling and Development, 20*(2), 64-88.

Sugai, G., & Horner, R. H. (2009). Responsiveness-to-intervention and school-wide positive behavior supports: Integration of multi-tiered system approaches. *Exceptionality, 17*(4), 223-237.

Swain-Bradway, J., Johnson, J., Eber, L., Barrett, S., & Weist, M. D. (2015). Interconnecting school mental health and school-wide positive behavior support. In S. Kutcher, Y. Wei, & M. D. Weist (Eds.), *School mental health: Global challenges and opportunities* (pp. 282-298). Cambridge, UK: Cambridge University Press.

Taylor, R. D., Oberle, E., Durlak, J. A., & Weissberg, R. P. (2017). Promoting positive youth development through school-based social and emotional learning interventions: A meta-analysis of follow-up effects. *Child Development, 88*(4), 1156-1171.

Taylor, T. K., Schmidt, F., Pepler, D., & Hodgins, C. (1998). A comparison of eclectic treatment with Webster-Stratton's parent and children series in a children's mental health center: A randomized controlled trial. *Behavior Therapy, 29*, 221-240.

Teich, J. L., Robinson, G., & Weist, M. D. (2008). What kinds of mental health services do public schools in the United States provide? *Advances in School Mental Health Promotion, Inaugural Issue, 1*(Suppl. 1), 13-22.

Thapa, A., Cohen, J., Higgins-D'Alessandro, A., & Guffey, S. (2012). *School climate research summary: August 2012* (School Climate Brief, No. 3). New York: National School Climate Center.

Thoits, P. A. (2010). Stress and health: Major findings and policy implications. *Journal of Health and Social Behavior, 51*, S41-S53.

Torrente, C., Alimchandani, A., & Aber, J. L. (2015). International perspectives on social and emotional learning. In J. A. Durlak, C. E. Domitrovich, R. P. Weissberg, & T. P. Gullotta (Eds.), *Handbook of social and emotional learning: Research and practice* (pp. 566-587). New York: Guilford Press.

Torrey, W. C., Drake, R. E., Dixon, L., Burns, B. J., Flynn, L., Rush, A. J., et al. (2001). Implementing evidence-based practices for persons with severe mental illness. Psychiatric Services, 52, 45-50.

Tran, O. T. K. (2007). *Promoting social and emotional learning in schools: An investigation of massed versus distributed practice schedules and social validity of the Strong Kids curriculum in late elementary aged students*. Unpublished doctoral dissertation, University of Oregon, Eugene, OR.

Tyre, A., & Feuerborn, L. (2017). The minority report: The concerns of staff in opposition to SWPBS efforts in their schools. *Journal of Educational and Psychological Consultation. 27*(2), 145–172.

Upshur, C. C., Heyman, M., & Wenz-Gross, M. (2017). Efficacy trial of the second step early learning (SSEL) curriculum: Preliminary outcomes. *Journal of Applied Developmental Psychology, 50*, 15–25.

Urbina, I., Villares, E., & Mariani, M. (2017). Examining the efficacy of the Spanish cultural translation of the Student Success Skills Program to improve academic achievement. *Journal of Humanistic Counseling, 56*(2), 127–143.

U.S. Department of Education. (2015). Every Student Succeeds Act (ESSA). Retrieved from www.ed.gov/essa?src=rn.

U.S. Department of Education, National Center for Education Statistics, The Condition of Education. (2000). *NCES 2000-062*. Washington, DC: U.S. Government Printing Office.

U.S. Department of Health and Human Services and U.S. Department of Education. (2016). *Policy statement on family engagement from the early years to the early grades*. Retrieved from www2.ed.gov/about/inits/ed/earlylearning/files/policy-statement-on-family-engagement.pdf.

U.S. Department of Health and Human Services, National Center for Health Workforce Analysis. (2016). *National Projections of Supply and Demand for Behavioral Health Practitioners: 2013-2025*. Rockville, MD: Author.

Valiente, C., Eisenberg, N., Spinrad, T. L., Haugen, R. G., Thompson, M. S., & Kupfer, A. (2013). Effortful control and impulsivity as concurrent and longitudinal predictors of academic achievement. *Journal of Early Adolescence, 33*(7), 946–972.

Valli, L., & Buese, D. (2007). The changing roles of teachers in an era of high-stakes accountability. *American Educational Research Journal, 44*(3), 519–558.

Van den Berg, A. E., Hartig, T., & Staats, H. (2007). Preference for nature in urbanized societies: Stress, restoration, and the pursuit of sustainability. *Journal of Social Issues, 63*(1), 79–96.

Varvogli, L., & Darviri, C. (2011). Stress management techniques: Evidence-based procedures that reduce stress and promote health. *Health Science Journal, 5*(2), 74–89.

Villarreal, V. (2014). Cultural and linguistic diversity representation in school psychology intervention research. *Contemporary School Psychology, 18*, 159–167.

Voight, A. (2015). Student voice for school-climate improvement: A case study of an urban middle school. *Journal of Community and Applied Social Psychology, 25*(4), 310–326.

Waldersee, R., & Griffiths, A. (2003). Implementing change: Matching implementation methods and change type. *Leadership and Organizational Development Journal, 25*(5), 424–434.

Walker, H. M., Horner, R. H., Sugai, G., Bullis, M., Sprague, J. R., Bricker, D., et al. (1996). Integrated approaches to preventing antisocial behavior patterns among school-age children and youth. *Journal of Emotional and Behavioral Disorders, 4*, 193–256.

Walker, H. M., Kavanagh, K., Stiller, B., Golly, A., Severson, H. H., & Feil, E. G. (1998). First Step to Success: An early intervention approach for preventing school antisocial behavior. *Journal of Emotional and Behavioral Disorders, 6*(2), 66–80.

Walker, S. C., Kerns, S. E. U., Lyon, A. R., Bruns, E. J., & Cosgrove, T. J. (2009). Impact of school-based health center use on academic outcomes. *Journal of Adolescent Health, 46*(3), 1–7.

Wanless, S. B., & Domitrovich, C. E. (2015). Readiness to implement school-based social-emotional learning interventions: Using research on factors related to implementation to maximize quality. *Prevention Science, 16*(8), 1037–1043.

Wanless, S. B., Groark, C. J., & Hatfield, B. E. (2015). Assessing organizational readiness. In J. A. Durlak, C. E. Domitrovich, R. P. Weissberg, & T. P. Gullotta (Eds.), *Handbook of social and emotional learning: Research and practice* (pp. 360–376). New York: Guilford Press.

Watkins, C., & Slocum, T. (2004). The components of direct instruction. In N. E. Marchand-Martella, T. Slocum, & R. C. Martella (Eds.), *Introduction to direct instruction* (pp. 28–65). Boston: Allyn & Bacon.

Watson, M., Battistich, V., & Solomon, D. (1997). Enhancing students' social and ethical development in schools: An intervention program and its effects. *International Journal of Educational Research, 27*, 571–586.

Webster-Stratton, C. (1984). Randomized trial of two parent-training programs for families with conduct-disordered children. *Journal of Consulting and Clinical Psychology, 52*(4), 666–678.

Webster-Stratton, C. (2016). The Incredible Years: Use of play interventions and coaching for children with externalizing difficulties. In L. A. Reddy, T. M. Files-Hall, & C. E. Schaefer (Eds.), *Empirically based play interventions for children* (2nd ed., pp. 137–158). New York: American Psychological Association.

Webster-Stratton, C., & Reid, M. J. (2010). The Incredible Years parents, teachers and children training series: A multifaceted treatment approach for young children with conduct problems. In J. Weisz & A. Kazdin (Eds.), *Evidence-based psychotherapies for children and adolescents* (pp. 194–210). New York: Guilford Press.

Webster-Stratton, C., Reid, M. J., & Hammond. M. (2004). Treating children with early-onset conduct problems: Intervention outcomes for parent, child, and teacher training. *Journal of Clinical Child and Adolescent Psychology, 33*(1), 105–124.

Webster-Stratton, C., Reid, M. J., & Stoolmiller, M. (2008). Preventing conduct problems and improving school readiness: Evaluation of The Incredible Years Teacher and Child Training Programs in high-risk schools. *Journal of Child Psychology and Psychiatry, 49*, 471–488.

Weiner, B. J., Amick, H., & Lee, S. D. (2008). Review: Conceptualization and measurement of organizational readiness for change. *Medical Care Research and Review, 65*(5), 379–436.

Weinstein, C. S. (1977). Modifying student behavior in an open classroom through changes in the physical design. *American Educational Research Journal, 14*(3), 249–262.

Weissberg, R. P. (2019). Promoting the social and emotional learning of millions of school children. *Perspectives on Psychological Science, 14*(1), 65–69.

Weissberg, R. P., Durlak, J. A., Domitrovich, C. E., & Gullotta, T. P. (2015). Social and emotional learning: Past, present, and future. In J. A. Durlak, C. E. Domitrovich, R. P. Weissberg, & T. P. Gullota (Eds.), *Handbook of social and emotional learning: Research and practice* (pp. 3–19). New York: Guilford Press.

Weist, M. D., Lindsey, M., Moore, E., & Slade, E. (2006). Building capacity in school mental health. *International Journal of Mental Health Promotion, 8*(3), 30–36.

Weist, M. D., Lowie, J. A., Flaherty, L. T., & Pruitt, D. (2001). Collaboration among the education, mental health, and public health systems to promote youth mental health. *Psychiatric Services, 52*(10), 1348–1351.

Weist, M. D., Mellin, E. A., Chambers, K. L., Lever, N. A., Haber, D., & Blaber, C. (2012). Challenges to collaboration in school mental health and strategies for overcoming them. *Journal of School Health, 82*(2), 97–105.

Wells, N. M., & Evans, G. W. (2003). Nearby nature: A buffer of life stress among rural children. *Environment and Behavior, 35*(3), 311–330.

Welsh, M., Parke, R. D., Widaman, K., & O'Neil, R. (2001). Linkages between children's social and academic competence: A longitudinal analysis. *Journal of School Psychology, 39*(6), 463–482.

Wentzel, K. R. (1991). Relations between social competence and academic achievement in early adolescence. *Child Development, 62*(5), 1066–1078.

Wentzel, K. R. (1993). Does being good make the grade?: Social behavior and academic competence in middle school. *Journal of Educational Psychology, 85*(2), 357–364.

Wentzel, K. R. (2002). Are effective teachers like good parents?: Teaching styles and student adjustment in early adolescence. *Child Development, 73*(1), 287–301.

Whitcomb, S. A., & Merrell, K. W. (2013). *Behavioral, social, and emotional assessment of children and adolescents* (4th ed.). New York: Routledge.

Whitcomb, S. A., & Parisi Damico, D. (2016a). *Merrell's Strong Start-Pre-K*. Baltimore: Brookes.

Whitcomb, S. A., & Parisi Damico, D. (2016b). *Merrell's Strong Start-Grades K-2*. Baltimore: Brookes.

Wiley, A. L., & Siperstein, G. N. (2015). SEL for students with high-incidence disabilities. In J. A. Durlak, C. E. Domitrovich, R. P. Weissberg, & T. P. Gullotta (Eds.), *Handbook of social and emotional learning: Research and practice* (pp. 213–228). New York: Guilford Press.

Wille, N., Bettge, S., Ravens-Sieberer, U., & BELLA Study Group. (2008). Risk and protective factors for children's and adolescents' mental health: Results of the BELLA study. *European Child and Adolescent Psychiatry, 17*(1), 133–147.

Williford, A. P., & Wolcott, C. S. (2015). SEL and student-teacher relationships. In J. A. Durlak, C. E. Domitrovich, R. P. Weissberg, & T. P. Gullotta (Eds.), *Handbook of social and emotional learning: Research and practice* (pp. 229–243). New York: Guilford Press.

Wilson, D. B., Gottfredson, D. C., & Najaka, S. S. (2001). School-based prevention of problem behaviors: A meta-analysis. *Journal of Quantitative Criminology, 17*(3), 247–272.

Winnicott, D. W. (1960). The theory of the parentinfant relationship. *International Journal of Psycho-Analysis, 41*, 585–595.

Witt, J. C., Noell, G., LaFleur, L., & Mortenson, B. P. (1997). Teacher use of intervention in general education setting: Measurement and analysis of the independent variable. *Journal of Applied Behavior Analysis, 30*, 693–696.

Wong, A. S., Li-Tsang, C. W., & Siu, A. M. (2015). Effect of a social emotional learning programme for primary school students. *Hong Kong Journal of Occupational Therapy, 24*(2), 56–63.

Wood, R., & Bandura, A. (1989). Social cognitive theory of organizational management. *Academy of Management Review, 14*, 361–384.

Yoder, N. (2014a). Self-assessing social and emotional instruction and competencies: A tool for teachers. Retrieved from www.air.org/sites/default/files/SelfAssessmentSEL.pdf.

Yoder, N. (2014b). Teaching the whole child: Instructional practices that support social-emotional learning in three teacher evaluation frameworks (Research-to-Practice Brief). Retrieved from https://gtlcenter.org/sites/default/files/TeachingtheWholeChild.pdf.

Yong, M., & Cheney, D. A. (2013). Essential features of tier 2 social-behavioral interventions. *Psychology in the Schools, 50*(8), 844–861.

Yu, X., Wang, P., Zhai, X., Dai, H., & Yang, Q. (2015). The effect of work stress on job burnout among teachers: The mediating role of self-efficacy. *Social Indicators Research, 122*(3), 701–708.

Zeichner, K. M., & Liston, D. P. (2013). *Reflective teaching: An introduction* (2nd ed.). New York: Routledge.

Zhang, A., Musu-Gillette, L., & Oudekerk, B. A. (2016). *Indicators of school crime and safety: 2015* (NCES 2016-079/NCJ 249758). Washington, DC: National Center for Education Statistics, U.S. Department of Education, and Bureau of Justice Statistics, Office of Justice Programs, U.S. Department of Justice.

Zhang, Q., & Sapp, D. A. (2008). A burning issue in teaching: The impact of perceived teacher burnout and nonverbal immediacy on student motivation and affective learning. *Journal of Communication Studies, 1*(2), 152–168.

Zins, J. E., Bloodworth, M. R., Weissberg, R. P., & Walberg, H. J. (2004). The scientific base linking social and emotional learning to school success. In J. E. Zins, R. P. Weissberg, M. C. Wang, & H. J. Walberg (Eds.), *Building academic success on social and emotional learning: What does the research say?* (pp. 3–22). New York: Teachers College, Columbia University.

Zins, J. E., & Elias, M. (2004). *Promoting social and emotional learning: Guidelines for educators*. Alexandria, VA: Association for Supervision and Curriculum Development.

Zins, J. E., & Elias, M. J. (2007). Social and emotional learning: Promoting the development of all students. *Journal of Educational and Psychological Consultation, 17*(2–3), 233–255.

Zullig, K. J., Koopman, T. M., Patton, J. M., & Ubbes, V. A. (2010). School climate: Historical review, instrument development, and school assessment. *Journal of Psychoeducational Assessment, 28*(2), 139–152.

찾아보기

인명

내용

ㅇ

저자 소개

Barbara A. Gueldner(PhD, NCSP, IMH-E®)

영유아 정신건강 전문가이자 이 분야의 면허를 소지한 심리학자로 콜로라도주 스팀보트 스프링스에 거주하고 있다. 사립 진료소, 학교, 대학 기반 클리닉, 소아과 1차 진료 클리닉, 그리고 대형 아동 병원을 포함한 다양한 환경에서 20년 이상 일하며 아동 및 가족, 교육자, 의료 및 정신건강 전문가, 지역사회 기관, 고등교육을 받는 학생과 함께 해 왔다. 현재 오리건 대학교의 방문 조교수이다. 겔드너 박사의 연구, 출판물, 프로그램 개발, 워크숍 및 지역사회 서비스는 SEL, 아동 정신건강 및 예방, 내면화 문제 해결, 아동의 사회 및 정서 발달 지원, 그리고 초기 아동기 프로그램에서 아동의 탄력성 촉진에 중점을 둔다. 케네스 W. 메렐(Kenneth W. Merrell) 박사의 '강한 아이와 강한 십대' SEL 프로그램의 공동 저자이다.

Laura L. Feuerborn(PhD, NCSP)

워싱턴 대학교 타코마 캠퍼스의 교육대학 교수이다. 2006년부터 이 학부의 핵심 구성원이며, 석사 학위 연구 과정과 대학원 수준의 SEL 교과 과정 및 시스템 변화를 설립했다. 포이어본 박사의 학교 및 지역사회 파트너십, 국가 및 국제 프레젠테이션, 그리고 교육 전문 지식은 사회, 정서 및 행동 지원 분야에 기반을 두고 있다. 그녀의 연구 및 동료 검토 출판물은 SEL 실행 과학, SEL, 그리고 학교 교직원이 학교 차원의 긍정적인 행동 개입 및 지원을 실행하는 데 중점을 둔다. 박사는 케네스 W. 메렐 박사의 '강한 아이와 강한 십대' SEL 프로그램의 공동 저자이다.

Kenneth W. Merrell(PhD)

2011년 사망할 때까지 오리건 대학교 유진 캠퍼스에서 학교 심리학 교수이자 오리건 탄력성 프로젝트 책임자였다. 25년 동안 메렐 박사의 영향력 있는 교육 및 연구는 학교 환경에서 사회정서 평가 및 개입, 그리고 아동과 청소년의 SEL에 중점을 두었다. 그는 90개 이상의 동료 검토 학술지 논문, 여러 권의 책과 전국적으로 표준화된 평가 도구, 그리고 '강한 아이' 프로그램을 포함한 포괄적인 SEL 교육 과정을 출판했다. 메렐 박사는 미국심리학회(APA) 산하 학교 심리학 분과(16분과)와 임상 아동·청소년 심리학회(53분과)의 회원이었다. 그는 16분과 시니어 학자 상(Senior Scientist Award)을 받았는데, 이 상은 해당 분과에서 학문적 탁월성을 인정하여 수여하는 최고의 영예로 여겨진다.

역자 소개

박종효(Jonghyo Park)

미국 위스콘신 대학교 매디슨 교육심리학 박사

전 미국 NIH/NIMH 박사 후 연수

OECD/UNESCO 교육지표사업 한국 대표

현 건국대학교 사범대학 교육학과 교수

<주요 저서 및 논문>

『The Routledge Handbook of the Philosophy and Psychology of Forgiveness』(공저, Routledge, 2023)

『학교폭력 예방 및 학생의 이해』(공저, 학지사, 2022)

「사회정서학습에 대한 최신 연구 동향: 교육심리학의 역할과 전망」(교육심리연구, 2025)

유윤자(Yunja Yu)

건국대학교 대학원 교육학과 박사

전 면목고등학교 전문상담교사

서울중등상담기법연구회 회장

마음이랑위센터 실장

현 만이랑 심리상담연구소 소장

한국상담심리학회 개인상담 슈퍼바이저

<주요 논문>

「비자살적 자해중학생의 정서조절 및 스트레스 대처 상담 프로그램의 효과」(건국대학교 대학원 박사학위논문, 2020)

「학교부적응학생을 대상으로 한 진로탐색 집단상담의 효과 검증」(청소년상담연구, 2012)

학생의 정신건강과 학업을 돕는
교실에서의 사회정서학습(SEL)

Social and Emotional Learning in the Classroom:
Promoting Mental Health and Academic Success (2nd ed.)

2026년 1월 20일 1판 1쇄 인쇄
2026년 1월 30일 1판 1쇄 발행

지은이 • Barbara A. Gueldner · Laura L. Feuerborn · Kenneth W. Merrell
옮긴이 • 박종효 · 유윤자
펴낸이 • 김진환
펴낸곳 • (주) 학지사
04031 서울특별시 마포구 양화로 15길 20 마인드월드빌딩
대표전화 • 02)330-5114 팩스 • 02)324-2345
등록번호 • 제313-2006-000265호

홈페이지 • http://www.hakjisa.co.kr
인스타그램 • https://www.instagram.com/hakjisabook

ISBN 978-89-997-3499-1 93370

정가 26,000원

역자와의 협약으로 인지는 생략합니다.
파본은 구입처에서 교환해 드립니다.